한미일 관계는
유지될 수 있는가

한미일 관계는
유지될 수 있는가

초판 1쇄 인쇄 | 2025년 8월 18일
초판 1쇄 발행 | 2025년 8월 29일

지은이 | 강동우
펴낸이 | 소재누
편집 | 심재진 소상호
펴낸곳 | 논형
출판등록 | 2003년 3월 5일
주소 | 경기도 부천시 성주로 66, 2-806
전자우편 | jdso6313@naver.com
전화번호 | 02-2138-2043
팩스 | 070-4833-2063
ISBN | 978-89-6357-998-6 03340

이 책은 저작권법에 따라 보호받는 저작물입니다. 무단 전재와 무단 복제를 금합니다.
이 책 내용의 일부 또는 전체를 이용하려면 반드시 저작권자와 출판권자의 동의를 얻어야 합니다.
잘못된 책은 구입하신 곳에서 바꿔드립니다.

Dearest Korea

한미일 관계는 유지될 수 있는가

강동우 지음

갈등과 공조 사이, 다시 쓰는 삼각 전략의 지도

불투명한 동맹, 합리적 파트너십은 가능한가?

지금, 한국은 역사적 갈림길에 서 있다.
존엄을 지키는 선진국으로 나아갈 것인가,
아니면 분열과 퇴보의 길로 갈 것인가.

| 목차 |

머리말 7

서장 승자독식의 권위주의가 민주주의를 이길 수 있을까 15

1부 전대미문의 위기, 불안정한 한미일 31

제 1장   미국과 중국 대립에서 고뇌하는 한일의 안보 – 반도체라는 새로운 축이 더해진 외교 33

제 2장   미일 그리고 한국의 불안정한 내부 사정 50

제 3장   강해지는 북한, 사면초가(四面楚歌)의 국제사회 77

2부 통치의 질 – 한일역사 문제의 새로운 시점 115

제 4장 ① 일본의 통치부전(1936년부터 1942년까지) 123

제 4장 ② 전쟁시 일본의 식민지 통치부전 140

제 5장   위기관리 때에 필요한 중앙집권적 의사결정은 과연 일본에 정착할까 164

제 6장   근대 조선 – 한국의 통치부전과 과도한 집권체제의 영향 188

제 7장   현대 한국의 통치구조의 빛과 그림자 226

3부 한국의 잠재능력 264

제8장   한미일 삼각관계의 장래와 한국의 위상 269

제9장   신 중도주의 308

후기 331

| 머리말 |

Dearest Korea

아주 한참 전 이야기이지만 미국에 유학하고 있었을 때 어머니께서 내게 보내주시는 편지는 언제나 Dearest로 시작하였다. 나는 일본과 미국에서 오래 살아 왔고, 한국에 대해서 불만이 없는 것은 아니지만 단 하루도 한국 이외의 국적을 가져본 적이 없다.

갈림길에 선 모국, 한국

이런 시점에서 나는, 한국이 세계에서 결코 빼놓을 수 없는 중요한 국가로 자리매김할 수 있다고 확신한다. 전쟁이라는 비극적 상황을 딛고 오늘의 번영에 이르기까지, 한국은 마치 불사조처럼 되살아난 나라다. 이러한 역동성과 회복력을 가진 나라가 진정한 선진국이 되지 못할 이유는 없다. 최근에는 G7 가입을 희망하는 목소리도 있다. 그러나 진정한 선진국이란 단지 경제적 성과에 머무는 것이 아니라, 품격과 존엄을 추구하며 '동방예의지국'의 정신을 회복하는 데 그 본질이 있다.

한국 사회에는 여전히 생활이 어려운 이들이 많은 것도 사실이다. 하지만 전 세계에는 그보다 훨씬 더 열악한 상황에 처한 나라들도 적지 않다. 예컨대, 현재 전쟁 중인 이스라엘 역시 한국과 같은 해인 1948년에 건국되었지만, 이후 수차례의 전쟁을 겪으며 살아남았다. 또한, 몽골도 일종의 분단국가로 볼 수 있다. 몽골공화국은 구 소련의 영향으로 자국의 언어와 문화를 잃었고, 지금에 와서

야 그것을 되찾기 위한 노력이 이어지고 있다.

한편으로, 한국은 현재 매우 중대한 위기를 맞고 있다. 한국을 오랫동안 지탱해 온 두 개의 큰 기둥이 흔들리고 있기 때문이다.

첫 번째는, 우드로우 윌슨(Woodrow Wilson)에서 프랭클린 루즈벨트(Franklin D. Roosevelt)에 이르는 미국 지도자들이 구축한 자유민주주의 질서다. 그 원류는 1648년 웨스트팔리아 강화로 거슬러 올라간다. 이 조약은 국가의 규모나 권력의 크기와 무관하게, 주권국가 간의 평등한 외교 관계를 규범으로 삼는 질서의 출발점이었다. 물론 이후에도 국제 관계는 종종 힘에 의해 좌우되었고, 전쟁은 반복되었다. 그러나 제2차 세계대전 이후 세계가 누려온 번영은 이 자유주의적 세계질서의 토대 위에서 가능했던 것이 분명하다.

두 번째 기둥은, 바로 그 자유세계의 중심국이었던 미국의 영향력 약화다. 동맹국인 미국은 점차 내부적 한계에 직면하고 있으며, 냉전 이후의 세계질서를 더 이상 안정적으로 지탱하기 어려운 상황에 이르렀다. 이 틈을 노리고 있는 것이 바로 중국이다. 중국은 이러한 지각변동을 전략적 기회로 삼고 있으며, 그 결과 세계는 점차 보호주의로 재편되고 있다. 이러한 흐름은 1930년 스무트-홀리(Smoot-Hawley) 관세법 시대의 보호무역주의 압박이나, 19세기 후반 제국주의의 '약육강식' 세계질서로의 회귀를 떠올리게 한다.

이러한 시대에, 트럼프와 같은 강한 개성과 결단력을 앞세운 지도자들은 과거에도 존재했다. 20세기 초의 시어도어 루즈벨트(Theodore Roosevelt)나, 한국에서도 널리 알려진 더글러스 맥아더(Douglas MacArthur) 장군이 그 예다. 하지만 트럼프의 특징은, 정책 실행의 속도를 높이기 위해 법의 지배와 삼권분립이라는 민주주의의 근간을 의도적으로 회피하거나 우회한다는 점이다. 나는 1973년에 처음으로 미국에 갔는데, 지금의 미국은, 마치 1990년 이전으로 회귀하려는 움직임을 보이고 있다. 그러나 그 사이 미국 사회는 크게 달라졌다. 유색인종 인구는 과거보다 훨씬 증가했고, 오늘날의 미국에서는 다양한 인종 간 자율적 이해 조정만으로는 해결될 수 없는 수준에 이르렀다. 법과 제도가 뒷받침되지 않으면, 사회 전체의 결속은 유지될 수 없다. 만약 그 법체계마저 무너진다면, 내전이 발생한다고 해도 결코 놀라운 일이 아닐 것이다.

이스라엘-이란 전쟁이라는 충격

한국에서는 새로운 정권이 출범한 직후 이스라엘은 하마스와의 전투를 이어가며 이번에는 이란을 공격했고, 이에 미국도 참전했다. 동아시아와 지리적으로는 멀리 떨어져 있지만, 미국의 협상 전략과 무력 행사, 최신 무기의 실제 성능, 핵시설 타격의 실질적 수준, 이란이 사전에 농축 우라늄을 외부로 반출했는지 여부 등은 중국, 러시아, 북한의 리더들과 정보당국이 면밀히 분석하고, 자국의 전력 운용에 일부 조절을 가하고 있음이 분명하다.

특히 북한은 바이든 정권 동안에도 핵무기 개발을 계속하였고, 트럼프 제1기와 비교하면 협상의 입장이 강해졌다고 생각한 것은 아닐까. 당연히 미국이 북한에 대해 이란과 동일한 방식으로 대응할 것이라고는 보기 어렵다. 그러나 이번에 화제의 중심이 된 벙커 버스터를 탑재한 B-2 폭격기는 과거 2013년 한반도에 날아왔던 적이 있다(당시는 모의 폭탄을 탑재하여). 그때도 북한은 매우 민감하게 반응했는데, 이번에는 실제로 이란 핵시설을 타격하는 데 사용된 점에서 그 긴장감이 더욱 현실적으로 다가왔을 가능성이 있다. 게다가 트럼프는 이란에 대해 14일간의 유예 기간을 제시하면서도, 그 기간 중 무력 행사를 감행했다. '힘에 의한 지배'라는 새로운 국제 질서의 역학을 보여주는 대표적인 사례라고 할 수 있다.

한미일 관계의 성쇠

한미일 관계가 불안정한 이유는, 한국의 분단 상황, 미국의 권위주의적 중상주의, 그리고 일본의 소수 여당에 의한 통치 체제 때문이라고 할 수 있다. 미래를 형성하는 중요한 변수 중 하나는 '시간의 경쟁'이라고 생각한다. 쉽게 말해, 중국이나 북한의 내부 상황이 임계점에 도달하는 시점과 한미일 관계가 균열되는 시점 중 어느 쪽이 먼저 다가오느냐의 문제다. 이 두 가지 국면 속에서의 3개국 관계를 살펴보고자 한다.

문-트럼프-아베 그리고 윤-바이든-기시다

문 - 트럼프 - 아베: 모두가 알다시피 이 시기의 외교 관계가 생산적이고 원활했다고 보기는 어렵다. 우선 문재인 정부와 트럼프 행정부 간의 한미 관계는 방위비 분담 협상, 자유무역협정(FTA)의 파기를 전제로 한 재협상, 그리고 북한 비핵화 협상과 평화 프로세스에서의 '촉진자(facilitator)' 역할 등 여러 과제를 안고 있었다. 일정 부분 무사히 지나간 점은 평가할 수 있으나, 실질적인 진전이 있었다고 보기는 어렵다. 한편, 문재인 정부와 아베 내각 간의 한일 관계는 '전후 최악'이라는 평가가 나올 정도로 단절 상태였으며, 상호 간의 불신이 극에 달했던 시기였다.

윤 - 바이든 - 기시다: 세 나라의 정상이 교체되면서 한미일 관계의 분위기에도 변화가 생겼다. 바이든은 세계 정세를 '자유민주주의와 법치에 기반한 국가' 대 '권위주의 국가'의 구도로 파악하며, 한국과 일본을 동아시아에서의 전략적 동맹국으로 인식했다. 한국은 대일 관계에 있어 윤석열 정권이 1998년 김대중-오부치 공동선언의 정신을 계승하겠다는 입장을 밝혔고, 역사 문제로 양국 관계가 악화되기 이전의 상태로 되돌아가자는 메시지를 전해 일본 내에서 긍정적인 반응을 이끌어냈다.

이제 이재명 정권 하의 한국은 다시 한번 트럼프, 그리고 일본의 이시바 시게루(石破茂)와 마주하게 될 가능성이 있다. 한국은 인도·태평양 전략의 일부인지 아닌지 등, 이와 관련한 구체적인 내용은 본문에서 자세히 다루겠다.

이 책의 시점

지난 7~8년 동안 나는 한국, 미국, 일본에서 각각 평균 4개월씩 체류하며, 현장에서 각국의 실태를 직접 목격해 왔다. 나의 관심은 세 나라의 근현대사 속 국제관계와 역사에 있다. 올해는 을사년이다. 120년 전 을사늑약 당시에는 할아버지께서 한국에 계셨고, 60년 전 한일 국교 정상화 시기에는 아버지께서 일본에 계셨다. 그리고 광복 80년과 한일 국교 정상화 60주년이 겹치는 올해, 나는 한국과 미국, 일본을 오가며 현재의 정세를 목도하고 있다. 나는 지금까지 내 눈으로 1960년대의 일본, 1970년대의 한국과 미국, 그리고 1990년대 이후의 중국을 현장에서 직접 보아 왔다. 그간 방문한 국가는 약 40여 개국에 달하며, 미국 50개 주 가운데 약 40개 주를, 일본의 47개 도도부현(都道府県)중 약 40개 지역을, 한국에서는 제주와 독도를 포함한 전 지역을 두루 방문했다.

이 책은 지한파(知韓派)로서 내가 보고 느낀 한미일 관계에 대한 시각을 담은 것이다. 교포로서의 나의 입장과 시각은 내국인과는 다를 수 있다. 한국 사회 내부의 세세한 사정까지는 잘 알지 못할 수도 있지만, 오히려 그로 인해 더 객관적인 관점을 유지할 수 있다고 믿는다. 나는 모국인 한국과 꾸준하고도 긴밀한 관계를 맺어왔다. 한국에 거주한 경험은 없지만, 일과 인간관계, 친구 및 지인들과의 교류도 적지 않다. 그러나 교포와 내국인 사이의 관계는 단순하지 않다. 같은 민족, 같은 성씨라는 이유로 반가워하다가도, 이해관계가 얽히면 제로섬 관계로 변질되기도 한다. 교포 입장에서는 배타적인 환경 속에서 서로 협력하며 살아온 기억이 크다. 내국인이 특별히 교포에게 악의를 갖고 있는 것은 아니지만, 보다 배타적인 사회인 일본의 경우를 보면, 국내 시장이 크기 때문에 외국인에 대해서는 오히려 실력을 기반으로 한 합리적인 평가가 이뤄지는 측면도 존재한다. 이는 한국과 비교했을 때 시사하는 바가 크다.

위기 국면에서 국가가 분열하는 것은 자살행위

최근 몇 년간 한국에 머무는 동안, 나는 토요일마다 직접 집회 현장을 찾아가고 있다. 현장에서 목격한 사회의 양극화는 결코 가볍게 넘길 수 있는 수준이 아니다. 정신적으로는 마치 또 하나의 '38선'이 생겨난 듯한 인상을 받는다. 시 당국은 시위대 간 충돌을 막기 위해 도로를 버스로 막아 구획을 나누어 놓고 있다. 정치의 상황도 다르지 않다. 단순한 제로섬(zero-sum)이 아니라, 상호 손실만을 남기는 마이너스섬(minus-sum) 상태에 빠져 있는 것은 아닌가 하는 의문이 든다. 이런 상황에서 문득 떠오르는 인물이 있다. 세계적인 골프 선수 타이거 우즈는 한 인터뷰에서 이렇게 말했다.

"나는 이기는 것만으로는 만족하지 않는다. 상대가 분명히 패배해야 한다."

그의 발언은 스포츠에서의 승부욕을 말한 것이지만, 오늘날의 정치 현실에 절묘하게 맞닿아 있다. 이처럼 한 나라에 깊은 균열이 생기면, 외부 세력이 그 틈을 파고들기 쉬워진다. 몇 해 전 나는 '미국 정치의 한국화'라는 글을 쓴 적이 있다. 최근에는 오히려 한국과 미국의 정치 양극화가 거의 동일한 수준으로 심화되고 있다고 느낀다. 그러나 한국의 경우 지정학적 환경상, 이러한 분열은 훨씬 더 치명적인 결과를 초래할 수 있다. 이런 맥락에서 고대 로마의 정치가 줄리어스 시저(Julius Caesar)가 갈리아(Gallia)를 '분할하여 지배하라(divide et impera)'는 원칙에 따라 정복했던 역사가 떠오른다. 지금 우리가 직면한 양극화와 분열은 단순한 국내 문제가 아니라, 외교·안보적 차원에서도 매우 위험한 징후일 수 있다.

성공의 열쇠가 되는 개념

이 기로를 성공적으로 돌파하기 위해서는 몇 가지 핵심 개념을 이해하고 실천에 옮기는 것이 중요하다. 본문에서는 이 개념들을 바탕으로 구체적인 제안들을 제시하였지만, 여기에서는 핵심 키워드만을 언급하고자 한다. 그 키워드는 바로 국민 통합과 중도화, 파워업(능력의 강화), 그리고 원점 회귀이다.

첫째, 국민 통합과 중도화를 위해서는 경제 성장을 통해 국내의 기회를 확대하고, 인재의 사회적 유동성을 높이며, 인간이 아닌 인공지능(AI)에 의한 '적재적소'의 인사 시스템을 도입하는 등, 사회적 판단이 공공의 이익을 우선하도록 해야 한다. 한국이 진정한 선진국으로 나아가기 위해서는 개인의 작은 희생을 감수하더라도 공동체의 이익을 먼저 생각하고 행동하는 자세가 필수적이다.

의견 대립에 관해서는 '이해'에 대한 새로운 시각이 필요하다. 동양에서는 흔히 '이해하다'라는 표현을 쓰지만, 이는 영어의 understand와 agree의 의미를 함께 포함하고 있다. Understand는 '논리적으로 납득하는 것'이고, agree는 '동의하고 합의하는 것'이다. 동의까지는 어렵더라도, 서로의 입장을 논리적으로 '이해'하는 수준에서 시작한다면 갈등을 완화할 수 있는 여지가 있다. 나의 경험에 비추어 보아도, 처음에는 전혀 이해할 수 없었던 상대의 주장에서도 일정한 논리적 타당성을 발견한 경우가 적지 않다.

둘째, 파워업에 관해서는 본문에서 자세히 다루었지만, 한국은 외교, 안보, 통치, 인사, 교육 등 주요 영역에서 국가적 역량을 한 단계 끌어올릴 필요가 있다. 세계 질서가 빠르게 재편되고 있는 지금, 정책적 리더십과 실행력의 강화 없이는 국제 경쟁에서 뒤처질 수밖에 없다.

셋째, 원점 회귀에 관해서는 한국이라는 나라가 지닌 잠재적 위대함을 다시 돌아보아야 한다. 흔히 유교적 가치관이 한국인의 근면성과 노동윤리의 뿌리라고들 한다. 동시에 한국은 세계에서 가장 많은 개신교 칼뱅주의 신자를 보유한 나라이기도 하다. 서구에서 칼뱅주의는 네덜란드, 스위스, 독일 일부 지역과 영국의 청교도들이 미국으로 이주하면서 경제 발전에 커다란 영향을 끼쳤다. 유교적 가치관과 칼뱅주의적 가치관이 공존하는 나라는 세계적으로도 한국이 거의 유일하다. 더욱이 유교와 기독교는 모두 이타성과 공동체 정신을 강조한다. 우리는 이 정신을 잊고 있는 것은 아닐까. 유교의 인(仁)과 덕(德)의 개념은,

『논어』 안연편 제12장 22절의 가르침 속에 있고, 신약성경 빌립보서 2장 4절 "각각 자기 일을 돌볼 뿐더러 또한 각각 다른 사람들의 일을 돌보아 나의 기쁨을 충만하게 하라"는 말씀과도 그 맥을 같이 한다. 지금 우리가 회복해야 할 것은 바로 이 '공공의 선'을 향한 사명감이며, 그것은 권위주의적 국가나 AI 기술이 대신할 수 없는 인간의 존엄성과 공동체적 윤리다.

나는 미국에서 대학을 다닐 때까지 우리말을 하지 못했다. 이 책은 한국에서 자란 아내 박용진과 함께 2인3각으로 협력하며 집필할 수 있었다. 서로의 장점을 보완해가며 완성해낸 이 작업은 나에게 큰 기쁨이었다. 또한 돌아가신 장인, 고 박준희 교수님의 가르침은 나의 지적 여정에 큰 영향을 주었다. 무엇보다, 끝까지 우리말을 잊지 않도록 애써주셨던 돌아가신 부모님께 이 자리를 빌려 늦게나마 깊은 감사의 뜻을 전하고 싶다. 마지막으로, 이 책의 출간을 가능하게 해주신 도서출판 논형의 소재두 대표님과 심재진 국장님께도 진심어린 감사를 드린다.

강동우
캘리포니아주 샌카를로스시
우리 동포가 경영하는 커피숍
플렌테이션에서
2025년 8월 5일

※ 본문에 등장하는 분들의 경칭을 생략함을 양해해 주시길 바랍니다

서장

승자독식의 권위주의가
민주주의를 이길 수 있을까

| 서장 |
21세기의 대전환기

21세기에 들어선 후 4반세기가 지났다. 20세기가 먼 과거로 보이며, 인류에게는 불안이 만연하는 전환기에 돌입했다고 볼 수도 있을 것이다.

몇 개의 복잡한 요인이 섞여져 있는데 여기에서는 세 개의 위기를 얘기하겠다. 우선 경제 위기, AI 위기, 그리고 군사위기의 순서로 설명하겠다.

경제 위기의 가능성

미국 트럼프 대통령은 취임 직후부터 세계를 상대로 관세 공격을 하였고, 주식 시장에도 반영되어 경영자나 투자가들이 동요했다. 트럼프는 이미 5년 전 저널리스트 밥 우드워드에게 「나는 관세의 왕, 관세가 가장 효과적인 수법이다.」라고 얘기하고 있다. 트럼프는 대립관계에 있는 나라 뿐 아니라 동맹국에도 위압적인 태도를 취하고 있어서 세상은 혼란에 빠졌다.

이 움직임을 더 큰 시점에서 보면, 미국의 산업 공동화(空洞化)의 문제에 부딪친다. 일본에서 1980년대 후반 거품경제때 산업 공동화의 염려가 크게 논의 되었던 기억이 있다. 일본의 제품을 한국, 대만, 홍콩, 싱가폴의 공장에서 생산하게 되면 일본의 노동자와 생산 노하우는 어떻게 되는가. 일본의 장래는 금융 산업 만으로는 성립하지 않는다. 어떻게 해서라도 생산 기반을 일본에 남겨야 한다, 라는 것이었다.

2008년 Lehman Shock이후 미국 정권에서 버려짐을 받았던 노동자층의 마음을 사업가 출신의 트럼프가 사로잡았다. 트럼프 대통령은 제2기 정권에 들어서서 산업 공동화의 후유증에 직면하였다. 생산거점을 세계의 공장으로 불리는 중국등으로부터 미국 국내로 돌리고 고용을 만회하기 위해서 관세라는 수단을 쓰고 있다.

미국에서 관세가 사용된 예로, 19세기 후반의 맥킨리 정권, 그리고 1930년 스무트 홀리(Smoot-Hawley) 법안이 있었는데, 상황은 악화했다. 모두 알다시피 1930년 이후는 블록 경제화가 하나의 요인이 되어 일본을 포함한 세계가 큰 전쟁을 향해서 달리게 되었다.

자유시장의 특징의 하나가 필요한 물건을 효율적으로 구할 수 있는 일이다. 미국은 말하자면 서플라이 체인을 분단하려고 하는데, 공동화를 시정하기 위해서는 국내에 투자를 유치하는 것 만으로는 불충분하다. 품질 관리, 생산성의 확보등 경쟁력의 향상이 따르지 않으면 생각처럼 되지 않는다. 이러한 중장기적인 과제를 경시하는 것은 아닌가, 하는 평론가가 적지 않다.

그리고 그 전에 단기적으로는 경제정체와 인플레가 동시에 일어나는, 스태그플레이션에 직면할 가능성 조차 있다. 그 전에 이 현상이 일어났던 것은 1970 년대 오일쇼크, 주유소마다 장사진을 이루었다.

AI 위기

꼭 50 년전 내가 MIT 에서 컴퓨터 공학을 전공하고 있었을 때, AI의 수업을 받은 적이 있다. 그때도 곧 AI의 시대가 도래한다고 했었는데 실제로 AI에 의한 격동의 시대가 오기까지는 반세기 가까이 걸렸다. 한국에서 있었던 이세돌과 알파고에 의한 세기의 대결은 그 상징이기도 했다.

그 가장 큰 원동력이 컴퓨터에 의한 연산능력의 향상이었다. 나는 인텔이라는 기업에서 컴퓨터의 두뇌라고도 하는 중앙 연산 장치(CPU)의 발전과 함께 한 시기가 있었다. 지금은 엔비디아라는 기업이 AI 용 CPU의 분야에서 각광을 받고 있다.

미국에서 내가 장기 체재하고 있는 실리콘밸리에는 테크노 옵티미스트(기술 낙관주의자)라는 사람들이 있다.

그들에 의하면 앞으로 10년 동안 일어날 기술혁신은 과거 40년 동안의 기술혁신보다 큰 효과를 낼 것이라고 한다. 조금 과장하였다고 해도 기술적으로, 그리고 사회적으로 큰 변혁이 일어날 가능성은 부정할 수 없다.

AI는 현재 주로 인간을 보좌하는 역할을 하고 있는데, 몇 년 이내에 독자적인 행동 계산식(모델이라고 불리는)을 스스로 개발할 수 있게 되면, 차차 자주적인 행동을 할 수 있을 것으로 생각된다. 이러한 기능을 갖고 있는 AI 주도형 무기, 예를 들어서 드론의 무리나 움직이는 기관총 로보트등이 전쟁에서 사용되게 되면 도저히 상상도 할 수 없는 피해를 주게 된다. 기계의 정확함과 죽음에 대한 공포감의 결여가 가져오는, 비인간적인 전투와 인간의 존엄을 존중하지 않는 권위주의 국가가 연결이 되면 새로운 형태의 대량 파괴행위가 생길 것이 틀림없다.

중국의 위구르 자치구에는 무수의 CCTV가 설치되어 있다. 얼굴 인증 기술을 데이터베이스로 하여 AI와 연결하면 국민 통제를 더 강화하는 것이 가능하다. 특별히 CCTV가 없어도 전세계의 SNS 데이터를 순간적으로 분석하면 정치적으로 이용할 수 있다.

미국과 중국 간의 이러한 AI 모델 개발 경쟁도 경합상태에 가까워 보인다. 구글의 톱을 역임했던 에릭 슈미트 씨에 의하면, 1년반 전에는 중국이 미국에 대략 2년 정도 뒤처져 있다고 생각했었는데 최근 중국을 방문하여 거의 따라잡았음을 보고 놀랐다고 한다.

나아가서, AI 패권을 빨리 잡은 쪽이 독점 체제를 상당 기간 유지할 가능성이 높다고도 말하고 있다.

한국이나 일본은 미국 중국 간의 AI 경쟁에서 어떻게 인간성을 유지하면서 대응하면 좋을까.

AI에 의한「기회와 위협」과는 별도로, 구글, 메타 등 SNS 대기업의 정치적 영향력이 커지고 있는 것도 과제라고 할 수 있겠다. 그들의 힘은 국제적으로는, 전통적인 국가보다 훨씬 커져서 국내 또는 지역내에서는 독점적인 경제지배력을 가질 정도로 되었다. 최근 각 나라가 이러한 큰 기업의 사업을 분리시키는 재판을 통해서 제재, 벌금을 가하면서 윤리관을 묻는 등 여러 형태로 대립이 일어나고 있다.

군사위기

헨리 키신저(Henry Kissinger) 전 미국무장관이 저서「외교」에서, 신기하게도 대략 1세기에 한번은 강대국이 나타나서 세계질서가 크게 변한다고 말한다. 러시아나 중국의 최근 동향을 보고 있으면 정말 그렇다고 생각이 든다.

> 키신저 전 미국무장관(1923-2023) : 닉슨, 포드 정권에서 국가 안전 보장 보좌관, 국무장관을 역임하며 미중 국교 정상화의 길을 열었다. 베트남 전쟁 종전협상으로 노벨평화상을 수상. 국세적으로 유명한 국제 성지학자이며 평론가.

근대에서의 세계질서를 크게 보면「힘의 시대」와「이념의 시대」로 나누어진다고 한다. 전자의 상징은 시어도어 루즈벨트 미국대통령(이하 시어도어)이며, 이념을 제창한 사람이 우드로우 윌슨 미국대통령, 정착시킨 사람은 프랭클린 델라노 루즈벨트 미국대통령(이하 프랭클린)이라고 한다.

시어도어는 젊었을 때부터 사냥과 격투기를 좋아한 반면 프랭클린은 40세에 하반신 마비를 앓았고, 키신저에 의하면「보통이 아닌 의지로 장애를 극복하고, 고통을 수반하는 보조 장치를 이용해서 일어설 수 있었다. 그리고 몇 발자국 걷는 모습을 보임으로 공개적으로는 장애가 없는 듯이 행동할 수 있었다.」 또 다큐멘타리 프로듀서 켄 번즈(Ken Burns)가 기록한 「루즈벨트가(家)」에 의하면, 이 경험으로 인해서 보통 시민의 고통을 공감할 수 있었다고 한다.

「힘에 의한 질서」는, 다윈(Darwin)이 설명하는 약육강식설을 국가차원에서 응용한 개념이라 할 수 있다. 시어도어의 전임자 맥킨리(McKinley)시대에 미국-스페인 전쟁이 일어나서 미국은 푸에르토리코, 괌 그리고 필리핀을 손에 넣었다. 힘이 이기는 시대였다.

시어도어는 「자기 나라의 국익을 스스로 지키는 의지와 능력이 없는 나라는, 다른 나라로부터 존경을 받을 수 없다」고 한다. 실제로, 트럼프 대통령도 2015년 저서에서 「모든 것은 강한 군사력에서 시작된다」고 하고 있다. 또, 「교섭의 기본을 잊어버리지 말아라. 거래를 가장 필요로 하는 쪽이 얻는 것은 가장 적다」 라고도 했다.

최근의 표현으로는 「힘에 의한 현상변경」이라고 하겠다. 아시다시피, 한국도 일본도 옛날에는 이 역학에 휘둘렸다. 이 「힘에 의한 현상변경」이라는 표현에서 최근 연상할 수 있는 것은, 러시아의 우크라이나 침공, 중국의 「힘에 의한 대만 통일 시사」, 그리고 북한의 핵미사일 도발이다. 모두 한국과 일본의 옆 나라에서 일어나고 있다. 세계는 시어도어의 시대로 돌아가고 있는 것일까.

푸틴은 독일의 전 수상 메르켈에게 20세기 최대의 비극은 소련의 붕괴라고 했다. 미국의 특집 방송 「프론트라인」 보도에서, 우크라이나의 도시 부차에서 눈과 귀를 의심할 일이 일어났다고 한다. 러시아는 현지 주민 중에 스파이를 찾아내기 위해 조사하였는데, 혐의가 없는 사람까지 고문을 하고 처형을 하였다는 이야기다. 말 그대로 무기가 없는 일반 시민에게는 방위수단이 없는 무법지대가 되어버렸다.

이런 일이 있어서 그랬는지 방송에서는, 이제는 거의 없는 러시아의 반정부 미디어가 「우리는 러시아가 북한처럼 되지 않도록 활동을 계속한다」는 주장을 했다고 한다.

그런데 중국에서는 시진핑의 3연임이 확정되고, 주변에는 가까운 사람을 등용하며, 대만 통일에 관해서는 「무력통일을 배제하지 않는다」고 하였다. 이에 대해서 인터넷상에, 조금 과장된 표현이기는 하지만 「중화 인민공화국은 망하고, 서조선국이 세워졌다」는 댓글이 있었다고 일본의 미디어는 전했다. 서조선이란, 북한의 서쪽에 있는 나라, 즉 중국을 가리키며, 중국의 지식층에서 중국정부를 야유하여 일컫는 단어라고 한다.

미국의 위기감

한미일 위기의식에 차이가 있는 것은 아닌가 생각한다. 우선 최근의 미국은, 대통령선거를 보면 알듯이 미국시민은 국내사정에 큰 관심을 보인다. 이것이 미국정부 외교의 우선도를 좌우지한다. 더 이상, 세계의 경찰 역할의 의지도 능력도 줄어든 것이 현실이 아닐까. 제2장에서 자세히 다루겠다.

이민이 많아서 인종의 **멜팅 팟**(melting pot), 세계의 미크로코스모스로 불리다 보니, 세계정세를 잘 안다는 착각에 빠진다.

> 멜팅팟 : 다양한 민족이나 인종이 같이 살아가고 있는 나라 또는 지역

착각이라고 하는 이유는, 세계 각국에서 온 이민은 스스로의 의지로 미국시민이 되었기 때문에 친미적인 경향이 있고, 출신국에 대해서는 객관적이 아닐 수도 있다.

덧붙여서 말하면, 워싱턴은 거리로도 문화적으로도 유럽이나 중동에 가깝고 아시아에서는 멀다. 모스크바도 같은 상황이다.

그런 이유로, 미국이 동북아시아에 힘을 기울이는 정도가 유럽이나 중동의 사정에 따라서 한정되어 있다고 얘기하는 것이 현실이었다. 바꿔서 말하면, 미국의 대한 정책, 대일 정책은 정치적으로 가까운 나라에서 일어나는 사건, 사고에 의해서 좌우지된 경우가 역사적으로 있었다고 할 수 있다. 바이든 정부

에서 국무장관이었던 블링켄은 우크라이나계 유대인으로, 우크라이나와 가자에서의 문제에 남다른 깊은 생각이 있었음에 틀림이 없다.

그러나 트럼프 정권의 중국에 대한 패권경쟁의식과 유럽(EU와 NATO)에 대한 의심을 생각하면, 한국과 일본의 전략적 중요성은 인식하고 있는것으로 보인다. 다행히도 미국에서의 한국계의 존재감은, 경제적으로는 우크라이나보다 훨씬 크기 때문에 그 점에서는 괜찮다고 여겨진다. 한국에 위기가 닥치면, 미국 국내에서도 상당한 충격이 있을 것이다.

미국은 대중전략으로 인도태평양방위를 중요시하고 있다. 문제는 한반도가 그 구상안에 포함되는지 아닌지, 그리고 주한미군의 역할의 변경이 있을지 신중한 외교가 필요하다.

일본의 위기감

일본인의 위기의식에도 몇 개의 특징이 있다. 요즘 몇 년 그리고 현재는 일본의 위기의식이 대만의 위기 가능성에 휘둘리고 있다. 대만의 유사시에는 일본 자위대나 주일 미군을 포함해서 일본이 전쟁에 휘말릴 가능성이 높다고 느끼기 때문이다. 동경의 책방에는 대만 유사시, 중국에 관한 책이 많이 있는데 한반도나 한반도 유사시에 관한 책은 아주 적다.

역사적으로 보면 한반도는 중국과 같은 대륙에 있어서 중화사상 구조 안에서 존재하는 숙명을 지고 왔다. 일본은 200km 떨어진 해협과 바다가 있어서 중국, 중화사상과 거리를 두는 것이 가능했다. 그런데 지금은 얘기가 다르다. 폭격기와 미사일이 쉽게 도달할 수 있고, 일본이 영토로 주장하는 센카쿠제도(중국명 디아우유제도)는 대만에서도 오키나와에서도 가까운 위치에 있어서, 일본과 중국사이에 영토 분쟁이 있다. 그런 중 시진핑이 이끌고 있는 중국은 대만을 손 안에 넣을 의사를 밝히고 있어서 일본이 불안해하는 것도 이상하지는 않다.

한편 한일 관계에 관해서, 윤석열 정권 발족이후 크게 개선되었던 것은 사실이다. 그러나 이 결과를 위해서는 한국 측의 양보가 컸고 일본 측으로부터는 없었다고 하지 않지만, 비중은 적었다고 얘기할 수 밖에 없다.

일본 국민이나 관료 입장에서는, 한일 관계를 무너뜨린 것은 한국, 즉 문제인 정권이니 원상 복귀하는 것도 당연히 한국 측의 책임이라고 하는 감각이 아닐까. 그리고 젊은이들이 대중문화를 통해서는 서로 우호적이라는 주장이 있다는 것은 알지만, 위기가 닥쳤을 때 이러한 우호보다는 어떻게 같이 의사결정을 하고 대처할지가 실질적인 문제가 되는 것은 아닌가 생각한다.

작년에 일본에서「서울의 봄」이라는 영화를 봤다. 전두환의 쿠데타를 그린 작품인데 대단히 주관적인 시점에서 해석된 것은 분명하지만, 알게 된 점이 하나 있다.

영화를 본 후에 한국 사람들의 모임이 있어서 영화를 화제에 올렸더니 1979년 말 그 현장에 있었다고 하는 사람들이 몇 명 있었다. 현재 한국 국민 중에는 그 시기의 유혈사태를 경험하고 있는 사람들이 적지 않다. 한편 일본은, 제 2차 세계 대전이 마지막 유혈사태로, 목격한 국민의 대부분은 고령자. 절박감이 전혀 다르다. 평론가들은, 일본사람은「평화에 안주하고 있다」고 하는데 이러한 차이에서 그런 경향이 보인다.

미국의 경우 아프가니스탄과 이라크에 파병된 군인은 200 만명에 달했고 그 중 60만명이 PTSD 라고 한다. 그러한 퇴역군인이 가족에 끼치는 영향도 문제시되고 있다. 배달된 피자상자를 보고 폭탄이라고 소리지르는 아버지와, 우울증에 걸리는 아내와 자녀. 우리나라에서도 베트남 전쟁에 파병되었던 사람들에게 그런 일이 있었을 것이다. 일본 사람들에게는 그러한 실감은 거의 없는 것이 아닐까.

한국과 일본의 위기감의 차이

제1장에서 자세하게 얘기하겠지만 여기서는 몇 개 요인만을 다루겠다.

우선 나라에 따라서 두려움의 대상이 다르다는 것이다. 두렵다고 해도 익숙해지면 그다지 민감하지 않게 될지도 모른다. 예를 들어서 일본사람의 대부분은 큰 지진은 별도로 하고 진도 4 이하의 지진이라면 「아, 또…」하는 반응으로 지나간다. 그러나 지진이 거의 없는 한국사람에게는 아주 무섭다.

거꾸로, 군사 도발에 익숙하지 않은 일본 사람은 북한의 도발이 「앞으로도 내게는 무관한 일」이 되기를 바랄 것이다. 한국 사람은 대부분의 도발에 익숙해져 있는데 2017년 북한의 위협에는 가스 마스크를 구한 사람들이 많았다.

또 하나의 중요한 요소가 징병제다. 한반도는 긴장상태에 있기 때문에 언제든지 전쟁에 나갈 수 있도록 징병제와 예비군이 있는데 일본에는 없다. 일본에도 징병제를 주장하는 사람들이 있는데 자식이 위험에 노출되는 것을 꺼리는 어머니들 등으로부터 저항이 크다. 그리고 한국 국민은 위기에 처했을 때 위로부터의 명령에 익숙해져 있는데 일본 사람은 그렇지 않다. 오히려, 제2차 세계대전에서의 경험에서 권력의 집중에 큰 불신감을 갖게 되었다. 앞으로도 일본의 자위대는 부족한 2만명의 인재를 구하기 위한 큰 벽을 넘어야 한다는 지적을 받고 있다.

최근 우크라이나의 사태에 관해서, 리투아니아의 고위 관료가 「우리의 안전은 우크라이나에서 확보된다」고 발언했다. 메이지시대 일본의 우파 야마가타 아리토모(山縣有朋)는 독일의 법학자 슈타인으로 부터 배운 개념을 기본으로 해서, 일본의 주권선(국가를 규정)은 일본의 국경, 일본의 이익선(국경에서 떨어져 있지만 국가의 이익과 관련)은 조선과 중국 국경이라고 보았다. 한편, 1950년 미국의 애치슨 국무장관이 한국은 미국의 방위선 바깥에 있다고 발언한 것이 6.25 전쟁의 하나의 요인이 되었다는 얘기도 있다. 이러한 사실(史実)을 보면 일본은 바다를 사이에 두고 있어서 위기감이 적은 것은 아닌가. 그러나 대만사태의 가능성에서 조금씩 변하고 있는 것으로 보인다.

윌슨적 이상주의에 익숙해진 세계

평론가들은, 우리 모두 「평화에 안주하고 있다」고 얘기한다. 그리고 정치가들은 「민주, 자유, 법치」를 반복해서 말한다. 그럴 수밖에 없다. 현재 우리는 그것밖에 알지 못하기 때문이다. 우리는 이제까지 윌슨과 프랭클린의 신세를 지고 왔다. 윌슨의 뜻을 구현화한 인물이, 2차 세계 대전에서 연합군을 승리로 이끈 프랭클린이다. 윌소니아니즘이라는 외교사상은 1648년 웨스트팔리아강화를 기초로 한다고 해도 과언이 아니다.

그때, 유럽에서 종교 개혁이 일어나고 기독교 종파간의 싸움을 원인으로 1618년부터 「30년 전쟁」이 일어났다. 이 전쟁을 평정하기 위해서 주권국가(sovereign state)라는 단위를 만들고, 국가 간의 주권을 인정하면서 이념적으로는 서로 평등한 입장에서 외교할 것을 정했다. 이것이 웨스트팔리아강화다.

그에 대해서 동양에서는, 공자의 시대부터 계층형 사회구조가 근대까지 계속되어, 한일은 시양의 질서에 대치하는 고생을 하였다. 윌슨은, 웨스드필리아적 구조를 진화시켜서 민족 자결의 개념을 제창했다. 키신저에 의하면 윌슨은, 정보를 개시하고 시민들에게 선택권이 있다면 사람들은 평화를 원할 것이라는 가정에 근거한 이념이라고 한다. 이것에 대해서 중국 정세의 전문가는, 오랜 중국 역사에서 피지배층이 정치에 참여하는 일은 없었다고 설명한다.

또 키신저는 「민주주의, 자유무역, 국제법에 근거한 세계질서는.... 다른 사회에서는 너무 이상적이고 현실적이지 않게 보일 것이다. 그런데도, 그러한 의심이 윌슨, 프랭클린, 레이건 대통령의 이상추구를 방해하지 못했다」고 한다.

그리고 윌슨은 국가 간의 평화를 지키기 위해서 「집단적 자위권」이라고 하는 개념을 촉진하는 국제연맹을 제안한다. 요즘 반사적이라고도 할 수 있을 정도로 여기저기에서 들리는 「민주, 자유, 법치」라는 체제는 이러한 배경에서 유래한다고 키신저는 설명한다.

　실제로는 훨씬 복잡하겠지만 대충 흐름을 적어 보았다. 그리고 대략적인 해석이 될지도 모르지만, 러시아의 우크라이나 침략전의 상태를, 윌슨·프랭클린 질서에의 도전으로 봐도 가능하다. 다르게 말하면, 바이든 대통령이 말하는 「민주주의 vs 권위주의」의 대비와도 관련이 있다고도 생각할 수 있다.

지정학을 빼고 한일관계를 말하기는 어렵다

　세계사에 등장하는 분쟁 중 적지 않은 원인은 좋은 입지 조건을 확보하기 위한 「의자뺏기 놀이」와 같다고 볼 수 있다.

　그러한 관점에서는 미국이 아주 좋은 위치에 있다고 얘기할 수 있다. 예를 들어서 캐나다에서는 인구의 대부분이 남부 국경 쪽에서 살고 있는데, 미국은 지나치게 덥지도 춥지도 않아서, 농업이나 산업발전에 적합하다. 러시아가 부동항을 확보하기 위해서 애쓴 역사를 생각하면 미국이 얼마나 혜택을 받았는지 알 수 있다.

　게다가 미국의 경우, 미시시피강이라는 거대한 자연의 유통루트가 있어서, 평야에서는 농산물을 대량으로 생산하고, 그것이 대량으로 유통되는 복 받은 환경이라고 할 수 있다. 미시시피강 하류에 있는 재즈의 도시 뉴올린즈에 가면, 수많은 대형 곡물엘리베이터(농산물을 저장, 이동하는 시설)의 모습에 압도당한다.

　그것 뿐 아니다. 미국은 동서에는 바다, 남북으로는 멕시코와 캐나다. 14개국과 국경을 나누는 중국과는 안보상으로는 전혀 다른 상태이다.

　그렇다면 한일은 어떠한가. 세계지도에서 보아도 중심적인 위치가 아니고 대륙의 주변에 있다. 그 중에서도 한반도는 지정학적으로 보아도 아주 어려운 위치에 있다. 중국의 주변에 있기 때문에, 바다로 둘러싸인 일본처럼 중화사상과 거리를 두는 것이 불가능하고 근대화 프로세스에서도 중국-청나라와의 관계가 큰 부담이었다.

섬나라인 일본은 영국과 비교되는 경우가 많다. 대륙과의 거리감에서 말하면, 도버(Dover)해협이 약 33km 인데, 하카타(博多)에서 부산까지는 약 200km. 도버 해협은 수영해서 건널 수 있지만, 하카타 - 부산은 고속선으로 3시간이 걸린다. 이 차이는 역사적으로 보아도 적지 않음이 확실하다고 생각한다.

불안정한 「통로의 나라」

그것뿐이 아니다. 한반도는 주변국이기도 하며 통로가 되는 나라이기도 하다. 3개의 강국, 즉 일본, 중국, 러시아 사이에 위치하고 있어서 역사적으로 세력다툼의 타겟이 되었다. 반도가 분단이 된 것도 이러한 역학이 배후에 있기 때문이다.

서울에 있는 전쟁기념관 앞에 두 명의 군인이 끌어안고 있는 동상이 있다. 6·25 전쟁때 어떤 형제가 아군과 적군으로 나뉘어 싸우고 있음을 알게 되었고 두 사람의 기구한 재회를 전우들이 지켜보았다고 한다. 나도 북한에 친척이 있어서 이 얘기는 마음이 아프다.

입지조건이 좋지 않다고 보이지만, 사실은 이러한 나라는 꽤 있다. 지금 주목을 받고 있는 우크라이나도 NATO와 러시아 사이에 있는 통로의 나라이다.

역사를 거슬러 올라가면 우크라이나는 스키타이, 그리스, 로마, 고트족, 훈족, 몽골, 타타르의 영향을 받았다고 한다.

러시아의 침략으로 알려지게 된 우크라이나의 도시 하리코프도 통로에 위치한 숙명으로 고통을 받았다. 러시아에 비교적 가깝기도 해서 빠른 단계에서 러시아의 공격을 당했고 그리고 그 몇 개월 후에 우크라이나가 탈환했다.

하리코프는 2차 세계 대전 때도 1941년부터 1943년까지, 독일과 소련군에게 통로가 되었었는데 이번 전쟁에서도 같은 일이 일어난 것이다. 100년 사이에 왕복 두 번, 합해서 네 번을 무방비 상태의 시민들이 짓밟혔다.

우크라이나의 서쪽 옆 나라 폴란드도 비슷한 경우에 놓여졌었다. 서둘러서 NATO에 가맹한 덕에 이번엔 우크라이나를 지원하는 역할을 해 왔다. 폴란드 사람은 우크라이나 사람과 역사적으로 관계가 있을 뿐 아니라, 그 지정학적인 비극을 공유한 경험에서도, 난민에게 손을 내미는 모습이 인상적이었다.

그런데 윌슨이 제창한 집단적 자위권의 체제가 러시아의 우크라이나 침략에서 도전을 받게 되었다. 폴란드는, NATO 가맹국이니까 피해를 받으면 NATO가 직접 방위하게 된다.

NATO 가맹국이 아닌 우크라이나에 대해서는 새로운 집단적 자위라고도 부를 수 있는 체제가 생긴 듯하다. 무기, 정보와 조언을 제공하지만 병력은 제공하지 않는다는 것이다. 즉, 우크라이나에서는 전사자가 나와도, NATO 가맹국의 전사자는 없다.

그렇다면 같은 통로의 나라 한국에선 어떨까. 아시아에는 NATO에 상당하는 체제는 없지만, 한미 동맹에 의한 방위가 어느 정도 보장되어 있다. 우크라이나의 고통을 보면서도 한국의 좌익세력에 아직도 「미군은 철수하라」고 하는 의견이 있다는 것은, 한국이 얼마나 양극화되어있는가를 보여준다고 할 수 있다.

그 외에도 통로의 나라가 있다. 리투아니아는 러시아 영토인 칼리닌그라드와 벨라루스(백러시아)사이에 끼어 있어서, 러시아가 눈독을 들이는 나라다.

바다 위의 통로 나라도 있어서 남태평양의 솔로몬 제도가 해당한다. 미국과 일본이 제 2차 세계대전 때 치열하게 전투한 가다르카나르섬도 그 일부인데, 솔로몬 제도는 호주와 하와이를 연결하는 직선위에 위치하고 있다. 이 선을 분단하고 싶은 중국과 유지하려는 미국 사이에서 치열한 외교전을 벌이고 있다고 한다.

힘에 의한 세계 질서로 돌아가면, 많은 통로의 나라가 분쟁에 휘말릴 가능성이 한층 더 높아질 것이다.

이 책의 흐름

이제 이 책의 전개를 키워드를 통해서 설명하겠다.

우선 점점 높아진 현재의 「위기국면」에 관해서 설명한다. 그리고 위기에 대해서 어떻게 「안전 보장」을 확보할 것인가에 관해서 얘기한다. 실제로, 「한미일 3국관계」의 틀이 구축되어 있지만 그것을 유지할 수 있는지가 하나의 과제이다. 그리고 그 삼각형의 안정에 기본이 되는 것이 각 나라의 「거버넌스」이며, 그리고 협력 관계자체의 「거버넌스」이기도 하다. 마지막으로 비교적 높은 거버넌스 능력을 확보하기 위한 비전, 그리고 「신중도주의」라고 하는 아시아적인 중용사상에 뿌리를 둔 생각을 전개하겠다.

이런 키워드, 즉 「위기국면」, 「안전 보장」, 「3국관계」, 「거버넌스」, 그리고 「신 중도주의」에 관해서 중요한 물음을 다음과 같이 제시한다.

위기국면
- 현재의 위기는 그전보다 얼마나 복잡한가?
- 사태는 더 심각해지고 있는가?
- 경제안보란 무엇인가?
- 반도체가 외교의 중요한 원인이 된 이유는?

안전보장
- 현재의 안전보장체제는 유지가 가능한가?
- 한일은 미중 대립 안에서 안전의 확보가 가능한가?
- 미국이 한일의 방위부담 요구를 올리거나 또는 보장을 내리면 어떻게 하는가?
- 북한의 핵 위협에 관한 3개국의 의도(思惑)는 조정이 가능한가?

3국관계
- 미국이 동맹국에 관한 방위의무를 파기할 경우, 한국은 일본과 2국간의 협력을 해야하는가? 그것이 가능할까?

- 한미일 3개국은 국내정치와 외교의 균형을 잡을 수 있는가?
- 국내여론의 양극화에 의해서 더 불안정한 정권과 어떻게 마주하는가?
- 3개국의 위기의식에 차이는 없는가?
- 공통된 국익과 다른 국익을 어떻게 조정하는가?
- 역사 문제를 피해갈 수 있는가?

거버넌스

- 좋은 거버넌스(통치)라는 것은 무엇인가?
- 독재적인 거버넌스와 민주적인 거버넌스, 어느 쪽이 좋은가?
- 한국은 왜 중앙집권적이고 일본은 집단주의적인가?
- 위기관리에는 중앙집권이 강하다고 하는데?
- 그렇다면 위기가 생겼을 때 일본과는, 어떻게 순발적으로 연대하는가?

신 중도주의

- 3개국은 제로섬 발상에서 빠져나올 수 있는가?
- 전환기의 앞에 있는 동북아시아의 비전은?
- 새로운 아이디어의 창출이 필요한 것은 아닌가?
- 각국의 거버넌스를 어떻게 강화할 것인가?

이러한 키워드와 질문을, 본문을 통해서 풀어가겠다.

1부

전대미문의 위기, 불안정한 한미일

첫머리에서, 1세기에 한번은 큰 나라가 일어나고, 힘에 의한 현상변경이 일어난다는 얘기를 하였다. 지금은, 위기의 원인은 무력에 의해서 뿐 아니라 훨씬 더 다양하게 보이는데, 그러한 위기의 다양화에 관해서 1부에서 자세하게 설명하기로 한다.

제 1 장
미국과 중국 대립에서 고뇌하는 한일의 안보
– 반도체라는 새로운 축이 더해진 외교

이제서야 중국의 대두를 막으려고 하는 미국
– 의지를 관철할 수 있을까?

중국은 이미 GDP에서는 세계 제2위, 인구는 14억, 그리고 핵탄두를 600 발 보유하고 있다고 한다. 그러나 굴욕의 시대(아편전쟁부터 100년간)에 대한 한이 있는지, 이제는 중국 주도의 세계 질서를 쌓겠다는 생각이 있는 것으로 보인다.

그 중국의 주변에 있는 것이 인도 태평양 지역이다. 이 지역은 세계GDP의 6할을 차지하며, 마르코 루비오 미 국무장관이 2023년 출판한 「Decades of Decadence」에 의하면 「중국이 아시아의 주도권을 장악한다는 것은 세계 무역의 원칙을 주도하는것과 같은 일이다…. 중국이 패권을 잡게 되면 그 영향이 크다… 미국이 중국 공산당의 신경을 건드리면 미국선박이 지나는 항로를 차단해서 우리가 필요로 하는 의약품, 금속이나 광물의 공급을 막을 수 있다.」

이러한 상황에서 트럼프 제2기 정권은 관세정책을 통해서 중국에의 대립자세를 노골적으로 보이고 있다. 트럼프는 이미 5년전 저널리스트 밥 우드워드에게 1971년 닉슨 중국 방문에 관해서 「닉슨과 중국에 관해서는 얘기하고 싶지 않다. 미국에 있어서 중국은 좋지 않은 존재다, 나쁘다」고 얘기하고 있다. 「중국은 우리를 과거 25년 동안 계속 이용해왔다」라고도 말한다.

국방 장관, CIA 장관 등 오랫동안 미국 정부의 중책을 역임한 로버트 게이츠는, 「중국에는 전략이 있고 우리에게는 없다」고 한다. 중국은 「중국 제조 2025」 라고 하는 국가 경쟁력 강화 계획을 전개해왔다. 미국에서는 반도체의 내제등 중국의 기술력을 포함한 산업 경쟁력에서 미국을 쫓아와서 뛰어넘을 계획이라고 해석이 되어 왔다. 트럼프는 2020년에, 「중국 제조 2025 라고 하면 2025년에 세계 제1이 되고 싶다는 의미가 아니겠는가. 그것은 나에게는 굴욕적이다. 나는 미국의 책임자이며 나도 계속해서 세계 제1 이고 싶다. 더 이상 중국 제조 2025년 얘기는 하지 말아라. 여러 가지 나쁜 일들이 떠오른다, 싫다」 패권 경쟁의 일부가 보이는 느낌이다.

종래 중국의 지도자들은 미국과의 직접 대립을 피하려고 해왔다. 미국 이외의 지역에서 영향력을 강화하고 미국과는 간접적인 방법으로 대치하려고 했다. 그러나 시진핑 정권 이후 그 움직임이 노골적으로 되었다.

미국에, 「잠이 든 개는 건드리지 말라」라는 표현이 있는데, 말 그대로 자고 있는 개 (미국)를 중국이 깨운 것은 아닌가?

이러한 경위에 관해서 마르코 루비오가 2023년 저서에서 자세하게 언급하고 있다. 「중국의 도전에 대항하는 것이 현재 우리의 유일한 핵심적인 과제다. 아시아의 주도권을 잡고 싶어하는 중국과 그 세계에 대한 영향을 우려하고 있다. 중국은 심각하게 아시아에서의 패권을 잡고 싶어 한다.」

트럼프와 루비오의 미중 관계에 관한 견해는 거의 같다. 요컨대 미국의 유력자들은 지난 수십년간, 중국이 부유한 나라가 되면 자유롭게(민주화) 될 것이라고 판단했었다. 그들은 중국을 관대하게 다루고, 중국과 관련된 보수를 얻음으로 인해서 중국에 유리한 입장을 취해 온 사람들이었다고 한다. 루비오에 의하면 중국이 2001년 WTO 에 가맹한 것이 그 경향을 가속시켰다고 한다.

그러나 트럼프와 루비오 사이에 조금 차이가 있는 측면도 보인다. 그것은, 아시아의 동맹국들을 주로 거래의 시점에서 보는가 아니면 외교안보의 시점에서 보는가 하는 차이일지도 모른다 . 루비오는「중국의 경제적 제국주의는 대만, 일본, 인도등 우리의 동맹국을 압박하고 있다. 그들에 대해서 주도권을 잡으려고 한다. 현재 세계GDP의 약 반이 아시아에 집중하고 있다. 중국이 아시아를 지배한다면 세계 무역의 원칙을 지배하는 것과 연결된다. 대만이 혹시 무력으로 중국에 굴복당하는 것을 미국이 용인한다면, 우리의 중요한 동맹국, 예를 들어서 일본, 한국, 호주, 인도, 베트남 등에 어떤 메세지가 전달될 것인가. 이 나라들은 중국의 야망 바로 옆에 있다. 그들은 각각의 방법으로 중국의 확대적인 욕망에 용기를 갖고 저항하고 있다. 이제부터 점점 더 대만, 일본, 호주, 한국,브라질 등과의 동맹관계와 파트너쉽이 중요해 질 것이다.」

루비오는 미국 상원 외교 안보에 관한 위원회의 멤버였기도 해서 이러한 시각이 있을 것이다. 문제는 트럼프와의 의견 조절의 결과가 어떻게 될 것인가이다.

전략적인 중국, 단기적인 미국

최근 미국의 각료 경험자, 평론가가 지적하고 있듯이 중국은 국가 목표를 향해서 전략을 계획대로 진행해왔다. 미국에서 뿐 아니다. 한국에서도 일본에서도 전 세계에서 그렇다. 이제 얘기하는 예는 미국에 관한 것이기는 하지만 한국에도 일본에도 비슷한 경우가 있다.

식료품 안보분야에 관한 경우인데, 식료품을 확보하기 위해서 2013년 중국계 기업이 미국의 돼지고기 가공업체 스미스필드 후드를 매수했다. 미국에서 소비되는 돼지고기의 적지 않은 부분을 공급하고 있었다고 한다. 또 아칸소 주의 사료관련의 땅을 사서 식료품 안보의 관점에서 반발이 일어나고 있다.

그리고 경제 안보의 예로서는, 중국이 희토의 세계적인 공급원이라는 것은 잘 알려져 있다. 2010년 센카쿠제도 영토문제 관련으로 희토의 대일 수출 규제에 나섰다. 중국은 또 심해굴삭에 의한 희토의 확보작업을 진행하고 있다.

이 이야기에는 배경이 있다. 해양 영역에 관해서는, 육지에서 200해리 이상 떨어진 국제 해역에서의 활동은 국제해양 조약에 의해 정해져 있다. 이 조약에는 중국을 포함한 168개국이 가맹하고 있는데 미국의 경우, 상원이 유엔의 영향력과의 균형을 우려하여 가맹하지 않은 상태다. 중국은 태평양의 동쪽에서도 희토의 심해굴삭을 진행하고 있다. 트럼프는 이 불균형도 그린란드, 우크라이나에서의 희토공급과 독자적인 심해굴삭을 통해서 급히 시정하려고 한다.

미중역학에 휘둘리는 한일

뉴욕 타임즈의 컬럼니스트 데이빗 부룩스는, 트럼프가 지나치게 관세에 의존하게 되면 미국이 서서히 고립하여 미국을 제외한 시장에서 무역이 이루어질 것이라는 견해를 보였다. 아이러니하게도 미국이 아닌 중국이 자유무역의 선도자 역할을 하고 있다. 한중일이 참가하는 RCEP(아시아를 중심으로 하는 다국간 자유무역협정) 도 점차적으로 이러한 미국을 빼놓은 시장 영역으로 되어 가고 있다. 게다가 중국은, 원래 미국이 주도했었던 TPP(태평양 연안국을 구성원으로 하는 자유무역협정, 그 후 CPTPP)에의 가맹을 검토하고 있다. 원래는 미국의 오바마 정권이 주도하여, 망설이고 있었던 일본을 가맹시켰음에도 불구하고 트럼프 제1기 정권은 간단하게 탈퇴하고 말았다. 일본은 미국의 재가입을 바라고 있었는데 트럼프 제2기 정권은 어려워보인다. 이러한 배경이 있어서 중국의 가맹도 간단하지는 않을 것이다.

또 아시아에서의 미국 중국의 가장 큰 염려 사항은 두 나라가 동의할 수 있는 동아시아에서의 안보 질서의 형성일 것이다. 대만, 센카쿠제도, 남사 제도, 그리고 한반도가 이러한 시스템 만들기의 요점이 될 수밖에 없을 것이다. 한번에 전체적으로는 어려울테니, 부분적으로라도 한반도의 안보를 해결할 수 있는가 하는 것이 우리의 관심사다.

다른 각도에서 보면 권위주의 국가인 중국도 북한도 국내 경제를 비롯해서 적지 않은 문제를 안고 있다. 지금까지 보아왔듯이 당연히 두 나라의 지속력을 과소평가해서는 안 된다. 한편 한미일 3개국 관계의 유지도 불투명해지는 시기에 돌입했다. 어느 쪽이 길게 유지되는가의 경쟁으로 보는 것도 가능하겠다.

다양화하는 위기 요인 - 반도체

한국과 일본은 미국이나 중국에 비교하면 천연 자원이 부족하다. 식료품이나 에너지 등 필수품의 자급률이 낮고 해외 의존도가 높다. 그래서 이 두 나라는, 소재를 수입하여 부가가치를 붙여서 수출하는 무역입국이 되었다. 그 부가가치를 높이는 중요한 요소가 기술이며 엘렉트로닉스였다. 그 결과 한국도 일본도 전자입국이 되었는데, 이 한일의 노력에 빠른 속도의 글로벌화와 자유시장 등을 밀어주었다.

여기서 등장하는 것이 반도체다. 이제 한국에게 반도체는 수출의 약 20%를 차지하는 품목으로 사활의 문제다. 일본의 반도체 수출은 전체의 약 3-5%다.

한국 기업 삼성의 총매출액은 한국 GDP의 20%를 훌쩍 떠어넘고 있고 그중 반도체가 큰 기여를 해왔다. 최근 삼성전자 반도체 사업 경쟁력에 관해서 염려하는 소리를 많이 듣고 있다. 일본은 톱 기업의 경우에도 일본 GDP의 약 1% 정도다. 즉, 품목에서 봐도 기업규모에서 봐도, 일본에 비해서 한국의 GDP 집중도가 훨씬 높다.

이제 반도체는 급속하게 인류에게 없어서는 안 되는 것이 되었다. 그전에는 전자제품을 작동시키기 위한 필수품(産業の米)이었는데, 이제는 제품 기능을 자동화(인텔리젠트화) 하기 위한 필수품(産業の刀), 그리고 나아가서 국제정치/국제안보의 무기가 되었다. 예를 들자면, 그전에는 가전제품은 동네 전파사에서 고칠 수 있었는데, 이제는 각 회사 사양의 반도체가 들어있어서 메이커가 아니면 수리가 어렵다. 동시에, 사람이 하던 일을 반도체가 자동화하였다. 최

근, 어떤 고급 자동차에는 CPU 반도체가 50-100 개 이상 들어있는 케이스도 있다. 또 PC(퍼스널 컴퓨터)의 핵심부품인 반도체가 납품되지 않으면 공장이 멈춰 버리기도 한다. 이러한 현상에 공통된 점은, 최종 제품을 기능하게 할 때 필요불가결한 반도체에 의존하게 되었기 때문에 반도체 메이커의 존재력이 높아진 것은 확실하다.

글로벌리제이션과 반도체산업 구조의 수평화

반도체 산업의 초기는 아주 로컬한 생태계를 갖고 있었다. 예를 들어서 1970년대 인텔의 매상은 주로 미국, 그 다음이 유럽, 한참 떨어져서 일본의 순이었다. 지금은 일본 이외의 아시아와 중국에서의 매상이 대부분일 정도로 산업이 글로벌화되었다.

동시에 반도체 사업은 수평 분업화되었다. 예를 들어서 1970년대부터 1980년대에 걸쳐서는, 일본의 반도체 산업에 있어서 소재, 제조장치, 반도체 제품 자체의 설계와 생산의 생태계가 일본 국내에 있었다. 지금은 예를 들어서 소재는 일본, 제조장치는 네덜란드, 반도체 제품 설계는 미국, 그리고 생산은 대만에서, 말하자면 서플라이 체인이 국제적으로 수평 분업화되어 있다.

그러한 중, 반도체 이외의 산업 분야에서는 중국이 급히 쫓아오고 있다. 「샌드위치 현상」이라고도 하는데 고부가가치 제품에서는 일본의 기술력이 유리하고, 중저 부가가치 상품에서는 중국의 가격 경쟁력이 쫓아오고 있는 것이 현실이다.

반도체는 상당한 진입장벽이 있는 대규모 산업의 하나라고 얘기할 수 있다. 중국은 늦어서 쫓아가기 어렵지만, 뛰어넘고 싶다고 「중국제조 2025」라는 국가계획에서 선언했다. 미국은 그것을 막기 위해서 반도체 산업의 서플라이 체인을 분단하고 있는데, 그럼에도 불구하고 화웨이나 SMIC는 서둘러서 쫓아오고 있다.

위기감을 가진 미국과 중국이 탐내는 군사용 반도체

위에서 얘기한 글로벌리제이션과 반도체산업 수평화에 의해서 미국의 안전보장이 위험한 상태로 되었다. 미국의 위기적인 공동화가 확실하게 된 3개의 사실이 있는데, 우선, 미국의 국방성이 사용하고 있는 반도체의 90% 이상이 아시아에서 조립되고 있다. 두 번째로, 미국에서 반도체 설계와 생산이 모두 다 가능한 회사 IDM은, 인텔과 마이크론 밖에 남지 않았다. 세번째로, 실리콘벨리에서 설계된 반도체는 TSMC가 위탁생산을 하고 있는데 중국이 대만을 손에 넣으면 실리콘벨리의 대부분은 기능하지 않게 된다.

그 중에서도 미국을 제일 초조하게 한 것은 「군민 양용」(dual use)의 반도체. 예를 들어서 CPU는 자동차 등 민간 수요에 사용할 수 있는데, 비슷한 기술이 미사일 가이던스 시스템이나 드론, 무인 로보트 무기 제어에도 효과적으로 이용된다. 좀 더 자세하게 설명하겠다.

한참 전 MIT의 친구가 당시 중소기업이었던 인텔을, 「이 회사는 언젠가 IBM을 뛰어 넘을 것이다」라고 해서, 그것도 하나의 이유로 나는 인텔에 취직을 했다. 처음에는 메모리(d램)를 만드는 회사였는데 PC(퍼스널 컴퓨터)의 두뇌로도 불리는 CPU(중앙 연산 장치)를 나중에 IBM이 채용하고, 그 세력으로 세계의 톱 메이커가 되었다. 최근에는 그 CPU라는 품목이 아주 다양한 기기와 장치의 두뇌로 사용되게 되었다. 인공지능 즉, AI의 시대가 가까워지면 자동차, 로봇, 스피커 등의 물건부터 무기까지, 스스로 생각하는 힘을 부가하기 위해서 CPU는 없어서는 안 되는 핵심적인 역할을 하게 되어 간다. 민간 뿐 아니라 방위력에도 차이가 난다면 국익에 직결하게 된다. 즉, 옛날의 철(鉄)처럼 다른 나라에게 의존하지 않고 국내에서 생산하고 싶어진다.

그런데 중국이 정신을 차리고 보니 CPU 기술이 뒤떨어져 있다. 어떻게 해서든지 쫓아가고 싶지만 반도체 중에서도 CPU는 진입장벽이 높은 분야다. 앞에서 얘기했지만 화웨이는 도전중이다.

치열한 기술 획득전

그런 중 미국이 왜 경계를 하게 되었는지 어떤 실화를 바탕으로 얘기하겠다. 몇 년 전에 실리콘벨리에서 대학출신 벤처를 알게 되었다. 대학에서 나라(미국)의 연구지원을 받아서, 말 그대로 AI용으로 특화한 고처리능력을 가진 CPU의 설계를 개발했다. 그것을 베이스로 벤처를 세우고 상품화, 사업화하려고 하고 있었다.

궤도에 올리기 위해서는 초기 단계만으로도 100만불 이상의 자금이 필요하고, 당연히 투자가를 모집한다. 처음에는 발기인 역할의 개인 투자가가 적은 자금을 넣고, 주주를 대표하는 이사회는 주로 미국인에 의해서 구성되어 있었다.

그런데 법인 투자가의 막대한 자금조달이 필요한 단계가 되었을 때, 그 대학의 중국계 미국인 관계자가 중국의 유명한 IT그룹(BAT로 불리는 리더기업의 하나)을 포함한 투자가들을 소개했고, 그들은 투자의 대가로 이사회에 들어가게 되었다. 사실은 그 직후 당시의 트럼프 정권은 CFIUS(Committee on Foreign Investment in the US)기구를 이용해서 외국의 투자가가 반도체 등의 벤처에서 어느 일정한 비율 이상의 주식을 소유하고, 통치에 관여하는 것을 제한하는 규제를 발동시켰다. 그러나 이 벤처의 경우, 그 직전에 투자를 했기 때문에 피할 수 있었다. 참고로, 이 중국법인 투자가를 소개받았을 때 이사회의 한 사람이 경계심을 보였는데, 결과적으로 그 이사는 그만두고 중국계 대표가 그 자리를 맡게 되었다.

걱정되는 내용은, 미국 국민의 세금으로 개발되고, 그것도 군민양용의 분야에서 사용될 가능성이 있는 기술인 점이다. 그러한 벤처가 중국계의 그룹에서 상당한 금액의 투자와 통치를 받아도 좋은가 하는 것이었다.

그리고 또 다른 미국인 이사에 의하면 그 새로운 중국계 이사는 그 후 이사회에서, 항상 현장에서 스마트폰을 쓰며 어딘가에 보고를 하고 지시를 기다리고 있었다고 한다.

그로부터 몇 주일 후 아침, 파이낸셜 타임즈를 읽고 있었는데, 중국의 그 유명한 IT그룹의 대표가 중국인민 해방군의 톱과 함께 집회에 등장한 사진이 있었다. 나라를 위해서 국가와 민간 기업이 정보, 기술, 능력을 공유하자고 하는 것이다. 2017년에는 「국가정보법」이 시행되어 군민의 정보공유가 강화되었다.

이러한 이유로 CFIUS가 생긴 것이라고 새삼 생각했다. 그리고 이 벤처를 포함한 실리콘벨리의 많은 회사가 TSMC에 위탁생산을 맡기고 있어서, 중국이 대만을 손에 넣고 싶어 하는 중요한 이유가 여기에서도 보인다.

중국의 「국방과학기술 발전 계획」 - 야심과 위기감

중국은 경제력 뿐 아니라 국방을 비롯한 종합적인 국력을 짧은 기간, 즉 30년 정도 걸려서 세계 톱 레벨로 끌어올리려고 하고 있다. 여기서 중요하다고 하는 것이 군사력과 기술력인데 양쪽을 「군민 융합」이라는 형태로 국내 생산이 확보되기를 바라고 있는 것이다. 중국은 탐이 나고 미국은 주지 않고 싶은 것이 당연하겠다.

중국은 이것을 톱다운으로, 그것도 전속력으로 추진하는 계획이다. 2025년까지는 전략적인 소재, 부품이나 제조장치의 국내 생산을 목표로 하는 「중국제조 2025」, 2030년까지는 연구개발 투자액을 GDP의 2.8%까지 올리고, 신 중국 탄생 100주년에 해당하는 2049년에는 미국을 따라잡는다는 계획이다.

그러나 과연 그렇게 계획대로 될 것인지 의문을 던지는 전문가도 있다. 프랑스의 유명한 사상가 **쟈크 아탈리**는 「공산당의 언론 통제로 이노베이션 고갈」이라고 경종을 울리고 있다. 중국은 중앙집권, 톱 다운, 그리고 개인 숭배의 길로 가는 듯이

> 쟈크 아탈리(1943-) : 프랑스의 사상가, 경제학자. 프랑소와 미테랑 대통령 고문, 구주(歐洲) 부흥 개발 은행의 초대 총재등을 역임.

보인다. 실리콘 벨리의 창조성의 기초에는 탈정부적인 민간주도형 리베랄리즘이 인정된다.

아탈리의 생각이 옳다면, 지금 중국의 수법은 어디에선가 한계에 직면하게 되고, 계획을 지키기 위해서 더더욱 미국 등의 기술을 흡수하지 않으면 안 되는 가능성이 있다. 그것도 치열한 방법으로 인재와 기술을 획득하게 된다.

그런 염려도 있어서 미국은, 외국에 의한 전략 기술계 기업에의 투자를 규제하는 위원회 CFIUS를 강화할 뿐 아니라, 미국의 중국인 유학생 비자 발급과 교육 기관에서의 중국과의 협력을 감시, 제한하며, 이제부터 설명하는 「칩(chip) 법안」에 의해서 반도체 업계의 디커플링을 강행하려고 한다.

이것은, 경쟁력을 만회하고 싶은 일본의 반도체 업계에는 기회가 되지만, 미국과 중국에 제조거점을 갖고 있는 한국 메이커에게는 어떤 결정이 옳을지 고민이 많은 상황이다.

미국 「2022년 반도체 법안」 Chip Act of 2022 – 글로벌 산업을 절단하려는 시도

미국은 보조금을 지급해서 자국의 반도체 공장 설립을 장려하고, 중국에는 부품, 설계용 소프트 그리고 제조설비 등의 첨단 기술을 공급하지 않음으로써 중국에서의 국내제조를 어렵게 하려는 생각이 있는 것 같다.

구체적으로는 미국 내 공장 설립 중에 5년간 527억 달러의 보조금, 게다가 240억 달러의 세금 공제가 되어있다. 이것이 온건한 회유책이다.

한편 강경책은, 중국의 첨단 기술 개발을 곤란하게 하기 위해서 어느 수준 이상의 기술 공급을 멈추는 초크 포인트(choke point),즉 급소를 설정하고 있다. 앞에서 얘기한 CPU의 경우 어느 연산 속도 이상인 것이나, 제조장치의 경우는 선폭(집적도)이 16나노 이하의 가공이 가능한 것은 수출 허가가 필요하다고 되어있다. 예를 들어서 장치의 경우, 중국은 미국에 5년 뒤떨어져 있다고 하는데 단기적으로는 타격이 있을 것이다.

이것으로 위에서 얘기한 「군민 융합」의 기세를 멈추게 하는 것인데, 이러한 스탠드 플레이에 중국이 어떤 공작(북한이 제재를 회피하는 것과 비슷)을 할 것으로 생각한다.

1980년대 미일 반도체 마찰을 경험한 필자에게는 흥미로운 비교의 대상이다. 1986년 미일 반도체 합의는, 시장 액세스(market access)와 가격덤핑(dumping)이 주된 쟁점이었다. 전자에 관해서는 일본 시장의 「폐쇄성」에 대해서, 관리 무역이라고 비판을 받은 쉐어 목표가 설정되었다. 후자에 관해서는 일본 메이커는 원가이하의 가격으로 해외 판매를 하는 것이 아니냐는 주장에 대해서 각 메이커 별로 최저 판매 가격이 설정 되었다.(이로 인해 한국 메이커의 메모리 사업이 기세를 올리게 되었다.)

1980년대 미국은 일본에 좀 더 판매하도록 해 달라는 요구가 있었는데, 최근 중국에는 첨단 기술을 팔고 싶지 않은 것이다. 어떤 경우에도 비 자유무역적인 대처법을 미국이 선택한 것은 주목할 만하다. 내가 알고 있는 일본의 전 고위관료가 86년 당시 미국에 「자유무역 위반이 아니냐」했더니 「일본이 자유 무역을 말하는 것은 매춘부가 청춘을 말하는 것과 같다」고 얘기했다고 한다.

또 말 할 필요도 없이 미일의 경우는 대체로 민간 경제적인 마찰에 한정되어 있지만, 이번의 미국 중국 마찰은 방위기술이 얽혀져서 안전보장에 직결되는 것이 특징이라고 할 수 있다.

그리고 미일 마찰의 무렵에는 파운더리라는 불리는 TSMC와 같은 위탁생산업체가 아직 없었기 때문에 대만 유사시와 같은 염려는 없었다. 역시, 어느 주요국의 종합국력이 급격하게 대두하는 사태에서는, 주변국 대응이 복잡하게 되는 것을 피할 수 없지 않을까.

자유민주적 사회 vs 통제 사회

제 2차 세계대전 후 태어난 자유민주주의 체제가 현재 위기에 처해있다. 민주주의와 자유는 전승국 뿐 아니라 패전국에도 도입된 성과물이다. 일본에도 언론과 종교의 자유, 그리고 인권 등이 차차 정착하게 되었다.

한편, 경제정책을 보면 한국도 일본도 옛날에는 개발독재라고 하는 수법을 썼다. 서양의 자유 민주주의와는 달리 국가주도로 보호주의나 규제 등을 통해서 자국기업에 유리한 정책을 추진하는 방식이다. 한일의 경우, 경제발전을 하여 어느 정도 부가 축적되면 외국과 자국민이 사회 전체의 자유화를 요구하게 되었다.

그런데 신기한 것이 중국의 경우이다. 로버트 게이츠 전 미 국무장관은 「중국이 잘 살게 되면 자유화할 것이라는 생각이 틀렸다는 것을 알기까지 너무 오래 걸렸다」고 한탄한다. 앞으로도, 많은 전문가들은 「부」=「자유」로 되기는 어렵다고 보고 있다.

그런데 이것은 한일처럼, 말하자면 개발 독재체제를 「졸업」하고 자유자본주의로 옮긴 나라한테는 큰 고민거리다. 왜냐하면 물이 낮은 곳에서 높은 곳으로는 흘러가지 않듯이, 통제형 통치체제에서, 예를 들어서 규제완화를 통해서, 자유를 맛본 후 되돌리는 것이 정말 어렵다는 것은 쉽게 상상할 수 있기 때문이다.

한일에 있어서 특히 어려운 것은, 안전보장은 미국에 의존하며 경제적으로는 미국과 중국에 의존하고 있는 일이다. 말하자면 미국과 중국의 사이에서 곤란한 상태이다. 글로벌 공급망이나 시장이 디커플링되어가고 있는 중, 이 상태를 어떻게 타개할 것인지 사활문제라고 얘기할 수 있을 것이다.

권위주의의 적, 인터넷과의 장절한 싸움

「아랍의 봄」이라고 불린 중동의 민주화운동이 메타(구 페이스북)등의 SNS에서 확산했던 것을 많은 사람들이 기억하고 있을 것이다. 자연 확산하는 인터넷은 민주주의 세력이 공존하지 않으면 안 되는 인프라가 되었는데, 권위주의 세력에게는 골치 아픈 적이라고 말할 수 있다.

아랍의 봄: 2010년 부터 2011년에 걸쳐서 아랍 세계에서 발생한 민주화 운동. 튜니스에서 시작하여 이집트, 리비아로 퍼졌다.

중국은 이 괴물을 어떻게 제압해왔는가.

장절한 싸움을 그리고 있는 제임스 그리피스의 책, 「더 그레이트 **파이어월** 오브 차이나Great Firewall of China」를 미국에서 발견했다. 클린턴 전 미국 대통령은, 인터넷을 무력화하는 것은 딸기잼을 압정으로 벽에 고정시키는 것과 같다고 표현했다는데, 중국은 어느 정도 성공한 것 같아서, 대단한 힘을 발휘하는 것으로 보이기도 한다.

> 파이어월 : 컴퓨터 네트워크 분야의 용어. 미리 설정한 규칙에 따라서 금지된 통신을 차단하는 Security 시스템.

그 책 안에 몇 개의 요인이 정리되어 있다. 우선, 철저한 검열로 불안정분자를 억누르고 그 다음, GAFA나 외국의 내정간섭을 취소화한다. 그리고 거꾸로 정보화를 통제의 무기로서 적극적으로 어떻게 이용하는가이다.

첫 번째의 검열에 대해서, 대체로 1990년대에는 전자 메일이 타겟이었다. 구체적으로 천안문 사건때 리훙콴(李洪寬)이라는 반체제의 인물이, 반체제파의 메일 주소를 대량으로 입수해서 검열대상의 정보를 대참고(大參考)라는 타이틀로 발신했던 움직임이 있었다. 그러나 정부의 탄압으로 리훙콴은 해외로 떠났고, 협력자들은 체포되었다.

그 후 20세기가 되어 포괄적인 인터넷 제한을 위해서 「금의 방패」로 불리는 파이어월을 설정하였다. 2010년에는, 세계 인터넷에서 정치에의 영향을 주시하고 나아가서 넷상의 감시, 밀고, 경찰기능을 강화했다.

그 대상으로는 어김없이 파룬공(法輪功), 티벳 달라이라마, 위구르, 웨이보(트위터의 중국판) 등도 포함되어 있어, 이른바 「두더지 잡기」가 격화된다. 키워드 검열이 철저하게 되니 상대방은 검색하기 어려운 그래픽 이미지를 쓰는 등 공방이 벌어졌다.

때로는 2천만명을 한꺼번에 오프라인으로 해버리는 수법을 썼다고 한다. 나중에 우간다에서 또 이러한 방법이 참고가 되었다고 한다.

말하자면 이렇게 「물이 새지 않는 체제」를 만들었음에도 불구하고 위해서 얘기한 책이 나온 후, 해킹에 의해서 신장 위구르 자치구의 수용시설로 여겨지는 건물 내의 사진이 유출되었다는 뉴스를 보면 이 싸움은 앞으로도 계속될 것이라는 생각이다.

두 번째 외국에 의한 내정 간섭의 최소화에 관해서이다. 나중에 미국과 중국 사이에서 곤란하게 되는 한일의 얘기가 나오는데, 이 책에는 실리콘 벨리에서 확고한 존재가 된 미국의 구글, 메타(구 페이스북) 그리고 과거 야후의 중국 경험도 나온다.

말 할 필요도 없이 처음에는 각 회사가 중국에서도 가능한 한 자유로운 플랫폼을 제공하려고 했다. 예를 들어서 구글은 보편적인 방침으로 편견은 갖지 말라고 선언했었다.

리카이후(李開復, 1961-) : 타이완 계 미국인. AI 기업가. 투자가. Apple, Microsoft, Google에서 관리직 역임.

그런데 구글이 마이크로소프트에서 리카이후(李開復)를 헤드헌팅한 후, 2006년 정도부터 중국의 방침에 협력하게 되어, 거꾸로 미국 의회에서 의원들의 집중포화를 맞았다. 결국 리카이후는 2009년에 퇴직한다.

시간이 흘러 2011년 구글의 인도계 최고 경영책임자는 중국의 규제에 맞는 「드래곤플라이」라는 서치 엔진으로 숭국 시장에 재도전하려고 했다. 그러나 인권문제가 주목을 받고 있던 시기와도 겹쳐서 조용히 단념하게 되었다고 한다.

한편 국제연합 등 국제기관에서도 인터넷상의 패권을 놓고 경쟁이 일어났다. 개방적인 넷환경을 제창하는 미국에 대해서 중국, 러시아는 각 나라에 「사이버 주권」이 인정되어야 한다고 주장하고 있다. 권위주의적인 국가가 도상국을 지원하거나 상호 사이버 불가침조약을 맺음으로 인해 동조를 촉구하고, 100개 국 이상이 찬성했다고 한다.

세 번째 통제의 수법으로 정보 기술을 이용하는 것이다. 인공지능(AI), 빅데

이터, 감시 카메라와 얼굴인식 기술의 발전에 의해서 불특정다수의 인민 통제가 쉬워진다. 신장 위구르 자치구의 우르무치를 방문했던 때는 그렇지도 않았는데 최근 뉴스에서 보는 우르무치의 감시 카메라의 수는 대단하다. 그것을 개인별 데이터베이스와 융합해서 언제, 어디서나 순식간에 인민의 이력과 대조할 수 있게 되었다.

특히 개인별로 그것도 실시간으로, 모범적인 행동을 하고 있는가, 아니면 위반을 하고 있는가를 쫓을 수 있게 된다. 경우에 따라서는 잡지에 실려서, 「회유책과 강경책」이 적용되기도 한다.

동시에, 최근에는 행정수속 등의 상당한 부분을 위챗으로 하게 되어, 강제가 아니라고 해도 사용하지 않아서 불편을 겪는다면, 준강제라고 말해도 과언이 아닐 것이다.

문제는, 사회의 형태로서 이것이 바람직한 것인지 아닌지, 장래의 일로서 한 일은 생각해야 할 것이다.

눈에는 눈을

2012년 일본이 센카쿠제도를 국유화했을 때 나는 우연히 중국의 쿤밍(昆明)에 있었다. 저녁때 현지의 TV를 보고 있었는데 평론가 중에는 일본이 저렇게 나온다면 우리는 오키나와를 손에 넣자고 하는 사람도 있었다. 오키나와에는 미군 기지가 있어서 비현실적이기는 하지만 저런 발언을 하는 사람도 있구나 생각했다. 그 후 폭도화된 반일 시위가 있었던 일을 기억하는 독자들도 있겠다.

한국도 마찬가지다. 미국과의 안보협력에 따라서 사드(THAAD)를 도입하라는 미국의 요청이 있었고, 이것으로 인한 중국 동부지역의 미국 감시를 피하려는 중국 사이에서 시달렸다. 당시 박근혜 대통령은 중국과 좋은 관계를 맺기 위해서 6번이나 정상회담을 했다.

박근혜 대통령은 선물을 들고 중국어로 인사하고, 시진핑 주석은 「오랜 친구(老朋友)같다」면서 박대통령을 추켜세웠다. 미일 정상은 중국의 군사 퍼레이드 참석을 거부했는데, 박근혜 대통령은 서방세계와 동맹관계가 있는 나라의 톱으로서 퍼레이드에 참석까지 했다.

그런데 사드설치를 결정한 후, 한국에 대한 보복조치가 눈사태처럼 밀려왔다. 한국으로부터의 중국 관광 투어는 금지하고 반한데모로 인해서 롯데의 매장은 폭탄을 맞은 듯 호되게 당했다. 아무리 가까워져도 조금이라도 중국의 신경을 건드리면 큰일을 당하는 현실이다.

덧붙여서 말하면, 서서히 개선되고 있다고 하지만 호주도 몇 년 전 인권에 대한 언급, 그리고 신종 코로나의 발병원 조사를 해야한다는 발언이 중국의 신경을 건드려 무역제재로 시달렸다.

일대일로라는 신실크로드 구상이 있다. 중국이 자국의 부를 구사해서 육지와 바다의 루트를 유럽까지 구축하는 장대한 계획인데, 개발도상국인 상대국에 중국에의 충성심을 약속하게 하는 조항이 계약서에 포함되어 있다고 보도되었다.

정리 : 저돌맹진(猪突猛進)하는 중국과 그 위협에 당황하는 미국

미국과 중국은 새로운 냉전에 돌입했는가? 중국은 새로운 중화사상을 향해서 달려가고 있는가? 중국은 1세기 이상, 서양열강·일본에 당한 굴욕을 풀고 싶은 것인가? 중국의 리더는, 대만을 손에 넣지 못했던 마오쩌둥(毛沢東)을 뛰어넘고 싶은가? 국제사회에서 여러 가지 억측이 난무하고 있다.

중국의 도전에 대해서 미국은 빨리 반응하지 못했다. 시간이 많이 걸렸다. 그리고 역시 미국은 물리적으로도 문화적으로도 중국과는 거리가 있다. 바이든 정권에서 국무 부장관을 역임한 커트 캠벨씨는 최근의 논문에서 미국은 중국을 오랫동안 과소평가해 왔다고 주장한다. 현재의 국무장관 마르코 루비오씨도 미국은 중국을 30년 이상 과신해 왔다고 말한다. 시간과 거리의 숙명(tyranny of time and distance)이라고 말해도 좋을 것이리라.

이제 겨우 미국은 정당과 관계없이 중국에 대해서 반격을 가하려고 한다. 그러나 중국에 의한 희토의 수출 규제가 무기로 쓰여지면서 미국의 생각대로는 되지 않는다. 중국의 반도체나 AI에 의한 첨단 기술 개발도 미국의 생각보다 훨씬 빨리 진전하고 있다. 여기에 더해서 만약 중국이 대만에 손을 댄다면 한국도 남의 이야기라고는 할 수 없다. 한국의 에너지 공급원의 대부분을 차지하는 석유 운반의 해상 교통로(sea lane)는 어떻게 될 것인가.

이 두 개의 큰 나라, 미국과 중국, 사이에 끼어 있는 한국과 일본은 힘들다. 우선 미국의 어떤 유명한 평론가의 이야기가 참고가 된다. 현재 미국 정권은 방침이나 정책을 발표할때, 중요한 내용의 「시그널」 보다는 잡음 「노이즈」가 크다. 해결의 열쇠는 잡음에 과민하지 말고, 시그널 즉 미국이 현실적으로 실행 가능한 방책을 잘 파악해서 대응을 논의하는 일이다.

한미일이라는 틀에서 생각하면 미국 현 정권의 유럽에 대한 불신감은 생각보다 아주 크다. 대외 전략의 초점을 대서양에서 태평양으로 명확하게 옮기는 발언도 나오고 있다.

그런 중 한국과 일본은 미국 중국과의 양다리 외교를 잘 할 수 있을지가 중요한 점이다. 제 3부에서 구체적으로 얘기하지만 그 전에 다음 장에서 각국의 내부 사정을 보기로 한다.

제 2 장
미일 그리고 한국의 불안정한 내부 사정

많은 한계에 직면하는 미국 – 적자, 이민문제, 사회적 균열

미국에 좋은 면이 아직 많이 남아 있는 것은 사실이지만 반세기전과 비교해도 현재 여러가지 한계에 직면하고 있는 점도 확실하다. 우선 재정적자. 최근은 예산을 세울때 상당한 빈도로 정부가 업무정지를 하게 된다. 국민에게는 곤란한 일이 아닐 수 없다.

재정지출의 가장 큰 비율을 차지하는 것이 복지와 방위일 것이다. 알기쉬운 예를 소개한다면, 미국의 고령자 의료 보험 메디케어가 있는데, 그 특전으로 1년에 1번 정해진 한도내에서 지원을 받고 안경을 만들수 있다.

한국의 백화점에서 어떤 고급 브랜드의 안경태가 80만원이었다. 미국에서 같은 안경태에 렌즈를 넣고 메디케어를 이용해서 약 250불에 살 수 있다. 원래는 800불 짜리 상품인데 500불까지의 지원에 더해서, 잔액에 대한 2할 할인이 붙어 있다. 결과적으로는 안경 가게는 800불을 벌고 미국 정부가 500불 이상을 부담하는 것이 된다. 매년 1번 이러한 배려가 필요한지 모르지만 메디케어 이용자와 안경가게는 이득을 보고 정부에는 부담이 간다.

미국 CBS 방송국의 「60 미니츠」라는 프로그램에서 새로운 전투기 개발에 관한 보도가 있었다. 국방성의 계획보다 시간도 예산도 훨씬 넘는 경우가 있었다고 한다. 나라의 국방 예산에 부담이 되는 동시에 동맹국에도 큰 부담이 되는 것이 아닌지 걱정이 되었다. 원래 무역밸런스가 적자라고 하니, 트럼프 대통령은 재정지출의 삭감과 관세에 의한 무역적자를 줄이려는 방침이다. 일론 머스크를 기용해서 대대적인 개혁을 하려고 했었다.

이민 문제도 심각하다. 1960년 이전에는 입국을 희망하는 사람은 대체로 들어올 수 있었는데, 현재 국내의 불법 이민은 1,100만 명에 달한다고도 한다. 남쪽의 국경을 넘어서 오는 외국인은 바이든 정권때는 한 달에 20-30만 명까지 달했고, 대기 시설은 난민신청중의 사람들로 정원을 넘은 상태다. 처음 트럼프 정권은 일년에 100만 명씩 강제로 송환할 것이라고 선언하고 있었다.

미국 사회는 많은 균열에 의해서 분단되고 말았다. 최근 어느 카페에서 옆에 있는 학생 두 명의 이야기가 들려왔다. 「학교 수업에서 마이크로 소프트 빌 게이츠 젊었을 때 얘기가 나왔어. 야, 그건 옛날 고대 얘기잖아. 그런 얘기에 누가 관심이 있을까」.

카페에서의 또 다른 일. 2023년 하마스가 이스라엘을 공격하고 며칠후 카페에서 유태인 지인과 「테러리스트는 정말 나빠!」라고 얘기하고 있었다. 미국 정부가 하마스를 테러집단으로 인정하고 있기 때문에 그렇게 표현했다. 그랬더니 옆을 지나가던 처음 보는 팔레스타니계 미국 사람이, 「테러리스트가 아니야, 프리덤 파이터야!」라고 소리를 지르며 유태인과 언쟁을 하였다.

이것에 더해서, 엘리트층과 고졸 노동자간의 균열이 있다. 우리나라에서도 잘 알려져 있는 하버드 대학의 마이클 샌델교수는, 미국에서는 기회적 균등이 이루어지지 않은 채로 실적주의가 퍼졌기 때문에, 자격을 무기로 한 배타성에 대한 반발이 강해졌다고 한다. 아이러니하게도 민주당의 실력있는 사람들의 대부분이, 말하자면 미국판 강남 좌파로 되어 사회적인 균열을 낳았다. 이러한 현상의 피해자들에게 직장을 주기 위해서 관세를 구사하여 미국에 공장을 다시 세우자고 하는 것이다.

민주주의 체제를 변형시킨 가상 권위주의 체제를 만든다

　사람은 기회가 두번 주어지면 그 경험에서 배우는 것이 많다. 일본의 아베 전 수상도 제 1기는 1년만에 끝났는데, 그 교훈을 장기 정권이 된 제 2기에서 살렸다고 한다. 트럼프 대통령도 두번 연속해서 정권을 유지할 수 없었고, 바이든 정권 기간에 여러 가지 학습을 했다고 할 수 있다. 그 내용은 주로 두 개의 항목이다. 우선 제1기 때는 장관, 보좌관들의 여러 가지 저항이 있었다. 이번에는 저항하지 않는 부하들을 뽑고 싶다. 두번째로는 자신의 정책 실행 자유도를 빼앗는 법체계나 조직제도, 구조를 우회하고 없애서라도 목표를 달성하고 싶다. 어떤 점을 보아도 민주주의의 시스템을 변형시키고 가상 권위주의 체제에 가까이 가도록 한 것은 아닐까?

　트럼프의 독재자에 대한 동경은 독일 메르켈 전 수상의 증언 등에서 전해진다. 북한의 김정은에 관해서도, 밥 우드워드에게 다음과 같이 얘기하고 있다.「그는 완전한 보스야. 북한군 간부가 그에게 경의를 표하느라 갑자기 일어났을 때 의자가 7m나 날아갔어. 대단해!!」

　트럼프 제2기의 경우, 입법 사법 행정 모두가 공화당 쪽으로 트리플레드라고 불리는 상황이다. 국회를 통하지 않은 채로 행정명령을 100번 이상 시행하는 속공전을 펼쳤다. 이민의 강제송환에 관해서도 1798년 비상사태를 가정으로 한 외국인 적대법(Alien Enemies Act) 을 근거로 했다. (한일에는 아직 근대적인 법이 없었던 시대!) 그리고, 본인은 부정하고 있지만 공화당 쪽의 싱크탱크 헤리티지 재단의「프로젝트 2025」라는 정책 실행제언을 부분적으로 응용해서 스케줄 F 라고 하는 방법으로 공무원의 조기퇴직을 시도하였다.

　요컨대, 새로운 정치 시스템을 구축하기에는 시간도 걸리고 수고가 따르기 때문에 지금의 체제를 우회하고 변형함에 의해 자유도를 확보하려고 하고 있다.

트럼프 제1기 정권 때 뉴욕 타임즈의 유명한 컬럼리스트 토마스 프리드만은, 미국 정부를 왕정(monarchy)으로 비유했다. 미국의 헌법은 원래, 국정에서 영국의 왕정적인 요소를 배제하기 위해서 만들어진 것이다. 최근 "No Kings"라는 데모를 보면서, 민주주의를 대표하는 나라 미국이 헌법의 틀 안에서 권위주의로 변하는 모습에 당황한 것은 나만은 아닐 것이다.

한미일 관계 – 당사자들의 회고

트럼프 제1기 정권 때 한미일 정상이었던 세 사람, 문재인, 트럼프, 아베 신조의 회고를 검증해 보면, 각각의 시점과 그리고 인식의 공통점과 차이점이 잘 보인다. 단, 정치가의 회고록은 주관적으로 저술되는 경우가 많아서 정확성에서는 떨어지지만, 그래도 비교에 의한 차이점이 있을 것으로 생각하여 인용하겠다.

우선 문재인 회고록에서 3개국 관계에 관해서, 「기본적으로 한미일 안보 협력이라는 것이 굉장히 중요하죠…. 일본하고는 잘 해 나가야하는 것이 당연한 일이죠…. 나는 한일 양국 간의 협력이 훨씬 강화되어야 한다고 생각한다」고 얘기하고 있다. 라고 하면서도, 3개국 사이에는 미묘한 측면이 있었던 것도 얘기한다. 우선은 한반도평화 프로세스, 예를 들어서 종전선언에 대해서 일본은 현상유지로 보이는 소극적인 자세를 취했다. 3국간의 합동 군사훈련에 관해서도, 한국지역 내에서 행할지 아닐지 미묘한 얘기다. 또 한일간의 역사 문제에 관해서, 트럼프는 개인적인 생각은 말하면서도, 미국 정부가 중개하는 일은 없다고 말하는 자세였다. 나아가서, 「미국이 일본을 보다 더 중시하는 것은 분명하죠.」라고도 하고 있다.

트럼프와 아베는 사이가 좋았다고 한다. 아베는 정치 경험이 비교적 적은 트럼프에게 겸손한 자세로 대했다. 아베 회고록에서 「현실 문제로 일본이 트럼프의 표적이 되면 일본의 상황은 어려워진다. 트럼프에게 상식은 통하지 않습니다. 뉴욕 타임즈는 아베가 트럼프에게 굽신거렸다고 비난을 했습니다.」라고 한다.

그러나, 「트럼프는 뼛속부터 비즈니스맨이니까 돈 계산을 하고 외교안보를 생각합니다. 예를 들어서 한미합동 군사연습에는 많은 돈이 드니 아깝다, 그만 두자 하는 것입니다. 그러나 트럼프가 사실은 군사 행동에 대해서는 소극적인 인물임을 김정은이 알게되면 그 억제력은 효과가 없게 된다」라고도 얘기하고 있다.

실제로 트럼프는 미일 안보조약은 불평등하다고 생각하고 있다. 일본이 공격을 받으면 미국은 개입해야 하지만, 미국이 공격을 받아도 일본은 참전할 수 없다. 이에 대해서 트럼프는 아베에게, 미일 관계는 좋지만 일본은 좀 더 부담을 늘려야 할 필요가 있다고 못을 박았다. 한국에도 똑같은 요구를 한 것은 모두 아는 일이다.

트럼프 제2기 정책과 일본 자민당의 종래의 정책과의 유사성

최근, 트럼프 자신은 부정하고 있지만 실행되고 있는 많은 정책과 공통점을 갖고 있는 보수계 싱크탱크 헤리티지 파운데이션에 의한 정책 선언, 「프로젝트 2025」를 훑어보았다. 트럼프 정권이 목적으로 하는 장기적인 비전을 파악하고 싶었기 때문이다. 동시에, 현재 국무장관 마르코 루비오가 2023년에 출판한 「Decades of Decadence」를 읽으면서 이상한 느낌이 들었다. 조금 시간이 지난 후 과거의 기억이 되살아났다.

이 두 개의 출판물의 공통적인 국가관은 일본 자민당에서도 비교적 보수적인 정치가들이 주장해온 정책과 많이 비슷함을 알게 되었다. 그것을 항목별로 얘기하면 다음과 같다.

경제구조 관련

- 국내 시장의 안정적인 보호
- 반 산업 공동화
- 메이커를 중시하며 금융 조작(머니 게임)을 경시하는 경제구조

사회 구조 관련

- 중앙 집권적 통치
- 사회질서 중시
- 엄격한 이민 정책
- 전통적인 가족의 형태, 반 LGBT
- 내셔널리즘
- 자랑스러운 역사관 교육
- 마약 대책

국제 경쟁 관련

- 중국을 패권쟁탈의 경쟁자로 인식

루비오의 책에 의하면 미국은 35년 동안 이런 국가관과는 다른 방향에서 정권 운영을 해왔다고 주장하고 있다. 트럼프 정권이 그 괴리를 한정된 시간 안에서 조절하기 위해서 강경한 대책을 쓰고 있다고 생각된다.

경제 정책에 관해서, 산업 정책이나 통상 정책은 옛날 일본의 통상산업성(현재 경제산업성 経済産業省)이 지휘해 온 분야다. 미국에서는 자유 경제의 이상을 추구하여, 산업 정책이라고 하는 단어 자체를 좋게 여기지 않았었다. 실리콘 벨리에서 반도체 제조거점이 없어지기 전에 정부의 개입에 대해서 반대했던 것은 그 하나의 예라고도 할 수 있다. 그러나 이것을 시정하려는 미국에는 상무부(Department of Commerce)는 있지만 통산성은 없고, 그러한 사령탑의 필요성에 관한 논의는 없다.

사회구조에 관해서, 일본은 중앙 집권으로 시도하고 있다. 일본의 내각 인사

국과「프로젝트 2025」에 적혀 있는 센트럴 퍼스널 에이전시(Central Personnel Agency)는 개념적으로 상당히 가깝다. 요컨대, 중요한 인사는 정책적 충성심을 기본으로 해서 중앙에서 정하고 싶다는 것이다. 그리고 대통령을 행정의 톱으로 하여 관료나 국회의 개입을 최소한으로 하고, 주로 행정 명령(Executive Order)에 의해 정책 실행을 진행하는 수법은 아베 정권 시대의 수상관저 주도형 정책 운영과 비슷하다.

지나친 다양성에 대한 위기감도 미일 보수층의 공통된 인식이다. 일본의 경우, 이민 정책은 관대하지 않았다고 해도 지나치지 않는다. 미국은, 단순하게 얘기하면 국민들이 어려움을 느낄 정도로 이민을 받아 들여왔다. 말하자면 이제는 만원버스의 문을 닫으려고 하는 것과 비슷하다.

트럼프 정권의 LGBT, DEI(Diversity, Equity, Inclusion) 정책에 대한 강한 저항감도, 일본 자민당의, 예를 들어서 부부별성(일본은 부부동성)에 대한 저항감과 겹치는 부분이 있다.

또 역사관에 관해서도, 국민들이 자부심을 가질 수 있도록 불명예적인 역사를 경시하는 교육의 현장, 또는 문화시설 등에서의 정책도 공통적이다. 나라의 유래와 원형을 소중히 하며 공헌한 영웅들의 동상이나 기념비를 중요시 하는 것도 그 예로 들 수 있다.

중국의 대두에 관한 위기는 미일 공통적 인식이다. 마르코 루비오는 저서에서, 그리고 피터 나바로는「프로젝트 2025」에서 중국에 관해 상당히 강경하게 얘기하고 있다. 한때 이시하라 신타로(石原慎太郎. 일본의 우익 정치가)와 비슷한 느낌이다.

한미 관계의 장래를 생각하면, 미일 보수파의 국가관이 이념적으로 가까워지는 것을 볼때 일본이나 한국의 중도나 좌파는 이러한 보수파에 어떻게 맞서야 할 것인지가 과제가 되는 것은 아닐까?

극동 아시아의 안전보장과 권위주의 국가의 대두에 대응하기 위해서 미국 한국 일본이 바이든, 윤, 기시다 정권에서 협력관계를 구축했다. 시작은 좋아 보였다. 그러나 세 명 다 교체되었다. 앞으로도 과연 이 삼각관계를 안정적으로 유지하는 것이 가능할까. 우선은 각 나라가 안고 있는 국내 사정에 대해서 요점을 정리해 보겠다.

내향적인 미국

미국에는 아직도 국제문제에 관여할 여유가 있을까. 공화당, 그리고 민주당 양 쪽에서도 더 이상 미국은 세계의 경찰 역할을 할 수 없다는 발언이 나올 정도이다.

1년에 몇 개월을 캘리포니아 실리콘벨리에서 머물면 그 답이 조금씩 엿보인다. 실리콘벨리는 스탠포드 대학을 중심으로, 북쪽에는 샌프란시스코와 버클리, 남쪽은 산호세를 넘어서 길로이까지 이른다. 미국 기술혁신의 첨단 기지라고 해도 지나치지 않고, 가장 부유한 지역이라고도 할 수 있다. 그러나 거기에서도 모순이 보인다.

불편한 생활환경의 실감, 그리고 부의 양극화

현지의 대중교통 수단을 이용해보면 알 수 있다. 우선, 실리콘벨리의 대부분의 경영자, 기술자는 버스나 전철을 타는 방법도 모르고 관심도 없다.

그 교통수단을 이용해 보니, 실리콘벨리의 약자의 모습이 드러난다. 승객은 마이너리티, 노숙자, 정신 장애인이 대부분이다. 전차역에서는 아시아계의 사람이 쓰레기통을 뒤지고 있었다.

버스나 전차의 상황은 한국보다 훨씬 뒤떨어져 있다. 지폐나 동전이 들어가지 않는 요금통, 전자화 되어 있지 않은 안내판, 그리고 만성적으로 시간을 지키지 않는 운행이 비일비재하다.

그리고 무엇보다도 승차감이 나쁘다. 도로에는 균열과 구멍이 많고, 다리도 위험한 것이 많다. 더 얘기하면 요즘, 뉴욕 근처 뉴와크 공항에서 일어난 문제가 보도되었는데 미국 공항시설중에는 몇십 년을 보수하지 않은 것이 있다고 한다. 캘리포니아에서도 경험할 정도이니 내륙지역에 가면 더 심하지 않을까. 국내 인프라의 위험한 상태를 제 3세계적이라고 표현한 책까지 있다. 바이든 정권에서 사회기반 개선 법안을 통과시켰지만, 현장에서 개선을 느끼기까지는 꽤 시간이 걸릴 듯하다.

약자 중에는 불법이민도 포함되어 있다. 캘리포니아에서 과거 불법이민을 단속한다는 발표가 있었을 때 불법이민자가 단기 스트라이크를 결행, 건설업과 요식업이 휴업하는 상황에 이르렀다. 이렇게 필수불가결한 불법이민이 존재하는 동시에, 전면적으로 사회복지에 의존해야 하는 빈곤층의 불법이민과 백인도 또한 있다.

나아가서, 마리화나의 합법화와 노숙자정책의 미비함 등이 치안을 악화시킨다. 대형 약국체인 CVS 등에서는, 어떤 일정한 가격이상의 제품의 선반을, 도난방지를 이유로 잠가버렸다. 손님은 원하는 상품을 점원에게 알리고, 손님은 계산대에서 기다리는 시스템으로, 시간은 걸리고 아주 불편하다.

미국의 변용과 고난 – DEI(Diversity, Equity, Inclusion)

그런데 미국에는 심각한 문제가 있다. 결론부터 얘기하면 미국은 지금 바깥의 적과 안에 있는 적, 양쪽과 동시에 싸우지 않으면 안 되는 **이면전쟁**(two-front war) 중이기 때문이다. 바깥의 적은 권위주의

> 이면전쟁 : 떨어져 있는 두 곳의 장소에서 각각의 적과 동시에 싸우는 전쟁.

국가, 안에 있는 적은 국내분열이다. 그것을 중국이 노리고 있다. 그렇기 때문에 중국은 오기로도 단결을 유지하려는 듯 보인다. 그 한 면을 파악하면 중국은 유리해 보이고 미국은 불리해 보인다.

1973년에 처음으로 미국에 갔다. 당시의 미국과 지금의 미국은, 조금 과장해서 얘기하면 다른 나라인 것 같다. 50년 전 미국에는 일종의 아이덴티티가 있었다.

처음에는 뉴잉글랜드 지방의 보스턴에 갔는데 바로 WASP(White, Anglo-Saxon, Protestant의 약자)가 사회의 중심에 있는 시대였다. 내가 간 학교는 미국 독립 2년 후에 설립되어 유학 당시에도 백인이 대부분이었다. 당시 디세그리게이션(desegregation)이라는 백인과 흑인이 같이 등하교를 하는 시도가 추진되었는데 큰 갈등이 있었던 것을 기억하고 있다.

> WASP : White, Anglo, Saxon, Protestant의 약자. 한참 전 미국에서는 정치, 사회 문화 분야에서 지배적인 계층이었다.
>
> 디세그리게이션(Desegregation) : 인종 간의 인공적인 분리 상태를 철폐하는 정책. 예를 들어서 통학 버스에 백인과 흑인이 같이 타도록 한다.

몇 년 전에 동창회에 갔는데 앨럼나이 퍼레이드(Alumni Parade)라는 것이 있어서, 졸업한 연대별로 오래된 순부터 행진을 한다. 내 주변을 포함해서 앞에 있는 사람은 거의 백인이고 뒤에는 상당수의 유색인종이 보였다. 앞쪽에 서 있는 동양 사람(나)을, 우주인 보듯이 쳐다보는 관중이 있었다. 최근, 이 학교 교감선생님을 일본에서 만났을 때 내가 졸업한 연도를 보더니, 학교로서 「유사 이전(prehistoric)의 존재」라고 하여 모두 크게 웃었다. 지금은 캠퍼스에 다이버시티(Diversity)를 촉진하는 사무실이 생겼을 정도다.

실리콘밸리에 처음으로 간 것이 1979년으로, 당시 취직을 한 인텔에서는 백인이 경영을 주도하고 있었다. 지금은 무엇보다도 중요한 신제품 개발의 프로젝트 리더의 상당수가 인도나 중국계이다. 실리콘밸리에서는 백인은 이제 마이너리티적인 존재가 되었다고 해도 과언이 아니다.

아침에 버스를 타면 학생들이 많다. 백인은 적고 유색인종이 많은데, 백인 학생이 인도계, 또는 중국계 학생에게서 숙제의 도움을 받는 모습을 보면 우려가 된다. 디지털 디바이드(기술 능력을 갖고 있는 사람과 갖지 못한 사람의 격차)의 일단을 본 느낌이다.

그들 백인은, 시대에 따라서 생각을 바꾸고 유색인종과의 공존을 꾀해왔는데 리버럴한 캘리포니아에서도 전통적인 가치관을 계속 갖고 있는 백인이 남아 있다. 그전과 비교하면 조금은 기가 눌린 듯한 느낌으로 다양화에 반감을 품고 있을 것으로 생각한다. 남부나 **러스트 벨트**(rust belt)라고 불리는 구 공업지대에서는 더 그러할텐데, 단적으로 얘기하면 트럼프는 그런 사람들의 울분을 정치세력으로 바꿨다고 얘기할 수 있겠다.

> 러스트 벨트: 한때 번성하였고 지금은 쇠락한, 미국 중서부에서 북동부에 있는 자동차, 철강공업지대..

미국은 백인 중심의 나라에서 유색인종이 권리를 주장할 수 있는 나라로 변했다. 흑인 조지 플로이드가 2020년 경찰관에게 죽임을 당한 것을 계기로 가속한 **BLM(Black Lives Matter)운동**도 그 한 예다. 지금 각광을 받고 있는 흑인 하버드대 교수 **루이스 게이츠**는 미국에서의 흑인 역사를 연구하고 있는데, 최근 TV에서 흑인입장에서 본 미국의 역사(역사 수정주의 = revisionism)를 전개하고 있어 시청률이 꽤 높다.

> BLM(Black Lives Matter) : 2020년 5월 미국 미네소타주에서 경찰에 의해서 흑인 조지 플로이드가 압사를 당한 후 가속한 인종차별 저항운동.
>
> 루이스 게이츠(1950-) : 하버드 대학의 역사학 교수. 미국의 역사를 흑인의 시점에서 해석하여 각광을 받았다.

이것에 반해서 중국에서는, 예를 들어 위구르족의 역사관이 햇빛을 보는 날이 있을까. 요새는「중화민족」이라는 개념을 추진하고 있다고 한다.

그러나 미국의 이 자유가 사회에 균열을 낳고 정치 프로세스를 방해한다. 공화당 vs 민주당뿐 아니라, 민주당 내에서도 중도파와 극좌가 대립하고 있어서 균열은 하나만이 아니다. 중국, 러시아, 북한은 이것을 잘 분석해서 자국의 이익을 위해서 이용하려고 한다. 미국의 미디어에서는 제1면에 USA가 아닌

DSA(Divided States of America)로 야유할 정도다.

DEI의 가속과 그에 대한 반동: 민주주의와 다양화는 양립이 가능한가

최근 미국 방송에서 어느 교수의 발언을 듣고 깊이 생각하게 되었다. 미국의 역사는 독립선언부터 250년 정도인데, 실질적으로 다양화를 인정하고 민주주의와 양립한 것은 과거 50년 정도라고 한다. 그 기간은 내가 미국과 마주한 시기와 많이 겹친다.

그동안 미국에서의 이 양립으로 인한 갈등은 대단한 것이었다. 백인 중심의 역사관에서 흑인의 시점으로 본 역사관으로 전개되었다. 아프리카계 대통령의 등장. 흑인 중산층의 증가와 흑인 어퍼 미들클래스의 증가. 히스패닉이나 AAPI(아시안 아메리칸과 태평양제도계)의 정치참가 증가. 말하자면 백인이 자주적으로 차별을 「관리」하던 상태에서 소수의 권리가 강화된 결과라고도 할 수 있다.

그래도 아직 불충분하다는 주장이 강하다. 2022년 중간선거에서 흑인 여성의 후보자는 하원과 시장 선거에서는 당선자가 나왔는데, 상원과 주지사 선거에서는 한명도 당선되지 못했다. 평론가에 의하면, 지역성이 높은 전자의 선거에서는 소수의 주장이 받아들여지지만, 주 전체의 지지가 필요한 후자의 선거에서는 아직 인정되지 않는다는 상징이라고 한다.

잘 알려진 일이지만 미국에서의 흑인의 역사는 비참하다고 얘기할 수 밖에 없다. 린치가 있었던 것도 그렇다. 흑인의 DNA를 분석하면 평균적으로 1/4 정도가 백인의 DNA라고 하는데, 노예 해방 전에 백인의 소유자가 싸게 노예를 구하기 위해 흑인과 관계를 맺어온 결과다.

미국 독립선언에 「모든사람은 평등하게 태어났다」라고 되어 있다. 요컨대, 마이너리티가 보기에, 백인이 내걸었던 이상과 현실의 차이가 개선되지 않는 것에 대한 초조함과, 그리고 백인들 자신이 개척하고 중심적인 역할을 해온 나라에서 자신들의 영향력이 현저하게 떨어진 위기감이 격돌한 것이다.

그리고 마침내 선거 그 자체에 의문이 제기되었다. 최근의 중간 선거에서는 다행히도 개표 후의 소동은 그다지 크지 않았다. 민주주의의 근간인 선거에의 신뢰가 회복되기를 바라고 있다. 이러한 상황에서 트럼프가 다시 등장하여 미국사회 곳곳에서 DEI 촉진 프로그램을 중지하려고 서두르고 있다.

엘리트에 대한 반감

하나 더, 이 DSA를 일으키고 있는 원인이 있다. 한국에서도 잘 알려진 하버드 대학 마이클 샌델 교수가 주장하고 있는데,「공정하다는 착각」(The Tyranny of Merit)이라는 책에서, 미국은 실제로는 기회균등의 나라가 아니라는 주장을 전개하고 있다. 알기 쉽게 해석하면, 오바마 대통령은 「Yes, We Can」이라며 당선했는데 트럼프는 「해도 안돼」는 사람들의 목소리를 들었다고 설명한다. 오바마 정권 말기에서는 코메디언들이 「Thought We Could」(할 수 있었다고 생각했다)고 야유했을 정도다.

피부색과 빈부에 관계없이 아메리칸 드림에 대한 희망을 갖게 하는 것이 대학입학과정이다. 가난해도 열심히 하면 좋은 대학에 들어갈 수가 있고 취업의 발판이 된다.

그런데 2019년, 이 과정에서도 타협이 있었음이 밝혀졌다. 유명한 부자가 자녀를 명문대학에 넣기 위해서 대리시험을 치르게 하고, 좋은 추천장을 받거나 스포츠 특별전형을 부정 이용하는 등의 수법을 악용하는 컨설턴트를 고용했었다는 것이다. 샌델 교수는 이 사건을 문제시하고 능력주의의 모순으로 다루고 있다.

이 기회불균형문제에 더해서 테크놀로지와 글로벌리제이션에 의한 「승자」와 「패자」의 격차에 의한 불공평감이 분단에 박차를 가하고 있다. 이 현상은 한일사회에서도 일어나고 있다.

미국의 내향성이 가져온 일본에의 안보부담증강
– 어떤 경우에도 한국은 안보부담증강을 강요당한다

미국은 많은 국내 문제와 재정적 핍박으로, 국민들은 정당을 가리지 않고 더 이상 세계의 경찰역할은 무리하다고 생각하고 있다. 개인적으로도, 최근 미국인 친구가 한국은 부유한 나라인데 미국이 왜 한국의 방위를 부담해야 하느냐고 묻기도 했다.

그런 중 2023년 1월 18일 당시 주일미국 대사 램 임마누엘(Rahm Israel Emanuel)이 동경의 외국특파원협회에서 자랑스럽게 미일관계의 전진을 설명했다. 획기적인 내용이었다는 것은 확실하다.

무엇보다도 충격적이었던 내용은, 일본이 방위 예산을 5년 안에, 즉 2027년도까지 GDP의 2%까지 끌어올리기로 한 것이다. 그 비율은 미국이 NATO에서 기준으로 하고 있는 수준에 필적하는 것도 하나의 근거가 된다. 대사는 2%를 달성하게 되면 일본의 방위예산은 세계 3위의 규모가 될 것이라고 확실하게 말했다.

일본에 전쟁의 행위를 정당화하려는 정치 세력이 아직 짙게 남아 있는 가운데, 이런 규모의 방위능력을 갖는 것이 합당한지 의문이 남는다.

또 반격능력을 강화하기 위해서, 1년 앞당겨서 2025년부터 일본은 미국에서 400대의 토마호크 미사일을 구입한다고 발표했다.

이러한 계획을 담은 것이 2022년 말의 **방위삼문서(防衛三文書)**의 개정이었다. 국가안전 보장전략, 국가 방위 전략, 방위력 정비계획의 3점 세트다. 장비이전 3원칙을 재검토해서 미국에 패트리엇 영격 미사일을 공급할 수도 있게 한다.

> 방위 삼문서 : 일본의 안전 보장 정책에 관한 「국가 안전 보장 전략」, 「국가 방위 전략」, 「방위력 정비 계획」의 3대문서.

평화를 원하는 일본국민 vs 미국/일본의 보수세력의 갈등의 역사

이런 외부압력도 있어서, 일본의 보수 친미세력이 계속해서 방위의 틀을 확대시켜온 역사가 있다.

일본은 제2차 세계대전에서의 실패를 반복하지 않기 위해서 여러 가지 군사확대에 대한 방지책을 만들어왔다. 그것은 기본적으로 교전권이 없고, 전수방위(專守防衛)의 평화헌법, 비핵 3원칙, 무기수출 3원칙, NPT 조인과 가맹, 무력행사 3원칙, 방위예산 GDP 대비 1% 상한이다. 요컨대, 무력의 행사를 최소한도의 방위에만 한정하는 조건을 갖추었다.

부담을 공유하고 싶은 미국과 강한 일본을 바라는 일부의 일본 정치가들은 그들이 원하는 방향으로 조금씩 바꾸어갔다. 1945년 일본은 패전 후 맥아더 장군이 이끄는 미국 군정의 통치를 받게 되었다. 그런 중 일본은 미국의 영향을 많이 받은 평화헌법을 만들었는데 지금도 이것은 강요된 헌법이라고 비판하는 의원이 남아 있어서 헌법 개정의 의욕은 사라지지 않는다. 하지만, 일본헌법개정은 상당히 어려운 작업이다.

그런데 1947년경부터 상황이 급변했다. 한반도 등에서 냉전이 격화된 것이다. 미국은 반공을 목적으로 일본을 서방진영에 넣고, 일본이 독자적으로 지킬 수 있도록 자위대의 전신인 경찰 예비대를 결성하여 재군비를 촉구한다. 당시는 충격적인 내용이었기 때문에 밀약으로 합의했다.

비핵 3원칙은 핵무기를 만들지 않고, 갖지 않고, 반입하지 않는다는 기준을 1967년 사토(佐藤栄作) 내각이 결정한 것이다. 그런데 1972년 일본이 염원하던 오키나와 반환 때 일본 정부는 원칙에 따라서 「핵을 제외한 반환」을 주장했다. 그러나 미국이 난색을 보여서 모든 방위장비의 자유를 밀약의 형태로 동의했다.

앞에서 얘기한 GDP 대비 1% 상한은 1970년대 중반에 미키(三木武夫)내각이 정한 것인데, 1979년 소련의 아프가니스탄 침공 때 외국의 간섭이 있었다.

레이건 정권이 1% 상한을 고집하지 말고, 방위예산을 연 10% 늘려줄 것을 주장한 것이다. 일본은 난색을 표시했지만 나카소네(中曽根康弘)정권이 1% 상한을 철폐했다. 그러나 그 후에도 1% 상한은 대체로 지켜져서 2%를 약속한 기시다 정권 때도 1%를 크게 넘지는 않았다. 그렇기 때문에 최근 2%의 43조엔 증액이 얼마나 큰 지 알 수 있다.

다음은 자위대의 해외파병에 관해서인데, 이것도 어려운 문제였다. 1990년에 걸프전쟁이 발발하였고 그동안 동맹국에 금전적인 지원만 해온 일본에 대해서 미국은 인적 공헌도 요구했다. 반면 1988년부터 1993년까지 중국의 국가주석이 었던 양샹쿤(楊尚昆)은, 아시아 각 나라 뿐 아니라 많은 일본국민이 염려를 하고 있으니 일본이 신중하게 검토할 것을 촉구했다. 결국 일본은 자위대의 인적 공헌이 가능한 PKO(평화유지군) 법안을 통과시켜서 이를 가능하게 하였다.

게다가 일본 자위대의 행동범위를 더 유연하게 한 것이 제2차 아베(安倍)정권(2012-2020)이다. 신중한 방위만을 허용하는 개별자위권을, 헌법개정을 하지 않고 유연한 해석으로 집단적 자위권을 가능하게 했다. 여기에는 미국 오바마 정권이 관여하였고, 그때도 국가 안전보장전략, 방위 대강 그리고 특정 비밀보호법이 가결되었다.

그리고 그 다음이 아까 언급한 바이든 정권과 기시다 정권의 2% 상한의 증강이다. 위에서 보면 알 수 있듯이 공화당, 민주당에 관계없이 부담 공유를 위해서 미국은 서서히 일본의 군비강화의 방향으로 압력을 가했다. 최근 그 페이스가 상승 경향인 것은, 미국 자체의 정치적 그리고 재정적 여유가 없어졌기 때문은 아닐까.

일본의 보수파가 약해지는 국면은, 한국에게 기회일까

이번에는 일본국내정세로 눈을 돌려보자. 일본의 보수파는 혐한으로 여겨지는 경향이 있다. 그런 경향이 있는 것은 사실이지만, 실태는 조금 더 복잡하다.

과거 1989년부터 몇 번 일본의 보수세력이 약해진 적이 있었고, 지금도 그러한 국면을 맞고 있다. 이번 보수약체국면이 어느 정도 지속될지 모르지만 그동안 한국과 일본과의 관계를 강화하기 위해 적극적으로 움직여야 할 것이다. 한참전의 이야기지만, 아시아에 대해서 비교적 양심적이었다고 여겨지는 **무라야마**(村山富市)**담화**(전후 50년 담화, 1995)에 관한 이야기이다. 수상 비서관이 일본 유족회의 **하시모토 류타로**(橋本龍太郎 - 나중에 수상) 회장에게 양해를 얻기 위해서, 「종전」이 아니고 「패전」이라는 단어를 써도 될지 조심스럽게 물었다. 그랬더니 「패전」도 좋다고 해서 놀랐다고 한다. 자민당 자체의 힘이 약했기 때문이리라. 동시에, 일본 자민당이 강한 국면에서도, 일본의 보수층에는 일관성이 없다는 것이 우리 한국인에게는 다행인 일이다.

> 무라야마 담화 : 일본의 수상에 의한 전후 50년(광복 50년)담화로, 일본의 식민지 지배와 침략으로 인해서 피해를 받고 고통을 당한 한국에 반성의 뜻과 사과의 마음을 표명.
>
> 하시모토 류타로(1937-2006) : 1996년 ~ 98년 까지 일본의 제 82, 83대 총리대신. 1996년 행정개혁을 추진한 일로도 알려져 있다. 장관, 자민당 실무 요직을 수차례 역임.

옆 나라와 잘 지내기 위해서는 일본의 보수성을 잘 이해하는 것이 중요하다. 일본의 정치를 돌이켜 보면 보수파의 영향이 강한 국면과 약한 국면이 있는데 중장기적으로는 좀처럼 보수색이 옅어지지 않는다. 제일 알기 쉬운 예가 민주당이 정권을 잡았을 때인데, 보수세력이 다시 등장할 때까지 3년밖에 걸리지 않았다. 그리고 **호소카와**(細川)**정권**이나 **무라야마**(村山)**정권**은 그보다도 짧았다. 2024년 10월 선거에서 자민당공명당연립(自民公明連立)이 과반수에 미치지 못하고 구(旧)아베파의 당선의원도 격감했는데, 그 후 자민당은 보수세력의 하규다(萩生田), 니시무라(西村), 세코(世耕)의 장관경험자를 복권시

> 호소카와 정권 : 1993년, 8개의 당으로 구성된 비 자민연립정권이 성립. 호소카와 모리히로(細川護熙)가 수상이 되어 1938년 이후 55년 동안 계속되었던 자민당 체제가 무너졌다.
>
> 무라야마 정권 : 1994년 자민당, 사회당, 신당 사키가케(신당 선구) 3당의 연립정권을 성립. 사회당의 의원장 무라야마 토미이치를 수상으로 함.

키고 있다. 또, 2025년 7월 20일 참의원 선거에서 구 아베파의 의석수는 4할 줄었지만, 그 대신「일본인 퍼스트」를 주장하는 참정당(参政党)이 약진했다.

일본사람은 큰 변화를 좋아하지 않는다. 큰 위기에 직면했을 때만 크게 달라진다는 사람도 있다. 어쨌든 다른 나라와 비교해서 제2차 세계대전후 일본이 정신적으로 크게 변했다고 말하기는 어렵다. 아직도 변화를 가져올 정도의 위기적인 상황에 이르지 않았다는 시각도 있다. 다른 나라에 비해서 보수성이 강한 것은, 학자에 의하면, 큰 침략을 받은 적이 없는 섬나라이기 때문이라고 한다. 영국은 섬나라지만 여러 번 큰 침략을 당했다.

일본은 15년 이상 전부터 우경화했다고 하는데, 일본국내에서는 의견이 엇갈린다. 일설에 의하면, 제2차 아베 정권부터 우익적인 경향이 강해졌다고 한다. 한편, 전쟁 후 우파가 계속 저류(底流)에 있었지만 제2차 아베 정권까지는 노골적으로 주장을 할 수 없었을 뿐이라고 하는 사람도 있다. 사람마다 우파의 정의자체가 다르기도 하다.

우파정치인들이 중요하게 여기는 항목으로, 황실, 애국심, 일본의 우위성, 헌법개정, 야스쿠니 신사참배, LGBT 반대, 외국인 지방참정권 반대, 국적조항 철폐 반대 등을 들을 수 있다. 그리고 대체로 한국을 싫어하는 경향이 있다.

자민당 안에는 구(旧) 아베파에 이러한 정치가가 많아 보인다. 그 집단의 리더의 한 사람인 **타카이치 사나에**(高市早苗)는 2024년 총리선거에서 이시바 시게루(石破茂)와 승부를 다투었는데 30여년 전 국회에서 다음과 같이 얘기했었다.

> 타카이치 사나에(1961–) : 일본의 보수 정치가. 마츠시타 정경숙(松下政経塾 마츠시타의 창업자가 설립한 교육기관) 출신. 아베파 소속. 야스쿠니 신사참배를 주장.

과거의 전쟁에 관해서 당시 34세였던 타카이치씨는,「적어도 나 자신은 당사자가 아니기에 반성을 할 생각이 없다. 반성하라는 얘기를 들을 이유도 없다고 생각한다.」고 말했다.

아베집안(安倍家)에서 보이는 혐한과 친한

이 타카이치를 밀어주려고 한 대선배가 아베 신조(安倍晋三)전 수상이다. 아베는 외할아버지가 기시 노부스케(岸信介) 전 수상이며, 친할아버지 아베 칸(安倍寬), 아버지 아베 신타로(安倍晋太郎)는 비교적 리버럴한 사상을 갖고 있었다.

기시 노부스케는 A급 전범 용의자였는데 불기소처분을 받고, 전쟁 후 수상까지 역임한 인물이다. 아베 신조는 자신을 기시 노부스케의 외손자로 표현하는 경우가 많았다.

일본의 유명한 평론가 아오키 오사무(青木理)는 그 사정을 잘 알고 있다. 아베집안은 야마구치현(山口県)의 대도시 시모노세키(下関)에서는 떨어져있는 지방 출신으로, 말하자면 아웃사이더이다. 덧붙여서 말하면, 최근 관방장관을 지낸 하야시 요시마사(林芳正)의 하야시집안(林家)는 시모노세키를 기반으로 하는 인사이더이다.

따라서 아베 신조의 외할아버지 기시 노부스케의 시대부터 아웃사이더로서 폭 넓게 지지층을 모을 필요가 있었다. 야마구치현은 거리적으로 한반도와 가깝고 재일교포가 많다. 기시 노부스케, 아베 신타로는 남한 북한 관계없이 지지자와 협력자를 구했고, 그 안에는 구 통일교의 문선명도 있었다. 반공이라는 이념으로 관계가 시작되어 우여곡절 끝에 아베 신조는 구 통일교 관계의 비디오에 직접 등장한 것이 아베 신조 암살요인 중의 하나로 꼽힌다. 이 사실과 박근혜 정권과는 거의 절교상태였던 사실을 대조하면 이상한 느낌이다.

아니, 아베 신조뿐 아니다. 구 통일교문제를 오랫동안 취재해온 스즈키 에이토(鈴木エイト)에 의하면, 보수계의 정치가 중에는 시모무라 하쿠분(下村博文), 이나다 토모미(稲田朋美), 기시 노부오(岸信夫), 하규다 고이치(萩生田光一), 타카이치 사나에(高市早苗), 이시바 시게루(石破茂) 등이 구 통일교와 접점이 있었다고 한다. 이중에는 일본 역사교과서에서 전쟁책임의 기술을 수

정하라고 주장한 정치가도 있다.

한편 구 통일교는 일본이 전쟁 때 한국에 죄를 진 것에 대한 속죄의 방법으로「한국」, 특히 구 통일교에 헌금할 것을 가르친다는 보도가 있었다.

일부 보도에 따르면 일본의 구 통일교 신자는 한국과 비교했을때 약 두 배라고 한다. 한때 그러한 신자가 영감상법(靈感商法)이나 고액헌금권유의 피해자로서 사회문제가 되었다. 아베 신조의 암살범도 어머니가 구 통일교 신자로, 고액헌금(약 2억엔)으로 인해 집안은 파산하고 형은 자살을 했다고 한다. 이러한 현상에 보수계 정치가가 관여했다는 것에 대해 일본 국민은 분노했다. 2024년 10월 중의원 선거에서 자민당이 참패한 것은 비자금문제, 그리고 구 통일교 문제가 정치불신을 키웠기 때문이다.

이것은 한 예이기도 하지만, 정치가에게는 좋게 말하면 합리성, 나쁘게 얘기하면 이면성 또는 모순이 따르게 마련이다. 전쟁 후의 한일관계에서는 일본의 보수 정치가가 큰 역할을 맡은 경우가 적지 않다. 보수세력은 친미/반미의 인상이 있는데, 1969년에 설립된 한일협력위원회 역대회장에는, 기시 노부스케, 야스쿠니신사 참배를 강행한 나카소네 야스히로(中曽根康弘) 전 수상 등이 있다. 1975년에 설립된 한일의원연맹 역대회장은 타케시타 노보루(竹下登) 전 수상, 모리 요시로(森喜朗) 전 수상, 스가 요시히데(菅義偉) 전 수상 등이 역임하고 있다. 이것은 직함에 지나지 않는다는 의견도 있겠지만, 실제로 나카소네 수상은 취임 후 첫 방문국으로 한국을 택하고 전두환 대통령의 60억 달러 안보 경제 협력요구에 대해서 40억 달러로 해결했다. 여담이지만, 한국어로 노랑저고리를 불렀다고 전해진다. 또 이 시기의 한일관계에는 세시마 류조(瀬島龍三)가 관여하고 있는데, 전쟁시에는 일본제국 대본영(大本営)참모였으며 전쟁 후에는 이토츄(伊藤忠)상사의 회장을 지낸 인물이다.

문재인 정권 시대에 악화된 한일관계는 윤석열정권과 기시다 후미오(岸田文雄) 전 수상의 협력관계로 재구축되었다. 기시다 전 수상은 당시 코치카이

(宏池会)라는 자민당 파벌의 회장이었는데, 보수파의 주류로 일컬어지는 코치카이의 원점은 요시다 시게루(吉田茂)다. 기시다는 중도적이지만 요시다는 이승만 전 대통령을 싫어했던 점으로도 유명한데, 이러한 이유도 있어서 코치카이는 오랫동안 친한파가 아니었다. 덧붙이면, 요시다 시게루의 외손자 아소 타로(麻生太郎) 전 수상은 코치카이 소속은 아니지만 우익적인 발언으로 알려져 있는데, 일한의원연맹 부회장을 역임하고, 수상의 사절로서 방한하고 있다.

이러한 합리성과 모순은 일본 민족성의 깊은 곳에 뿌리가 있다. 그것은, 협조를 중시하는 가치관이며, 사상(思想)하지 않는 정신구조와 천 년이상 계속되는 신불습합(神仏習合-신토와 불교가 융합한 관계)이기도 하다. 이것이 말하자면 일본의 집단주의의 본질이며 한국과 전혀 다른 점이다. 순발력이 필수적인 위기대응에는 염려가 되는 부분도 있는데, 자세하게는 제2부에서 한일의 통치방식의 차이점을 살펴보겠다.

이러한 일본민족의 애매한 특징을 잘 아는 것이 한일관계의 전진에 중요하다는 것을 얘기하고 싶다.

한일관계가 악화되었을 때 미국이 관여해온 역사

전쟁 후 한국과 일본이 절교 상태, 혹은 그에 가까웠던 것은 한두 번이 아니다. 제2차 세계 대전의 책임문제가 총괄되지 않았던 것이, 일본 국민을 비롯해 주변국과의 관계까지 영향을 미쳤다. 그때마다 외교무대의 안팎에서 미국이 관여해왔다. 중장기적으로는 미국의 관여없이 두 나라 사이의 문제를 해결하게 되는 것이 현명하지 않을까. 그에 대한 참고가 될지 모르는 과거의 예를 몇 개 들어보겠다.

우선, 전후 한일국교정상화에 이르는 약 14년간의 고통스러운 교섭이다. 보상 문제는 1951년 샌프란시스코 강화조약에서 해결되지 못하고, 두 나라 사이의 청구권교섭이라는 형태로 되어 버렸다. 일본은 식민지에 좋은 일도 했으니 그 부분은 식민지에 거꾸로 청구해도 되지 않은가 하는 **구보타(久保田) 발언**으로 한국의 심기를 건드려서, 약 4년 동안 교섭은 암초에 올라가고 말았다. 1957년에 기시 노부스케가 이 문제의 해결을 위해서 특사

> 구보타 발언 : 1953년 한일 제3차 회담 에서 일본측 수속 대표였던 구보타 칸이치로(久保田貫一朗)가, 「일본의 통치는 한국인에게 유익한 것이었다」고 발언, 그후 회담은 중단되었다.

를 통하여 우호적인 메세지를 한국에 전했다. 그 배후에도 미국의 영향이 있었다고 한다. 그 후, 1961년 6월 미국의 케네디 대통령이, 한국과 일본은 합의를 하도록 러스크(Dean Rusk) 국무장관을 일본 이케다(池田)수상에게 파견하였다. 당시 베트남이 위험한 상태에서 한국의 경제를 세울 필요가 있으므로 한일 간의 타협을 촉구했다. 그러한 움직임이 김종필-오히라(大平) 회담으로 연결되어, 1965년에 한일기본조약과 청구권·경제협력협정의 길을 열었다.

최근의 예는, 박근혜 정권이 위안부 문제 해결을 중시하고 수뇌회담의 전제 조건으로 삼아, 오랫동안 아베 수상과의 회담이 열리지 않았다. 그 사태를 우려한 미국 오바마 전 대통령이 타협을 촉구하여 일본 측에서 문제의 해결을 꾀했다. 위안부 문제와 관련해서 아베 수상은 국제사회에 고노(河野담화 - 93년)를 부정하는 취지를 주장하려고 했었는데 미국의 친일파까지도 반대하여 단념한 일도 있다.

전후최악으로 일컬어진 문재인 전 대통령 - 아베 신조 전 수상의 한일관계 때, 마찰이 점점 커진 상태에서 한국은 일본에게 지소미아(기밀군사정보) 공유의 합의를 연장하지 않을 것을 통고했다. 상당한 소동이 벌어졌는데 정보의 공유를 중시하는 미국이 그때에도 개입했다고 한다.

한국에서 본 대일 감정의 양극화

그리고 최근 한국에서 머물면서 놀란 일이 있다. 그 전 한국에는 반일색채가 강했는데, 요즘은 안전 보장에 관한 위기감과, 윤석열 정권의 급속한 대일관계

개선의 덕도 있어서, 친일적인 의견의 증가가 눈에 띄였다. 이러한 이분되는 대일감각이 한일 관계를 다시 마비시키는 요인이 되지 않으면 좋지만.

요점은, 「지일」을 전제로 한 「친일」인지 아닌지 하는 점이다. 세계가 새로운 위기국면에 직면하고 있는데 80여년 전에 있었던 일에 집착할 상황이 아니라는 것이 일부 보수 정치가의 해석이 아닐까. 두나라의 젊은이들은 이미 대중문화를 통해서 융합하고 있는 것이 아니냐는 의견도 있었다.

조금 과장해서 얘기하면, 역사를 풍화시켜도 좋으니 합리적인 외교를 하자는 느낌으로도 보인다. 진보세력은 「친일파」라는 개념을 정치적으로 이용하려고 하며, 윤정권은 그것을 억누르려는 인상도 받았다. 윤정권은 반일을 내세우는 민주당과 일본 사이에 끼어있는 상태였다. 그 일본도 한국이 과거를 잊어버린다면 그처럼 좋은 일은 없다고 생각하고 있다.

지일인 동시에 친일이 왜 필요한가

한국의 여당 야당, 그리고 일본이 공유해야 하는 미래지향적이고 건설적인 역사해석은 정말로 없을까. 젊은 세대에게는 「가해자 vs 피해자」의 감각이 희박하다. 나는 「통치의 질」의 시점으로 좌표를 바꿔서 역사를 해석할 때, 가치관이 다른 두 나라가 실질적인 위기국면에서 협력할 수 있지 않을까 생각한다.

나는, 예를 들어서 한일의 젊은이들이 대중문화에서 융합을 해도, 위기가 닥쳤을 때 하나의 팀이 되어 힘을 발휘하리라고는 생각하지 않는다. 왜냐하면 한국과 일본에서는 결정하는 방법이 다르기 때문이다. 그리고 결정에 걸리는 시간도 다르다. 북한이나 러시아가 이미 실력행사를 하고 있는 지금, 한일의 공동 의사결정이 여러 가지 차원에서 신속하고 원활하지 않으면 혼란이 일어나서 적에게 지고 만다. 긴박한 과제라고 하기에는 이미 늦었다는 느낌이다.

러시아의 우크라이나 침략 과정에서 알게 된 것인데, 독재정권의 의사결정은 상대적으로 빠른 반면, 전선에서는 권한이양이 되어있지 않아서 작전의 경직화를 지적받고 있다. 유연성이 부족하다. 한미일은 민주적이어서 의사결정에는 시간이 걸리지만, 통치가 효과적인 조직 안에서는 독재정권보다 현장의 상황 분석과 작전의 최적화가 효과적일 것이다. 그러나 그렇게 하기 위해서는 서로의 의사 결정의 차이를 어떻게 뛰어넘을지 잘 생각해서 해결해야 할것이다.

3개국 관계의 공통득실과 대립하는 득실

다른 각도에서 제2장에서 언급한 내용을 정리하겠다. 한미일은 미국의 바이든 전 대통령, 기시다 전 수상, 그리고 한국의 윤석열 전 대통령이 쌓아올린 3개국 관계유지가 가능할까. 그것에 대답하기 위해서는 3개국에 공통하는 득실과 대립하는 득실을 알아야 할 필요가 있다.

우선은 공통이익인데, 말할 필요도 없이 한반도 유사시의 가능성을 포함한 동북아시아, 그리고 대만 유사시의 가능성을 포함하는 인도 태평양지역의 안전 보장이다. 그리고 3개국 형태의 근간에 있는 민주·자유주의, 그리고 법에 의한 지배를 지키는 것이다. 이것이, 러시아, 북한, 중국의 최근의 언동으로 보다 중요하게 된 일이다.

그러나 이 삼각형을 위협하는 몇 개의 득실요인이 있는 것도 지적하지 않으면 안 된다. 우선은 미국 대 한일이다. 무엇보다도 조정이 필요한 요인은, 한국과 일본이 경제적, 문화적 그리고 지리적으로도 중국에 가까운 관계에 있다는 점이다. 지금까지 얘기했듯이 미국은 여러 가지 이유로 중국의 위협을 알아차리기 어렵고, 그만큼 포용정책에서 경쟁정책으로 급하게 진행하지 않으면 안 되는 상황이다. 본심에서는 미국 기업도 중국 시장에서 적지 않은 이익을 보고 있지만, 미국의 안보와 국내 정치역학에서 적어도 표면적으로는 대립구조를 추구하지 않으면 안 되는 상황이다.

게다가 이미 언급한 미국의 내향성과 재정사정에서 한국과 일본이 방위부담액을 올려주기를 공화당 뿐 아니라 민주당에서도 조를 것이 틀림없을 것이다. 이런 요청에 대답하기 위해서는 두 나라는 재원확보라는 문제에 직면하게 않을 수 없다.

다음에 한미 대 일본의 경우 긴급 사태가 일어났을 때 일본의 의사결정이 늦어지면 어떻게 대처할까. 일본은 전통적으로도 지금도 집단주의라고도 부르는, 집단으로 결정하는 것에 익숙해져 있다. 일본 사람 스스로도 급할 때의 이 약점을 인식하고 있기 때문에 몇 번 중앙집권형으로 이행하려고 했는데 되돌아오고 만다. 패전의 경험으로 중앙집권에 불신감을 갖고 있는 사람도 적지 않은 것이 하나의 원인일 것이다. 한국의 직접 민주주의 체제에 대해서 일본은 간접 민주주의인 것도 더 복잡하게 한다. 특히 미국은 이러한 요인도 있어서일까, 일본 자위대 지휘명령계통의 일부 통합을 관심있게 지켜보고 있다. 권위주의 나라는 이러한 틈을 파고 올 것이 분명하니 걱정이다.

이번에는 미일 대 한국인데 통일 문제를 포함한 한반도의 안정에 온도차가 생기지 않을까. 통일에 관해서 일본의 국민차원에서는 회의적 내지는 무관심일 것이다. 최근 GDP로 측정한 일본의 경제 규모 랭킹에서 일본은 이미 4위, 장래에는 인도에 뒤떨어질 것으로 보인다. 승승장구했을 때는 2위였던 일본이 혹시라도 옛 식민지였던 통일한국에 뒤떨어지는 시나리오를 부정하고 싶은 사람도 적지 않다. 한편, 미국에서는 인도적으로는 통일을 지지하는 사람도 있겠지만, 역시 지금의 내향성에서 얘기하면 먼 외국의 얘기로 한국입장에서 생각하는 것은 어려운 것이 현실이 아닐까.

그런데 통일까지 가지 않더라도 한반도의 안전 확보에 중국이 적지 않은 영향을 끼치는 것은 당연할 것이다. 강대국이 아닌 미들파워 한국은 중국과 자유롭게 대립할 수 없다. 그런 한반도의 미래 비전과 대중 무역・투자문제가 한국과 미일 사이에 부담이 된다.

다음엔 한일 간의 문제로 넘어가는데 역사 문제를 정말 피해서 갈 수 있을지 불안이 남는다. 일본 미디어에서는 한국의 보수 정권이 계속되는 한 어느 정도 반일세력을 억누를 수 있겠지만, 진보 정권이 돌아온다면 다시 흔들릴 것이라는 우려가 끊이지 않았다. 제2부에서 이 역사 문제를 다른 각도에서 미래지향적이며 건설적으로 포착하는 방법을 제안하려고 한다.

각 나라 리더의 지지율도 문제다. 민주주의 나라의 거버넌스(통치)가 기능하기 위해서는 구심력이 있는 인재가 필수다. 한국과 미국에서는 이 톱의 인선이 잘 되지 않고, 일본의 자민당 안에는 인재가 있다고 하지만, 집단 지도체제 안에서는 움직이기 어려워 보인다. 권위주의 나라에는 실질적인 선거가 없기 때문에, 민주주의 나라의 정치에 변화가 있을 때, 잘 노려서 틈을 타는 인상이 있다. 이 과제에 대해서 제 3부에서 더 다루겠다.

한미일인가, 미·러·북인가, 중·러·북인가

미국이 어떤 한계에 달하고 있다는 사실은, 나처럼 외국인으로서 1년에 몇 번씩 장기 체재 하고 있는 사람이라면 느낄 수 있다고 생각한다. 반세기 전 처음으로 미국에 갔을 때의 경제등 여러 가지 면에서 비교하면, 여유가 없어지고 질서기 무너진 사회기 되어 비렸다. 반세기 동안에 흑인 이외의 유색 인종이 많이 늘었고, 그 전 TV 광고에는 백인만이 나왔었는데 요새는 유색 인종이 눈에 뜨일 정도다.

그렇다면 일본은 어떤가. 최근 한일의 젊은이들의 교류가 활발해졌다고 한다. 부분적으로는 아주 좋은 일이다. 그러나 문화의 교류와 안전 보장은 차원이 전혀 다른 과제라고 할 수 있으며, 민간의 젊은이들과 권력의 자리에 있는 사람들과는 시점에 다르다. 최근 일본을 방문한 한국인은 800에서 900만 명이라고 하는데 한국을 방문한 일본인은 그보다 훨씬 적은 300만 명이라고 한다.

불고기는 좋아해도 한국을 싫어하는 일본 사람들은 얼마든지 있다. 최근 한국드라마를 좋아한다는 사람을 만났는데 한국에 대해서는 비판적인 의견이었다. 고대 시대부터 일본은 한반도를 일본의 지정학적 눈을 통해서만 보아 왔다.

2025년 시점에서 일본의 여권 보유율은 20% 미만으로 한국의 60%를 크게 밑돌고 있다. 섬나라 일본사람들은 한반도에 살고 있는 사람들의 입장을 알기 어렵고, 안정된 사회의 지도자들의 시점에서는 한국은 질서가 없는 혼란한 나라로 보인다. 징병제가 있는 절박한 상황의 한국과, 평화를 추구하며 그것에 익숙해진 일본과는 안전 보장에 대한 국민의 시점은 상당히 다르다.

위기는 아주 가까이 다가와 있다. 젊은이들이 권력을 잡을 때까지는 기다릴 수 없는 상태다. 더더욱 일본의 본질은 보수적이다. 일본의 구 아베파는 구 통일교 문제 그리고 비자금 문제에서 사회적인 비판을 받았음에도 불구하고, 자민당 내에서 온건파에 속하는 수상도 학술회의 문제나 차별 발언을 반복하고 있는 스기타 미오(杉田水脈)를 선거에 옹립하는 등 우파의 영향력은 계속되고 있다. 그리고 참정당이라는 새로운 우익세력이 주목을 받기 시작했다. 뜻밖에도 이러한 그룹의 국가관과 트럼프 정권의 국가관에 공통점이 있는 점이다. 한국의 새로운 정권이 이러한 국가관과 공존할 수 있으면 좋을 텐데.

대외적으로 보면 한일은 안전 보장에서는 미국에게 당분간은 중심적인 역할을 바랄 수 밖에 없을 것이다. 미국이 쇠퇴해도 군사력이 금방 약해지지는 않는다. 우크라이나 러시아 그리고 이스라엘 이란 사이의 군사 대립에서 보였듯이, 미국은 아직 결정적인 군사력을 갖고 있다. 한일 외교의 과제로서 한미일 삼각관계를 유지하면서 미러북 또는 중러북의 3개국 관계가 집결하는 국면을 피하는 것이 필수라고 할 수 있다. 거꾸로 한미일이 약해지고 미러북 또는 중러북이 강해지면 치명적인 국면이 될 수도 있다.

제 3 장

강해지는 북한, 사면초가(四面楚歌)의 국제사회

2018년 마이크 폼페이오 전 미국무장관이 평양에 갔을 때 김정은이 농담을 하기를,

「당신들은 나를 죽이려고 했다고 들었는데요.」

그에 대해서 폼페이오는,

「지금도 죽이려고 하고 있어요.」

하며 크게 웃었다고 한다. 비꼬임이 섞인 외교적 발언이다.

애초에 세계최대의 강대국이 왜 북한의 핵개발을 막지 못하는가

북한이 핵개발 과정에서 전진할 때마다, 미국의 역대 대통령은 대응책을 검토했다. 비교적 최근의 예만 들어도 클린턴, 부시(아들), 오바마, 트럼프 그리고 바이든에게는 머리가 아픈 일이었다.

보좌관들은 항상 여러 가지 대응책을 제시하는데, 나열하면,

- 북한 지도부에의 집중공격(OPLAN 5015): 최근 OPLAN 5022로 바꾸었다. OPLAN 5015는 2016년 북한에 의해서 해킹되었다고 한다.
- 북한 미사일의 영격
- 북한 공격에의 반격(OPLAN 5027): 이것은 저널리스트 우드워드씨에 따르면 핵병기

80개가 사용된다고 한다.
- 전술 미사일의 시험발사
- 사이버 공격
- 스텔스 전투기에 의한 북방한계선 넘기
- 한반도 주변에 항공모함, 원자력 잠수함을 배치
- 공동군사연습
- 금융 경제 제재
- 중국과 협력해서 북한에 압력가하기
- 북한과의 직접교섭

등의 선택지가 주로 검토되어 왔다.

그러나 북한의 핵개발을 막지는 못했다. 몇 가지 이유를 들을 수 있다.

우선 리스크다. 군사경계선에서 한국 인구의 1/5 이상이 집중하는 대도시 서울까지 약 50km 이다. 예측하지 못한 일이 생기면 수만 명에서 수십만 명의 희생자가 나올 가능성이 있다.

사이버 공격·반격에 관해서도, 중국 서버 경유의 확률이 높아서 오해를 받으면, 미국이 역공격을 받게 될 가능성이 있다.

북한의 미사일을 영격해도 그 후 다시 공격해올 가능성은 부정할 수 없다.

그리고 북한은 미국이 중동 등 다른 지역의 분쟁에 관여하고 있음을 알고, 타이밍을 노리고 있다.

중국은 북한에 어느 정도 영향을 끼칠 수 있는 입장에 있고, 북한의 비핵화와 한반도에서의 미군철수를 꾀하고 있음은 부정할 수 없다. 그러나 최근 북한이 러시아에 적극적으로 협력하고 있는 국면에서는 어떤 가능성이 있을까. 북한과의 직접교섭에 관해서는 나중에 자세하게 얘기하겠다.

제1장에서 설명한 미국의 내향성과 다른 지역에의 대응에서, 미국에는 최근, 북한이 핵탄두를 실은 대륙간 탄도미사일이 미국 본토를 위협하지 않을 것, 핵물자나 기술이 북한에서 테러리스트나 이란등의 나라에 확산하지 않을

것이, 아시아의 평화유지보다 중요한 과제라고 생각하고 있는 사람도 부분적으로는 있다.

그런 중, 미국의 트럼프 대통령은 다음과 같은 자극적인 발언을 했다.

「우리는 왜 한국에 신경을 써야하지? 그들은 8500마일이나 먼 곳에 있어.」

「알고 있어? 우리가 한국을 살려주고 있는 거야.」

「한국은 지금은 부자 나라야.」

이러한 발언은 트럼프 제 1기 정권의 발언이지만, 제 2기에서는 대중국 전략과 어떻게 균형을 잡을지 지켜봐야 되겠다.

초크포인트(Chokepoint)라는 결정적인 전략 요인의 결여.

자칭「교섭의 달인」트럼프는,「협상의 테이블에서는 협상 카드가 가장 적은 플레이어가 가장 적은 결과를 얻는다」는 원칙을 얘기하고 있다. 다른 플레이어에 대한 초크포인트(결정적인 도발 요인)의 보유와 의존도와의 균형이라고 해석할 수 있기도 하다. 북한은, 초크포인트로 미국 본토에 도달할 수 있는 핵 무기를 갖고 있으며, 경제제재의 해제이외에는 미국에 의존하고 있는 것이 없다. 일본의 경우, 최근 미국의 국채 보유가 초크포인트라는 의견이 있는데, 안보 경제 양쪽 면에서 대미 의존이 크기 때문에 이 초크포인트는 실질적으로는 효과가 없다. 한편 미중관세교섭에서 중국이 꺼낸 희토 카드는 효과적이었다.

한국의 경우, 통상 무기에 의한 억제력은 있지만 초크포인트라고 할 수 있을지 모르겠다. 특히, 서울이 38 도선에서 가까운 점이 거꾸로 북한의 초크포인트라고 할 수 있다. 나아가서 일본처럼 안보 경제 양면에서 미국에 크게 의존하고 있다. 이런 초크포인트와 의존관계의 균형을 다시 살펴보는 것이 한국의 안전 보장에 관한 가장 큰 과제가 아닐까.

3번의 실패에서 얻은 교훈

너무 단순하다고 할지도 모르지만, 과거 35년간 북한과의 진지한 비핵화 교섭은 3번 있었다. 첫 번째는 1990년대 전반으로, 1994년에 북미 제네바합의라는 형태였다. 두 번째는 2000년대 전반으로 2005년 제4차 6자회담에서 합의문이 발표되었다. 안타깝게도 1차, 2차 합의는 실행되지는 않았다. 세 번째는 2017년 북한에 의한 핵 도발이 피크에 달한 후, 이례적으로 미국 트럼프 대통령이 2018-2019년 두 번에 걸쳐서 북한과의 수뇌회담을 했을 때다. 2018년 싱가폴 회담에서는 실질적, 구체적인 합의에는 이르지 못했고, 추상적인 내용과 의례적인 협력에 언급한 선언에 불과했다. 2019년 하노이 회담은 결렬되었다.

결국 지난 35년간 북한은 계속해서 핵개발을 하고, 한반도의 긴장상태가 계속되고 있다.

30년 이상의 교섭경험에서 얻은 교훈

알다시피, 북한에 관해서는 아는 것이 별로 없다. 최근 우크라이나, 가자 전쟁에 관한 보도에 의하면, 러시아, 이스라엘의 내부 정보를 미국 CIA가 많이 파악하고 있음을 알 수 있다. 이스라엘의 모사드가 이스라엘 주변국 정보를 미국에 전하는데, 때로는 미국의 독자적인 정보가 정확하다고 한다. 이것은, 위성사진은 물론이고, 휴민트 곧 휴먼 인텔리젠스(정보원의 정보)의 정확도가 높기 때문이다. 전문가는, 러시아(푸틴)에 의한 우크라이나 침략 계획을 미국이 확신한 것은 크레믈린 안에 미국 정보원이 있기 때문이라고 한다. 북한의 경우, 이러한 휴민트가 중국 국경 쪽에서 접근할 수 있을지 모르지만, 권력의 중추에 파고 들어가지 못할 가능성이 높다. 따라서 당연히 북한 내부사정은 알기 어렵다.

그러나 35년에 걸친 교섭의 결과, 충분하지 않지만 알게 된 것도 있다. 북한과의 비핵화 교섭은 말하자면, 필수조건이 많은 연립 방정식과 같아서 풀기 어려울지도 모르겠다. 그래도 안전보장을 위해서는 방치할 수 없고 이제까지 알게 된 것에서 힌트를 찾아보겠다.

북한에 관해서 알게 된 것:

1. 북한은 적어도 50-60개의 핵무기를 제조할 수있는 핵물질을 갖고 있고, 미사일에 탑재하면 미국, 일본이나 한국에 도달할 수 있다. 이것은 로프티드 궤도에 의한 예측이고, 미사일을 정확히 목적지에 유도할 수 있을지는 아직 모른다. 그러나 맞추지 못했다고 해도 상상도 할 수 없는 피해가 있을 것은 확실하다.

2. 이제까지의 김정은 시대를 통해서 핵무기 개발에 대한 신념의 강화를 알 수 있다. 북한 연구소에 의하면 2013년에 「병진 노선」이 발표되었지만, 이것은 사실상 우선, 통상무기보다 경제적 효율이 좋다고 하는 핵무기 개발에 집중하고, 그 후에 경제 개발을 하려는 방침으로 해석하는 것이 가능하다. 그 핵무기 개발인데 처음에는 자위적인 핵보유국이 되려고 한 것이 2020년에는 선제공격에 관한 언급이 있었고, 2022년 한미와의 대립이 장기화 하는 국면에서 양국에 대해서 공격적인 스탠스로 변했다.

3. 북한 간부이외에는, 일부를 제외하고는 모든 핵시설이 어디에 있는지 모른다. 미국은 몇 번 북한에게 핵시설의 리스트를 요청했지만, 북한입장에서는 폭격의 표적이 될테니 요청에 응할 리가 없다. 이란 공격 경우에는 당초 발표했던 것처럼 포르도를 완전하게 파괴(obliterate)하지 못한 것이 드러났다. 평론가 중에는, 이 결과로 인해서 북한 김정은의 핵보유 방침을 긍정하게 되었다고 분석하는 사람도 있다. 미국의 정보에 따르면, 북한의 핵을 정리하는 방법은 단 하나, 육군에 의한 북진밖에 없다고 한다. 말할 필요도 없이, 이 방법은 큰 희생이 따르고 리스크도 크다.

4. 북한은 다른 나라보다 훨씬 오랜 시간동안 고난을 견딜 수 있다. 1990년대에는 호된 식량난을 겪으면서 그 만큼 협상에 응할 의욕은 있었지만, 결국 경

수로 등의 지원이 없어도 생존을 계속했다. 그 뿐 아니라, 2002년에는 그동안 계속해서 핵개발을 했다는 것도 명확해졌다.

이러한 지속력은 어디에서 오는가. 우선 중국의 살리지도 않고 죽이지도 않는 정책일 것이다. 최근 북한이 러시아에 접근함에 따라서 이 정도를 재검토할 수는 있지만 기본적으로 중국은 북한이 혼란에 빠지는 것을 우려하고 있다. 그리고 한반도의 정세에 영향력을 유지하기 위해서 저버리지 않을 것으로 보인다.

> BDA : 마카오에서 열 번째로 큰 은행. 2005년에 북한의 머니 론더링에 관여한 의혹으로 미국은행과의 거래가 제제되었다.

서방세계를 중심으로 해서, 부과되는 제재에 관해서는 BDA(방코델타아시아)구좌의 동결이나 에너지 공급제한처럼 일부는 효과가 인정되는 것도 있지만 의외로 틈이 많다. 그리고 최근에는 사이버 능력을 구사해서 해킹이나 불투명한 아웃소싱에 의한 수입을 얻고 있다고 한다. 게다가 그러한 사이버 군단은 출신성분과 관계없이 재능에 따라서 채용되어 육성되고 있다.

그리고 놓칠 수 없는 것이 국민(인민)의 충성심이다. 서양의 철학자 매슬로(Alexander Maslow)에 의하면, 인간은 지식 또는 철학적 욕구를 채우기 전에, 우선 의식주를 필수로 생각한다고 설명한다. 하루 한끼 운동의 지시를 받고, 그 배급도 충분하지 않은 상황이었던 1990년대 식량난 때도 국민의 반란은 일어나지 않았다. 북한에서는 서양에서도 이용되는 「당근과 채찍」 방법에, 동양의 유교적인 사상과 우상화가 더해져서 매슬로의 「욕구의 5단계론」은 적용되지 않는다.

5. 북한은 민주주의 국가를 어떻게 다룰지에 관해서 오랫동안 연구해왔다. 벼랑 끝 외교라고도 할 수 있다. 그런 수법을 쓰는 타이밍만 해도 민주주의 국가의 선거의 타이밍을 잘 살피고 있음이 틀림없다. 또, 민주주의 국가에서는 내부분열이 일어난다는 점에서도, 그것을 이용하는 케이스도 있다.

6. 북한은 중국의 장기(長技)라고 할 수 있는, 외국 몇 나라를 저울질하는 수

법(以夷制夷)을, 중국과 러시아에 응용하고 있다. 최근 북한은 러시아의 우크라이나 군사행동을 지지, 러시아는 북한의 핵무기 개발을 지지한다고 밝혔다. 공산주의 국가 간의 관계는 피의 관계라고 하지만, 최근의 북한 러시아의 협력 관계를 중국은 좋지 않게 보는 듯 하다.

7. 북한에게는 즉흥적이면서 톱다운의 결정을 내리는 트럼프가 매력적인 교섭상대일 것이다. 트럼프 제1기 정권때 수뇌회담의 준비과정을 보면, 측근과 각료들이 상당히 고심한 것을 알 수 있다. 즉흥적으로 발언하고 행동하지 않도록, 몇 번이나 사전준비를 했던 흔적이 있다.

8. 트럼프 제1기 정권 때와 비교하면 북한이 교섭할 때의 입장은 강해졌다. 바이든 정권 4년 동안 핵 개발을 더욱 더 진행했다. 「불량국가」인데, 이제는 러시아를 비롯해서 연대를 하는 상대국이 생겼다. 그만큼 유엔 등 국제기관에서의 영향력도 간접적으로 커졌다. 예를 들어서 유엔의 안전 보상 이사회에서도 대북한 성명이나 제재를 정하려고 해도 러시아나 중국이 거부권을 행사한다.

9. 그 전보다 교섭이 어려워졌는데 즉흥적인 거래형의 교섭을 좋아하는 트럼프에게 협상 재료는, 미국을 향한 대륙간 탄도 미사일만을 금지, 6.25 전쟁 종전 선언, 주한미군 감축·철수, 핵보유국 승인(비핵화가 아닌 군축 협상), 공동 군사연습의 정지 등을 생각할 수 있다. 어떤 것을 보아도 주변 나라에게는 큰 영향을 주는 타협이 된다.

10. 북한은 미국 그리고 일본과의 국교 정상화를 목표로 하고 싶다. 전체적으로, 경제가 힘든 북한은 미국의 경제 지원, 그리고 일본의 전후 보상을 원하는데 일본의 경우 납치 문제 해결을 전제로 한다.

11. 인질 사건이 일어났을 때 인질과 인질금을 교환하는 것처럼, 북한은 「약속대약속」, 「행동대행동」이라는 형태로, 양쪽이 동시에 움직이는 합의를 유리하다고 본다. 미국의 보수파는 「악」을 행한 쪽이 현상 회복(비핵화)을 하고 나서 대가를 받는 것이 당연하다고 생각한다.

12. 독재국인 북한은 큰 문제에 관해서는 당연히 톱(최고 책임자)만이 결정할 수 있다. 협상 상대국의 경우, 수뇌 이외에는 북한의 톱에 엑세스하기 어렵고, 앞에서도 얘기했듯이 정보도 적다. 즉 협상할 때 상대국의 외교관이나 보좌관들은 아주 곤란한 준비 과정을 겪게 된다.

이러한 조건을 전부 만족시키는 것이 아주 어렵다는 것은 확실하다. 게다가 조건뿐 아니라 한미일 3개국 사이에서 의도와 국면이 엇갈리기 때문에 작업이 한층 더 어렵다.

대북한 교섭에서 한미일의 의도와 국면
– 콤비네이션 락(Combination lock)처럼

동양에는 「연이 있다」라는 표현이 있는데 3개국의 보조가 맞을 때와 맞지 않을 때가 있다. 앞에서 얘기한 3개의 기회 손실의 시기를 중심으로 풀어 보도록 하겠다.

원래 냉전시대를 염두에 두고, 동북아시아의 안전보장은 미국을 중심으로 한 「합&스포크」(hub and spoke)라는 형태로, 자동차 바퀴에 비교하면 미국이 중심축, 그리고 미국의 동맹국인 한국과 일본은 바퀴살이 되는 것이다. 시간이 흐르면서 이 세 나라의 역학관계가 바뀐다.

연이 있었던 시기

1989년경부터 지금까지를 보면, 북한과의 대화가 비교적 진행되었던 때와 정체되었던 때가 있었던 것을 알게 된다. 우선 전자인데 1989년부터 1992년까지 부시(아버지) 정권, 1997년부터 2001년까지 클린턴 정권 후반, 그리고 2018년부터 2019년까지 트럼프 정권에서는 전진은 있었고 전례는 만들었지만 안타깝게도 목적을 달성하지는 못했다.

처음에는 부시(아버지)와 노태우 두 대통령이 비교적 온건하고, 냉전이 끝났던 시기와 겹친 것도 한 몫 했을 것이다. 1991년 연말에는 한국과 북한의 수상급 회담이 있었고 비핵화에 관한 공동선언을 발표했다.

다음 기회는 클린턴 정권이었는데, 1990년대 전반의 핵위기 때 카터 전 대통령의 개입에 의해서 1994년에 북미 제네바 합의, 2000년의 남북 수뇌회담, 그리고 미국의 올브라이트 국무장관이 북한을 방문했다. 클린턴 대통령 자신도 북한을 방문할 의사가 있었는데 중동 정세, 그리고 임기 종료의 이유로 미뤘다. 1993년부터 한국은 김영삼 정권으로 북한과의 대화는 그다지 내키지 않았는데, 그래도 미국과 북한은 협의에 도달했다.

마지막으로 트럼프 제1기 정권은 북한 도발이 피크에 달했던 2017년, 트럼프의 사위 쿠슈너가 북한을 잘 안다는 가브리엘 슐츠라는 사람을 소개 받아서 미국과 북한의 비공식 채널이 열렸다. 그리고 유엔의 제프리 펠트만도 움직였다고 전해졌다. 그 후 그때부터 2019년에 걸쳐서 두 번의 수뇌회담이 열렸는데 한국은 북한에 융화적인 문재인 정권이었다.

북한에게 핵 개발의 시간이 주어졌던 시기

반대로 별로 전진할 수 없었던 시기는 2006년부터 2017년까지 주로 오바마 정권의 「전략적 인내」라고 불리는 시기와 겹친다. 일본의 아베 신조 전 수상은 자신의 회고록에서, 「전략적 인내라는 것은, 잘 생각한 말 같지만 실제로는 뒤로 미루기, 관심이 없었다」고 하고 있다. 이 견해에는 트럼프 제1기 정권에서 보좌관을 지냈던 포틴저도 동의한다. 잃어버린 8년이었던 것이다.

부시(아들)정권에서도 제1기 정권에서는 부통령의 체이니를 비롯한 강병파의 개입으로 교섭을 담당한 외교관들은 쉽지 않았다. 전 정권 민주당 클린턴을 부정하고 싶은 마음도 있었다. 더군다나 아프가니스탄 특히 이라크 전쟁의 우선순위가 높기도 해서 6자 회담과 그 후의 실행 단계도 원활하지 않았다.

그런데 부시(아들) 대통령은 아버지와는 달리 한민족을 가볍게 본 흔적도 있다. 그는 북한의 김정일을 피그미로 부르며 버릇없는 아이에 비유했다. 또 당시 부시의 의논 상대였던 어떤 사람과 얘기할 기회가 있었는데, 노무현 대통령과의 수뇌회담 전에 상대방의 이름을 제대로 기억하지 못하고, 무~ 하고 우는 동물(영어로는 소의 울음을 무~)에 빗대어 노무카우(cow)라고 불렀다는 얘기다. 또, 계획된 회담시간을 어떻게 하면 단축할 수 있을지 물었었다고 한다.

기회손실의 국면

나는 김일성에 대해서 비판적이지만, 남북관계에서는 그 사망시기가 안타까웠다. 모처럼 미국 카터 전 대통령이 사전준비를 해서, 김영삼 대통령과 김일성의 수뇌회담이 실현될 단계였는데 이루어지지 않았다. 결국, 김정일 정권으로 바뀌고 체제긴축이 필요하게 되어 개혁개방적인 수법도 보류하기로 되었다.

미국정부의 전략적 실수도 우리에게는 불운이다. 그 예는 1993년에 북한에의 배려로 일시적으로 정지한 합동군사연습, 팀스프리트 훈련을 재개한 것이다. 도날드 그렉 전 주한미국대사에 의하면, 임기 중 무엇보다도 안타까웠던 미국의 실수였다고 한다. 1989년경부터 한미일 3개국이 쌓아온 북한과의「신뢰」가 무너졌다.

또 2005년 방코델타아시아의 북한구좌를 동결한 타이밍의 판단도 안타깝다. 제 4차 6자회담의 합의를 실행하려고 하던 때에, 상대방의 기분을 거슬리게 했다.

실태를 전하다보니 책의 내용이 어두워졌지만, 이러한 상황에서도 어떻게 해서든지 돌파구를 찾는 것이 리더이며, 그 밑에서 일하는 외교관들이다. 정말 힘든 일이다.

거래형 외교의 「달인」: 트럼프

다음에, 트럼프 대통령에 관해서 알고 있는 것을 간단히 얘기해 보자. 북한과의 교섭타결은 오바마 전 대통령도 하지 못했고 트럼프도 제1기 정권 때는 하지 못했다. 그런데 트럼프 대통령은 노벨평화상이 탐이 났는지 과거에는 일본의 아베 전 수상이 공식적으로, 문재인 전 대통령은 비공식적으로 트럼프 대통령을 추천했었다. 원칙적으로는 노벨평화상은 협상목적이어서는 안되고, 결과로 판단을 받는 것이 당연하다.

트럼프는 예산이나 비용에는 아주 민감한 사람으로, 끊임없이 효율화를 꾀하고 있다. 그러던 중, 제1기 정권 때 주한미군의 캠프 험프리(평택기지)를 방문했다. 미국의 해외기지로 최대라고 하며 비용삭감의 표적이 되기 쉽다. 실제로 평택기지의 건설비용은 대부분 한국측이 부담했다. 미사일 방위시스템 THAAD도 미국의 요청에 의해서 한국에 설치되었는데 트럼프는 철거하라고 했다. 한국은 설치하느라 중국에 호되게 당했던 기억이 새롭다.

2018-9년 국면의 문재인, 트럼프, 아베 세 명의 이야기를 들어 보기로 한다.

먼저 문재인씨의 역할에 관해서, 문재인은 회고록에서 이렇게 얘기 한다.

「한반도 문제를 우리가 주도한다…많은 사람이 rhetoric으로 받아들였죠… 트럼프 대통령은 항상 내게 주도적 역할을 당부했고, chief negotiator가 돼달라고 부탁했습니다.」

일본의 아베 전 수상은 다음과 같이 얘기하고 있다. 「서훈(전 국가정보원 원장)은 - 김정은은 스위스에 유학하고 있었기 때문에 양쪽의 사정을 잘 알고 있었습니다. 김정은의 발언으로서… 경제 발전을 목표로 하고, 해외에서의 투자를 추진한다 - 고 소개. 그렇지만 어디까지가 김정은의 뜻이고 어디서부터가 한국의 희망인지 잘 알 수 없었다. 그만큼 기분이 고양되어 있었다는 뜻이겠지요.」

이것에 대해서 저널리스트 밥 우드워드가 트럼프 대통령에게서 전해 들었던, 2018년 9월 21일자 김정은의 편지에는 한반도 비핵화 문제는 한국의 문재인 대통령이 아니고 직접 트럼프 대통령과 협의하고 싶다. 우리의 과제에 대해서 문재인 대통령의 지나친 관심은 필요없다, 고 하고 있다.

그 다음 종전 선언에 관해서. 이것을 누가 요망했는가. 문재인 회고록에는 「종전 선언은 원래 미국이 꺼낸 아이디어. 일본은 계속 반대… 종전 선언도 불가역적인 효과가 있어서 북한이 다시 도발할 경우 대응하기가 어려워 진다(일본)」라고 되어 있다.

한편, 아베 회고록에는 「문재인 대통령은 - 이제 전쟁은 일어나지 않는다. 6.25 전쟁의 종전을 목표로 한다 - 라고 하며, 미국·북한 수뇌회담을 위해서 환경을 조정하려고 했던 것입니다. 나는 트럼프 대통령에게 - 문재인 대통령은 너무 낙관적이다 - 고 했는데 그는 이해하지 못했다」라고 한다.

또, 우드워드씨에게 전해진 2018년 7월 30일자로 트럼프에게 보낸 김정은의 편지에는, 기대하고 있었던 종전 선언이 없었던 것에 관해서는 유감이라고 하며 가까운 장래에 종전선언이 이루어질것을 확신하고 있다,는 취지의 기술이 있다.

마지막으로, 비핵화 교섭을 어떻게 파악할 것인가. 우선 트럼프 대통령:「김정은은 좋은 땅을 갖고 있다. 부동산 비즈니스에서는 정말 굿로케이션이라고 한다.」 처음에 만났을 때, 「아주 많은 기자들이 카메라를 터뜨렸다. 아카데미 수상식 보다 많았다.」 첫 인상에 관해서는, 「여자를 만났다고 합시다. 1분 이내에 어떻게 될지 알지요?」 특별한 관계가 되었다고 한다.

트럼프 대통령 : 교섭이 왜 결렬되었는지에 관해서는, 「김정은은 비핵화 라는 단어를 고민하고 있었다. 그는 역행한다. 예를 들어서 말하면, 지금 살고 있는 집을 팔고 싶지만 애착이 있어서 팔지 못하는 상태에 있는 것과 비슷하지 않을까?」

한편 문재인 회고록에 의하면, 「미국의 방침은 "No deal is better than a bad

deal"이었다. 볼턴 안보보좌관으로 대표되는 네오콘들의 발목잡기를 트럼프 대통령이 넘어서지 못했던 거지요. 특히 볼턴은 북한에 핵·화학·생물·무기 프로그램과 탄도미사일 프로그램에 대한 완전하고 철저한 신고를 요구」라고 되어 있다.

그리고 아베 회고록에는 트럼프 대통령과 전화로 회담을 하였지만 「CVID(-complete, verifiable, irreversible, denuclearization)는 일본과 미국의 공통의 목표라고 강조했습니다」라고 한다. 볼턴과 같은입장이다.

중국의 영향 그리고 서울의 위험성

중국과의 균형도 민감하다. 미중대립의 국면에서는 특히 그렇다. 중국입장에서는 THAAD 뿐 아니라, 주한미군도 없어지기를 바라고 있을것이다. 2000년대 초반에서는 중국은 6자회담의 의장국역할도 했었는데, 지금 분위기에서는 쉽지 않게 보인다.

마지막으로 안전보장의 큰 문제로서, 서울이 포탄과 핵에 의한 피해 가능성, 미사일 방위의 명중률의 문제, 그리고 생물, 화학, 사이버 관련의 병기가 시용될 경우도 생각해두지 않으면 안 된다.

미국 국방성은 여러 차례 한반도 유사시의 시뮬레이션을 했는데, 매번 서울이 큰 피해를 입게 되는 것이 확실하기 때문에 신중하게 된 것이다.

이 복잡한 사정을 살펴보면, 해결에 도달하기가 어려운 것은 명확하다.

우리가 원하는 것

이런 중, 바람직한 결과는 간단하다. 이상적으로는 핵이 없는 평화, 안전, 안정의 확보다. 이를 위해서는 억제력이 있는 비핵 대량 파괴무기 보유와 한반도 통일을 향한 전진, 민족의 경제적 번영, 그리고 인간의 존엄과 민주주의 체제의 존속이다.

우리가 원하지 않는 전개

첫 번째는, 지금은 상상할 수 없지만, 국면의 변화에 따른 워스트 시나리오는 한국을 제외하고 북한, 러시아와 미국이 한 팀이 되어 한반도의 비핵화, 안보체제에 관해서 협상할 가능성. 평론가 중에는 북한 입장에서는 러시아는 방법(통과점)이며, 최종 목적은 미국이라고 주장하는 사람들도 있다. 어떤 일이 있어도, 러일전쟁 때와 제2차 세계대전 후 러시아 · 소련군이 들어왔던 것처럼 러시아군이 한반도에 세 번째로 들어오는 일이 없기를 바란다.

두 번째로, 중국이 한반도 전체의 주도권을 잡아 버리는 것이다. 중국이 당분간은 대만문제에 비전투적 수단으로 집중하여 한반도에서 적극적인 관여는 하지 않을 것으로 생각하고 싶다. 그 이유는, 6.25 전쟁때도 중국은 대만 문제를 해결하고 싶었지만 한반도에 집중해야 했기 때문에 대만이 살아남았을 가능성도 있다. 당연히, 의도적인 전쟁은 물론, 판단 미스, 돌발적인 사건에 의한 분쟁도 피하고 싶다.

세 번째로, 동북아시아에 핵개발 도미노를 일으키고 싶지 않다. 한국에서는 핵보유론이 논의되고 있다. 일본에도 같은 의견이 많은데 가능한 한 견제하는 것이 좋다.

한국과 일본이 자발적으로 핵개발을 하는 가능성과는 별도로, 미국 북한간의 협상의 일환으로 북한을 핵보유국으로 인정해버리는 가능성에 관해서도 경계해야 한다. 실제로, 로버트 게이츠 전 CIA · 국방장관도 새로운 시도로 북한의 부분적 핵보유를 용인하는 의견이다. 좀 더 구체적으로는, 카네기 평화재단의 안킷 판다 선임 펠로우도 미국의 새로운 대북정책으로 이렇게 얘기하고 있다. "핵무기로 미국 본토를 공격할 수 있는 나라는 지난 46년동안 둘 밖에 없었다. 러시아와 중국이다. 그런데 2017년 북한이 합세하였다… 미국은 러시아와 중국을 비핵화하려고 하지 않았고, 핵 군축을 추구해왔다." 또, 강창일 전 주일 대사도 일본의 신문에 북한의 핵보유을 인정할것인지 아닌지에 대해서 「나는 현실적으로는 인정할 수 밖에 없다고 생각한다」고 말하고 있다. 그러한 움직임이 있다면 당연히 한일이 스크럼을 짜고 저지해야 할 것이다.

북한은 핵보유국으로 인정을 받고 더 유리한 입장에서 교섭을 하고 싶은 입장이며, 또한 이러한 미국의 의견을 환영하는 위험이 있다.

졸속하고 안이한 종전선언에도 신경 쓰지 않으면 안 된다. 종전선언에는 아무런 단점이 없어 보일지도 모른다. 협상이 어느 정도 무르익은 과정에서 종전선언을 거론하는 국면은 있을 수 있지만, 빠른 단계에서 협상카드로 쓰는 것은 곤란하다.

이유는 간단하다. 첫째, 종전이 되면 유엔군 사령부와 우리의 후방지원을 위한 주일미군기지에있는 UN군이 해산된다. 둘째, 한반도는 지금 정전상태로, 주한미군이 있는 이유는 주로 여기에 있다. 종전이 되면 그 근거가 없어지고 주한미군 철수를 바라는 중국과 북한이 틈을 노릴 것은 당연하다. 종전선언은 심사숙고해서 교섭할 일이다.

그렇다면 어떻게 해야 하는가

위에서 언급한 세 개의 교섭국면을 보면, 매번 형태는 다르지만 논의가 있었다는 공통점은 있다. 예를 들어서, 「일괄적으로」 비핵화를 이룬 후 대가를 제공하거나 「행동 대 행동」이라는 단계적 진행을 선택할지 아닐지가 그렇다. 이것과 관련해서 동결, 무효화, 비핵화라는 세 개의 단계가 제시되었다.

그것도 35년이라는 오랜 시간을 걸쳐서도 그다지 전진하지 못했다. 더욱더 중요한 것은 북한이 핵개발을 추진하고 협상에서의 입장이 그전보다 한층 강해졌다는 것이다. 따라서, 시간이 지날수록 북한의 양보를 받으려면 더 많은 양보를 해야 하는 것이다. 한편, 한국의 입장은 그 동안 강해진 것인가.

또, 인상에 남는 것은, 문제를 한국주도로 해결하려고 아무리 애를 써도, 실제로는 미중러일이 막고 있어서 파고 드는 것이 상당한 어려운 현실이다. 그것은 비교적 대북융화지향의 진보세력에서도 그렇다.

현실적으로 핵을 쓰지 못하게 한다

군사적 억지력은 말할 필요도 없지만, 외교적 수단도 중요하다. 러시아가 우크라이나 침략의 과정에서 핵사용의 가능성을 비추었다. 최근 그 때의 배경이 드러났는데, 상상대로 미국 정부안에 위기감이 감돌았다.

우선, 미국무장관이 러시아에 경고를 했다. 다음에는 바이든 대통령이 푸틴에게 자제할 것을 호소했으나 러시아는 둘 다 무시했다.

이 위기를 중화시킨 것은 미국에 의한 외교공세였다. 특히, 미국과 전면적으로는 우호국이 아닌 중국과 인도의 수뇌들에게 직접 푸틴에게 자제를 권유하게 한 것이 효과를 발했다. 푸틴은 일단은 핵사용을 단념했다.

현재, 북한의 러시아 접근이 한국과 중국이 가까워지는 작용을 하고 있다. 게다가, 한국과 중국은 북한의 핵사용 자제에서 동조하고 있다. 북한의 핵사용의 전조가 보이면 한국이 곧 파이브 아이즈(미국, 캐나다, 영국, 호주, 뉴질랜드의 안보정보교환)와 연대하고, 한국 중국의 안보정보와 대조해서 우선 중국의 톱이 경고하도록 한다. 그 다음에 미국, 인도 등의 순으로 각 나라가 경고를 하기로 하면 좋겠다.

새로운 어프로치로써의 합리적인 동시에 적극적인 중립

국제사회에서의 오랜 기간 외교의 실패와 북한의 협상력증가를 보면, 비핵화 문제는 이미 무풍지대로 해결이 어렵거나, 아니면 불가능한 것이 아닐까. 따라서 같은 일을 반복해도 좋은 결과가 나오지 않고 있다. 우선은 다른 방법을 검토해야 할것이다.

지금까지는 북한과 적극적으로 협상하는 자세, 아니면 적대감을 나타내는 자세가 정권 교체 때마다 달라져왔다. 구체적으로 문재인 정권 때는 다른 과제를 미루어 놓고라도 평화, 상호 존중, 관계·핵 병행, 우리 주도 = 융화정책에 주력한 것에 반해서, 윤석열 정권은 3D: Deterrence(억제), Dissuasion(단념) Diplomacy(외교). 양극단이 아니라 친북도 반북도 아닌, 말하자면 합리적중립의 자세도 가능하지 않을까. 합리적이라는 것은, 국면(기회)이 맞았을 때 적극적으로 협상을 하는 것이다. 북한이 러시아를 향하고, 중국이 한국에 손을 내미는 시나리오도 이러한 기회의 하나라고 생각한다.

한국의 레버리지(지렛대의 힘)를 올리기

두 번째는 영어의 「레버리지(leverage)」라는 개념과 관계한다. 지렛대를 써서 상대방을 들어올리는 정도를 말하는데, 강대국의 국익이 부딪칠 때, 미들파워의 한국이 국익을 주장하기는 어렵다. 트럼프 대통령은 처음에는 문재인 전 대통령에게 북한정책의 대리교섭을 부탁했었다. 그러나 제일 마지막 판문점회담에서 미국 북한수뇌가 만날 때, 동행한 문재인 전 대통령을 문 앞에서 막아버리는 장면에 아연실색한 것은 나뿐이 아닐 것이다. 방위부담을 올려준다면 참가가 가능했다고 했다는데, 한국 대통령은 때로는 서운함을 맛보게 된다.

웬만한 일이 아니면, 북한대책에는 시간이 걸린다. 비핵화도 통일도 적어도 15년, 아니면 30년 걸린다고 한다. 앞에서 얘기한 「행동 대 행동」 방식은 상당한 시간이 걸릴 것으로 생각된다. 김대중 대통령이 제창했던 3단계의 통일방식도 한 단계에 10년을 잡고 있다.

한편 최근, 한국의 1인당 GDP가 일본을 넘었다. 일본은 오랫동안 미국에 이어 세계 제 2위의 총 GDP를 뽐내는 나라였는데, 지금은 중국과 독일에 뒤처져서 4위로 전락했다. 한국과 일본과의 차이가 한참 전에는 10배였는데 지금은

2.5배까지로 줄어들었다. 한국이 일본과 어깨를 겨루는 국력을 갖게 되면 G7 이나 유엔에서의 발언권도 강해지고, 영향력도 강대국에 가까워지는 것이 아닐까. 대북협상에서도 레버리지가 높아진다.

　북한에 관련한 두 개의 큰 과제, 즉 비핵화와 통일은 한국의 의도처럼 일괄적으로 해결하기는 어렵다. 그 이유는 비핵화는 미국과 한반도 주변 모두가 위기감을 공유하지만, 한반도 통일에 관심이 있는 것은 한국뿐이다. 그 이유에서도 한국의 레버리지를 높여서 주변국의 동조를 받게 되도록 하고 싶다. 독일이 통일 전에 주변국에 행사했던 영향력에 필적하는 힘이 필요하다.

　중국은 2049년까지 미국을 따라잡고 추월한다는 계획을 보이고 있다. 노골적으로 할 필요는 없지만, 20XX년까지 한국이 단독으로 일본을 따라잡고 추월한다는 비전이 있을법한 시기에 온 것은 아닐까.

　구체적으로 어떻게 할 것인지 제8장에서 제시하겠다.

빅딜의 요구가 있다면, 빅딜로 갚는다

　트럼프 제2기 정권에서도 한국의 방위에 필요한 한국 측의 비용부담증액, 또는 미국의 부담삭감에 연결되는 주한미군의 삭감, 역할전환 또는 철수를 요구할 가능성이 크다고 본다. 어차피 한국의 국방비용부담이 큰 폭으로 늘어난다면, 그 비용증가분을 미국과 공동으로 투자한다. 그리고 앞으로 한국과 미국이 핵 이외의 선진적인 방위장비의 공동개발을 하는 거래를 제안하면 어떨까. 미국 없이도 대북억제력을 확보할 수 있는 힘이 필요하다.

　극히 일부의 예에 지나지 않지만, 최근 실리콘벨리에서 **완전동형암호**(Fully homomorphic encryption)를 실용화하려는 벤처를 만났다. 사이버 시큐리티를 확보하기 위해서 해커 등이 정보를 빼내지 못하도록 정보를 암호화하는데, 일반적으로

> 완전동형암호 : 데이터가 처리 또는 조작되는 동안에도 암호화 된 채로 두는것이 가능한 획기적인 암호 기술.

는 그 정보를 처리할 때 동시에 암호를 풀어야 한다. FHE로 불리는 방식을 채용하면 처리 중에도 암호가 걸린 채다. 북한 해커대책에도 쓸 수 있겠다.

매력적인 기술이지만, 이제까지는 암호처리에 시간이 걸려서 실용화하지 못했다. 이 벤처는 암호처리를 다른 차원의 속도로 처리할 수 있는 전용반도체를 개발하고 있다.

정권유지만을 생각하는 김정은, 다양한 과제와 조직에 휘둘리는 한국 대통령

안타깝지만, 북한의 국가목표는 김왕조의 생존과 번영이라고 해도 과언이 아닐 것이다. 그렇기에 러시아와 비슷하게, 민간경제에서는 국제경쟁력이 있는 품목이 거의 없다. 이러한 치우친 경제에서 국민(인민)이 행복하리라고는 상상하기 어렵다. 그러나 그만큼 국가는 하나의 목표에 고집하고 있다.

한국은 어떤가. 문재인 정권처럼, 라이프 워크와 같은 열정으로 북한과의 대화에 집중하면, 국가의 다른 과제에 관해서는 소홀하게 된다. 북한에 그렇게까지 집중할 수 없는 대통령은, 국가안전보장보좌관, 국방부, 통일부, 정보원 등 별도의 조직을 통괄하지 않으면 일관성이 있는 대응이 불가능하다. 북한의 정책집중도에 필적하는 한국 측의 전문조직을 만들어서 평상시에는 중립적으로, 국면이 호전되면 적극적으로 전환할 수 있도록 하는 것이 좋지 않을까.

위에서 언급한 것들을 달성하기 위해서 중요한 것이 통치능력의 향상이다. 이 과제에 관해서는 제2부~제3부에 걸쳐서 자세하게 설명한다.

뜻밖에도 생존을 계속하는 아주 특수한 나라

국제정치의 전문가로부터, 「이 세상에서 제일 효율적인 통치방법은 실수가 없는 독재체제다」라고 들은 적이 있다. 한참 전, 일본의 산업로보트 메이커 화낙(Fanuc)의 이나바 세우에몬(稲葉清右衛門)이 그에 가까운 상태가 아니냐는 이야기가 있었다. 회사 현관 위 2층 사장실에서 출퇴근하는 사원들을 파악하고, 해외출장에서 돌아온 사원은 사장에게 직접 보고를 해야하는 등 예사롭지 않았는데, 나름대로 업적이 있었기 때문에 특이한 경영방식도 인정받았다.

그 이나바도 1996년 7월 닛케이 인터뷰에서, 「한사람의 판단으로는 어려운 시대」가 되었다고 한다. 「지혜를 모아서 후계의 톱이 결단」하는 것이 적절하지 않은가 하는 견해도 보이고 있다.

한편, 위스턴 처칠 영국 전 수상의 명언중, 「민주주의는 최악의 정치체제라고 할 수 있지만, 이 세상에 나타났다가 사라진 다른 체제와 비교하면 어떨까」라는 말이 있다.

독재체제도 민주체제도 나름대로 불완전하다는 것을 말하는 것이지만, 전자 즉, 독재의 모순에 계속 도전하는 것이 북한이며, 그 체제유지가 통치목적임은 누구나 아는 사실이다. 좋고 나쁘고를 떠나서 (나쁜 일이지만) 김왕조는 의외로 오래 유지하고 있다. 베를린 장벽이 무너진 후, 어느 누가 한반도의 분단이 30년 이상 계속되리라 생각했을까. 닛케이에 의하면 1994년 **랜드 닉슨 프리덤 센타**(Rand Nixon Freedom Center)나, 하바드의 **씽크탱크**가 「1년 이내에 북한이 무너질 가능성」에 대해서 언급하고 있다.

키신저 박사를 비롯한 세계적으로 유명한, 평론가나 씽크탱크가 예상한 북한의 수명을 훨씬 넘어섰다.

> 랜드 닉슨 프리덤 센타: 닉슨정권후에 랜드 코포레이션과의 협력으로 생긴 씽크탱크.
>
> 씽크탱크 : 정치나 경제, 과학, 기술 등의 폭넓은 분야의 과제를 조사 연구하여 해결을 제안하는 전문 집단.

그러나 체제의 안정성을 튼튼하게 하기 위해서는 제 2의 통치목적 즉, 일정한 경제성장이 필요하다. 체제유지와 경제성장을 양립하기 위해서 김정은이 병진정책(2013-18)을 제창했다. 크게 보면, 이 경제성장의 달성은 이루지 못하고 있다. 실제로 통일부가 발행한 〈북한 이해〉에 따르면 북한의 2017년부터 2022년까지의 경제성장률은 -3.5%, -4.1%, 0.4%, -4.5%, -0.1%, -0.2%였다. 게다가 국가의 경제상황과 김씨 집안의 축재의 격차를 보면, 이것도 공(公)을 무시하는 초 이기주의를 떠올리지 않을 수 없다. 이러한 중, 개발독재로 불리는 수법을 쓰는가, 개혁개방을 취하는가, 나중에 살피기로 한다.

제 3의 통치목적으로 한반도 전역에 북한의 통치권 확대를 노리고 있다고 생각할 수 있다. 북한은 한국을 적대국이라고 정의했다.

평론가 중에는, 요즘 북한이 한국을 지배하려는 생각은 없다고 주장하는 사람도 있다. 게다가 문재인 전 대통령은 평양을 방문해서 연설까지 하고 있다. 그러나 한국이나 일본의 안전보장 시점에서는, 북한 주도의 통일 시나리오도 고려하지 않는다는 것은 너무 낙관적으로 보인다.

제 1의 목표인「김왕조」의 장기존속에 관해서이다.「김왕조」와 19세기말까지 군림한 조선시대의 왕조와 공통점은 없을까. 많은 사회주의 국가가 무너지고 있는데, 북한이 예상보다 오랜 시간 존속하는 이유를 여기에서 찾는 전문가들이 적지 않다.

실제로, 북한 노동당 비서·서기를 역임하고 나중에 한국으로 망명한 황장엽씨는 북한체제를「봉건주의와 전체주의의 불행한 결합」으로 표현한다.

대원군과 고종의 시대도, 체제를 개혁하려는 세력이 몇 번이나 꺾일 정도로 강한 중앙집권체제였다. 게다가 유교의 영향으로 백성은 세습제에 익숙해져 있었다. 그리고 세도정치처럼 로얄패밀리의 손익이 백성의 손익보다 우선되는 경향이 있었다.

한때, 중국이 북한에「권력계승에 관해서, 세습은 좋지 않다」고 조언한 일이 있었다. 이에 대해서 북한은 오히려 세습을 하지 않으면 혼란에 빠지는 가능성이 높다고 하였고, 3대째 세습은 중국의 소극적인 이해를 받은 듯 하다.

돌이켜보면, 김정일 시대에는 김평일이라는 이복동생이 있었고 김왕조의 후계자 후보로 꼽은 평론가도 있었다. 그러나 외국의 대사를 지내는 등, 권력의 주류가 되지는 못했다. 김일성에서 김정일의 권력계승까지 약 20년의 준비

기간이 있었는데, 김정일에서 김정은에의 계승기간은 길지 않았다. 그런 중 이 짧은 시간 안에서 권력을 잡고 기반을 굳히기 위해서 형이나 고모부의 존재를 없애는 극단적인 일도 실행하였다. 다른 말로 하면 세도정치의 불안정성을 피하기 위함이라고 볼 수도 있겠다.

> 병진 노선 : 북한의 김정은 정권이 선언한, 핵 개발과 경제 발전을 동시에 진행한다는 정책.

김정일 시대는 선군정치라는 군 우선의 방침이었는데, 김정은의 시대에서 **병진노선**이라는 군사와 경제를 양립하는 방침을 제시했다. 방위와 개발효율의 증대를 위해서 핵개발을 서두른 이유의 하나라고 하는 전문가도 있다.

충성심을 유지하는 수법으로 일반적으로는 「당근과 채찍」이 있다. 우선 「채찍」인데 한반도에서는 옛날부터 배신자는 본인뿐 아니라 3대까지 벌하는 습관이 있고, 탈북자 가족은 수용소에 수용하는 경우가 많았다. 수용소에 가지 않더라도 평양에서 거주하는 특권을 빼앗기고 전기나 수도 등 인프라가 없는 지방으로 가거나 배급이 줄어드는 일도 있었다고 한다. 예를 들어서 한참 전 통일연맹이 게재한 기사에 따르면 당시 배급은 단계별로 정해져 있어서 배급 빈도가 매일, 1주일, 2주일, 한 달에 한번으로 구별되며, 쌀과 잡곡의 비율이 10, 7, 6, 5할로 구별되어 있다고 한다.

이 제도가 1990년대 중반 식량난에 의해 가능하시 않게 되고, 서서히 암시장을 묵인하게 된다. 이것을 한국에서는 「장마당」이라는 명칭으로 부른다.

의외로 활발한 북한의 지금

북한은 어떻게 해서 저런 적극적인 핵 개발과 실험을 할 수 있는 재력을 확보한 것일까.

방법은 다양한 듯하다. 사이버 분야에서는 암호화폐나 방글라데시의 은행을 해킹한다. 핵무기 개발 비용의 40%를 해킹으로 조달했다고 전해지고 있다.

북한 노동자의 해외 파견은 많이 알려져 있는데 최근에는 웹의 일을 하면서 가명으로 수입을 얻고 있다. 미국에서 드러난 일인데, 중국 북한 국경의 탄동 근처에서 북한 종업원이 가공하는 오징어가 미국의 슈퍼마켓에서 팔리고 있는 것이 알려져 활동가들이 항의를 하였지만, 시정할 수 없는 현실이다.

그리고 제재를 피해서 무기나 그에 따르는 서비스를 판매하고 나아가서 자국에서 필요로 하는 소재나 부품을 요령 좋게 사고 있다.

경제 제재는 틈이 많다

북한은 핵 개발을 강행한 대가로 많은 제재를 받게 되었다. 애당초 제재라는 것이 효과가 있는지 없는지 하는 논의가 있다.

최근 미국 보도에 의하면 우크라이나 침략 후 러시아의 에너지 거래에 제재가 가해졌는데 IMF의 예측에서는 러시아 경제는 3% 성장하고 있고 또 다른 정보에 의하면 기름과 가스의 거래는 오히려 늘고 있다고 한다.

다크프리트(어두운 선박단)라고 불리는, 폐기처분 직전에 등록이 취소된 선박을 사서 뒷거래에 사용하는 수법이 있다. 그 배가 그리스 주변에 있는 것이 위성사진으로 확인되었다. 러시아의 기름이 제3국을 통해서 그리스에 전달되고 있는 것이다.

G7 각국은 러시아산의 기름을 수입 정지시켰는데, 수요와 공급 균형을 고려해서 러시아에 의한 각 나라의 수출에는 1배럴 60불의 가격 제한을 부과했다. 현재 중국이나 인도로의 수출이 늘고 있다고 한다.

그리고 미국은 원자력 발전소를 54개 갖고 있고 에너지 수요의 1/5을 공급하고 있다고 한다. 여기서 필요한 농축 우라늄 공급이 밀려 있어서 일부 러시아에서 살 수 밖에 없다.

북한도 여러 방법을 구사해서 제재를 피하고 있다. 우선 사는 쪽 얘기지만 민간용의 제품이나 부품을 구입해서 군사용으로 쓰고 있다. 예를 들어서 UN

제재 관련 조사를 담당하고 있었던 후루카와 가쓰히사(古川克久)에 의하면 어떤 우방국의 특수 차량을 수입해서 미사일 이동식 발사대로 개조한다. 제재 위반이 되는 것인데 우방국은 그러한 사실을 인정하지 않고 조사해도 협력하지 않는다. 북한의 핵실험 가능성이 예측되는 가운데 관계국 사이의 협조를 위해서 한미일은 그 이상 추구하지 않았다고 한다.

파는 쪽에 관해서도 몇 개의 예를 제시할 수 있다. 북한은 미얀마와 협력하는 일환으로써 박격포를 만들기 위해서 사용되는 소재와 부품을 보냈다. 그러나 미얀마는 군비용이 아니고 건설 작업에 사용되는 것이라고 반론했다. 시리아에도 스쿼드 미사일을 만드는데 필요한 부품을 보내고 북한 사람들이 현지에서 조립에 관여하고 있었다고 한다. 그 밖에 중동의 다른 나라들과의 거래가 있는 것 같은데, 이 시기에 한국이 중동에서 건설업을 하고 있다는 것을 생각하면 복잡한 기분이다.

글로벌 사우스 : 남반구에 위치한 아시아나 아프리카 중남미 지역의 신흥국, 도상국을 일컬음.

요즘 몇 년 사이에 서방국가들이 아주 중요하다고 인식하고 있는 것이 아프리카를 포함한 **글로벌 사우스**라고 말하는 나라들이다. 그런데 북한은 그 나라들과 꽤 오래전부터 군 관련의 거래를 하고 있고 그 대상국은 앙골라, 나미비아, 탄자니아, 콩고, 이디오피아, 우간다 등을 포함한다. 그 내용은 부품 공급, 보수작업, 부대의 훈련, 무기 공장 건설 작업의 하청 등을 진행하고 있다.

후루카와가 말하기를 이러한 사례에서 보듯이 UN 결의의 완전이행에는 정말 많은 곤란이 따른다. 거의 모든 UN 가맹국에서 국내법이 정비되지 않았기 때문에, 안전 보장 이사회가 정하는 제재 의무를 가맹국이 따라가지 못하는 것이다. 일본 정부는 왜 선박 검사만 반복하고 있는가. 일본에는 선박을 자산 동결할 수 있는 법률이(2017년 시점에서는) 없었다. 아베 전 총리나 역대 외무 장관이 안전 보장이사회의 결의의 완전 이행을 UN 가맹국에 몇 번이나 호소하고 있는데 일본은 그때 당시 법 정비가 늦어지는 나라의 하나였다.

생존을 건 갈등 – 개발독재인가, 개혁개방인가

　개발도상국, 특히 아시아 각국이 경제개발을 할 때 성공의 열쇠로 여겨져 온 것이「개발 독재」라고 불리는 수법이다. 유교의 전통에 따라 시대의 권력에 개발도상 단계에서 효를 다함으로써, 잠정적으로 시민의 자유를 제한하는 대신에 나라의 경제 발전을 우선하는 형태로, 한국과 대만이 급성장을 이루었다. 부작용의 예를 들어서, 경제발전은 대기업 주체로 하고 중소기업이 상대적으로 경시되거나 보호조치로 수입품의 제한에 의해서 소비자의 선택지를 좁혀 왔었다.

　내가 처음에 한국에 갔던 1970년이 박정희 정권이 그러한 발전을 하고 있었던 시기였고, 서울에서는 어디를 가도 활기에 넘쳐 있었다. 대통령의 측근이 각 상사나 메이커 등의 연간 수출 목표를 부여하고 목표를 달성한 기업은「수출의 날」에 대통령이 직접 표창할 정도였다. 그 무렵에는 아직 일본도 그랬지만, 국내 시장에는 외국 기업의 진입에 대한 장벽이 있어서 국내 기업이 어느 정도 경쟁력을 붙이기까지는 비교적 보호주의를 유지했었다. 당연히, 국내에는 기술이 없거나 또는 부족한 분야에서는 외국 기업과 국내 기업이 제휴를 하고 국내 시장에 진입하는 방식이었다.

　이 제도는, 어느 정도 국민이 부유하게 되면 반드시라고 해도 좋을 만큼 불만이 나오는데 그 동시에, 외국의 압력에 의해서 경제의 자유화를 요청하게 되는 것이 특징이다. 일본도 경험해 온 패턴이다. 한국의 경우 박정희 정권이 61년부터 79년까지의 18년간, 그리고 전두환 정권을 포함하면 약 25년간 독재 체제를 계속한 것이 된다. 그렇기 때문에 그 다음 노태우 정권에서는 민주화 운동이 일어나고 그 다음 선거에서는 여야 역전이 일어난다. 개발 독재는 다른 수법에 비교하면 외국의 압력을 시기적으로는 늦출 수 있기 때문에 김정은이 이 노선을 계속하는 것이 아닌가 하는 전문가가 많이 있다. 청와대에서 일했던 지인도 그렇게 보고 있었다.

그러나 김정은은 아직 젊다. 한국처럼 개발독재가 약 25년 계속된다고 해도, 중년에 지나지 않는다. 안전하다고 말할 상태는 아니지 않을까. 그것도 자유시장에서 경쟁하는 기업은 매년 경쟁력의 개선이 요구되지만, 분야에 따라서는 1년 동안 전진하지 못하면, 만회하기까지 3년이 걸린다고 한다. 옛날에 초코파이 사건이라는 것이 있었다. 남북의 노동자가 공동작업을 하고 있었을 때, 남한의 롯데파이를 간식으로 나누었다. 맛을 본 북한 사람들이, 「정말 맛있다!」고 놀라서, 「북한에도 비슷한 것이 있지만, 그것이 얼마나 맛이 없는지 처음 알았다」고 감격했다고 한다.

또, 독일의 얘기인데 독일통일 후 동독의 차 트라반트에 서독의 폭스바겐 엔진을 넣어서 동독사람이 달려보았다고 한다. 액셀을 조금 밟았는데도 예상외의 가속으로, 「이제까지는 소리만 컸지, 전진이 없었다」는 것을 알게 되었다고 한탄했다고 한다.

물론, 북한에서 경쟁원리가 전혀 적용되지 않는 것은 아니다. 앞에서 얘기했지만, 1990년대 식량난에서 배급이 원활하지 않게 되어 암시장이 생기고 그 후 장마당(한국식 명칭)이라는 시장이 정착했다. 또, 예를 들어서 농가에서는 한참 전 중국에서 했었듯이, 상납하고 남은 생산물에 관해서는 시장유통이 용인되었다. 그러나 불본, 한정된 국내시장에서의 경쟁으로는, 국제시상에서 통하는 능력에는 미치지 못한다.

그 뒤처짐을 어떻게 따라잡을 것인가. 일본이 방위비에 GNP의 1%를 지출하고 있었을 때 한국은 대략 5%를 쓰고 있었다. 2024년 한국은 2.6~2.7%였다. 일본이 경제발전에 쓰는 돈이 당연히 많고, 한국은 그 상태가 부러웠다.

그렇다면 북한은 어떤가. 불투명하지만 두 곳의 조사결과에 의하면 GNP의 약 16%가 군사비라는 계산이라고 한다. 경제는 뒤떨어졌는데, 경제에 쓸 수 있는 돈은 없다. 혹시라도 개방을 하게 되면, 체제가 위험하게 된다. 어려운 문제다. 구체적으로는, 예를 들어서 「특수 단위」(당이나 군 산하에 있는 외환벌이 조직)의 권한을 내각으로 이행할지 아닐지에 관해서 북한 내에서도 몇 번이나 시도하였다. 그러나 중앙 집권적 체제에서 이행이 어렵다고 보도되었다.

그렇다면 개혁개방은 어떨까

개발독재의 얘기를 했지만, 개혁개방은 어떨까. 냉전이 끝났을 때 키신저는 「자본주의 체제의 도상국이 어떻게 경제개발을 하느냐에 관한 책은 많지만, 사회주의 계획경제에서 자본주의 자유경제로의 이행에 관한 책은 없다」고 하였다. 그로부터 35년이 지난 지금, 성공사례로 들 수 있는 것이 중국 덩샤오핑(등소평)이 제창한 개혁개방이다.

그 등소평은 김일성에게 몇 번이나 북한 경제상황 타개를 위해서 개혁개방을 권했었다. 중국의 개혁개방 시작이 1978년인데, 그 후 등소평이 직접, 예를 들어서 일본의 **마쓰시타 고노스케**(松下幸之助)와 만나서 협업의 가능성을 모색했었다. 몇 년 전 문재인 정권때 재벌 오너들과 평양을 방문했지만 김정은과 그들이 개별적인 회담을 했다는 흔적은 없다. 참고

> 마츠시타 코노스케(1894-1989) : 경영의 신으로 불린 일본의 전설적인 기업가. 마츠시타 전기(현재 파나소닉)을 창업하여 세계적인 기업으로 키웠다. 마츠시타 정경숙도 설립.

로, 김정일은 현대 그룹 정주영 회장이 방북했을 때 만난 기록이 있다. 현장 레벨에서도 한국의 기업과 인민군관계 조직의 협력관계를 시도했지만, 지속되지 않고 있다.

나아가서, 등소평은 고령의 나이에도 불구하고 1992년에 심천(쉔젠) 등에서 쉬지 않고 「남순강화」를 한다. 마침 그때가 한중국교 수립의 시기였는데 나는 홍콩출장길에 심천에 가보았다. 번화가에는 큰 간판이 있고, 등소평의 초상화와 개혁개방의 슬로건이 적혀 있었다. 당시의 심천은 지금의 모습(맨하탄처럼 고층빌딩이 들어선)과는 전혀 달라서, 버스 안에서는 차장이 표를 팔고 금이

간 상태의 건물, 녹슨 전자부품을 파는 시장 등, 한참 전의 일본이나 한국을 떠올리게 하는 풍경이었다. 계속 걷다보니 변두리에 경제 박물관이 있어서 들어갔다.

제일 꼭대기 층에서 믿을 수 없는 광경을 보았는데, 「경제성장을 이루자」라는 슬로건과 함께, 그것을 달성한 모범적인 나라들, 대만, 홍콩, 싱가폴과 함께 남조선 즉, 한국이 있었다. 북한에서는 지금도 있을 수 없는 일이지 않을까. 북한이 개혁개방을 쉽게 추진하지 못하는 이유의 하나라고 생각한다.

그렇다고 해서, 돌이켜보아도 중국은 결코 사회질서를 자유화하려 하지 않았다. 당시 기차의 매표소 창구에는 표를 구하려는 사람들이 줄지어 있었는데, 보통 사람이 새치기를 하려고 하면 모두 저항하는데, 인민군의 새치기에는 누구도 아무 말을 하지 않았다. 더 크게 보면, 그 몇 년 전 천안문 사건 때 학생들 데모 탄압을 보면, 공산당체제 질서에의 도전은 허용하지 않는 자세가 확실하다. 따라서, 주로 경제활동을, 초기단계에서는 경제특구부터 개방하려는 시도였다는 것을 알 수 있다.

이러한 경제특구를 처음에는 중점적이면서 수평적으로 전개해서, 점에서 선으로, 선에서 면으로 개혁을 넓혀가는 수법이라고 할 수 있다.

북한의 어려움은 중국과는 달리, 애당초 개방하지 못하는 점이다. 북한 서기·비서 출신의 황장엽씨는 생전에 「중국은 개혁개방을 통해서 큰 성과를 얻었고, 김정일(당시)이 개혁개방을 선택하기를 바라고 있다」고 했었다. 계속해서 「김정일의 독단과 독재에 의해 얼마나 많은 사람들이 목숨을 잃었는지 모른다. 만약 개혁개방이 실현되어 시장경제가 도입되고 국제사회에 문을 열게 되면, 김정일의 모든 비행과 중대한 죄가, 남한뿐 아니라 세계적으로도 알려지게 된다. 그렇게 되면, 김정일의 전체주의적 독재체제의 붕괴에 그치지 않고 그 자신에의 심판도 피할 수 없다. 그가 개혁개방을 하지 못하는 이유는 여기에 있다」.

김정일의 경우, 아버지가 살아있던 동안 20년의 준비기간을 거쳐서 권력을 승계했음에도 불구하고, 아버지의 사후 어려워진 경제상황에서 권력기반을 다져야 했다. 따라서 한층 더 강권정치를 할 수밖에 없었겠다고 생각이 된다. 김일성이 살아있었던 동안 조금이라도 개혁개방을 했었더라면 어땠을까 하는 생각도 들지만 역사에는 「만약」이란 말은 없다. 게다가 김정은은 아버지에 비하면 준비기간이 1/10 밖에 없었기 때문에, 아버지보다 훨씬 더 극적인 강권정치를 해야 했다고 추정이 된다. 시진핑도 젊었을 때 미국체재, 김정은은 스위스 유학경험이 있음에도 불구하고 두 사람 다 통제를 강화하는 방향으로 나아간 것은 권력투쟁의 사활적 측면을 얘기해주는 것이 아닐까.

하노이 서미트에서, 북한이 영변을 정지하는 대신에 2016년 이후의 제재를 철폐해달라는 제안을 한 것은, 제재의 어느 정도 효과를 뒷받침한다. 거기에 코로나 팬데믹이 일격을 가했다. 의료체제가 충분하지 않은 북한은 중국과의 국경을 봉쇄할 수밖에 없었기 때문에 상황이 더 절박해진 것으로 생각이 된다.

그러나 남북이 개혁개방체제에서 협력할 수 있다면 상승효과는 크다고 생각된다. 북한에는 자원과 노동력이 있고, 남한에는 기술과 자본이 있다. 현재 한국은 중국에서 공장을 가동시키는데, 북한으로 옮기면 언어의 장벽없이 의사소통이 원활하게 될 것이다. 또, 점점 격화하는 미중사이에서 생기는 어느 한 쪽을 택해야 하는 문제도 완화될 가능성이 있을지도 모른다.

의외로, 북한의 핵이나 미사일 개발의 속도와 달성도를 보면, 외국에서 기술을 도입하고 국내에서 프로젝트를 관리하여 목표를 달성할 능력은 어느 정도 있다는 것이 제시되었다고 볼 수도 있다. 내 계산으로는 적어도 8개국에서 기술이나 자료를 도입하고 있다. 그것도 2017년에 전개했듯이 빠른 시간 안에 「출하 - 실현」이 가능하다. 예를 들어서 NHK 보도나 앞에서 나온 후루카와에 의하면, 2010년대에 북한은 탄도미사일의 액체연료의 엔진, 공급시스템이나 컴퓨터 프로그램 등을 우크라이나에서 입수하려고 하고 있었다. 고형연료형에 관한 노하우도 모으려고 했었는데 현재 한국은 우크라이나쪽에, 북한은 러시아에 가까워진 현실이 안타깝다.

한참 전에 삼성이 외국에서 반도체의 기술도입을 하고, 한국내의 기흥에서 전개했던 과정이 떠오른다. 1980년대 반도체 업계는 공급 과잉상태로, 외국의 업체는 한국기업의 반도체 산업진입에 반대했었다. 그럼에도 불구하고 한국은 다양한 수법을 써서 진입에 성공했다. 따라서 북한도 이 능력을 군사용에서 민간용으로 바꾸어 잘 적응할 가능성도 있다고 생각한다.

의식을 바꾸는 어려움

그렇다고는 해도 계획경제에 익숙해져 있고 자유 경제를 경험한 적이 없는 사람들에게는 의식을 바꾸는 것이 많이 힘들다. 하버드 비지니스 스쿨에서 공부하고 있던 1980년대 전반, 중국에서 처음으로 유학생이 왔다. 조직론의 수업에서 어떤 케이스 스터디를 논의하고 있었는데, 상사와 부하의 관계가 좋지 않을 때 어떻게 마찰을 해소하는가에 관한 것이었다. 교수가 발언하라고 하자 중국 학생은,「자본 계급이 노동 계급을 착취하고 있다」고 주장해서 모두 놀랐던 기억이 있다. 또 사회주의 경제 체제에서는 유통, 특히 물류 코스트를 기업 코스트로 고려하지 않는 케이스가 많기 때문에 생산 거점의 위치에 의해서 영향이 있을 수 있다는 것도 생각하지 못했던 것 같다.

얘기를 한반도로 되돌리지만 남북 경계선 바로 위에 개성공업단지가 있다. 이것은 양쪽의 정부의 동의하에, 남한의 메이커가 개성에서 북한의 노동력을 써서 생산 코스트를 줄이는 구조다. 물론 공장의 설치나 운영, 특히 노무에 관한 문제는 적지 않지만 정말 심각한 고민이 있다. 그것은 최근에는 **BCP(Business Continuity Planning)**라고 불리는 사업 연속성의 계획을 수립하거나, 유지하는 것이 어려운 일이다. 남북한의 관계가 악화하면「생산설비와 재고를 전부 갖는다」

BCP(Business Continuity Plan) : 기업이 긴급 사태에 조우했을때 피해를 최소한으로 하고 핵심 사업을 유지하기 위한 방법과 단계를 미리 정해 놓는 계획.

고 까지 하니 남한의 사업자에게는 힘든 일이다. 여러분도 본 적이 있을 것으로 생각하지만, 개성에서 쫓겨나온 업체들이 자동차 지붕과 트렁크 한가득 기기나 재고를 쌓고 넣어서 밤에 도망하듯 군사 경계선을 넘어서 남한으로 오는 것을 보면 정말 슬퍼진다.

구 사회주의 국가를 방문했을때 몇 개의 과제에 직면했다. 우선 알기 쉬운 것부터 해설을 하면 계획 경제에서는 나라가 필요로 하는 물건의 생산이 기본이기 때문에 자유시장처럼 시장조사나 제품 기획에 애를 쓸 필요가 없다. 예전에 러시아에 갔을 때 우주에서도 쓸 수 있는 냉장 기술을 열심히 설명하는 기술자가 가정용의 냉장고에 그 기술을 쓰고 싶다고 한다. 판매 가격이나 크기부터 먼저 계산하면 좋다고 조언을 했더니, 아마도 기술을 어떻게 응용하는 것이 좋은가만을 생각하고 있었던 것 같다.

또 물건을 만들 때 각 단계, 예를 들어서 품질관리에서 책임 문제가 발생하면 시장 경제에서는 재발을 방지하기 위해서 문제의 근원을 찾는다. 그러나 통제형 국가의 경우, 문제가 일어나면 개인적 불이익, 혹은 벌을 받는 경우가 많기 때문에 자유로운 토론이 어려운 경향이 있다.

조직의 통치계통에 관해서도, 예를 들어 말하자면 기업에 충성한지 공산당에 충성한지가 애매하다. 최근 중국에서 알리바바나 디디와 공산당 사이에서 일어나고 있는 마찰도 이러한 영향을 끼치고 있는 것이다. 또 외국 기업의 지적 소유권이 보호되어 있는지, 아니면 당이나 국가와 공유하고 있는 것인지 그것도 걱정이 된다.

부정부패도 걱정거리의 하나다. 그 전에 내가 중국에서 관여했던 기업이 새로운 공장을 건설할 때 건설비가 비싼 것이 밝혀졌다. 변호사에게 부탁해서 조사를 했더니, 관리직의 어떤 사람이 계획승인권을 가진 공산당 관리와 함께 비용을 인상하여 리베이트를 받은 혐의가 있음을 알게 되었다. 여기까지는 다른 나라에서도 있을 수 있는 일이다. 그러나 입건을 하려고 했을 때 자금 루트의 불투명성에 막혀서 입건을 코앞에 두고 포기할 수 밖에 없었다.

경제 전체의 화제가 되는데, 계획 경제에서 시장 경제로 이행하기 위해서는 국영기업을 민영화 할 필요가 있다. 그 이유는 효율이 낮고 코스트가 높은 경우가 많아서 국제경쟁력이 낮기 때문이다. 그대로 개방하면 경영이 막히고 민간 기업보다 이익률이 낮기 때문에 빚도 많아지고 나라의 부담도 커진다.

민영화에는 상당한 고통이 따른다. 방법으로는 주식을 민간에 팔거나 또는 M&A 등이 있는데 어떤 경우에도 인원정리가 불가피해서 정리해고를 피할 수가 없다. 예를 들어서 중국에서는 2016년에 석탄과 철강업계에서 180 만명을 해고해야 했고 그 보상으로 230 억불을 지불했다고 한다.

아직도 먼 통일에의 길

국가정보원 원장을 맡고 있는 이종석씨는 취임 직전 일본 잡지와의 인터뷰에서 통일의 시기에 관해서 질문을 받고, "내가 살아있는 동안에는 어려울 것 같습니다"라고 대답하고 있다.

분단국가라고 하면 독일이 자주 거론된다. 흡수합병형의 통일을 이룬 독일과 그것이 현실적으로 어려운 한반도에서는 직접적인 비교는 어렵겠다. 그러나 부분적으로는 참고가 되기 때문에 한국의 역대 대통령들도 독일 방문에는 특별한 마음을 갖고 있는 것 같다.

나도 세 번 구 동독에 가본 적이 있다. 첫 번은 1991년 독일 통일의 다음 해였다. 서독의 프랑크푸르트에서 동독의 라이프치히까지 요한 세바스찬 바하호라는 낭만적인 이름이 붙은 기차를 타고 갔다. 나는 아버지가 분단 이전의 북한, 어머니가 남한 출신이다. 서독에서 동독으로 들어갈 때 외롭게 서 있는 옛 국경선의 울타리가 보였고, 우리도 언젠가는 38도를 이렇게 오갈 수 있게 되지 않을까 하고 부러운 마음이 한 가득이었다.

조금 더 구체적으로 독일이 통일을 이룬 경위를 외교의 측면부터 풀어 보도록 하자. 한반도의 미래에 관한 힌트가 있는 한편, 당연히 차이점도 있다. 우선 독일 제1회 동독 서독 수뇌회담이 열린 것이 1970년 3월이었으니까 그때부터 통일까지 20년이 걸렸다. 한편 한반도의 경우 총리급 회담은 30년 이상, 국가원수급의 수뇌 회담에서부터 20년 이상이 지났다. 현실 문제로서 급한 변화가 없는 한, 한반도의 통일은 아직 먼 미래의 얘기라고 생각한다.

유사한 측면을 먼저 얘기하겠다. 독일의 브란트 수상과 한국의 김대중 대통령은 각각 동방외교와 남북 외교노력을 평가받아서 노벨 평화상을 받았다. 남한도 북한도 동서독처럼 UN에 동시에 가입하고 있다. 독일의 경우도 한반도의 경우도 주변국이 활발한 크로스 정상외교를 전개하고 있다. 특히 당사자를 포함한 동서독의 경우, 2+4(동서독+미영불소), 한반도의 경우는 이것은 핵 문제를 해결하기 위해서였지만, 6자 회담(남북한+미일중러)이라는 구조가 채용되어 있다.

반면, 다른 점은 많이 있다. 우선 북한에서의 정보나 행동 통제가 원인으로, 독일의 라이프치히나 동베를린에서 일어났던 것과 같은 시민 데모는 일어날 것 같지 않다. 1974년 미국과 동독은 2개국 관계를 구축했는데 한반도의 경우 미국과 북한 사이에는 2개국 관계는 아직 존재하지 않는다. 그리고 남한의 톱이 북한을 방문한 적은 있는데 북한의 톱이 남한을 방문한 적은 없다.(판문점에서 한 발자국만 남쪽에 들어왔지만.) 참고로 동독의 호네커 수상은 1987년에 서독을 방문하고 있다. 서독의 헬무트 콜 수상은 1982년부터 1990년까지 통일 프로세스를 추진했을 뿐 아니라 그 후에도 동서의 통합 프로세스에 깊이 관여하고 있다. 한편 한국의 경우 대통령의 임기는 5년, 그것도 여야가 종종 역전하기 때문에 계속성이라는 척도에서 그 차이도 인정해야 한다.

운이라고 할까, 타이밍의 차이에서 오는 영향도 아주 적지는 않다. 고르바초프라고 하는 비교적 리버럴한 리더가 소련의 그 시기에 등장한 것은 운명적인 일이었다. 일본에서도 「고르비 붐」을 일으킨 이 사람은, 예를 들어서 1990년 7월 통일 독일이 NATO에 가맹하는 것을 용인했다. 당시 푸틴이 요직에 있었으면 아마 확실하게 반대했을 것이다. 또 중국의 시진핑도 남북한이 서방 주체의 군사동맹에 가맹할 가능성에 관해서 당연히 반대할 것이다. 지금의 러시아도 그렇다. 그리고 아까도 얘기했지만 권력 기반이 안정되었던 김일성이 몇 년 더 살았더라면 조금 더 개혁적인 경제 대책도 추진할 수 있었지 않았을까. 김정일의 권력 이행을 위해서 긴축했다고 볼 수도 있다. 일종의 기회 손실이다.

국제 환경도 독일에게는 순풍이었다. 우선 1980년대부터 냉전 구조가 약해져서 1989년 12월에는 마침내 미국과 소련이 말타에서 냉전의 종결을 선언했다. 지금은 반대로 미중의 대립이 심화되는 국면이다. 시기를 거슬러 올라가지만 1985년 12월 EC 유럽 공동체가 1992년까지 시장 통합을 한다고 선언하고 실현한다. 동북아시아에서는 한일중이 가입하는 자유무역협정은 RCEP로서 실현했다.

세 개의 구조적인 차이

이것 이외에도 여러 가지의 중요한 구조적인 차이가 있다. 첫 번째는 이산가족의 비율이다. 한국의 경우 네 가족 중 한 가족이 북쪽에 친척이 있는데, 독일의 경우는 10%에 가깝다고 독일에서 들었다. 나도 북한에 친척이 있는데 남한의 친척에게는, 만일 통일이 되면 누구의 집에서 북한의 친척을 받아 주는가 하는 문제는 절실하다. 예전에 KBS가 러시아 사할린과 한국의 이산가족을 찾아서 방송국에서 재회하게 하는 프로그램이 있었다. 처음 재회 순간은 다들 펑펑 울고, 사회자가 「이제 그만 우세요.」라고 할 정도였다. 그러나 그 후를 추적해보면 한국에서 집을 몇 번이나 옮기면서 사회에 정착하지 못하고 다시 사할린으로 돌아갔다는 얘기도 있었다.

두 번째는 지정학적인 차이가 있다. 독일에 민감한 감정이 있었던 프랑스에게도 동독이 서독으로 흡수합병되어 큰 독일이 탄생하는 것에는 위협을 느끼지 않았을 리가 없다. 그래도 서독은 어울려야 하는 옆 나라다. 한국과 민감한 관계에 있는 일본에게는, 만약 북한 주도의 통일이 되어 대마도의 눈앞에 있는 부산까지 북한이라고 한다면 이것은 큰일이다. 냉전 당시, 동독이 서독을 흡수 합병하는 예측 시나리오를 프랑스가 싫어했던 것과 같을 것이다.

　세 번째는 서독과 한국, 동독과 북한, 어느 조합을 보아도, 독일이 경제적으로 안정되어 있다는 것이다. 경제면에서 동독은 동유럽의 우등생으로 불리고 있었다. 뮌헨에 있는 독일 박물관에 가보았더니, 19세기 말부터 독일의 기술자가 개발한 자동차, 비행기, 엔진 등 그 공업력에는 놀랄 수밖에 없었다. 이것은 모두 독일 분단 이전의 얘기다. 한국의 경우, 주요 공업 기술을 국내에서 개발한 것은 전쟁 후, 그것도 분단 후의 얘기다. 완만한 통일을 했다고 해도 과연 서로 지탱할 수 있는 경제력이 있는 것일까.

통일 후에도 30년간은 수난의 시기

　앞에서도 얘기했지만, 통일 직후의 1991년에 구 동독의 라이프치히에 도착한 후 어떤 공원을 지났을 때 얘기다. 노동자로 보이는 사람이 「도와주세요」 하면서 다가왔다. 「돌아갈 때」라는 말을 하면서 거절했다고 생각했는데 실제로 몇 시간 후 돌아갈 때 다시 와서 「아까 나중에라고 얘기했었지요」라고 말을 걸어왔다. 그는 아주 작은 도움도 절실한 상태였다.

　그때 신문에 마침 콜 독일 수상 관련기사가 있었다. 수상이 동독을 방문하여 가두연설을 하고 있었는데, 모인 사람들이 날달걀을 던져서 양복이 엉망이 된 사진이 실려져 있었다. 기사의 내용을 읽어 보니, 동독의 노동자와 서독의 임금 격차, 실업문제 등에 관한 불만이 폭발한 것이었다. 이것에 대해서 구서독 측의 주장으로는 「우리는 동독에 유리한 환율설정 등으로 뒷받침하고 있으니 5년후 동독 공장의 생산성이 서독의 공장과 동등한 레벨이 되면, 그때 임금을 맞춰서 올리겠다」고 했던 것이다. 생산성이 올라가면 실업이 늘어날 불안도 커지기 때문에 「말도 안 된다, 지금 당장 임금을 올려라」라는 슈프레히코르(Sprechchor)를 외치면서 그 1년 전까지는 통일의 영웅이었던 콜 수상이 공격을 받은 것이다.

　이 체험담의 구체적인 숫자는, 1990년 초 구 동독의 임금은 서독의 7%였다. 그후 외환 우대 정책의 정책으로 1990년 말에는 39%, 91년 말에는 50%가 되었다. 그래도 불만은 해소할 수 없었다.

　급한 변화가 없으면 통일이 아직 먼 미래처럼 보이는 상황에 있는 한반도에서도 이러한 현상의 전조가 보인다. 이것은 한국에 와 있는 탈북민(북한이탈주민)들에게서 볼 수 있다. 같은 민족인데 북한의 대학, 예를 들어서 김일성대학의 학위가 남한에서 취직할 때 큰 도움이 되지 않는다는 사실이다.

　나도 북한에 친척이 있어서 어떤 협력을 할 방법이 없을까 모색한 적이 있다. 제일 어려운 일이, 우리는 시간과 과정을 거쳐서 남한의 사회에 적응하기를 바라는데, 탈북민들은 북한의 돈주(벼락부자)에 동경을 해서 그런지「까다로운 얘기하지 말고 돈을 주세요. 돈은 무엇이든지 해결합니다」고 한다. 3만~4만 명이 이런 상태니 자유롭게 왕래할 수 있게 되면 어떻게 될 것일까.

　오해가 없도록 쓰고 싶지만 이것은 탈북민의 욕망을 비난하는 것이 아니다. 오랫동안 외국의 정보에서 차단되어 살아온 사람들이 갑자기 자유를 맛보게 되면 과거의 기회 손실을 깨닫고 하루라도 빨리 만회하고 싶다고 생각하는 것은 어느 정도 자연스럽다고도 이해할 수 있다. 그러나 자유 시장에서도「급할수록 서두르지 말라」고 하듯이 조심하기를 바란다.

　그런데 이런 과정을 거쳐서 통일을 하기에는 막대한 비용이 든다. 조사 기간에 따라서 다르지만 규모로는 1조에서 3조 달러가 든다고 한다. 대단한 금액이다. 이것을 어떻게 충당하는가. 한국의 국가 예산이나 국민에 대한 증세만으로는 어렵지 않을까. 흡수합병 방식은 무리가 아닐까 한다.

　그러나 북한에는 상당한 지하자원이 있다. 금, 은, 동, 아연, 철광석 등이다. 6조 달러 어치는 있는 것은 아닐까 예측되어 있어서 이것으로 커버할 수 있지 않을까 생각했는데 얘기는 그렇게 간단하지 않다. 지하자원을 발굴하는 능력도 재력도 없는 북한은 외화 획득을 위해서 채굴 권리를 나눠서 팔고 있는 것은 아닌가 하는 걱정이다. 이러한 계약은 청산되어 있다는 평론가도 있지만 그래도 통일의 시기가 가까워지면 중국이 어떤 클레임을 하지 않을까 걱정이다.

그리고 2017년에 동독을 다시 방문할 기회가 있었다. 26년 만의 방문이었다. 기차로 이동하는 중 그 지역의 사람과 나눈 회화가 인상적이다. 그 사람은 통일에 관해서는 서독이 서독의 페이스로 통합 과정을 강요하고 그렇게 함에 의해서 우리의 이권을 착취했다고 얘기하는 것이다. 독일 통일에서 이제 30년 이상의 시간이 흐른 「그들과 우리」, 그리고 불공평감을 표현한 그 발언에는 나도 머리가 아파졌다.

그래도 희망은 있다

양호한 한미일 3개국 관계 유지가 어려운 것이 사실이다. 그러나 북한도 중국도 어려운 국내 사정을 갖고 있는 것도 사실이다. 거기다가 중국은 대만 문제를 핵심으로 하고 있다.

최근 어떤 외교관 경험자가, 한반도 통일에는 주변 나라의 축복이 필요하다는 견해를 표시했는데 현재 한반도 통일을 자국의 국익에 플러스가 될 것으로 보는 주변국은 없지 않을까. 현실적으로는 외교 국면이 변해서 소극적으로 한반도 통일을 용인하게 되지 않을까 싶다. 따라서 한국에는 그러한 국면의 변화에 순발적, 즉흥적으로 반응해서 진행할 수 있는 리더가 필요할 것이다.

직접적인 비교는 되지 않는다고 해도 시리아가 저렇게 해방될 것이라고 생각한 사람은 적지 않았을까. 콤비네이션 락이 열린 것이다. 아사드를 지지하고 있었던 러시아는 우크라이나 전쟁으로 상황이 달라졌고, 이란과 협력 관계에 있는 하마스 헤즈볼라는 가자와 관련해서 힘이 약해졌다. 길이 열린 것이다.

2부

통치의 길
— 한일역사 문제의 새로운 시점

同舟共済 그리고 用兵之害. 揩予最大

이제까지 미국이 한일간에서 지도, 조정, 첩보등을 담당해왔다. 미국이 동맹을 기초로 한 방위의 의무를 포기할 경우 한국과 일본은 방위 협력을 해야 하는가. 하고 싶다면 협력할 수 있는가. 한반도 유사시의 일본 역할은? 대만 유사시의 한국 역할은?

한국과 일본 두 나라 관계의 바람직한 모습은, 과거의 문제도 포함해서 아주 복잡하지만 그 본질을 놓쳐서는 안된다. 지금 제일 중요한 과제는 대만이나 한반도 유사시에 두 나라가 같이 공동으로 위기에 맞설 수 있는가 하는 점이 아닐까. 그러나 서로 이웃 나라이면서 역사적,지정학적 이유로 통치 방법이 다르고, 따라서 의사결정의 속도나 면밀한 정도가 크게 다르다.

한국과 일본 두 나라 관계에는 몇 개의 특징이 있다. 우선 두 나라 모두 미국의 동맹국인데 한일양국은 동맹관계가 아닌 점이다. 그리고 한미동맹은 한국군의 공격능력(교전권)을 인정하며, 주한미군의 목적은 기본적으로 한반도 방위에 초점을 두고 있는 것(최근 인도·태평양 안보도 포함한다는 미국쪽 발언도 있었지만)에 비해서,미일 동맹의 경우 일본 자위대는 기본적으로는 방위전문이며 재일미군의 목적은 일본의 방위 뿐 아니라 인도 태평양 등의 지역 안보로 정하고 있는점이다.

이러한 비대칭성을, 지금까지는 미국이 중요한 역할을 하며 한일간의 입장의 차이나 마찰을 조정해 온 경위를 무시할 수 없다. 방위전략은 국가안보보좌관, 펜타곤이나 인도·태평양사령부에서 구상을 하여, 일본과는 때로는 외압으로, 한국과는 전시작전통제권을 통해서 조정해왔다. 만일 미국이 내향적이되어 양국에 대한 군사지원을 삭감 혹은 재편성할 경우, 한일 양국은 유사시에 자주적으로, 그것도 재빨리 정확하게 대처하지 않으면 안된다. 양국간에는 아직 무시할 수 없는 역사 문제가 남아 있으며, 그러한 상태에서 바람직한 체제를 조직하는 것이 쉽지 않다는 것은 잘 상상할 수 있다.

순발력과 즉흥의 한국, 안전과 숙려의 일본

일반적으로 한국의 결단은 빠르고, 대담한 동시에 유연하고, 일본의 결단은 신중하고 면밀하다. 한국의 순발력, 즉흥성과 일본의 계획성, 안정성을 잘 보완하여 조직하는 것은 기업 레벨에서도 양쪽의 경쟁력을 향상시키는데 효과적이다. 이러한 차이점에서 한국이 할 수 있어도 일본은 하지 못하며, 반대로 일본이 할 수 있어도 한국이 하지 못하는 점이 떠오른다.

예를 들어서 한국이 일본보다 성과를 올린 예로서는, 위기관리를 들 수 있다. 1997년 IMF 위기후의 V자 회복은 일본에서도 그 후 언론에서 몇 번이나 보도했다. 코로나에 관한 한국의 초기 대응에 관해서도 일본은 주목했다. 그에 반해서 일본에서는 코로나가 만연한 후 중소기업에 대한 지원금의 지불이 늦어지면서 사회 문제가 되었다. 북한이 미사일을 시험 발사하면, J 얼러트 (J-ALERT)라는 시스템이 일본 국민에게 경고를 하게 되어 있는데 실험을 해도 경고가 없던지 발사가 끝난 후 경고를 발하는 등 비판이 계속되기도 하였다.

DX, 곧 디지털 트랜스포메이션에 관해서도 한국이 앞서고 있는 측면이 있다. 한국에는 주민등록 번호기 있는데, 일본에서는 이것과 비슷한 마이넘버를 정착시키려고 오랫동안 애쓰고 있다. 지금도 마이넘버 카드를 건강보험증, 운전면허증과 일체화 하려고 할 때 전산화처리에 따른 여러가지 불편함이 계속 일어나고 있다.

BRICs 나 도상국에서의 경제 활동도 한국 기업이 유리하게 진행하는 경우가 많다. 이러한 나라에서는 사업이 계획대로 되지 않기 쉽고, 끊임없이 변하는 환경에 민감하게 대응하지 않으면 안된다.

한편, 일본이 할 수 있어도 한국이 할 수 없는 것이 있다. 우선 장인기질적인 현장주의와 마무리. 알기 쉬운 예로, 일본 기업의 한국 주재원에게서, 서울에서 길을 걷다가 넘어질 뻔한 경험이 있다고 들은 적이 있다. 일본의 경우, 그 공사를 담당하고 있는 사람은 그 팀안에서 그리고 사회에 대해서 어느 정도의 수준을 지키는 , 말하자면 「장인기질, 명예의 문화」가 있다. 한국에는 이러한 요인 보다는 예산이나 임금, 노동조건 등이 중요한 것이 아닐까?

또 하나 일본 사회의 특징을 든다면, 사회 구성원이 자기 자신의 이익을 조금 타협하더라도 공공을 위하자는 측면이 있다. 이러한 역학이 일본의 집단을 결속으로 이끈다. 한국의 경우, 공공의 이익을 우선한다고 하면서 개인적인 이익도 취하려는 측면이 있어서 대립이 일어나고 집단이 분열하는 경우가 적지 않다.

통치 방식의 차이 : 중앙 집권의 한국 VS 집단의사결정(그루피즘)의 일본

한국과 일본은 그 역사적 배경에서 나라의 통치체제가 다르다. 한국의 경우 유사이래 정치체제는 중앙 집권적이 아니었을까. 일본의 경우 한반도와 교류가 있었던 성덕태자(聖德太子)가 6세기에 「和を以て貴しと為す- 화합을 중시한다」고 한 이래, 집단 역학은 계속 지켜져 왔다고 할 수 있겠다.

한국의 경우는 의사결정을 톱다운으로 행하고, 권력을 일시적으로 독점하는 경우가 많다. 일본에서는 거꾸로 바텀업의 색채가 강하고 예외가 있기는 하지만 권력의 공유가 일반적이라고 할 수 있다. 구체적인 케이스를 살펴 보겠다.

미즈호은행 vs 현대 LG 반도체 사업 합병 케이스

한국 사람의 경우, 일단 톱의 자리에 오르면 권력을 좌지우지하는 경향이 강하다. 그것에 반해서 일본 사람은, 예외는 있지만 권력을 다른 사람이나 다른 부서와 공유하는 일이 많다.

그 차이를 선명하게 보여주는것이 기업의 합병후 조직통합에서 일어나는 현상이다. 우선 일본의 경우부터 살펴보겠다. 미즈호은행이 제일권업은행(第一勸業), 후지(富士)은행, 그리고 일본흥업은행(日本興業) 세개의 은행합병에

의해서 만들어진 후, 계속해서 ATM 문제가 일어났다. 여러가지 원인이 지적되지만 흥미로운 것은, 말하자면 합병후의「공평하도록 나누는 인사」(たすき掛け人事)다.「공평하도록 나누는 인사」는, 합병한 회사의 간부들을 섞어서 자리에 앉히는 인사방법을 말한다. 잡지 닛케이 비지니스에 실린 미즈호 은행의 시스템장애 검증기사는 다음과 같다.「금융청은 시스템장애의 원인에 관해서, 기술적인 문제점보다 오히려 미즈호의 거버넌스 체제로 눈을 돌리고 있다.」라고 하였다.

결국 대등합병을 고집하여 일본흥업은행, 후지은행, 제일권업은행 각각의 은행장이 공동 CEO가 되어 사실상 3톱체제를 갖췄다. 덧붙여서 기사에서는,「톱뿐 만이 아니다. FG(파이낸셜 그룹)과 산하 은행의 간부직의 숫자를 더해서 3으로 나누고 한 사람의 오차도 없도록, 세개 은행의 출신자를 공평하게 나누는등 철저하다」고 한다. 결국 권력투쟁이 있었던 듯, 그래서 어떤 경영자는「대등합병은 하면 안된다」고 하지만, 지금도 완전히 없어지지 않은 것도 사실일 것이다.

한편 한국에서는 이런 경우를 본 적이 없다. 오히려 반대의 극단으로 가는 케이스가 대부분이다. 김대중 정권때 이루어졌던「빅딜」이 가장 기억에 남는 예인데, 산업별로 기업의 숫자를 집약해서 경쟁력을 올리려고 했던 시도다.

당시 한국의 반도체 분야에서는 2개의 회사가 구조개혁의 대상이 되어 반강제적으로 합병이 추진되었다. 그랬더니 곧 주도권 쟁탈이 벌어져서 권력을 잡은 쪽이 상대방을 배제하려는, 말하자면「올오어 낫씽=승자독식」이 되어 가고 있었다.

서로 양보를 하지 않았기 때문에 할 수 없이 미국의 컨설팅 회사에게서「객관적인」제안을 받기로 했다. 그런데 불리한 입장에 놓인것을 알게 된 회사는 미국에서 컨설팅 회사를 상대로 소송을 제기하였다. 컨설팅 회사가 처음부터 유리한 입장의 편을 들어줄 작정이었다는 주장이다. 더 이상 기다릴수 없었던 정부는 소송을 시작한 회사의 융자를 끊어버렸고, 아니나 다를까, 한쪽이 권력을 잡고 남은 한쪽은 배제되었다.

통치란?

논의를 깊게 하기 위해서 통치(거버넌스)란 무엇인가를 얘기할 필요가 있다. 정치나 경영의 전문 분야에서는 이러한 통치의 정의에 관해서 만으로 책 한권을 쓸 수 있을 정도이니 여기서는 좋은 통치를 식별하기 위한 기준을 열거하기로 한다.

1. 목적 또는 공약이 확실하고 관계자에게 공유되어 있을 것
2. 톱에 취임하는 인재의 질
3. 의사결정의 과정이 관계자에게 투명하며 반대 의견이나 소수 의견도 고려하였는가
4. 전략이나 전술이 잘 계획되어 형성되어 있고 전례주의가 아니라는 점
5. 이러한 방법론과 나라와 기업의 장점 단점, 그리고 한정된 자원과의 균형을 고려하였는가
6. 상황・위기 분석의 질
7. 국제법이나 국제적 윤리관과의 합치
8. 권력의 폭주을 막는 체크 기능의 유무

간단하지만 이러한 요인에 따라서 다음 네 개의 장을 전개해 가겠다.

역사 문제에 집착하는가, 아니면 전략적으로 자연풍화 시키는가? 중도는 없는가?

한국 국내에서는 일본과의 역사 문제에 관해서의 생각이 양극화하고 있음을 최근 느꼈다. 진보 세력을 중심으로 한 역사문제에 집착하는 자세 - 이것은 피해자 VS 가해자 라고 하는 프레임으로 파악할 수 있겠다. 그러한 시점에도 일리는 있다고 생각한다.

2025년 1월말 동경 근처에 있는 야시오(八潮)시의 도로에 큰 싱크홀이 생겼는데, 그 직후 지나가던 트럭이 떨어지는 사고가 났다. 트럭 운전수는 싱크홀에 떨어진 트럭 안에 갇힌 상태였는데 싱크홀의 주변이 아주 불안정해서 구출이 어려웠다. 지방 정부는 터널을 몇개나 뚫는 공사를 하면서 구출 작업을 계속한 결과, 3개월이 지나서 유체를 확보할 수 있었다.

　여러분께서 비교해 볼 만한 역사적 사건이 있다. 1943년 일본 야마구치현 우베(宇部)시 근처에 조세이(長生)탄광이 있는데 여기에서는 한반도에서 연행되어 온 약 130 명과 일본인 약 50 명이 일하고 있었다. 이 장소는 바다에서 가까웠기 때문에 탄광에 물이 가득차고 전원이 익사하는 사고가 발생했다. 올해는 전후 80년, 82년 전부터 이 분들은 아직도 탄광안에 있다. 그런데 양쪽 정부 레벨에서는 해결하지 않고 있다. 한일 양국의 유족을 불쌍히 여긴 오키나와의 어느 젊은 다이버가 일본의 시민 단체와 협력해서 탄광의 흙탕물 안에 몇 번이나 들어가면서 유체를 찾으려고 노력하고 있는데 아직까지 찾지 못하고 있다. 그래도 한일 양국의 유족들은 현장을 찾아가서 그 다이버에게 감사를 표시하는 장면을 보면, 정치적 의사의 결여를 슬퍼하지 않을 수 없다.

　한편, 한국의 보수세력을 중심으로 해서 한일 관계를 미래지향적인 방향으로 유도해야 한다는 의견이 있다. 벌써 80년이나 지났는데 왜 아직까지도 집착하는가, 이미 두 나라의 젊은이들은 서로 우호적이지 않은가, 일본의 문화와 제품에는 호감을 갖고 있다, 그리고 중요한 요인으로 서로 나라의 안전 보장이 가장 중요한 시기에 과거의 문제로 대립하는 것보다는 미래지향으로 좋은 관계를 유지하면서 국민을 보호하는 것이 우선이 아닌가 하는 의견도 들었다. 그 의견에도 일리가 있다.

　한국의 「이태원 클래스」가 일본에서 「롯본기 클래스」가 되었고, 일본의 「노다메칸타빌레」가 한국에서 「내일도 칸타빌레」가 되었다. 이것은 좋은 일이다. 문화의 교류도 외교의 중요한 수단이다. 그러나 현실적인 문제도 있다. 일본의 젊은 세대(약 25~ 35세)는 일본의 상원(중의원)에서 11 명으로 전체의 1.5% 에 지나지 않으며, 2024년 중의원 선거 당시 상원의 평균 연령은 56세였다. 통치의 중수에서 영향력을 갖게 되기까지 시간이 걸리는데, 타이완 유사 가능성의 시나리오는 5년 이내로 추정되고 있다.

　한국 국내에서는, 윤석열 전 대통령이 처음 일본을 방문했을 때 시청앞 광장과 광화문 광장에서의 열렸던 데모처럼 두 개의 입장으로 나눠졌다. 나는 이렇게 생각한다. 한국에 정말 필요한 것은 과거지향도 아니고 단순한 미래지향도 아니며 현실적인 사고다. 즉 유사시에, 대담하고 빠른 한국과, 느리고 보수적인 일본이 어떻게 위기에 대응하는가, 하는 것이다. 이것은 위해서 얘기한「통치의 질」이라는 테마를 통해서 두 나라의 과거 현재 그리고 미래를 생각하여, 불행한 역사 안에서 일어난 통치 부전을 다시는 반복하지 않도록, 건전한 통치를 바탕으로 하여 어떻게 협력 관계를 전개할지, 그것에 초점을 두고 싶다.

　다음 장에서 부터 자세하게 얘기하겠지만 일본의 집단적 체제가 가져온 실패한 예로서, 1931년 부터 45년까지의 2차세계대전을 포함한 15년 전쟁, 그리고 1990년 부터 경제 정체가 계속되었던「잃어버린 20년」. 성공한 예로써는 명치 유신 전후의 자주적인 근대화, 그리고 1945년 패전후의 전쟁 후의 경제 성장. 한국의 중앙 집권 체제가 가져온 실패한 예로서는, 19세기 말부터 1910년까지의 조선・대한 제국 시대. 성공한 예로써는 땀과 눈물과 피로 이룬「한강의 기적」.

　기본적으로 통치의 질을 평가하는 문제는 양국의 국내 문제이지만 이러한 실패담과 성공담의 교훈은 현재에도 장래에도 서로에게 적용된다. 이러한 예의 일부를 이제부터 얘기하도록 한다.

제4장 ①
일본의 통치부전(1936년부터 1942년까지)

전쟁 후의 일본의 고도성장을 체험하고 일본과 미국에서 일본 조직을 연구해 온 입장에서는 1936년부터 1942년까지 일본의 통치부전현상이 심각했다고 생각된다.

우수하다는 사람들의 집단이 어떻게 저런 결과를 초래했는지 통치의 시점에서 따져 보기로 한다. 다양한 해석, 즉 **「동경재판사관 · 전후좌익사관」**에서 시작해서 최근 특히 속도를 내고 있는 **「수정주의 · 우익사관」**까지 나타나는 것을 보면, 일본 국내에서 전쟁 책임에 관해서는 총괄되어 있지 않다는 사실이 명확하다.

1910년부터 1945년까지 한국은 일본의 식민지였다. 그 시대의 평가는 한국과 일본 사이에서 많이 다르다. 식민지를 취한 쪽과 당한 쪽의 해석이 다른 것은 당연하다. 그러나 지금까지의 분석과 해석은 주로, 「가해자와 피해자」라는 구조에서 논해져 왔다고 생각한다. 특히, 1936년부터 1942년까지 **미나미 지로(南次郎)**총독 밑

> 동경재판사관 · 전후좌익사관 : 동경 재판의 판결에 따른 역사인식. 만주사변에서 태평양 전쟁의 이르기까지의 일본의 행동을 일부 군국주의자의 집단결정에 의한 침략으로 한다. 전쟁 후 미국이 일본인을 세뇌하여 태평양 전쟁에 관한 죄의식과 자학적 사관을 심었다고 한다.
>
> 수정주의 · 우익사관 : 침략 전쟁이나 식민지 지배, 조직적인 잔인한 행동등 비판적인 평가가 정착된 사건들을 수정하고 옹호하는 주의. 좌익적 사관을 수정하여 「자학적인 사관에서의 해방」을 목적. 우익에서 제기된 것이 원점.

> 미나미 지로(南次郎, 1874-1955) : 일본의 육군 군인. 조선군 사령관, 육군장관, 조선 총독을 역임. 조선에서의 동화정책을 강제적으로 진행. 전쟁 후 동경재판에서 유죄판결을 받음.
>
> 황민화 정책 : 일본의 식민지 지배를 받는 한국인을 천황(일왕)의 자손, 일본인으로 하여 전쟁 수행에 필요한 총동원 체제를 세우려고 했다.

에서 행하여진 한국인 황민화정책의 후유증은 지금도 한일마찰이라는 형태로 깊이 남아 있다.

그러나 여기서는 「가해자 vs 피해자」와는 다른 시점에서 보기로 한다. 오히려, **황민화정책**이 한국에 끼친 영향보다 일본의 목적을 달성하기 위해서 정말 필요했는가 하는 시점이다.

이러한 시점에서 생각하게 된 이유는 한국을 식민지로 취한 일 자체가 잘못된 일인데, 일본 입장에서도 식민지 통치에 필요없는 일을 해 버렸다는 점을 확인하고 싶기 때문이다.

「가해자 vs 피해자」가 아니고 「일본(본국, 그리고 식민지)의 통치의 질」을 중시하기 위해서 이 장에서는 의식적으로 한국의 피해자 증언이나 기술은 하지 않기로 한다.

우선 일본 국내의 통치에 관해서 얘기하겠다. 냉정하고 모진 시각이지만 통치에 실패하여 1945년 패전후 일본도 나라의 주권을 잃었다. 통치에는 결과에 대한 책임이 따른다. 모두 알다시피 일본은 전쟁을 일으킨 목적을 달성했다고 말하기 어렵다. 지금도 그때 당시의 일본의 목적은 무엇이었는지 토론의 대상이 되는데 그때도 일치된 의견이 없었던 것은 아닌지 추측이 된다. 2001년에 우익적 사관으로 파문을 일으킨 「새로운 역사 교과서를 만드는 모임」의 교과서에도 「일본도 전쟁 목적을 놓치고 평화보다는 전쟁을 계속하는 방침이 계속되어 끝이 없는 전쟁에 들어갔다. 1940년, 민정당의 사이토 타카오(斎藤隆夫) 의원은 제국회의에서, "이 전쟁의 목적은 무엇인가"라고 질문했지만 정부는 충분하게 대답할 수 없었다.」고 되어 있다.

그 목적은 각 사람과 때에 따라서 달랐겠지만, 「평화를 지향하고 전쟁을 하지 않는다」, 「전쟁을 해서 이기고, 지지 않는다」, 「자위 안보를 확실하게 한다」, 「아시아 해방」, **팔굉일우**(八紘一宇)·대동아공영권 – 일본식명칭」, 「선배들이 남긴 공적을 지킨다」 등, 그 외에도 있을 것이다.

> 팔굉일우 : 전세계를 천황(일왕)아래의 하나의 가족으로 한다는 사상.

그중 전쟁에 관한 항목에서는 역사가 한도 가즈토시(半藤一利)는 저서 「쇼와시(昭和史)」에서 자신의 체험도 근거로 하여 다시는 전쟁을 하지 않는 나라가 되면 좋겠다는 간절한 바람을 호소하고 있다. 한편 사상적으로 다른 부류에 속하는 「대동아전쟁, 이렇게 했으면 이겼다」라는 책을 쓴 **고무로 나오키**(小室直樹)와 쿠사카 기민도(日下公人) 등은, 일본이 이기지 못한 이유에 관해서 언급하고

> 고무로 나오키(小室直樹, 1932-2010) : 일본의 사회학자, 경제학자, 사회 정치 국제 문제평론가.

있다. 또 전 외교관이자 외교 평론가인 오카자키 히사히코(岡崎久彦)는 국제관계와 역학의 시점에서 이 시대의 흐름을 분석하고 있다. 이 장에서는 이러한 전문가들의 의견을 참고로 전개해 가겠다.

「일본의 안보를 확실하게 한다」, 「선배가 남긴 공적을 지킨다」에 관해서, 일본은 우선 청일 전쟁, 러일 전쟁 그리고 만주사변을 거치면서 한반도와 만주를 러시아 남하 정책에 대한 완충지역으로 확보했다. 즉 두 개의 쿠션을 만든 셈이다. 지금은 어떤가. 거의 없어지지 않았는가. 만주는 중국이 되찾았고, 한반도는 분단이 되어 완충지역으로 남아 있는 것은 독립국가 한국 뿐이다. 냉전의 시대가 끝났다고 해도 중국 러시아 북한의 영토적 야심이 쇠퇴했다고는 도저히 생각할 수 없는 상태다. 두 개였던 쿠션이 1/2이 되고 말았다.

나아가서, 1930년 스무트 홀리 관세법이 미국에서 성립되고 세계에서 보호무역과 블록 경제가 일어나면서 자원의 확보 등 경제 안보를 위해서 영토의 확대를 주장하는 세력이 있었다.

「선배가 남긴 공적을 지킨다」는 생각은 전통이나 계속성을 존중하는 좋은 면도 있지만 비지니스 스쿨 등에서는 전략을 세울 때 매몰비용(sunk cost)은 생각하지 말라고 엄하게 가르친다.

「팔굉일우(八紘一宇)・대동아공영권」이라는 목표에 관해서 얘기하겠다. 아시는 분도 계시겠지만 그 의미는 네 개의 방향과 네 개의 모퉁이(전 세계)가 하나의 집이고, 일본 천황(일왕. 이하 천황)이 그 우두머리로 군림한다는 뜻으로 파악된다. 한도 가즈토시(半藤一利)에 의하면 팔굉일우의 개념은 일본서기(日本書紀)로 거슬러 올라가는데, 사자성어로 만든 사람은 다이쇼(大正)시대(1912~1926)의 다나카 지가쿠(田中智学)라는 사람이라고 한다. 일련종(日蓮宗)의 불교신자로 신도(神道)를 기초로 해서 나라를 통치한다는 당시의 사상과 잘 맞아서 지지를 받았다. 영향을 받은 사람 중에는 만주사변의 주모자 이시하라 간지(石原莞爾)도 있는데 「최종 전쟁 - 이시하라 간지가 생각했던 미국과 일본의 전쟁」에 의해서 팔굉일우를 이루려고 한 것은 아닌지 하는 의견이 있다.

설마 지금도 이러한 우익적인 생각을 하는 사람이 있을까 의심하는 분도 있겠지만, 일본의 정치평론가에 의하면 1945년 이전의 사상으로 돌아가려는 생각의 정치가가 권력의 중추에 있으며, 여론 조사에서는 국민의 20~25%가 이러한 생각에 동조하는 경향이 있다고 한다. 일본에서 오래 살아온 입장에서 얘기하면 그 비율은 대체로 맞는다고 생각이 되고, 일본의 관료나 기업의 톱 중에는 위에서 얘기한 비율보다 더 높은 느낌을 받는다.

문제는, 일본에서 살고 있는 외국인은 일본 사람과 친구가 되어 오랜 시간이 지났어도 일본 사람은 어떤 사상을 갖고 있는지 알 수 없다는 것이다. 일본 문화에는 「상대방에게 맞춰주는- 相槌を打つ」것을 미덕으로 여기고, 상대방의 주장이 강할수록 그때는 상대방을 (존중해서) 잘 맞춰주는 습관이 있다. 그래서 친구가 되어 상당한 시간이 지난 후에 「속마음」을 알게 되고 경우에 따라서는 관계가 변하기도 한다.

위에서 얘기한 평화, 전쟁, 선배가 남긴 것(예를 들어서 완충지역), 팔굉일우 등, 일본의 입장에서 어떤 것을 봐도 달성한 것은 없지 않은가. 인과 관계는 전혀 다르지만, 결과 그리고 통치의 질이라는 시점에서는 나라의 주권을 잃어버렸다는 점에서 19세기 말부터 20세기 초에 걸쳐서 조선말기 고종의 모습과 많이 다르지 않다고 생각한다. 그리고 이 통치부전의 결여가 한국에도 적지 않게 영향을 끼쳐서 현재까지도 그 여파가 남아있는 것이다.

일본이「당연히 누려야 하는 지위」와 그에 어울리는 패권과 영토의 확보?

19세기 말부터 현재까지의 역사를 살펴보면, 일본은 아시아의 다른 나라보다 빨리 서양열강의 위협을 알아채고 미리 손을 쓴 것은 적절했다고 하겠다. 그러나 그 후의 대책은 너무 서둘렀고 성급했다는 느낌을 지울 수 없다. 가령, 팔굉일우라는 개념을 일본이 누려야 할 지위라고 해보자. 우선은 적어도 서양 나라들과 대등한 위치에 있어야 한다. 그러나 근대화의 척도에서 보면 서양 나라들과 비교해서 많이 늦었고, 서양에서 몇백 년이 걸린 근대화를 일본은 수십 년에 이루려고 했다.

그런데 그것이 생각처럼 되지 않는다. 전쟁 중에도 전쟁 후에도 노력하고 싸워서 손에 넣은 것이 있었나 생각해보면, 일본이 원하는 수준의 지위, 패권, 영토가 없다. 연대순으로 보면 청일 전쟁 후 삼국간섭, 러일 전쟁 후 배상금과 사할린 문제, 워싱턴 군축회의에서도 공평한 할당을 확보할 수 없었다. **윌소니아니즘**(윌슨 대통령의 14개조, 힘의 균형에서 이데올로기주의로의 이행)이 바짝 추격하고 있었다. 제 2차 세계 대전에서 패전, 그리고 미국군정 점령 시대, 올림픽을 개최하고 G7에는 들어갔지만 지금도 평화

> 윌소니아니즘(Wilsonianism) :「민족자결주의」와「집단적 안전보장」을 기본으로 하며 그 정신은 국제 연맹이나 국제 연합에 의해 실행 되었다.

헌법에 의해서 외교수단으로서는 군대를 움직일 수 없다. 지금도 논의가 계속되는 평화헌법 때문이다. 내가 아는 일본정부의 고위관리직 경험자는, 「일본 외무성은 불쌍해. 이가 빠진 호랑이 같아」라고 말한 적이 있다. 그리고 몇십 년 동안의 노력에도 불구하고 UN에서 적국조항 철폐(死文化 상태지만), 그리고 안전보상 이사회의 상임이사국은 하지 못하고 있다.

근대 일본의 영토 확대에 관해서도, 대만은 할양, 한반도는 병합(한국에서는 합방), 만주는 괴뢰정권이라고 하는 어떤 진화가 보인다. 예를 들어서 미국인 학자에 의한 일본의 제 1차 세계 대전 때 연구 논문에 "Preempting Wilsonianism" 즉, 여기서는 힘의 균형의 시대가 끝나기 전에 빨리 기회를 잡으라는 뜻의 표현이 있다. 말하자면 셔터가 내려가기 전에 빨리 들어가서 긁어모으라는 뜻인가.

집단주의는 위기대응에 약하다

1936년부터 1942년 사이에 일본의 내각은 8번(6명)이나 변하고 있다. 오카자키 히사히코(岡崎久彦)에 의하면 1937년만 하더라도 「연초에 히로타 코오키(広田弘毅) 내각이 무너지고 우가키 가즈시게(宇垣一成) 내각도 무너지고 하야시 센쥬로(林銑十郎) 내각은 총선에서 지면서 모두 사임하고 6월에는 코노에 후미마로(近衛文麿) 내각이 세워졌다」고 한다.

대체적으로 미국과 일본을 비교하면 일본은 장기적, 미국은 단기적인 시야의 경향이 있다고 한다. 미국에서는 기업의 결산 보고를 3개월마다 해야 하고 따라서 경영진은 3개월간의 목표달성을 위해 소동이 일어날 정도다. 그러나 무슨 이유에서인지 이 시기에는 반대였던 것이다.

미국의 경우 1933년부터 1945년까지 12년 동안 프랭클린 루즈벨트 대통령이 집권했는데 그동안 쌓아올린 국민과의 신뢰는 지금의 대통령과 국민사이의 신뢰관계와는 비교도 할 수 없을 정도로 확고했었다. 루즈벨트 대통령 장례식에서 어떤 사람이 울면서 슬퍼하는 모습을 보고, 「당신은 대통령을 잘 알고 있었느냐」고 물었더니 그 사람은 「나는 대통령을 몰랐지만 그는 나를 알고 있었다」고 했다고 한다. 말하자면 처음에는 전쟁에서의 중립정책을 지지했던 사람들도 특히 진주만 공격이후, 루즈벨트 대통령을 최고 책임자, 그리고 중앙집권체제의 핵심으로 인정했다는 뜻이다. 이러한 신용을 얻으면 리더는 나라가 위기에 처했을 때 빨리 움직일 수 있다. 그리고 사명감에 따라서 어느 정도의 우여곡절은 있다고 해도 일관성이 있는 정책을 실행할 수가 있게 된다.

몇 년 전 일본의 코로나 정책에 관련해서 역시 집단 지도체제에서는 대응이 늦을 수밖에 없었다는 생각이다.

일곱번의 기회 손실 – 한반도와 만주를 잃지 않을 수도 있었다

일본 사람 중에는 한국은 한국의 힘으로 독립한 것이 아니고 일본이 전쟁에서 졌기 때문에 독립이 가능했다고 얘기하는 사람들도 있다. 하지만 동시에 전쟁 중에도 일본이 한반도와 만주를 잃지 않아도 좋았을 방향을 선택할 수 있었던 것 같은데, 결과적으로는 매번 다른 방향으로 진행하게 되었다. 그 횟수를 생각하면 한국의 독립은 연합국의 노력의 산물이기도 하지만 오히려 일본의 연속적인 잘못된 선택의 결과라고도 생각할 수 있지 않을까. 역사에 만일은 없다고 하지만, 만약 일본이 한반도와 만주의 소유에서 만족했다면?

우선, 만주사변 후 1933년의 **열하침공**(熱河侵攻 - 일본에서는 침공이 아닌 작전이라 함), 즉 일본군은 **장쉐량**(張学良)의 지배지역을 넘어서 **탕위린**(湯玉麟)의 지배지역에 들어갔다. 오카자기 히사히코에 의하면, 만주의 국경을 확정하기 위해서 일본은 이 작전이 필요했는데 유엔에서의

> 열하침공 : 일본에 의한 「만주국」 설립후, 열하성, 하북성에 침공한 점령작전.
>
> 장쉐량(1898-2001) : 아버지 장쭤린이 살해된 후 그 뒤를 이어 동북 삼성을 지반으로 하는 군벌의 실권을 잡았다.
>
> 탕위린(1871-1949) : 장쭤린, 장쉐량의 군벌에 속하였고, 일본의 만주국이 세워질때 까지 열하성의 통치자였다.

만주사변 관련 심의경과 중, 일본은 고립하고 말았다고 한다. 그래도 장제스과 루즈벨트의 의도도 있어서 북경의 군사위원회 사이에서 탕구정전협정이 맺어진다. 오카자키는 이 정전협정을 교섭한 오카무라 야스지(岡村寧次)참모부장의 회상을 인용해서 말한다. 「탕구 정전협정은, 만주사변에서 대동아전쟁에 이르는 오랜 전쟁에서 가장 중요한 경계점이었다고 생각한다. 여기서 대외 적극 정책을 중지했으면 좋았을 것을, 아니 그렇게 했어야 했다.」 역사에 만일은 없다고 얘기했지만, 오카자키도 상상을 거듭하여 「탕구 협정이후 일본이 만리장성에서 멈췄으면 만주의 국경선에서 거의 2세대는 (1997년 홍콩반환과 비슷) 안정된 상태였을 가능성은 높다」고 얘기한다. 애를 써서 맺은 정전협정이었는데 4년 후 **노구교(盧溝橋)사건**으로 인해 상황이 바뀐다.

> 노구교 사건(盧溝橋事件) : 1937년 7월 7일 북경 교외의 노구교 부근에서 일본군과 중국군이 충돌, 중일 전쟁의 시작

두 번째는 중일 전쟁에 대해서인데 평화냐 일격론(一擊論)이냐 하는 갈등이 일어난다. 1937년 말에서부터 차츰 일격론 쪽으로 되어간다. 오카자키는 당시의 외무성관료 이시이 이타로(石射猪太郎)를 인용한다. 「보통 수정이 아니다. 중국에 대한 국가전략을 180도 바꾼다. 즉, 만주만 묵인한다면 이제까지의 일은 없던 것으로 하고 중일우호관계를 구축하는 전략에서 북경을 포함한 숭국북부에 제2의 만주를 만들어서 중국을 패전국으로 굴복시키는 계획으로 바꾼 것이다. 국가전략으로 장래를 생각하는 사람에게는 넘어서는 안 되는 선은 당연히 보인다.」

세 번째는 1938년에 우가키 외무상이 중국 국민당과는 교섭하지 않는다는 방침을 철회하고 영국, 중국과 교섭을 하려고 했다. 그런데 국민을 포함한 여러 곳에서 반대 의견이 일어나서 결국은 사임하는 지경에 이르렀다. 오카자키에 의하면 그 무렵 장제스의 입장은, 「절대적인 조건으로서 만리장성 이남은

중국에 반환하는 것이었다. 거꾸로 얘기하면 만주 몽고 등 만리장성 위의 지역은 교섭이 가능하다는 뜻」이라고 되어있다.

네 번째는 1942년 말, 기독교 성직자 두 명이 코노에(近衛) 수상의 허가를 받고 미일 교섭의 중개를 시도한다. 오카자키에 의하면 「해결안은 중국 측이 만주를 승인하고 장제스과 왕징웨이(王兆銘)의 정부를 하나로 하며, 일본국은 협정에 따라서 철퇴하고, 합병하지 않으며 배상금을 지불하지 않는 조건의 평화조약이다. 이 내용을 미국 대통령이 장제스에게 권고한다」라는 내용이다. 마쓰오카(松岡) 외무상은 자신이 모르는 사이에 성직자라는 사람들이 감히 이러한 제안을 한 사실을 불쾌하게 여기고 당사자 나라들의 이제까지의 경위를 수정하는 제안서를 미국에 제출했다.

다섯 번째는 아베 노부유키(阿部信行) 정권 때 천황이 미국과 영국과의 협조를 강하게 주장했는데, 수상은 고립하고 몇 개월 후에 사임하고 말았다.

여섯 번째는 그 다음의 요네우치 미쓰마사(米内光政)정권이 미국, 영국과의 협조노선이었는데, 육군의 저항이 강했다. 수상에게 하타(畑)육군상이 그 저항을 전했고, 수상이 따르지 못한다면 사임하라고 주장했더니 수상은 사임했다. 후임이 없었기 때문에 내각은 해체상태였다.

일곱 번째는 프랭클린 루즈벨트의 **잠정평화안**(Modus Vivendi : 반대의견도 있었지만)이 있었음에도 불구하고, 이미 때를 놓쳤다는 것이다.

> FDR의 잠정평화안(Modus Vivendi) : 1941년 11월. 일본이 인도차이나에서 철수하고, 미국과 일본이 동북아시아 동남아시아에 침공하지 않는 것을 조건으로, 석유 등의 대일제재를 풀기로 하는 제안.

이외에도 기회 손실이 있었던 것으로 생각하지만 우선 일곱 개를 들어도, 그중 하나도 (예외는 탕구 정전 협정, 그러나 4년밖에 지속되지 않았다) 평화에 이르지 않은 것은 놀라운 일이다.

일본 국내통치는 왜 제대로 기능하지 않았는가

이러한 기회 손실이 왜 계속해서 있었을까, 통치에 문제가 있었던 것은 아닐까. 우선 리더, 고위부에 있는 인재의 질, 그리고 적재적소에 맞는 인사가 행해지고 있는가. 먼저 알아놓아야 할 점은, 일본국외에서는 일본의 의사결정체제를 이해하기 어렵다는 점이다. 집단주의에는 일반적으로 보편성이 부족한 점과도 관련이 있다. 특히 전쟁 때 고위부의 의사결정에 불투명한 점이 많았다는 점은 누구나 알고 있다.

「천황은 군림하지만 통치하지 않는다」. 한도 가즈토시의 책에 의하면 1928년에 일어난 장쭤린(張作霖)폭발 사건 때 쇼와천황이 타나카 수상에게 사임을 권고하는, 선을 넘는 일이 있었다고(천황 자신이 인정) 한다. 그것과 관련된 개념으로「통수권(統帥權)」이라는 단어가 떠오르는데 한도에 의하면 천황의 군대지휘권이라 한다.

어려운 것은, 한도가 말하기를 1931년 10월8일 일본군이 만주사변 후 금주(錦州)를 공격했을 때 천황은 「많이 놀라서」 스즈키 간타로(鈴木寬太郎) 시종장에게 「내가 집권할 때 큰 전쟁이 일어나는가. 이것이 일본의 운명인가」 하고 한탄했다고 한다. 그런데 만주사변의 평가에 관해서는 「나라 정책인 불확대방침을 위반했는데도 불구하고, 죄를 묻기는커녕 "관동군은 잘 했다."라는 칙령을 발한다. 이것은 쇼와천황이 범한 제일 큰 실수가 아닐까라고 생각한다.」고 총괄하고 있다.

내가 보기에 한도는 다른 책에서는 상이한 시점에서 이 문제를 파악하려는 것으로 보인다. 메이지천황(재위 1867~1912)의 경우, 그 주변에 있는 사람들은 현실을 알고 있었다. 그들은 막부 말기부터 메이지 초기에 이르기까지 서양 열강을 체험하고 그러한 실태를 고려해서 계획하고 실행을 했다. 그것이 쇼와(1926~1988) 시대가 되면 달라진다고 한도는 지적하고 있다. 「청일전쟁 때, 메이지천황은 히로시마에서 제기차기를 하고 있었다고 전해지고 있다.」

인재에 관해서도「적재적소」라는 개념이 원활하지 않은 체제였던 것으로 보인다. 예를 들어서「현역군인장관제」는 육군장관과 해군장관은 군부가 추천하는 현역군인이 아니면 임명할 수 없었다는 점, 그 두 명의 임명이 없으면 내각을 구성할 수 없고, 내각이 실질적으로 기능하기가 어렵다.

경제기획청 전 장관이며 작가였던 사카이야 타이이치(堺屋太一)가 저서「조직의 성쇠」에서 다음과 같은 에피소드를 소개하고 있다. 우가키 가즈시게(宇垣一成)가 쇼와 12년(1936년)에 우가키 내각을 조직하려 했을 때, 육군 장교단은 육군장관의 추천을 거부하여 우가키 내각은 세울 수 없었다. 말할 필요도 없이 우가키는 육군의 대선배이자 공로자이다. 당연히 육군에 많은 지인과 친구가 있었다. 그 중에서도 당시 조선군(한국에 있었던 일본군을 말함) 사령관 코이소 구니아키(小磯国昭-후에 조선총독) 중장은 그 전의 부관으로 각별한 후배였기 때문에 우가키가 부탁하면 육군장관직을 맡아 줄 것으로 여겼다. 그러나 그 코이소도, 우가키에게「육군장교단의 추천이 없으면 받아들일 수 없다」고 거절한다. 그 때문인지 코이소는 나중에 육군의 추천으로 수상이 된다. 공동체가 된 조직에서는, 상층에서는 국가전체의 목적을, 하층에서는 개인적 감정을 버리고 조직을 위한 충성심만이 강요되고 있다」.

책임은 누가, 명령계통과 체크기능

전 이토츄(伊藤忠) 사장의 민간인으로 중국대사를 지낸 니와 우이치로(丹羽宇一郎)는 저서「전쟁의 큰 문제」에서 누가 책임을 지느냐는 문제를 제기하고 있다. 루즈벨트 대통령의 경우 2년마다 대통령 선거, 중간 선거를 통해서 국민의 신뢰를 물었다.

최근에는 국가나 기업에 설명책임(accountability)을 당연히 요구하며 필수로 되어있다. 만주사변 자체도 그러한데, 그 때 당시 일본군의 조선부대가 단독으로 국경을 넘는 등 현장의 책임자가 단독으로 행동한 경우, 명령을 위반해도 「결과가 좋다면」, 설명 책임은 묻지 않아도 좋다는 것인가.

한도 가즈토시에 의하면, 이 단독 국경넘기는 1931년 9월 21일 오후에 결행했다고 하는데, 「그날 저녁에 보고를 받은 육군은 큰 일이 났다고 당황해 한다. … 상당한 정보를 갖고 있었던 시데하라 기쥬로(幣原喜重郎) 외무상이 미나미 지로(南次郎) 육군상의 탓으로 돌린다. … 미나미 지로가 늘 그랬듯이 꾸물꾸물하고 있는 사이에 조선부대는 국경을 넘어서 만주에 들어가 버렸다고 폭로해 버린다.」

와카쓰키(若槻) 수상은 "뭐라고? 벌써 들어가 버렸다고! 그러면 할 수 없네"라고 말하고 조선군을 지원하기 위한 군사비 예산지출까지 준비했었다고 한다. 천황은, "전쟁의 확대는 안돼. 조선군이 국경을 넘은 것은 인정하지 않아"라고 했다지만 이미 늦었다.

요즘 기업에서 중요하게 여기는 습관, 즉 보고, 연락, 의논에 비추어 보면 어떨까.

명령계통에 관한 예를 들어 보겠다. 작가 코무로 나오키(小室直樹)는 일본 육군 조직의 「치명적인 결함」으로, 군의 참모는 어드바이저에 지나지 않고, 사령관 아래의 사단이나 연대를 지휘할 권한이 없음에도 불구하고, 「일본의 육군에서는 권한이 없는 자가 명령을 하고 그것을 들을 수 밖에 없었다는 것이 치명적인 잘못」이라고 지적한다.

체크기능에 관해서

시빌리안 컨트롤 : 문민통제, 의회에 책임을 지는 장관(문민)이 군사력을 통제하고, 군의 독주를 막는 원칙.

어떤 것보다도 제일 중요한 것은 **시빌리안 컨트롤** – 문민통제 - 이라고 하겠다. 미국의 역사는 짧지만 민주주의 역사는 길다고 얘기하는데 약 250년전 건국 때부터, 미국은 군의 통치는 민간인에게 맡기는 원칙을 세웠다. 대통령이 최고사령관이며 선전 포고의 권한은 의회에 있다. 1947년에, 군 관련 기관의 장관은 원칙적으로 민간인만이 맡을 수 있다고 하였는데, 제 2차 세계 대전의 영웅 조지 마셜이나 최근 트럼프 정권에서 국방장관을 역임한 존 마티쓰는 의회의 승인을 받고 예외적으로 임명을 받았다.

 그런데 왜 이러한 체제가 필요한 것일까. 그 전제로서, 전투행위는 국가와 국민의 생명을 좌우하는 치명적인 결단이기 때문이다. 한편 군인은 싸우지 않으면 동기부여나 달성감을 얻기 어렵다. 나는 한번 에타지마(江田島)에 있는 일본의 해군학교를 방문한 적이 있다. 전시실을 구경했는데 상상했던 대로 도고 헤하치로(東郷平八郎 - 러일전쟁 때 활약한 제독)와 야마모토 이소로쿠(山本五十六 - 진주만 공격의 사령관)의 공적이 눈에 띄었다. 일본은 현재 평화헌법 아래에 있어서 방위만을 하게 되어 있고, 젊은 학생들은 이런 두 사람과 같은 영예를 바라기는 어렵다. 메이지에서 쇼와까지의 전쟁에서도 훈장이 탐나서 전쟁에 나갔다는 케이스가 적지 않게 있다.

 6.25 전쟁때 인천 상륙에 성공한 맥아더 장군도 미국을 비롯한 유엔군이 중국 국경까지 전진하고 중국이 참전한 후, 트루만 대통령에게 1950년 12월에 20개 이상(일설에는 30에서 50)의 전술핵을 사용하고 싶다고 요청했다. 그후 1951년 1.4 후퇴를 겪고 같은 해 4월 대통령과의 의견의 차이를 이유로 해임되었다.

 나아가서 미국의 경우, 군과 군관련 기업(무기나 장비 메이커 등 영어로는 밀리터리 인더스트리얼 컴플렉스)이 독자적인 이해관계 안에서 움직이는 위험이 있다. 시빌리안 컨트롤이 있어도 공화당과 이 컴플렉스의 관계는 전통적으로 아주 밀접했다. 그리고 극단적으로 말하면, 전쟁이 없으면 무기를 사용하는「기술」도 쇠퇴해 버리는 위험이 있다. 참 어려운 일이지만 그렇기 때문에 더더욱 체크기능이 필요하게 된다.

> 성전관철 의원 연맹(聖戰貫徹議員連盟) : 1940년 2월 사이토 다카오(斉藤隆夫)가 국회에서 반군(반전)연설을 하였고, 이에 군부를 지지하는 의원들이 결성한 초당파의 의원연맹.
>
> 대정익찬회(大政翼賛会) : 국책 협력을 위한 관제국민 운동단체. 중일 전쟁의 장기화에 의한 사회 불안을 배경으로, 제 2차 고노에(近衛) 내각이 정계 재편성과 국론을 통일하기 위해서 「신체제 운동」을 시작.

조금 전 미국의 경우 선전포고의 권한은 의회에 있다고 했다. 일본 코노에(近衛) 정권 시절에 정당 정치가 없어지는 사태가 일어났는데, **성전관철 의원연맹(聖戰貫徹議員連盟)**라고 하는, 이슬람교의 단어 지하드가 떠오르는 이름의 집단이 생기고 **대정익찬회(大政翼賛会)** 성립에 이른다. 여기서부터 의회가 체크기능을 잃게 된다.

「전쟁 당시의 일본은 민주주의 국가가 아니었는데 미국의 민주주의와 비교해서 무슨 의미가 있는가」하는 분이 계시리라. 직접적인 비교가 아닌 것은 확실하지만, 얘기하고 싶은 포인트는 독재 체제, 예를 들어서 군사 독재가 제대로 기능하기 위해서는 거의 항상 바른 결단을 내릴 수 있다는 전제가 필요하다. 한 사람, 혹은 소수의 사람이 결정을 하는 경우와 체크를 거쳐서 결정을 하는 경우를 비교하면, 그 나라의 형태가 어떻든지 후자의 쪽이 큰 잘못을 저지르는 확률이 줄어든다는 생각이 지금은 주류가 된 것이 아닐까.

정보분석, 전략, 전술, 그리고 나라의 장단점, 자원과의 균형

전략을 세우고 실행을 하기 위해서 정보분석이 필요하다는 것은 새삼 말할 필요도 없다. 정보분석을 위해서 정보가 있어야 하는데, 세 개의 포인트를 얘기하고 싶다. 우선 한도가 지적했듯이 일본이 국제 연맹을 탈퇴한 폐해로서 국제 사회의 정보가 들어오지 않게 되었다는 점이다. 어떤 모임에서도 인사이더와 아웃사이더가 파악하는 정보에 차이가 있다는 것은 조직에 속하는 사람이라면 누구든지 알 수 있다. 마쓰오카 요스케(松岡洋右) 당시 외무상이, 돌이켜 보면 국제연맹 탈퇴는 잘못된 결정이었다고 인정했는데, 이런 것도 염두에 둔 것은 아닐까 생각한다.

두 번째는 옛날에도 지금도 마찬가지지만 첩보력이 중요하다. 지금도 일본 기업이 하청을 받은 방위관련의 프로젝트 정보가 사이버 공격으로 도난을 당했다는 보도가 있는데, 정보 시큐리티는 절박한 과제이다. 잘 아시겠지만 전쟁 중 일본 본국과 해외 공관, 군 관계자 사이에서의 연락을, 미국은 「매직」이라는 암호해독기능으로 알고 있었다. 보고를 받은 루즈벨트 대통령이 주변의 장관이나 국회의원에게, 「일본은 어제 회의에서 북진할지 남진할지 논쟁을 했다네」라고 얘기하는 부분을 그의 전기에서 읽었다. 미국이 일본군의 작전 내용을 알고 있었던 케이스는 한두 번이 아닐 것이다.

세 번째는 첩보원이 적극적으로 관여했다는 점이다. 어느 나라에도 이러한 활동이 없는 것이 오히려 이상한 일인데, 유명한 예로 조르게(Richard Sorge)를 꼽는 역사가가 많다. 러시아에서 태어난 독일사람 조르게는 조금씩 공산주의에 빠져서 소련의 첩보원으로 활동한다. 1940년에는 주일 독일 대사관에 드나들면서 독일의 소련공격계획을 소련에 전했다. 또 1941년에는 일본이 당분간 소련을 공격하지 않을 것이라는 보고를 한다. 스탈린에게 이러한 정보는 도움이 되었으리라. 조르게는 그 후, 일본에서 체포되어 1944년에 교수형을 당한다.

동맹전략의 실패

이제 전략에 관한 얘기를 하겠다. 일본은 왜 연합 쪽, 즉 이기는 쪽에 가지 않고 지는 쪽에 가게 된 것일까. 일본에서 구독자가 가장 많은 요미우리 신문이 전쟁 책임을 검증하는 책을 내고 있는데, 거기에는 「삼국동맹 - 마쓰오카(松岡), 오시마(大島) 잘못된 외교리드」라는 항목이 있다. 그 부분을 인용하겠다. 「미국과의 전쟁은 일본의 자위전쟁이었다는 주장이 있다. 거기서부터는 미국의 석유 금유제재와 전쟁 직전의 「헐 노트(Hull

Note - 헐은 당시의 미 국무장관」 등을 근거로 하고 있다. 그렇지만 미국의 대일 압박은 일본 측의 잘못된 판단에 의한 점이 크고, 일본 스스로가 어려운 길에 들어가 버렸다. 누가, 어떻게 잘못했는가. 첫째, 그 최대의 잘못이라고 할 수 있는 것이 일본/독일/이탈리아 삼국 동맹 체결(1940년 9월)이었다. 그것을 추진한 마쓰오카 외무상은 일본/독일/이탈리아에 소련을 더해서 4국협상으로 미국을 위협하려고 했었다. 그러나 삼국동맹은 이미 미국에 대한 군사동맹이었고, 대일경제제재를 시작한 미국을 한층 더 경직하게 하였다.」

처음부터「일본/독일 동맹의 기초는 심리적인 것에 지나지 않았다」고 전 외교관 오카자키는 말한다. 소련 공산주의를 공통의 적으로 인식하는 일본과 독일은 방공을 목적으로 협력, 그리고 영국과도 교섭하려고 한다.「그 시점의 국제정치에서 보면, 지리적으로 떨어져 있는 일본은 독일에게 어떤 도움도 되지 않고, 오히려 영국과의 동맹이 필요한 상황이다. 일본에게도 극동지역의 실력자는 영국, 영국과의 관계가 훨씬 더 중요하다. 최대의 실력자와 적대관계에 있다면 손해 보는 것은 정해져 있다. ... (일본/독일동맹)에 어떤 의미가 있을까 한다면, 고립감이 줄어드는 것이다. 그것은 끝까지 그랬다.」 말하자면, 전략적인 대의명분은 그다지 없었다는 것이다.

한도에 의하면, 마쓰오카 외무상은 녹일을 방문했을 때 히틀러 유겐트(히틀러 청소년단)의「하일 히틀러, 하일 마쓰오카」라고 경례를 받았고, 모스크바에서는 소련 · 일본중립조약조인 후 스탈린은 마쓰오카에게「우리는 같은 아시아 사람이다(스탈린은 그루지아 출신)」이라고 하여 비위를 맞췄다고 한다. 그 후 스탈린은 주소련 일본 대사관 직원에게,「이제 일본은 안심하고 남진할 수 있겠네」라고 말했다고 한다.

일본은 소련의 속마음을 알지 못한 채 독일 · 소련불가침조약에 휘둘리고, 일본 독일 이탈리아 소련 4국동맹을 구상하며 갈팡질팡하고 있었다. 그러나 요미우리신문의 전쟁 책임 보도에 따르면「삼국 동맹체결 당시 독일은 영국 본토 상륙 작전을 단념하고 소련과의 전쟁을 모색하고 있었다」고 한다.

결국 일본은 중국과 태평양에서의 전쟁을 전개하는데, 자원 부족과의 싸움이라고 얘기해도 지나치지 않는 상태에 빠진다.「대국의 흥망」의 저자 폴 케네디가 말하는 스트레터직 오버 스트레치 상태다. 코무로 나오키는 다음과 같이 설명하고 있다.

「중일전쟁은 3년 반이나 걸렸고 276억엔의 돈을 쓰면서 일본은 기운이 다 빠진 상태였다. 미국과의 전쟁 준비는 전혀 되어 있지 않았는데 군대를 중국에 그대로 두고 다시 전쟁에 돌입했다. 이것이 일본이 전쟁에서 진 제일 큰 요인이라고 서양의 많은 학자 평론가가 얘기한다. 나도 동감한다.」

그러나 이미 많이 지적을 받았듯이, 중국에서는 점과 선, 즉 도시와 철도망은 어느 정도 확보했음에도 불구하고 면, 즉 점과 선 사이의 넓은 면적은 제압하지 못했다.

제4장 ②

전쟁시 일본의 식민지 통치부전

주로 1930년대 후반에서의 일본의 한반도 통치
(미나미 지로 南次郎 총독시대를 중심으로)

　일본 본국의 통치와 일본 식민지 통치가 별개라는 것은 확실하지만, 전자와 후자가 무관계가 아니라는 것은 쉽게 이해할 수 있다. 예를 들어서 미나미 지로 총독 때만 해도 일본의 내각은 6번 바뀌었다. 현재도 기업의 본사가 혼란 상태에 있을 때는 해외거점도 혼란하게 되거나, 본사의 승인 없이 사업을 전개하게 된다. 그러면 본국과 식민지의 의사 결정기구가 구체적으로 어떻게 연결이 되어있는지 동경 대학의 미타니 다이치로(三谷太一郞) 전 교수의 설명이다.

　「일본의 식민지 통치체제의 기본적인 법적인 틀은 제국의회의 관여 없이, 주로 정부나 군의 주도로 제정, 또는 개정되었다. 그러나 정부나 군 이외에 추밀원(枢密院)이 있었다. 제국의회의 역할을 대체하는 형태로 식민지 입법에 관여하고 그 내용과 방향에 적지 않은 영향을 미치는 국가기관인데 20여명의 자문관으로 구성된 천황의 최고 자문기관이었다. 칙령이라는 형태를 취하는 일본의 식민지 입법의 대부분은 추밀원을 통과함으로써 성립된 것이다.」

　일본은 한반도와 대만을 식민지로 삼았는데 총독이 군인이었다는 점에서는 영국의 식민지 통치와 다르다. 앞에서 「현역군인장관제」라는 제도에 의해서 군인이 내각의 주도권을 잡았다고 했는데, 식민지 총독에 관해서도 「식민지장무관제(武官制)」라는 규칙이 있었다. 이것은 1919년 3월 1일 삼일운동 후에 개정되지만 결과적으로는 그 후에도 군 관계자가 조선 총독으로 부임하게 된다.

1대부터 9대까지의 조선총독을 나열해 보면, 테라우치 마사타케(寺内正毅), 하세가와 요시미치(長谷川好道), 사이토 마코토(斎藤実 2번), 야마나시 한조(山梨半造), 우가키 가즈시게(宇垣一成), 미나미 지로(南次郎), 코이소 구니아키(小磯国昭), 그리고 아베 노부유키(阿部信行) 순이다. 그중 사이토 마코토 이외에는 모두 육군 관계자였다. 또 흥미로운 것은 황민화정책을 강행했던 미나미 지로와 같은 시대의 대만 총독은 코바야시 세이조(小林躋造), 하세가와 기요시(長谷川清)로 둘 다 해군 출신이다.

한반도와 대만은 일본 입장에서는 식민지의 목적이 달랐기 때문이라고 생각할 수 있다. 한반도는 일본과 만주 사이의 통로, 그리고 관동군은 만주의 평정과 안정화에 필요, 이러한 점에서도 육군 출신의 인물이 발탁된 것이다. 조선 총독 중에서 사이토, 코이소, 아베는 수상을 역임, 우가키와 미나미는 장관이 된다. 큰 인물이 수상이 되는 것을 일반적으로는 좋게 여기는데 이 경우에도 그럴까.

재미있는 경험을 한 적이 있다. 어떤 국제 교류 리셉션에서 후지쓰의 전 회장 야마모토 탁쿠마(山本卓眞)씨와 미쓰비시 마테리얼 전 사장 후지무라 마사야(藤村正哉)씨가 친숙하게 얘기하는 광경을 멀리서 보았다. 흥미로운 광경이다. 왜냐하면 야마모토씨는 우익적 사관의 분이며 한편 후지무라씨는 해방 전에 서울과 평양에서 살았던 경험이 있는 친한적인 분이다. 그리고 두 사람 모두 동경대학과 육군출신이다.

개인적으로 친분이 있었던 후지무라씨께 나중에 그 회화에 관해서 「사상적으로 많이 다르신 두 분이 가까우시네요」 했더니 후지무라씨는 「우리는 같이 학교를 다닌 사이니까 ~ 그렇지만 육군은 너무 단락적이어서」. 당시에는 그 뜻을 알 수 없었다. 그러나 지금은 이해가 되는 듯 하다. 시게미쓰 마모루(重光葵)가 전쟁 후 전범으로서 스가모(巢鴨)감옥에서 쓴「스가모일기」에 의하면, 같이 수감되었던 미나미 지로가「외교라는 것은, 군이 저지른 행위를 뒤처리하는 부서로 알았었는데, 이번에 처음으로 외교의 중요성을 잘 알게 되었다」고 얘기했다고 한다.

일본이 만주, 그리고 중국, 경우에 따라서는 소련과의 대결을 위해서 한반도를 병참기지로 하려고 했다고 말할 수 있다.

시대착오로도 여겨지는 식민지 통치의 흔들림 – 1936년 이전

한반도는 1910년 일본에 합방된다. 당시 테라우치 총독 밑에서 헌병이 통제하는 무단정치의 시대였다. 심한 억압과 미국의 윌슨 대통령의 **민족자결주의**의 영향으로 1919년 3월 1일 독립운동이 일어났다. 그 후 4월 15일에「**제암리 교회 사건**」이라는 안타까운 사건이 일어난다. 서울에서 그다지 멀지 않은 제암리에서, 항일운동을 하던 기독교인을 교회에 가둔 후 총

> 민족자결주의 : 각 민족이 스스로의 의지로 그 운명을 결정한다고 하는 정치 원칙.
>
> 제암리 교회 사건 : 1919년 4월 15일, 일본군이 3.1 운동에 참가했다고 하는 주민을 교회에 가두고 불을 질러 23명을 학살한 사건.

격을 하고 교회를 통째로 태워버린 일이다. 나도 이곳을 방문하여 마음이 많이 아팠다. 약 20여명이 희생 되었다고 한다.

당시의 조선군사령관 우쓰노미야 타로(宇都宮太郎)는 사고 처리가 힘들었다고 한다. 2007년 2월 28일 아사히 신문보도에 따르면, 당시 공개되었던 우쓰노미야 일기에,「사실을 사실이라 하면 제일 쉬운데」,「학살, 방화를 인정하면 제국의 입장은 대단히 불리하다.」간부와의 협의를 통해서「저항하는 사람을 살륙한 일은 인정하기로」했다고 한다. 다음날, 현장을 지도한 중장을「진압의 방법이 지나쳤다는 이유로 30일간의 무거운 근신을 명하기로 결정」했다고 한

다.

　이 기사에 반론을 한 보수파 일본 사람들도 있다. 우쓰노미야 사령관은 외국의 미디어에 신경을 썼고 그것을 의식한 기록이었기 때문에, 아사히신문의 일부 인용으로는 전체를 알기 어렵다는 클레임이다. 민비살해, 청일전쟁에서의 여순학살, 또 남경대학살(학살을 인정하지 않는 일본인도 있다)은 외국의 미디어가 없었다면 국제 사회 반응은 정확하지 않았을지도 모른다. 나는 성실하고 객관적으로 일하는 외국인 저널리스트를 많이 알고 있는 사람으로서, 우쓰노미야가 당당하게 나라의 입장을 밝히지 않았음이 안타깝다.

　같은 시기에 영국이 통치하고 있던 인도의 암리차르에서 영국군이 인도사람을 학살하는 사건이 있었다. 암리차르는 시크교도의 성지인데 그곳에 모여 있던 군중에게 영국군이 발포하여 300명 이상이 죽었다. 그 사건에 관해서 처칠(당시 전쟁장관)은 다음과 같이 얘기한다.

　「이것은, 영국식 처리방법이 아니다. 있을 수 없는 일이다. 우리는 인도나 그 외의 다른 나라를 지배할 때 결코 무력에만 의지하지 않는다. —— 기초는 협력과 우호에 있어야 한다. 영국인과 인도인이 손잡지 않으면 안 된다.」 결과적으로는 현장책임자 레지날드 다이어(Richard Dyer)는 퇴임을 당했고, 영국으로 돌아갔다. (인도에서는 당연히 처벌이 너무 가볍다는 의견이었다.)

　일본 정부 또는 우쓰노미야 사령관이 미디어를 신경 쓰고 정면에서 이러한 대응을 했더라면, 저널리스트나 국제 사회로부터 어느정도 평가는 받지 않았을까 생각한다. 혹 일본 사람들에게는 다른 의견이 있을지도 모른다. 일본의 한반도 지배는 주로 군사적인 목적이었고 영국의 인도지배는 주로 상업 목적이었다라고 반론이 있을 수 있겠다. 그러나 「급할수록 서두르지 말라」가 아닐까. 목적이 무엇인지, 인간의 충성심은 강제한다고 갑자기 자라나지는 않는다. 단락적인 면이 드러났다고도 생각할 수 있지 않을까.

　삼일운동 후의 일본의 대응은 어떠했는가. 일단 「문화 통치」로 방향을 바꾼다. 이것이 해군 출신의 사이토 마코토(斎藤実) 총독 시대이다. 36년 동안의 식민지 기간 중 비교적 온화한 시기였다고 할 수 있다. 표면적으로는 헌병 경찰을 폐지하고 한국어 신문의 발행을 허가, 교육기관의 증강, 언어와 문화정책, 사회 인프라의 정비 등을 추진했다고 한다.

그러나 1928년 장쭤린(張作霖) 열차 폭파 사건, 1931년 만주사변, 그리고 만주에서의 공작 활동 등이 활발하게 전개된다. 동경 대학의 미타니 다이치로(三谷太一朗) 전 교수에 의하면, 「동화정책을 뚜렷하게 드러낸 것이 1929년 9월 다나카 내각의 추밀원에서 가결된 척무성관제(拓務省管制)이며, 식민지를 연상하게 하는 척식성(拓殖省)을 척무성으로 수정한 것이었다. 정부의 원래 제안은 척식성이었다.」 1931년에는 육군출신의 우가키 가즈시게가 총독이 되는데, 그 후의 미나미 지로, 코이소 구니아키, 아베 노부유키는 우가키 파에 속했었다고 한다. 우가키 총독에서 미나미 총독으로 바뀐 1936년에 2·26 사건(군부 쿠데타)이 일어났는데 위에서 언급한 사이토 마코토가 암살을 당했다. 미나미 총독시대의 정무총감이었던 오노 로쿠이치로(大野緑一郎)에 의하면, 우가키는 당시 「미나미 장군은 우리에게도 일본에게도 아주 중요한 사람이다. 도와줘라」라고 말했다고 한다.

또다시 육군이 관여하는 통치가 되는데, 우가키시대의 내선일체(内鮮一体)에서 미나미 시대의 「황민화 정책」, 말하자면 동화 정책의 정도가 훨씬 높아진다. 한국에서는 이것을 민족·문화 말살정책이 아닌가 하는 의견도 있는데 그 전쟁 책임에 관해서 이야기 하겠다.

전쟁 말기, 일본과 독일이 상당히 약해졌을 때 연합국의 톱이 독일의 포츠담에 모였다. 전후 처리에 관해서 이야기를 나누고 선언문을 발포하였다. 그 일부에 다음과 같은 부분이 있다. 「일본국민을 속이고 세계 제패를 위해서 이끈 지도자들의 권위와 영향은 영원히 소멸시키지 않으면 안 된다. ...... 그러나 일본의 국민이 노예 상태로 되거나 일본이 망하게 되는 것을 우리가 바라는 것은 아니다.」누가 봐도 불완전한 동경재판에서도 저 부분이 결국 존중되는 사태에 이르렀다.

한국 입장에서는 일본은 운이 좋았다고 보인다. 제1차 세계 대전 후 파리 회의에서는 특히 영국과 프랑스에서, 독일을 엄벌에 처하자는 주장이 나왔다. 결국 영토의 할양, 전쟁배상금의 부담이 독일 국민을 압박하고, 1929년 세계 대공황 때는 독일 국민의 불평, 불만이 하늘을 찌른다. 그때 나타난 것이 나치였다. 나치는 1931년부터 1934년에 걸쳐서 일당독재체재를 만든다. 나중에 학자들은 이것이 전쟁 책임을「국민 책임론」으로 돌린 결과라고 한다. 말하자면 역효과였다.

독일의 케이스를 보고, 제2차 세계대전 후 비슷한 잘못은 피하자는 뜻에서 전쟁 책임은「지도자 책임론」으로 해석하게 된다. 그 정신이 위에서 얘기한 포츠담 선언이나 동경 재판의 판결에 반영되게 된 것이다. 그리고 **전후 연합군 최고사령부(GHQ)**의 점령체제가 되는데 냉전이 심해지면서 샌프란시스코 강화조약에서는 기본적으로 한국과 일본의 문제는 두 나라에 맡기게 된다. 전승국도 식민

> 전후 GHQ : 연합군 최고 사령관 총 사령부. 전쟁 후의 일본을 통치하는 연합군의 기구이며 점령군 또는 진주군 이라고도 불렸다.

지를 갖고 있었기 때문에, 이러한 개별대응이 될 수 밖에 없었다. 배상 등의 기준이 없었기 때문에 청구권에 관한 교섭에 거의 14년이 걸렸고, 김종필-오히라(大平)회담을 거쳐서 겨우 해결되었다. 한국은 오랜 세월 약한 입장에 있었다고는 하지만 너무 오랫동안 견디고 참은 느낌이 든다.

황민화 정책은 필요했는가(1) – 창씨개명

나는 어느 해 가을, 만주에 가본 적이 있다. 구 만주 철도(満鉄)를 타고 다롄(大連)에서 선양(瀋陽), 선양에서 창춘(長春)으로 이동했다. 저녁 늦게 선양역에 도착, 열차를 타려고 하는데 갑자기 정전이 되어 버려서 암흑 속에서 인파

를 따라서 이동, 겨우 겨우 창춘행 열차를 탈 수 있었다. 피곤했는지 열차 안에서 잠이 들어 버려서 한밤중에 열차에서 내렸을 때는 추위에 몸이 떨릴 정도였다.

다음날 창춘시내를 걸어서 돌아보니 일본이 창춘을 중국의 수도(新京)로 하려고 했던 흔적이 남아있었다. 일본이 지어놓은 큰 건물이 몇 개 있었는데 국회, 경시청, 외무성 등이다. 주변의 초라한(내가 방문했던 당시) 건물과 비교하면, 동경시내의 국립박물관과 같은 근사한 건물들로, 상당한 예산을 썼을 것이리라. 이만한 투자를 했으니 끝까지 지키고 싶은 심리와 중국에 대한 일본의 집념을 느낄 수 있었다. 앞에서 나온 오노 로쿠이치로(大野緑一郎)도, 일본은 만주에「나라의 운을 걸었다」고 얘기하고 있다. 또, 당시 내선일체(内鮮一体)라는 말이 있었는데 그것은 조선을 일본본토와 일체화하는 뜻이라고 한다.

미나미 총독이 취임한 다음해에 중일전쟁(1937~1945)이 발발한다. 전쟁이 확대되어 베이징, 상하이에서 전투가 일어나, 한반도에서도 병참기지로서 사람과 물자가 필요하게 되었다. 오노가,「미나미씨는 중국에서의 사건으로 아주 곤란했습니다. 빨리 처리해야 했다」고 말한다. 군인도, 노동력도 수요가 늘어간다. 그러한 중, 어떻게 하면 한국 사람의 충성심을 확보할까. 창씨개명, 즉 한국이름 대신에 일본이름으로 일본식 호적에 등록하는 것을 말한다고 하여 6개월 안에 실행을 하게 된다.

여기서 한일을 비교할 때 잘 나오는 충(忠)과 효(孝)를 얘기하겠다. 지금도 일본 사람은 가족을 희생하고 공동체에 충성을 바치는 일이 있다. 과로사도 그 예라고 하겠다. 지금은 일본에도 침투한「워크 라이프 발란스」를 제창한 서양 사람들에게는 놀라운 일이다. 다른 예를 든다면, 구 통일교의 일본 신자는 자신의 자식을 희생해서라도 조직을 위해서 일하는 경우가 많다. 동화 정책의 중요한 부분으로서, 가족을 중시하는 창씨개명은, 한국 사람의 효를 부정하고, 일본이라는 공동체에 충성을 바치는 국민을 만들려는 것이었다는 설명이 많다.

　미나미 지로 전기에서는 흥미로운 일을 주장하고 있다. 한국식의 남계(男系), 일족일성제도는 여러가지 제약이 많고 근대적이 아니며,「이성부양(異性不養)—양자를 할 수 없다」,「동성불혼」등은 「초봉건적 구습」이라고 한다. 또 동성동명이 너무 많아서 경제적인 거래에서부터 우편배달까지 불편하다는 지적도 있다. 말하자면 창씨개명은 근대화의 일환이었다는 주장이다. 참고로, 지금도 한국 이름은 옛날부터의 이름 그대로이지만, 거래할 때나 배달할 때 곤란했던 일이 있었다고는 별로 듣지 못했다.

　일본 측에서는, 강제가 아니었고 조선이름 그대로 등록할 수도 있었다라는 얘기도 있지만 내가 들은 바로는, 일본식 이름이 아니면 등록이 힘들었다고 한다. 요즘식으로 얘기한다면 예를 들어서, 중국에 가려는 외국인 여행자가 많은 정보를 당국에 제출하지 않으면 여행이 불편해지는 것과 비슷하지 않을까. 말하자면, 불편하게 하면 할수록, 명목상은 아니지만 사실상 강제라고 할 수 있다. 한국에서는 80%가 창씨개명을 했다고 하는데 이렇게 많은 사람들이 좋아서 개명했다고는 도저히 생각할 수 없다.

　미나미 총독은 창씨개명의 실행을 오노 정무총감에게 맡겼다고 한다. 그 오노는 창씨개명 그 자체와, 그것을 강제했는지 아닌지에 관해서 다음과 같이 얘기한다.「총독은 "개명은 억지로 하지 말라"고 했지만, 뱃속에서는 "억지로라도 시키고 싶어 한다."고 주변에서는 얘기하기도 했다.」「깊은 생각은 없다. 일본 사람도 조선 사람도 다 똑같아 – 그러면 되겠지...... 결코 강제가 아니야 – 국장급 회의에서도 문제가 되었어, 죽은 사람까지 나왔다는, 그런 말이 있어서 아주 곤란했어요. ...... 어떤 의미에서 아주 말단에서 강제하는 사람이 있었을지도 모릅니다. ...... 그래서 정말 곤란했고, 오히려 우리는 그런 거 필요 없어요.」

　한편, 미나미 지로 전기에는,「본인이 알지 못하는 사이에 창씨개명이 되어 버린 사람도 있다.」라고 한다.

동시에, 창씨개명은 한국 사람과 일본 사람을 평등하게 취급하기 위한 수단이었다는 설도 있다. 그러나 일본의 한국 지배를 오랫동안 연구해 온 미야타 세츠코(宮田節子)는 논문에서, 「일본 사람은 지배민족이라는 특권을 버리고 조선 사람을 차별없이 평등하게 대할 생각은 처음부터 없었다. 이 동화와 차별의 모순. 모두 같은 '천황의 자식'이다, 조선 사람은 '완전한 일본 사람'이라고 일방적으로 동화를 강요하면서, 한편 조선 사람에게는 국적법을 적용하지 않아서 참정권도 없고 의무 교육도 실행되지 않았다.」라고 얘기한다. 당사자이면서 법률을 잘 알고 있는 오노 자신도, 「조선을 향해서 '내선일체'라고 말을 했지만 '헌법위에서도 똑같다'라는 것은 아니고 일본 사람과 똑같이 하는 것도 꽤 어렵다.」라고 설명하고 있다.

그런데 전쟁 후에 일본 국적을 취하는 한국/조선 사람은, 유명한 사람 이외에는 일본 이름으로 개명, 호적에는 전 한국인, 전 조선인이라고 기록되는 시기가 한참동안 지속되었다. 지금 일본에서는 예를 들어서 일본계 사람의 이름은 한자가 아닌 카타카나로 표기하는 것이 일반화 되어 있다.

그리고 창씨개명에 대한 대부분의 평가는 별로 좋지 않은 것 같다. 한도 가즈토시는 「유교를 믿는 조선인에게 그들의 이름은, 선조를 존중하는 아주 중요한 의미, 그것을 버리고 일본 이름을 취하라는 것은 조선의 문화 그 자체를 정면에서 파괴하는 말도 안 되는 정책이었다.」라고 한다. 오노도, 가족제도 붕괴의 리스크에 관해서, 학자들로부터 「신중하게 하라」는 지적을 받고 있었다고 한다.

또, 미야케 히데토시(三宅英利)라는 일본 사람이 당시 한국에서 학생으로서 겪은 증언이 있다. 생생한 느낌이 있는 증언으로 조금 길지만 인용한다. 「전학을 하고 얼마 되지 않았을 때 창씨개명의 비참한 장면을 목격했다. 교실의 뒤 벽에 붙어있는 그들의 새로운 이름을 손가락으로 가리키며 킥킥거리는 일본인. 일본인들로부터 떨어져서 조용히 앉아있는 그들의 날카로운 옆 모습은 지금도 잊을 수 없다. 우리는 아직 정치를 몰랐지만 지금 생각하면 그것은 그들에게는 대단한 모욕이었고 조선 민족의 말살이었다. 집으로 가는 도중 친하게 지내는 S군에게「왜 바꿨어?」라고 물었더니 항상 쾌활한 그의 표정이 갑자기 어두워지고, 얼굴을 돌렸다. 그러나 그 후에도 우리는 아무도 그들을 일본 이름으로 부르지 않았다. 공허하고 의미가 없는 이름으로, 그들에 대한 친밀감을 잃을지도 모르는 두려움이 있었을지도 모른다」.

지금도, 해외에서 일하는 일본인 비즈니스맨 중에서 자발적으로 자신의 이름을 서양식, 예를 들어서 데이비드 기무라, 또는 안네 스즈키라고 하는 사람은 별로 없다. 한국인의 경우에도 많지 않다. 한국과 일본이 아시아의 다른 나라와 비교하면 단일민족 의식이 강한 점과 관련이 있다고 생각한다.

중국계의 경우 역사적으로 소수 민족이 많고, 화교가 많기도 해서 중국의 비즈니스맨 중에서는 영어식의 이름을 쓰는 사람이 많다. 상대방이 발음하기 쉽고, 기억하기 쉬운 점을 고려하고 있는 것이다. 동경의 어느 술집에서의 일이다. 카운터에서 내 옆에 앉아 있었던 사람이,「중국 헤이룽장성(黒竜江省)의 스즈키」라고, 강한 중국 액센트로 소개해서 놀랐던 기억이 있다.

해방 전, 일본 이외의 나라의 식민지를 봐도 이름까지 바꾸도록 한 경우는 드물다. 인도 사람의 이름을 영국식으로 바꾸게 한 일은 없고, 홍콩에서도 퍼스트 네임정도일 것이다.

병참기지화, 지원병에서 징병제로, 그리고 강제노동을 확보하기 위해서 개명이 필요했을까. 아니, 오히려 개명을 강제했다고 해도 충성심과 완전동화에 의한 일체감은 몇 년간으로는 얻을 수 없었다. 앞에서 나온 미야타 세츠코는 황민화의 목표로,「전쟁터에서는 절대로 일본에 총을 겨누지 않을 조선인. 천황을 위해서 기쁘게 죽을 수 있는 조선인 그리고 황민화된 조선인이라면 전쟁이 끝나도 노동자로 쓸 수 있고, 무엇보다도 독립 운동도 할 리가 없다.」고 했다.

황민화 정책의, 또 하나의 목적은 천황의 한국방문이었다고 한다. 한국 근대사를 연구하고 있는 모리야마 시게노리(森山茂德)에 의하면, 미나미 총독의 전임자, 우가키 총독시대에 「총독으로부터 몇 번이나 한국에 오실 것을 요청」에 대해서, 「천황은 우리 영토에 가고 싶다. 한번은 가고 싶다」고 했다고 한다. 「내년에는 오시도록 준비를 하며……」, 「우가키 총독 밑에서 치안 등의 시설완비…… 되는대로」라고 조건이 붙어 있다. 「우가키 총독 때에는 실현하지 못했지만, 미나미는, '우가키의 충실한 후계자', 이 계획의 실현을 추진한다. 그리고 그렇게 하기 위해서, 조선의 치안 확보 및 조선 국민의 황민화가 절대적이고 필요 불가결한 조건이었다」라고 되어 있다.

그러나 결과적으로는 중일전쟁이 일어나서 천황의 한국 방문은 실현되지 않았다. 천황의 동생인 타카마쓰노 미야(高松宮)의 일기에 1929년 조선 방문의 기술이 있다. 「일본인 경찰은 모자를 쓴 채로 조선인 경찰에게만 모자를 벗게 하는 태도는 기분이 좋지 않다. 조선인 경찰을 함부로 대하는 것도 보기 좋지 않다. 여행 중, 조선인과 접할 기회가 없었음이 유감, 자동차 운전은 조선인에게 맡겨도 좋다고 생각한다」라고 되어 있다.

모리야마의 평가는, 천황의 한국 방문, 병참기지화, 징병제등을 위해서 추진된 황민화 정책은 「한국인에게 말로 표현하기 어려운 고통을 주었다. 그리고 그것은 전쟁 후 한국 국민에게 시련의 기억으로 재생산 될 정도의 대단한 것이었다고 말할 수 있다」고 한다.

내가 주장하고 싶은 것은, 일본의 사정을 생각하면, 서두를 필요가 있으면 있을수록 이렇게 오래 시간 걸쳐서 쌓아온 가치관이나 습관을 바꾸는 정책은 피하고, 오히려 충성심을 「당근과 채찍·회유책과 강경책」을 써서 제도적으로 강제하는 것이 훨씬 효과적이지 않았을까 하는 점이다. 전쟁후의 후유증도 비교적 적지 않았을까. 이러한 노하우가 없었던 것이 식민지 지배를 몇 세기에 걸쳐서 해 온 서양열강과의 차이, 그리고 시빌리안 컨트롤을 거부해 온 「단락적인」 육군의 한계가 되는 것이 아닐까.

이와 같은 경향은 현재도, 일본 기업이 해외 현지법인을 경영하고 관리할 때 시스템에 의한 통치가 아닌, 동화를 선호하는 경향이 있다는 면에서 남아 있다. 그리고 메이커 중에서는 기술진이나 현장의 영향이 지배적인 경향도, 해방 전과 비슷하다고 할 수 있다.

황민화 정책은 필요했는가 (2) - 강제적인 신사참배

아오야마 마코토(青山誠)의 「한일합병의 수지 결산 보고」라는 책에, 신사참배 강제에 관해서 참고가 되는 기술이 있다. 요약하면, 합병 전부터 일본인 거류민을 위한 신사가 있었다. 합병부터 9년 후 경성(현재 서울)에 있었던 조선신사를 당시 600만엔을 들여서 신궁으로 개축했다. 1930년대에는 각 도(예를 들어서 대구, 평양, 광주)에 신사가 세워졌다. 1937년에는 신사 참배를 「장려」하고, 피크 때에는 1049개의 신사가 있었다고 한다. 「장려」라고 하지만 신사 안에서 배급을 했다는 것은 강제성이 높다.

지일파 저널리스트 나라인(Narain 인도사람)으로부터 직접 들은 이야기가 있다. 나라인이 해방 전에 일본에서 경험한 일이다. 누면전차를 타고 경치를 보고 있었는데 차장이 갑자기 「경례」라고 명령하고 승객 모두가 일어나서 궁성을 향해서 깊숙하게 절을 했다. 당시 일본말을 잘 알지 못했기 때문에 무슨 일인지 어리둥절해 하고 있는데 헌병이 와서 무례하다고 하면서 칼을 뽑았다. 그랬더니 옆에 있던 일본 사람이 습관을 모르니 불쌍해 여겨줄 것을 간청해서 겨우 살아났다고 한다. 타카마쓰노 미야(高松宮)도, 조선을 방문했을 때 조선인이 경례를 하지 않았다는 것에 대해서, 「조선인은 일본사람보다 일본습관을 잘 모르고 경례를 하지 않는 사람이 많은 것은 당연하지만, 방치하면 안 되며 조용하게 경고하라」고 일기에 남기고 있다.

아오야마는 전쟁 후 1945년 8월 16일부터 8일 동안 136개의 신사가 불태워진 결과만 보아도, 「돈과 노력을 헛되게 썼다」고 결론을 내리고 있다. 미야타도

「조선인에게 신사참배를 강요하는 것은 간단하다. 그러나 신전에 머리를 깊게 숙이는 조선인이 도대체 무엇을 기도하는 것일까. 일본의 패전을 기도할지도 모르지 않은가」라고 의문을 제기한다.

약 2000년 전 이러한 신사참배 강제에 반대했던 단체의 하나에 유대교가 있다. 로마황제는 개인숭배를 위해서 신전을 만들고 유대인에게 참배를 강요하려고 했다. 그러나 일신교의 유대인들은 응하지 않는다. 그래서 타협을 하였다. 「유대교의 신에게 로마황제를 위해서 기도해 달라」고 낙착되었다. 식민지를 많이 지배하고 있었던 로마 제국의 지혜일지도 모른다.

여기서 내가 의외로 느꼈던 이야기를 소개하겠다. 도조 히데키(東条英機)가 전쟁 후 유서를 몇 통 남겼는데, 그 중 하나에 「사실은 아시아 여러 민족의 협력을 얻지 못한 것이 패전의 원인이라고 생각하고 있다.」라고 한다. 무슨 이유일까. 그것은 지금의 일본과 아시아의 관계와도 통하는 일이다.

옛날도 지금도 아시아라는 지역은 변화가 많고 다양하다. 유럽과 비교하면 역사, 가치관, 습관, 철학, 종교도 각 나라에 따라서 많이 다르다. 여행을 해 보신 분은 아시겠지만 아시아가 유럽보다 훨씬 넓기도 하다. 그런 점도 있어서 일본의 세력권 안에 아시아를 집어넣는 일은, 기독교라는 공통성이 있는 유럽에서 시도하는 것 보다 훨씬 어렵다. 이시바시 단잔(石橋湛山)은 혹시 이런 점을 염두에 두고 대(大) 일본주의와 식민지 지배는 하지 않는 것이 좋다고 주장한 것일지도 모르겠다.

이러한 상황에서 「팔굉일우(八紘一宇)」, 「대동아 공영권(大東亞共榮圈)」 **오족협화(五族協和)** 등의 생각으로 일본의 지위에 어울리는 패권과 영토를 확보하고 싶다고 생각한다면 방법은 두개 밖에 없다. 중화문명이나 기독교 문명처럼 보편적이면서 매력적인 문화로 다른 민족을 끌어당기는 힘. 그것을 하지 못하거나

오족협화(五族協和) : 1912년 손문(孫文)이 이민족간의 융화를 위해 발언한 것인데, 1932년 일본이 오족에 들어가면서 그 개념을 만주국 통치에 이용했다.

시간이 없다면 힘으로 강제할 수 밖에 없다. 일본은 전쟁 때, 말하자면 후자에 의존한 것이 아닌가 생각한다.

왜 그럴까. 일본의 문화에는 우수하고 좋은 측면이 많이 있는 것도 사실이다. 이 세상에는 일본인만이 할 수 있는 것이 있다. 가장 알기 쉬운 예를 든다면, 세계에서 자랑하는 독점적인(only one) 기술을 들 수 있다. 3.11 동일본 대지진 때, 애플을 포함한 세계 여러 기업이 일본산 부품이 아니면 대체할 수 없었기 때문에 생산이 일시적으로 중단되었었다. 만화나 게임 문화 등에도 훌륭한 것이 있다.

보편성이 열쇠

그러나 다른 민족을 자기 나라의 세력권에 넣으려고 할 때는, 이러한 매력적인 요소들만으로는 불충분하다. 무엇이 필요한가. 사회 질서를 형성하는 사상 체계, 통치수법, 의사결정과 소통의 방법부터 인간관계의 형성과 유지까지 요즘의 단어로 말하면, 플랫폼이다. 나도 일본의 특수한 사회질서는 일본인과 일본민족에 한정한다면 훌륭한 시스템이라고 생각한다. 그러니 다른 민족에게도 통하는 보편성이라는 측면에서는 상당한 제한이 있다고 느낀다. 예를 들어서 「상대방에게 맞춰주는-相槌を打つ」 습관은 아시아에서도 다른 민족에게는 오해를 줄 수 있는 경우가 많다. 일본에서는 「공기(분위기)를 읽는 (파악)하는 것이 중요」하다고 하여, 젊은 세대에서는 그 감각이 많이 부족하다는 의견이 있지만, 외국인은 더더욱 그렇다. 총괄해서 얘기하면, 일본의 「집단주의」라는 것은 반세기 일본사회를 경험한 나도 잘 알기 어렵다.

한편 중국문명은 어떠한가. 한(漢) 민족은 원나라, 청나라 시대에 이민족의 지배를 받았지만, 이민족의 리더가 자신들의 한 민족의 문화에 동화한 사실을 자랑스럽게 여기고 있다. 고대부터 다양한 사상, 예를 들어서 유교, 도교 등이 존재하지만 그 영향은 지금도 아시아의 국경을 넘어서 남아있다. 중국은 14개

나라와 국경을 공유하며, 중국 안에는 55의 소수민족이 있다.

요즘 시진핑은 이 다양한 민족들을 「중화민족」이라는 틀 안에서 융합하려고 하고 있다.

유대교, 기독교도 마찬가지이다. 아브라함의 시대로 거슬러 올라가면 4천년 이상의 역사를 갖고 있지만, 메소포타미아에서 유대로, 그리고 유럽으로, 미국과 아프리카, 아시아까지 가장 보편적인 플랫폼으로 파급해왔다. 집단인화(상대성)를 중요시하는 일본 사람의 입장에서는 기독교의 절대성은 받아들이기 어렵지 않을까. 세계적으로 보면 예를 들어서, 선·악을 절대적인 가치관로 정의하는 기독교가, 민족의 울타리를 넘어서 전파되는 것을 역사가 증명하고 있다. 일본이나 인도(힌두교)의 상대적인 가치관은 그에 비하면, 수용하는 나라가 적어 보인다. 이러한 일본의 상대적인 가치관은, 일본이 다신교적인 전통의 나라, 그리고 섬나라라는 요소와 관계있지 않을까 생각한다.

동경에 있는 어떤 외국 대사관 모임에서 재미있는 경험을 한 적이 있다. 메이지 진구(신궁 = 神宮) 관계자를 우연히 만났는데 외국인에게 신도(神道)를 알기 쉽게 전하는 활동을 하고 있다고 한다. 대략 15년 전이었는데, 그때 새로 설치된 부서라고 한다. 다시는 없는 기회로 생각이 되어 여러가지 질문을 하면서 받은 인상은, 선교가 목적은 아니지만, 신도에서도 이제 겨우 이러한 시도를 하는가 하는 생각이었다. 한편 기독교의 선교사는 이미 수백년 전부터 아시아에서 활동하고 있기 때문이다.

경전에 관해서도, 유교(사상)에는 논어(영어로는 Analects라고 한다), 기독교에는 성경이 있다. 신도에 경전에 있는가. 있다고 한다면 외국어로는 무엇이라고 하는가. 아니면 일본 사람만 알면 되는 것일까. 아예 경전은 없어도 좋다고 주장하는 일본 사람이 있는 것도 알고 있지만……

한번, 국제적으로 전개하는 일본 기업의 기획담당간부에게 얘기한 적이 있다.「귀사의 해외 지사사원들에게, 회사의 가치관을 명문화하면 어떨까요.」그랬더니 대답은, 「대외적으로는 좋은 생각입니다. 그러나 일본인이라면 모두 알고 있으니까요」. 안과 바깥을 구별하는 것 자체가 보편적이지 않으며, 국제사회를 향한 발신력이 약하기 때문에 GAFA(구글, 애플, 페이스북, 아마존)와 같은 보편적인 플랫폼 보급이 항상 과제로 남아있게 된다고 생각한다.

인도의 간디는 힌두교 신자였다. 그러나 지배자 영국의 종교 경전인 성경을 열심히 읽고, 영국인과 이야기할 때 인용을 했다고 기록되어 있다.

여기까지 읽고, 「일본 사람, 일본 민족에 대해서 부정적이고 어두운 생각이네.」라고 여기는 독자가 있을지도 모르겠다. 사실은 이 책을 쓰기 위해서 옛날 자료를 찾아 봤더니 1980년대 후반부터 1990년대 전반까지는, 어떻게 하면 일본, 일본 기업, 일본 사람이 「외향적이 되어」 세계와 공존할 수 있을지 심각하게 노력한 흔적이 여러 기사에 남아 있었다. 그때와 비교하면 지금은 그러한 기사는 거의 없다. 하버드 등의 해외 교육기관에 유학하는 일본 사람도 줄어들고 있다. 「시간이 지나면 일본 사람도 오픈 됩니다~」라고 많은 일본 사람들이 얘기를 해서 나도 일생 기다렸지만, 그러한 날은 가깝지 않은 것이 현실이라고 생각한다.

다른 통치 방법이 존재했을 가능성 – 소결합(疎結合) vs 밀결합(密結合)

지금도 일본에서는 다양성을 어떻게 다룰지가 과제로 남아있다. 나는, 옛날도 지금도 이 과제의 핵심은 같다고 생각한다.

도조 히데키(東条英機)의 표현에도 있듯이, 민족의 울타리를 넘는 협력을 목표로 할 때, 문화적 거리를 어떻게 처리할지가 중요하다. 화학용어를 쓴다면 밀결합(密結合)이냐, 소결합(疎結合)이냐 하겠다. 전자는 서로 상대방에게 맞춰서 동화를 하고 융합한다. 「내선일체(內鮮一体)」라는 표현은 그런 뉘앙스로도 들린다. 한편, 소결합은 문화적으로는 일정한 거리를 두면서, 체제나 제도, 즉 시스템을 공통화하면서 다양성을 공존하는 방식이다.

다른 의견이 있을지도 모르지만, 여기서 닛산과 르노의 경우를 시사적인 예로 들어보겠다. 기업차원의 이야기이며 시대배경도 다르지만, 그래도 참고가 되지 않을까 생각한다.

1990년대 말에, 닛산은 독자적으로는 살아남기가 어려운, 19세기말의 조선과 비슷한 상태였다. 그때 약육강식의 역학이 있었듯이 최근에도 자동차업계에서는 규모가 큰 강자 메이커가 아니면 생존할 수가 없다. 요즘 그 규모는 연간 1000만대가 된 것 같다. 중소규모의 생산 메이커는 생존이 어렵게 되었다. 닛산은 다임러와의 제휴를 교섭했는데 거절을 당하고 르노에 생존을 걸 수 밖에 없는 상황이었다. 합방전의 한국과 비슷하다.

르노는 닛산을 살리기 위한 자본과 인물을 투입했다. 그 중심인물이 현재 문제가 되고 있는 카를로스 곤이다.

우선, 문제의 부분부터 설명하겠다.

곤은 닛산을 V자 회복시키고 일본에서는 한때 영웅이 되었다. 그 부분은 일본에서도 세계에서도 넓게 인정 받았다. 문제는, 그후 세계 수준에 비교해서 그의 공적과 부가가치에 맞는 보수를 얻기 위해서 일어났다. 그는 자기에게 합당하다고 생각되는 보수를 받기 위해서 여러 수법을 썼다. 그 수법에 의심이 가는 부분이 있었고, 그 후 프랑스와 일본정부의 의도의 차이에서 그는 체포되어 구속되었다. 곤은 공평한 재판을 기대할 수 없고 비인간적인 취급을 받았다고 하며 일본의 출입국관리법을 뚫고 레바논으로 도피하였다.

이것으로 곤에 관한 평가는 둘로 나눠졌지만, 그래도 V자 회복의 방법과 결과에 관해서는 참고할 것이 많다.

이론적으로 생각하면, 자금의 힘으로 닛산을 좌지우지할 수도 있었다. 당시 곤은 미스터 코스트 컷터로 불리우고 있어서, 닛산이 융합(밀결합)되어 갈기갈기 찢어지는 것은 아닌지 모두 긴장했다고 한다.

그런데 뚜껑을 열어보니 곤은 완만한 연합체(소결합)를 선택했다. 일본 외국인 기자 클럽에서의 스피치를 인용하면,「다른 문화권에서 일을 할 때 문화적 배경은 대단히 중요합니다. 1999년 르노가 닛산에 자본을 투입한다고 발표했을 때 많은 평론가들은, 겉으로는 합병처럼 보이지만 실제로는 매수라고 해석했습니다. 그러나, 실제적인 얼라이언스의 구조가 닛산의 재생을 가능하게 한 것입니다.」

「닛산을 되살리기 위해서 무엇보다도 중요한 것은 인재, 그리고 하려고 하는 마음입니다. 식민지 같은 수법을 썼다면 그 마음은 없어졌겠지요. 아니, 우리는 모두 같이 닛산의 문화(가치관과 습관)를 활성화해서 르노의 자회사가 아닌 동료로서 육성하는 것이 목적임을 믿게 하려고 열심히 노력했습니다. 처음부터 르노와 닛산의 관계를 통치하는 헌법, 얼라이언스 헌장을 만들었습니다」.

이 헌장은 몇 개의 원칙을 기초로 하는 것이다. 예를 들어서,「상대방을 존중하고 서로 존경하는 정신이 얼라이언스의 기초. 서로 보완하고 서로 시너지 효과를 내면서 계속해서 배우고 성장해 간다.」전체적으로 위에서 언급한 처칠의 연설에 가까운 느낌을 받는다.

그런데 시간이 흘러 2009년부터 2013년에 걸쳐서, 처음엔 바텀업이었던 얼라이언스의 의사결정이 차차로 톱다운으로 바뀌어 갔다고 시가 도시유키(志賀俊之) 전 닛산 COO는 얘기한다. 그리고 2018년부터 프랑스 정부가 끼어들어, 합병, 경영통합의 화제가 나오기 시작한다. 시가는 그 가능성에 관해서「기능 통합이 지나쳐서 닛산이 저항감을 갖게 되었다」고 하며,「경영 통합은 파멸로 이끈다」고 주장한다. 그 주장의 한 방법으로 곤을 실각하게 한 것은 아닌가 하는 평론가가 있는 반면, 단순히 곤의 범죄가 문제라고 하는 평론가도 있어 의견이 엇갈린다. 어쨌든 저항이 있었던 것은 확실하다. 결과적으로는 닛산의 재생을 위해서는 소결합 방식이 적절했겠다. 그리고 최근에 닛산의 업적이 다시 나빠졌을 때 혼다와 닛산의 합병이 표면화 되었는데, 혼다가 주도권을 잡으려고 했기 때문에 백지화되었다.

덧붙여서 말하면 전쟁 후 일본이 미국의 군정을 받아들이지 않으면 안 되는 입장이 되었을 때, 많은 일본 사람들이 교회에 갔다고 한다. GHQ가 당장 기독교를 강요할 것으로 생각했으리라. 미국은 그렇게 하지 않았고, 일본 사람에게 영어를 강요하지도 않았으며 이름을 바꾸라고도 하지 않았다. 그리고 일본은 국제 사회에 당당하게 복귀할 수 있었다.

어떤 케이스도 전쟁 중이 아니니 다르지 않을까라는 의견도 있을 것 같았다. 나는, 전쟁 중이라는 비상사태이기 때문에 더더욱, 밀결합보다 비교적 효과가 빠른 소결합이 좋지 않았을까 생각한다. 외교 평론가 오카자키 히사히코는 보수파에 가까운데, 한국이 식민지가 된 것 자체는 어쩔 수 없었다는 전제에서 다음과 같이 얘기한다.

「일본입장에서 할 수 있었던 최선의 방법은, 동화정책은 엄격하게 자제하고, 영국의 인도 통치처럼 질이 좋지 않은 일본인의 한국행을 금지하며, 한국에서 한국 사람들의 토지와 권리를 존중하는 일이었다. 그렇게 해도 원한이나 억압에 의한 악순환을 완전하게 끊을 수 있었을지 없었을지 모르지만…… 일반 국민이나 지식층의 일부에서 진정한 지지를 받을 가능성은 충분히 있었다. 만약 그렇게 되었다면…… 한국은 이집트나 모로코처럼 민족의 자치를 지키면서, 식민지 해방의 시대를 기다리는 것이 가능했을 것이다.」

동화를 강요하는 구조적인 이유가 있는가

그런데, 일본이 소결합적인 통치 방식을 쉽게 이용하기는 어려울 것으로 생각한다. 그것은 한국에도 얘기할 수 있다. 중국의 경우, 최근에는 밀결합으로 쏠리는 경향이 있는데, 긴 역사 안에서 이민족(소수민족)과 소결합으로 마주대한 경험도 있다. 이러한 경험이 한국이나 일본에는 없다. 그러나 그 이전에 문제가 있다. 단일민족의 문제이다.

작가 사카이야 타이이치(堺屋太一)가 저서 「현대를 보는 역사」에서 다음과 같이 설명한다.

「실제로, 일본이 범한 국제관계의 실패는, 일본의 윤리관의 단일성과 큰 관계가 있다. 4개의 섬이 비교적 가까운 거리에 있고 단일민족이며, 절대적인 종교관념이 부족한 이 나라에서는, 다양한 윤리관이 병존하기 어렵다.

전쟁 때 일본사람이 믿은 정의라는 것은, 「부국강병」이고 「군신일치」, 그것을 세상에 알리는 「팔굉일우」였다. 결국, 당시의 일본이 이상적으로 여긴 국가사회의 모습이 유일한 「**왕도악토(王道楽土**」 - 공평한 정치가 행해지는 평화롭고 즐거운 곳, 오족협화(五族協和)와 관계있음」라고 생각하여 그것의 실현이 정의라고 굳게 믿었다.

> 왕도 악토(王道楽土) : 조선, 만주, 몽고, 한족(漢族) 일본의 5족이 협력해서 평화로운 나라를 만든다는 뜻. 원래는 왕도(덕이 있는 제왕)에 의한 즐겁고 평화로운 땅을 말한다.

그러나 세계에는 다양한 윤리관이 있다. 아시아 사람들에게 일본식 정의는 큰 괴로움과 고통일 뿐이다. 그것을 강제하고 있었던 일본은, 자유주의의 영국과 미국에서 보면 「극악무도한 침략자」였다. 그러나, 일본식 윤리관 이외를 상상하지 못하는 일본 사람은 그러한 비난을 이해할 수 없었다. 당시의 일본인의 눈에는 「왕도악토」를 위한 일본의 정의를 이해하지 못하고 반대하는 좋지 않은 무리로 보였던 것이다.

일본 사람은, 일본의 참된 뜻을 정확하게 전달하면 영국도 미국도 아시아도 「과연! 일본은 좋은 일을 하고 있다」고 납득할 수 밖에 없다고 믿고 있었던 것이다.」

위에서 한 이야기를 오노의 다음 발언과 대조해보니 두개의 주목할 만한 점이 보인다. 우선, 한국과 일본에 대해서, 「이것은 누구나 아는 일이지만 아무튼 같은 민족이고, 크게 보면 우리는 같은 민족, 같은 인종이지~」하고 얘기한다. ……「한국의 남쪽은, 일본인지 한국인지 모르지 않습니까」라고도 하고 있다. 실제로는, 일본에는 한국에서는 볼 수 없는 남방계통(폴리네시아, 대만원주민

등)에서 온 문화가 있다. 한국어와 일본어는 둘 다 우랄알타이어, 문법은 비슷하지만 한국어는 자음으로 끝나는 단어가 많고, 일본어는 대부분이 모음으로 끝난다. 그리고 한국사회에서는 유교의 영향으로 「효」의 가치관이 강하지만 일본에서는 「충」이 강하다. 몇 년 혹은 몇십 년 안에 일본에 대한 충성심을 강제적으로 키우려고 해도 잘 되지 않는 것이 당연하다면 당연하겠다.

또 하나 오노의 발언에서 신경이 쓰이는 것이 있다. 그는 「식민지라는 것은 과일처럼, 익으면 나무에서 떨어져. 영국과 스코틀랜드랑 비슷해, 그렇게 하려고 할 생각이었는데······」

이 두 나라와 한일의 비교는 설득력이 없다. 영국 엘리자베스 여왕 장례식에서 스코틀랜드 문화의 상징이라 할 수 있는 백파이프 연주가 있었다. 만에 하나, 한국이 지금도 일본의 일부라고 한다면 천황의 장례식에서 한국의 음악을 연주할까.

도쿠가와 시대가 시작된 1603년, 영국과 스코틀랜드는 왕실을 통합하고 스코틀랜드의 제임스 6세가 브리튼연방의 제임스 1세로서 군림하게 된다. 한일이라면, 어떤 경우, 어떤 시대에서도 한국 측의 왕이, 한일합방국의 왕이 될 것을 상상이나 할 수 있을까.

스코틀랜드에서는 합병에서 4백년이 지난 지금도 독립을 할지 국민투표를 하고 있다. 그것은 한일합방과 비교하면, 인과 관계, 그리고 합방후의 통치방식의 차이와 관계가 있다고 볼 수 있다.

우선 한일합방이 러일대립에서부터 시작되었듯이, 영국과 스코틀랜드 합병 요인의 하나에 프랑스가 있다. 또 세 개의 기독교 종파도 관계한다. 우선, 16세기에 영국 헨리 8세가 이혼을 하기 위해서 영국성공회를 만들었고, 한편 프로테스탄트의 칼뱅파에 공감한 스코틀랜드의 존 녹스가 주도해서 그의 고향에 칼뱅파를 정착시킨다.

영국은 스코틀랜드가 카톨릭 프랑스와 가까워지는 것을 피하기 위해서

1707년 합병직전에, 서로의 종교를 존중하고 개입하지 않음을 법적으로 보장한다. 그 전에도 짧은 기간이었지만, 올리버 크롬웰이 스코틀랜드를 통치하려고 했을 때도 종교적으로는 칼뱅파에게 관용적이었다. 이것은 일본이 한국에서 종파가 다른 정도가 아닌, 전혀 다른 신사참배를 강제한 것과는 크게 대조적이다.

무역도 하나의 원인이었다. 스코틀랜드는 파나마를 비롯한 신세계에서 상업권을 놓고 영국과 대결하고 있었는데, 스코틀랜드는 영국에 힘이 미치지 못하고 큰 적자를 내고 말았다. 이것과 위에서 얘기한 문제가 관련하여 종파문제와 함께 두 나라를 합병으로 이끈다. 양국에는 따로 따로 국회를 남기기로 했다.

소결합 통치를 시도한 영국과 스코틀랜드, 밀결합(완전동화)을 목적으로 한 한일의 케이스의 차이점이 보인다.

한일의 경우, 다신교와 상대적 가치관을 중요시하는 일본과, 중앙집권체제에서 오는 절대적인 가치관(그런 이유로 일본에 비하면 비교적 기독교 선교가 쉽다)을 중요시하는 한국에서는 가치관의 차이가 아주 크다.

언어의 융합에서도 스코틀랜드에서는 주로 켈트의 언어에, 부분적으로 영어를 쓰기 시작한 것은 7세기까지 거슬러 올라간다고 한다. 그후 노르만계통 불어를 거쳐서 14세기에는 동쪽에서는 귀족이 영어를 쓰기 시작했다. 앞에서 기독교의 보편성에 관해서 얘기했는데 1611년, 지금도 세계 표준의 성경으로 사용되는 킹제임스 버전(King James Version)이 출판되어 세계적 영어의 표준으로도 되어 있다.

스코틀랜드의 제임스 6세가 영국의 제임스 1세를 겸임하면서 두 나라는 통합을 향해간다. 그리고 1707년 정식 통합 때 영어가 공영어가 된다. 그러므로 스코틀랜드와 영국은 같은 섬을 공유하고 몇 세기에 걸쳐서 자연스럽게 영어가 침투되며 종교를 통한 보편적인 가치관이 있는 점 등, 전혀 경위가 다르다. 그리고 개명을 강제한 적도 없다.

지금도 그렇지만 일본이「대동아공영권」,「팔굉일우」를 확립하려면,「다른 민족에게 알게 하자」가 아니고,「힘으로 제압」하는 방법밖에 없었다고 추정한다. 인화를 중심에 두는 상대적 가치관은, 일본이 섬나라인 지정학적 조건, 다신교적인 신도(神道)와 밀접한 관계가 있다. 대륙에서 다른 나라와 국경을 나누며 살아가는 반도의 사람들에게, 섬나라의 상대적 가치관을 억지로 강제하려고 해도, 도조 히데키(東条英機)가 얘기하는「동아 민족의 협력은 얻을 수 없었다」가 아닐까.

전쟁 중 그리고 전쟁 후의 일본 무엇이 변했으며 변하지 않은 것은 무엇인가?

일본의 전쟁중의 역사를 검증하면, 현재의 일본과는 완전히 다르다고 생각하는 독자도 있지 않을까. 변한 부분도 많지만 의외로 변하지 않은 부분이 있다는 사실을 지적하지 않으면 안된다.

먼저 변한 점은 다음과 같다. 우선 당시 미국 군정의 뜻이 강하게 반영된 헌법, 그리고 그것을 바탕으로 한 민주주의는 전쟁시와 전쟁후의 단절을 명확하게 했다. 인권도 개선되었다. 그리고 이러한 사회 구조를 기본으로 하여 비약적인 경제 성장을 이루고 무역 입국을 세운 점이다.

이런 시스템 안에서는 전쟁중에 품었던 무모한 야심, 통제를 무시하거나 국제 조약을 위반하는 등의 행위는 과거의 것이 되었다. 그리고 국민에 대해서 국가는 필요 이상으로 강제적 수법은 쓰지 않고 요청 혹은 행정지도라는 형식으로 하게 되었다.

이번에는 변하지 않은 것에 관해서. 우선 의사 결정, 그리고 명령 계통이 복잡한 점이다.

일본식 의사결정의 불투명성 : 예를 들어서 지금도 일본에서는 80대 후반의 원로들이 고급음식점에서 회담을 하고, 현역 정치가에게 영향을 주는 경우가 꽤 있다. 이것은 특별한 경로정신이라고 얘기할 수 밖에 없지만 통치 시점에서 보면 문제가 있다. 일본의 기업에서도 통치의 구조를 우회해서, 정식 직함이 없는 대선배가 사장의 인사에 개입하는 등 같은 종류의 문제가 표면화되고 있다.

정책 결정의 프로세스, 인사권, 선거가 많고 톱이 자주 바뀌는 일, 현장주의, 애매한 책임 소재, 파벌간의 역학 등, 여러가지 요인이 복잡하게 얽힌다.

그 안에서「공기」, 곧 집단적 압력이 의사 결정에 큰 영향을 끼치며 과감한 발상이 나오게 어렵다. 그리고 일본 정부도 기업도 몇번이나 위기에 직면하여 중앙집권화를 꾀했지만 아직 그러한 의사결정 방식은 정착했다고 얘기할 수는 없다.

제 5 장
위기관리 때에 필요한 중앙집권적 의사결정은 과연 일본에 정착할까?

국제사회는 왜「일본은 늦는다, 우유부단하다」고 하는가?

　2020년 2월말 서울에 머물고 있었을 때의 일이다. 세계적으로 신종 코로나가 만연하여 3월에 접어들면서 당시의 아베정권은 국경을 봉쇄하기 위해서 외국인의 입국금지정책을 결정했다. 한일간의 비행기편이 없어지고 단기로 계획했던 한국방문은 3개월로 늘어났다. 덕택에 한국의 코로나 대책을 체험할 수 있었다.

　돌이켜 보면 한국의 코로나 감염자가 급증하는 국면도 있었지만, 초기에는 국제사회가 한국의 코로나 대책에 찬사를 보냈었다. 일본 미디어에서도 다루었었는데 정보기술을 활용한 그 철저함에는 놀랄 정도였다. 예를 들어서 공원에 다녀온 다음날, 핸드폰에는「그 공원에서 감염자가 나왔으니 공원문을 닫는다」라는 문자가 온다. 교회에서 감염자가 나왔을 때는, 핸드폰의 위치정보로 출석했던 사람들을 밝혀내고 추적한다.

　집단행사가 금지되어 있는 경우, 경찰이 교회의 홈페이지 등에서 모이는 시간과 장소를 조사하고, 그 시간에 시설의 입구를 감시, 위반이 있으면 교회에 벌금을 부과한다. 사업자 지원에 관해서도, 이름과 주민등록번호를 핸드폰에

입력하면 지방자치단체가 국세청과 협력해서 지원 조건을 충족시키는지 판단을 하여 신속하게 지급한다. 등등, 일본에서는 「요청」으로 밖에 할 수 없었던 일이 한국에서는 착착 진행되고 있었다. 결과적으로 초기단계에서는 다른 나라에 비해서 코로나 대책이 성공적이었다고 볼 수 있다. 문제인 정권이 남긴 몇 안 되는 좋은 업적중의 하나로 손꼽힌다는 의견도 있다.

 문재인의 리더십만으로 이런 결과를 낼 수 있었을까. 핸드폰의 위치정보를 국가가 알고 있고 주민등록번호가 노출되는, 개인정보의 침해라고도 할 수 있다. 일본에서 마이 넘버(한국의 주민등록번호에 해당)가 정착되지 않고, 코코아(코로나 대책의 위치정보 어플리케이션)가 좀처럼 보급되지 않은 이유도, 개인정보침해와 관련이 있을 것이다.

 한국의 보수세력에서는 다음과 같이 얘기한다. 「코로나 초기대응의 성과는 2015년 메르스 감염때 정비한 메르스 관련 법안의 덕이다」. 그 법안을 제기하고 입법한 것이 당시 여당이었던 새누리당 의원들이었다.

 그러고 보니 일본도 코로나 유행 시 자민당 총재를 선출할 때, 언론기관에서 후보들에게 긴급사태법의 입법을 할지 안할지의 질문을 했다고 한다. 일본의 경우 전쟁 때의 기억도 있어, 개인의 자유나 프라이버시 침해에 저항이 있는 것으로 생각이 든다. 그렇기 때문에, 「요청」을 기초로 하고 강제적으로는 하기 어렵다.

 기억하는 분들도 많겠지만 2015년 당시 메르스라는 호흡계 전염병이 유행이었다. 한국에서는 법안이나 행정조치를 이용해서 평상시와는 다른 예외적 규제나 보조 등을 꽤 만들었는데, 대충 보아도, 감염법, 감염병예방법, 의료법, 학교 보건법등의 개정에 의해서 18개의 법안이 정비되었다. 그 중에는, 「격리자의 이동금지, 그리고 이동현장파악」, 「의료기관의 양성자 이동경로공개」 등이 포함되어 있다. 핸드폰 통신 각 회사도 평상시에는 폐기해야 하는 GPS 데이터를 보존하고 추적에 사용할 수 있도록 했다고 들었었다.

요컨대, 한국에서는 정치체제 그 자체가 한 곳에 집중되어 있는 것과 동시에, 평상시가 아닌 유사시에는 개인적인 자유나 프라이버시를 침해해도 할 수 없다는 감각이 뿌리를 내리고 있다고 해도 되지 않을까. 권력집중에 대한 이해가 있는 한국과, 없는 일본의 차이라고 생각할 수도 있다. 긴급할 때 전자와 후자의 환경아래에서는 리더의 통치의 방법이 상당히 달라지는 것은 잘 이해할 수 있고, 쉽게 말하면 후자는 어렵지 않을까 생각한다.

덧붙여서 얘기하면 나는 한국에서 3개월을 지내고 일본에 도착해서 2주일동안 격리를 했다. 나리타공항 도착 전에 위치정보 어플리케이션을 깔고, 도착후 공항에서 꼼꼼하게 체크를 했지만, 격리장소에서는 작동되지 않아서 당국에 보고를 하고 격리를 했다. 내 위치 정보는 결국 당국에 확인 되지 않은 채였다.

신종코로나라고 하면 백신접종이 있었는데, 다른 선진국에 비교하면 일본은 많이 늦는다는 보도가 있었다. 전 세계적으로 백신이 화제가 되었을 때 나는 마침 미국에 있었다. 일본에서는 백신이 부족하고 내 연령층에서는 아직 접종을 할 수 없는 상태였다. 그런데 미국에 갔더니 누구든지, 예를 들어서 전국적인 약국체인에서 접종이 가능한 상태여서 예약이 힘들었다. 그런데 2주일 후에는 이번에는 백신이 남아서 예약이 쉬워지고, 예약 없이 약국에 가서 접종을 할 수 있게 되었다. 그것도 불법 이민이 많은 지역에서는 어떤 신분증으로도 접종이 가능할 정도로 관대하다. 트럼프 대통령 제 1기 정권때 군을 써서 벌였던「워프 스피드 작전 Operation Warp Speed」도 백신의 유통에 한몫하고, 그야말로 순발력과 즉흥성을 발휘할 수 있었던 것이다.

요컨대 과감한 일을 할 수 있느냐는 것이다.

호사카 마사야스(保坂正康, 1939-) : 일본의 작가, 평론가. 昭和(쇼와)시대(1926~1989)의 사건, 인물에 관해서 취재하여 논픽션, 기사를 발표하고 있다.

역사가 **호사카 마사야스**(保坂正康)도 백신의 대량생산, 대량유통에 대해서 다음과 같이 말한다.

「미국은 승부를 내야 할 때는, 사람도 물

건도 돈도 한꺼번에 쏟아 붓는 전통이 있어서, 그것이 몇 번이나 성공을 했습니다. **오키나와전쟁(1945년)**에서도 일본의 10만 명에 대해서 미군은 50만입니다.」

> 오키나와 전쟁 : 태평양 전쟁 말기, 일본오키나와에서 민간인을 말려들게 한 전쟁. 1944년 10월부터 3~5개월간 군인, 민간인 약 20수만 명이 사망.

일본에서는 스가 요시히데(菅義偉) 전 수상이 백신을 중시하는 결의를 보이기 위해서 코노 타로(河野太郎)를 백신 담당장관으로 임명하고 기대를 했다. 그리고 지방자치단체는 받아들일 준비를 하고 예행연습까지 했음에도 불구하고 백신이 도착하지 않았다. 그것도 당연하다. 세계 중에서 백신 쟁탈전이 일어났기 때문이다. 스스로 백신을 만들지 않았던 일본은 다른 나라에게 의존할 수 밖에 없었고, 협상능력이 중요한 상황이었다. 이스라엘의 네타냐후는 초기에 화이자(Pfizer)의 사장과 직접 담판을 하여, 고가로 백신을 살 것과 접종후의 데이터 제공도 약속하여 확보했다고 한다. 코노도 영어를 잘하며, 외무장관 경험자이기에 교섭을 잘 하지 않을까 생각했었는데 스가 수상, 타무라(田村) 후생노동장관, 그리고 니시무라(西村) 경제담당장관과 보조를 맞추느라 그 능력을 발휘하지 못했다고 생각하고 싶다.

2020년 봄 코로나 영향으로 경영이 어려워진 여행업계, 요식업계를 위한 Go to Travel, Go to Eat 라는 지원 프로그램이 있었다. 여기에서도 집단주의의 폐해가 나온다고 느낀다. 스가 수상은 당시 관방장관이었는데, **Go to 운동**을 장려하고 있었다. 그러나 수상취임(2020.9) 후, 회식이나 이동으로 인한 감염자가 늘어나면

> Go To 운동 : 코로나로 정체된 관광업을 활발하게 하기 위해서 실시되었던 일본 정부에 의한 경제 지원정책

서 Go to 운동을 지적하는 전문가들의 의견이 있었을 때 스가 수상은, 「이제 와서 그만둘 수 없다」고 중얼거렸다고 한다. 그 이유는, 당시 정계의 유력한 인물이 여행관광업계와 관련이 있었기 때문이다.

「이제 와서 그만둘 수 없다」도 일본집단주의의 특징 중 하나이다. 잡지 닛케

이 비지니스는 1992년에 「전략적 철퇴를 권유한다」는 커버스토리를 게재했는데, 기업에서도 정계에서도 아직도 일본은 쉽게 그만두지 못한다. 한국이나 미국은 이 점에서는 과감하다고 볼 수 있다.

물론 일본 역사에도 톱다운의 리더가 등장하지 않았던 것은 아니다. 전국(戰國) 시대 - 토요토미 히데요시, 토쿠가와 이에야스 - 에는 그러한 인물이 등장하고, 현대에서도 성공한 벤처 창업자(마쓰시타, 혼다 등 포함)에 그런 타입이 많은 것도 사실이다. 그리고 위기에 직면하면 일본의 조직은 개혁을 해왔다는 설도 있다. 그러나 전체를 보면 그러한 예는 소수이며 일본에서 자연스러운 조직의 모습은 집단주의에 가까운 것은 아닌가 생각한다.

우선 생각하고 싶은 것은 조직 전체가 리더에의 권력 집중을 인정하는가 아닌가이다. 한국에서의 권력의 근거는, 정치의 경우 대통령의 직접 선거, 기업의 경우는 오너의 지배권으로, 비교적 확실하다. 일본에서 어떨까. 정치체제는 의회제 민주주의, 수상도 간접적으로 뽑힌다. 기업 거버넌스의 문맥에서 다시 얘기하지만 기업의 경우, 전 사장이 후계자를 정하는 습관이 오랫동안 계속되었다. 최근, 이 습관을 개혁하기 위한 거버넌스 개혁을 하고 있는 기업이 늘어가고 있다.

부하의 임명이나 해고를 톱이 독단적으로 하기 어렵다

전쟁 때도 「현역군인장관제」가 있었듯이 지금도 일본의 수상은 독자적으로 내각을 조직할 수 없는 케이스가 대부분이다. 파벌이나 연립정권의 역학을 고려하지 않으면 안 된다. 또 불법 행위나 실패가 확실하지 않는 한, 특정한 각료를 해임하는 일은 아주 어렵다. 또 장관도 담당 부서의 인사권을 갖고 있다고 하지만 실질적으로는 웬만한 일이 없는 한, 사무차관 등 담당관리직과 조정하는 형태로 되기 싶다. 이 권한을 아베내각에 집중시키려고 했는데 당연히 관료들의 저항이 있었다.

이러한 현상은 앞의 장에서도 인정되었다. 천황의 통수권에 관해서 한도(半藤)의 말을 인용했는데, 극작가이자 비평가 야마자키 마사카즈(山崎正和)도 「메이지 헌법아래서도 천황은 직접 통치하지 않고 반드시 내각의 보필에 따라서 통치하고 있었다」고 지적한다.

기업의 레벨에서도, 권력의 근거에 관한 논란이다. 바로「회사는 누구의 것인가」하는 질문에 직결되는 것이다. 극단적으로 말하면, 구미에서는 주주, 일본에서는 사원 혹은 일본 사회의 것이라고 할 수 있다. 후자의 생각은 예를 들어서 오미(近江) 상인의 경영철학(회사, 손님, 사회) 등의 흐름을 따르고 있다고 할 수 있다. 구미에서도 후자의 방향으로 향하는 경향이 있는데, 그래도 **쉐어 홀더 캐피탈리즘 – shareholder capitalism –** 이 주류라고 말할 수 있다.

> 쉐어홀더 캐피탈리즘 (shareholder capitalism) : 주주의 이익을 기업경영의 목적으로 하는 생각. 기업은 주주가 소유한다.

뿌리깊은 일본의 집단주의

한국과 일본의 통치를 생각할 때 가장 큰 차이점은, 한국의 중앙 집권 체제와 일본의 집단주의적 역학과 의사 결정이다.

우선 중앙집권과 집단주의, 어느 쪽이 좋고 나쁘다는 얘기가 아닌 것을 명확하게 하고 시작하겠다. 일본 사람은 섬나라라는 지정학적인 환경에 적응해 왔기 때문에 집단적인 가치관을 중요시하게 되었다고 주장하는 학자도 있다. 주변이 바다이기 때문에 쉽게 외적에게 공격당하지 않고 거꾸로 국내에 있는 사람은 밖으로 나가기 어렵다. 역사적으로 보면 중화사상에도 어느 정도 거리를 두는 것이 가능했다. 한편 한국의 경우, 두 개의 강국에 끼어 있는 반도라는 조건에서 언제 공격을 당해도 이상하지 않은, 항상 신경이 곤두서 있는 상태였고 지금도 그런 상태가 아니라고는 얘기하기 어렵다. 어쨌든 대도시에 사는 사람과 자연 속에서 사는 사람의 기질이 다른 것이 당연하듯이, 어느 쪽이 좋고 나쁘다는 얘기가 아니다. 게다가 나라의 경우 이사를 할 수 없으니까 더더욱 그렇다. 그리고 집권제와 집단제, 양쪽에 일장일단이 있다.

6세기 일본 성덕태자(聖德太子)의 「화합을 중시한다」 정신은 지금도 일본 사람의 마음에 살아있다고 느낀다. 화합을 지키기 위한 필수조건이 상대적인 인간관계라고 볼 수 있다. 조금 재미있게 표현을 한다면 「심정(心情)」과 「신조(信条)」라는 단어는 일본어에서는 같은 발음이다. 그런데 한국어에서는 다르다. 일본에서는 자신의 신조를, 때와 장소에 따라서 상대방의 심정에 맞춘다 - 이것을 상대성이라고 말할 수 있다.

서양에 큰 영향을 끼친 기독교에서는 신조는 때와 장소에 따라서 바뀌지 않고, 상대방의 심정과는 관계없는, 절대적인 지침으로 확립되어 있다. 한국의 기독교 신자가 일본보다 훨씬 많은 것은 이 점이 다르기 때문이라고 생각이 된다.

전쟁 후 맥아더장군의 무례함을 지적한 사람으로 알려진 시라스 지로(白洲次郎)는 「원칙이 없는 일본」이라는 책에서 다음과 같이 주장하고 있다.

「뭐든 하나에만 고집하라는 것이 아니다. 타협도 좋을 것이고 필요한 때도 있다. 그러나 원칙이 없는 타협은 타협이 아니고 일시적으로 적당히 넘어가기 위해서 속이는 것에 지나지 않는다고 생각한다. 일본 사람과 토론하고 있으면 그 토론의 원칙이 어디에 있는지 모르게 되는 경우가 자주 있다. 이러한 토론을 아무리 해도 서양 사람들은 감이 오지 않을 것이다.」

반대로 일본의 「공기」라는 개념에 대해서 **야마모토 시치헤이**(山本七平)는 「기압과 같은 압력」이라고 하며 다음과 같이 얘기한다.

「(공기라는) 언어는 곳곳에 얼굴을 들이밀고 놀라운 힘을 휘두르는 것을 깨달았다. "아, 그런 결정이 된 것에는 비난은 있지만, 당시 그 회의의 공기(분위기)에서는 ......", "의장이 그때의 그 공기(분위기)에서", "그 무렵 사회 전반의 공기

> 야마모토 시치헤이(山本七平,1921-1991) : 일본의 작가 평론가 [공기의 연구], [일본인과 유태인] 등으로 주목을 받았다.

(분위기)도 모르면서 비판해도", "그 장소의 공기(분위기)도 모르면서 잘난 척 하지 마라", "그 장소의 공기(분위기)는 내가 예상했던 것과 완전히 달랐다" 등 여기저기에서 최종 결정자는 사람이 아니고 공기다.」

그 결과 야마모토씨에 의하면, 「따라서 우리는 항상 논리적 판단의 기준과 공기적 판단의 기준이라는, 일종의 이중기준(더블 스탠다드)에서 살고 있는 것이다」.

덧붙여서 **코무로 나오키**씨(小室直樹)는 야마모토와의 대담에서 다음과 같이 설명하고 있다.

고무로 나오키(小室直樹, 1932–2010) : 일본의 사회학자, 경제학자 , 평론가. 사회 정치 국제 문제평론가.

「공기는 어떤 사회에서도 무조건 생기지는 않고 발생을 위한 조건이 몇 개 있다. 우선 절대적인 일신교와의 계약이라는 생각이 있는 사회에서는 절대적으로 공기는 생길 수 없다. 그 계약만이 규범성을 갖고 있고 그 이외의 규범은 있을 수 없으니까」

조금 더 깊이 파 보자. 몇 년 전 일본 NHK「히스토리아」라는 방송에서「신과 부처를 섞어서 천 년」이란 현상을 다루었다. 충격을 받았다. 간단하게 설명하면, 7세기 전에는 주로 신(신도)중심이었는데, 7세기 후반 불교의 세력이 커져 갔다. 호족이 선진적이며 매력적인 불교를 받아들이면서 신과 부처 양쪽의 위치를 고려해야 하였다. 그리고 약 9세기부터 신불습합(神仏習合)의 막이 열렸다. 이렇게 섞어진 상황이 천 년이나 계속되었다. 그동안은 한 장소안에 신사와 절이 공존할 뿐 아니라, 밀교의 대일여래(大日如來)를 중심으로 한 고대 거울의 뒷면에는 아마테라스 오오미카미(天照大御神 - 한국의 단군과 비슷한 존재)가 그려져 있었다고 한다. 일신교에서는 있을 수 없는 일이다.

그 후 메이지 유신 때(1868) 왕정복고에 따라서 국가신도가 제정되며 신불분리법이 성립되고, 그 결과로서 **폐불훼석**(廃仏毀釈)이 일어난다. 방송의 줄거리는 약 75년 후 전쟁이 끝나서 맥아더의 GHQ가 국가신도를 해체하고 신불

> 폐불훼석 (廃仏毀釈 : 메이지 시대, 신불습합(神仏習合)을 금지. 불상을 신사에서 없애며 불교의 가르침을 폐지한 운동.

습합이 부활한다는 것이었다.

앞에서도 얘기했지만 사회에서 오랫동안 계속된 가치관이나 습관을 빠른 시간에 바꾸는 것은 쉽지 않다. 여기서도 역시 천년 가까이 계속된 현상을 국가 권력을 이용해서 75년의 기간 안에 강제하려고 했지만 결국 원상태로 돌아갔다. 그래서 기독교의 선교사들은 일본에서 많이 애를 쓰고 있다.

전쟁 후 일본의 민주주의가 정착하기 시작했는데 아직 일본에는 외국에서 볼 수 있는 보수 대 혁신(한국에서는 진보)을 축으로 하는 2대 정당제가 형성되어 있지 않다. 그 이유도 위에서 얘기한 현상과 관계가 없지 않은데, 비평가 야마자키 마사카즈(山崎正和)는 다음과 같이 분석하고 있다.

「세계를 살펴보면 보수 세력에는 지켜야 할 원점이 있고 그 원점을 지키는 것을 보수라고 한다.」 그가 말하기를 유럽의 경우는 계급성, 미국의 경우는 건국이념과 기독교, 중국의 경우는 중화사상과 유교라 한다.

「일본에도 있다. 일본 보수의 현저한 특징은 유럽과 미국에서 얘기하는 원점이 없는 것이다」 라고 하고 일본의 보수를 「억제된 혁신」이라고 표현하고 있다. 근대에서도 **「화혼양재(和魂洋才)」**라는 절충주의가 시대를 움직였다.」

> 화혼양재(和魂洋才) : 일본 고유의 정신은 잃지 않고 서양의 우수한 학문, 지식을 살린다는 생각.

위에서 얘기한 종교적 측면에 관해서 계속해서 야마자키는 「일본이 받아들인 것은 싱크레티즘(syncretism), 곧 혼합 종교이다. 불교가 대부분이지만 동시에 유교적 도덕도 따르며 나아가서 신도도 믿고 있다. 도덕이라는 것은 본래 습관을 신성화한 것이다. 일본에는 이 신성화된 습관을 명문화하는 종교가 없었다」. 그리고 야마자키는 이 문맥에서 한일을 비교한다. 「일본은 유교를 믿는다고 하면서 사촌끼리 결혼을 해온 것도 그 한 예이며, 예를 들어 유교의 영향력이 강한 한국에서는 생각할 수 없는 일이다.」

집단주의의 성공 체험

일본식 집단역학이 성공하는 조건은 역사적으로 검증할 수 있다. 한 마디로 표현한다면 팀워크가 잘 기능하는 상황이라고 말할 수도 있는데, 그것이 어떤 상황인가를 얘기하겠다. 우선은 집단이 얻을 수 있는 이익(지위, 권력, 돈 등)이 비교적 크고 그리고 성장하고 있는 경우이다. 1960년대부터 1990년대 전반의 거품 붕괴까지 계속 성장하는 시대를 한 예라고 할 수 있다. 이케다 하야토(池田勇人) 수상 시대에「소득배증계획」을 시작하여「철의 삼각형」,「일본 주식회사」가 세계적으로 영향력을 끼쳤던 시대이다. 삼각형이란 정치, 관료, 기업/재계의 상호 관계를 얘기한다.

지금도 이 경향은 계속되고 있다. 코로나 시기를 빼고 매년 연초에 일본의 각 산업의 공업회가 신년회를 개최한다. TV에서도 신년이 되면 경제 3단체의 신년회가 뉴스에 나오고, 각 대기업의 사장이 포부를 밝히는 장면도 나온다. 나도 가본 적이 있지만 근사한 호텔의 연회장에서 수상이 직접 신년인사 그리고 정책의 소개를 하는 것이 습관으로 되어있다.

그 다음날부터 일본의 자동차업계나 전자업계의 신년회가 열리고 그 업계를 관할하는 장관이나 관련있는 국회의원들의 쟁쟁한 얼굴이 보인다.

장관의 스피치는「우리나라 일본기업」을 위한 대책,「올해도 같이 열심히 합시다」등의 응원과 장려가 포함된 내용이다. 나는 미국에서 오래 살았지만 이런 풍경을 한번도 본 적이 없다. 덧붙여서 한국에도 형태로서는 한국 반도체산업 협회는 존재하지만 그 연대감은 일본에 비하면 약하다고 느낀다.

이야기는 전쟁후의 고도성장기로 돌아간다. 위에서 얘기한「철의 삼각형」처럼 집단의 연대감이 되는 요소를 각 기관이 내세우는 것이 산업 대책일 것이다. 관민이나 산학이 협동한 자동차나 전자의 분야에서 공동연구 등을 하는 기초를 쌓았다. 예를 들어서 최근 화제의 반도체 업계에서는 1970대 후반에 추진된 「VLSI 프로젝트」 즉 64Kd램을, 민간기업들이 협력해서 개발하고, 미국을 쫓아가서 추월하기를 목표로 했다.

당시 통산성이 리드하는 역할로, 기업 측에서는 일본전기, 히타지 제작소, 도시바 등이 경쟁과 협력을 하며 세계시장에서 대부분의 쉐어를 획득하여 인텔 등 선구자는 d램 사업에서 철퇴했다. 그 후 비슷한 교대극이 한일에서 일어났는데 그것은 나중에 설명하기로 한다. 또, 아베 정권때 한국에 대해서 반도체 관련소재의 수출규제를 한 것은 그런 이유도 있었던 것은 아닐까 생각한다.

그 후, 다른 품목이 되는데 「제5 세대 컴퓨터 프로젝트」(선진적인 시스템 아키텍처)나, 트론(TRON)프로젝트(마이크로소프트, 인텔을 대체하는 CPU오퍼레이팅시스템 핵심 아키텍처) 등이 계속되었다. 그러나 VLSI 프로젝트만한 성공에는 이르지 못했다. VLSI 프로젝트 성공의 이유는 앞에서 얘기한, 집단(올재팬 - all Japan)으로서 얻을 수 있는 이익이 크고 그리고 성장의 장래성이 있는 일이었다.

당시 일본의 전기 메이거는 크게 보면, d램사업에 관해서는 서로 비슷한 도전자 입장이었기 때문에, 서로 협력할 여지가 컸던 것 아닌가 생각한다. 그런데 그 후의 프로젝트는, 각 회사 간에 실력차이가 생겨서 유리 또는 불리하다는 얘기도 복잡하게 얽힌 듯 싶다.

도시바도 훌륭한 기업이었다

지금 많은 고생을 하고 있는 도시바, 1990년대 중반까지는 존경할만한 기업이었다. 예를 들어서 위에서 얘기한 64Kd램에서는 다른 회사에 뒤졌지만, 그 후 1986년에 1Md램으로 만회했다. 나도 그 주요 거점이었던 오이타(大分)공장에 가본 적이 있다. 당시 최첨단으로 불리는 1Md램의 웨이퍼를 보여주었는데, 웨이퍼 위의 불량칩이 적어서 놀랐던 기억이 있다. 수율이 상당히 좋았던 것으로 보인다.

　도시바를 그것도 반도체 메모리 얘기를 하는 이유는, 그 시대에 이 품목이 「일본의 장기(長技)」였다고 얘기해도 과언이 아니라고 생각하기 때문이다. 그 개발을 주도하고 있었던 것이 당시 사업 본부장 가와니시 쓰요시(川西剛)와 주임 기사장(技師長) 에가와 히데하루(江川英晴)였다. 기사장은 그 사업의 연구개발 톱을 말하는데, 도시바의 경우 특징이 있었다. 단순히 기술 기능집단의 장(長)뿐 아니라 사업부장과 2인3각으로 그 사업을 책임지는 역할을 맡고 있었다. 그 조직구조가 도시바의 높은 기술력의 하나의 요인이 아닌가 한다.

　두 분과 만나기도 했는데 가와니시는 영어를 상당히 잘 하고 자신이 직접 1MDRAM의 해외영업도 했다고 한다. 에가와와는 그 후에도 만남을 가졌었는데 부사장으로 취임하신 후 돌아가신 것이 정말 안타깝다. 마지막으로 도시바 빌딩에서 뵈었을 때 부사장실 바깥에는 부사장을 만나려는 사람들이 줄을 잇고 있었다. 그럼에도 불구하고 엘리베이터까지 배웅해주시던 모습이 지금도 떠오른다.

　반도체 메모리는 당시 그야말로 팀워크가 필요한 제품이었다. 정보의 단위를 기억하는 셀의 구조를 최소한 작게 설계하고, 칩 위에 되도록 많이 넣고, 그리고 최대한의 수율로 생산이 가능한지에 승부가 걸려있었다. 그러한 업무는 전부 팀워크로 하는 것에 의해 훌륭한 결과를 낼 수 있었다. 그 후 메모리 사업의 성공법은 바뀌어서 오히려 한국처럼 대규모의 투자가 가능한 중앙집권적 기업이 대두하게 되었다.

　한편 계산을 하는 CPU(중앙연산장치)라는 제품은 아키텍처(곧 기본 설계)라는 것이 있고 그 작업은 한 사람, 또는 소수의 인원이 만들도록 되어있다. 작곡과 비슷해서, 여러 사람이 공동으로 작곡하기는 어려운 것과 비슷하다. 반도체 사업을 보고 있으면 품목에 따라서 집단주의의 장단점이 드러난다고 말할 수 있다.

이러한 집단주의의 특징으로, 성공한 프로젝트가 누구의 공적인지 세상에는 알려지지 않는 경우가 많아 보인다. 기업이나 업계에서는 알려져도, 무어의 법칙(Moore's Law)으로 알려진 인텔의 창업자 무어 전 회장 같은 존재는 볼 수 없다. 이런 이유도 있어서 NHK의 「프로젝트 X」라는 TV프로그램은 히트상품 배후에 숨겨진 영웅을 발굴해서 스토리를 전개, 높은 시청률을 얻었다고 생각한다.

이러한 집단적 역학은 일본식 기업경영의 요소라고 했던 1. 종신고용 2. 연공서열 3. 기업내 조합에 의해서 버티어 왔다. 요람에서 무덤까지 회사가 돌봐주는 대신 사원은 회사에 충성한다는 보이지 않는 사회적 계약이 성립되어 있었다고 볼 수 있다.

그런데 이 계약이 무너지기 시작한다. 계속되었던 경제성장이 멈추고 거품이 무너지면서 일본식 경영의 요소를 유지할 수 없게 되었다. 예를 들어서 고용에 관해서도 고용주가 계약사원을 적극적으로 채용하게 되었고, 「권고사직」의 방법 매뉴얼이 나올 정도였다. 평생의 보장은 소수의 특권이 되었고, 일반 사원들의 회사에 대한 충성심이 달라진 것은 당연하다고 말할 수 있겠다.

일본에서의 중앙집권화의 성쇠

일본정치에서 중앙집권화가 크게 진행된 때가 몇 번 있었다. 중앙집권화를 추진하는 이유로는 외적인 요인과 내적인 요인을 생각할 수 있다. 냉전이 끝나고 국제질서의 변화에 대응하기 위해서, 그리고 정치가는 당선되기 위해서 국민에게 공약을 하는데 공약의 달성을 위해서 권력에 집중하고 싶게 된다.

역사를 살펴보면 일본의 정치계는 중앙집권사회로 향했다가 후퇴하는 사이클을 반복하고 있는 것처럼 보인다. 그 정도로 일본의 집단주의는 뿌리깊다고 말할 수 있다.

정치계에서의 집단역학도 다양해서 정당내의, 예를 들어서 인사, 돈, 표를 확보하기 위해서 존재한 파벌간의 경쟁과 협력관계가 복잡하다.

2022년에서 2023년에 발각된 자민당의 비자금 문제로 인하여, 표면적으로는 아소(麻生)파 이외의 파벌은 해산했다. 그러나 평론가들은 정책연구그룹등으로 형태를 바꾸어서 재생하는것은 아닌지 보고있다.

그리고 일본의 정치가와 관료 사이의 관계는 한국과는 아주 다르다. 일본에서는 장관, 부장관, 그리고 정무관 세 사람만이 정치가이며 그 외에는 관료가 맡는다. 최근에는 내각인사국에서 이 결정을 승인하지만, 그러한 경우는 비교적 적다. 이 구조에는 장, 단점이 있는데 장점으로는 사회에 안정감을 부여하는 것이다. 정권이 바뀔 때마다 정책의 입안, 실행이 크게 흔들리는 경우가 적다. 단점은, 정치가의 공약보다 각 부처의 이익을 우선하는 경우가 적지 않게 있는 일이다.

아베정권에서 관방장관을 지낸 스가 요시히데(菅義偉)는 저서에서, 일본은 「전례주의로 변혁을 싫어한다. 소속집단에 대한 강한 충성심, 다른 부서에 대한 대항의식, 주관적인 논리, 스피드가 느리다. 체면이 중요하다」고 말한다.

정당간의 구별도 한국이나 미국보다 알기 어려운 부분이 있다. 예를 들어서 현재 야당인 입헌민주당 의원 중에는 자민당 출신들이 있고, 정책적으로도 자민당과 겹치는 부분이 있다. 8월15일에 야스쿠니 신사에 참배하는 의원들 중에도 여야가 섞여져 있다.

중앙집권을 향한 두개의 원동력

지난 30년의 기간에서 보면, 일본의 정치계가 중앙집권화를 시도했던 두개의 원동력이 있는데 정치개혁과 행정개혁이다. 그 이전의 배경을 조금 설명하자면, 타나카 가쿠에이(田中角栄), 나카소네 야스히로(中曽根康弘), 그리고 타케시타 노보루(竹下登)의 계열에 속하는 케이세이카이(経世会)라는 파벌의 영향력이 절대적이었다. 그 후 단기집권이었던 우노(宇野), 카이후(海部), 미야자와(宮沢)의 정권도 그 영향력에 의해서 존재했다고도 할 수 있다. 권력이 이 파벌에 집중한 것으로도 보이지만, 중심적이었던 타게시타(竹下), 가네마루 신(金丸信), 오자와 이치로(小沢一郎) 중에서, 타케시타 정권은 **리쿠르트 사건(1988년)**, 가네마루는 **사가와규빈(佐川急便)**사건(1992년)으로 부정이 밝혀졌다. 오자와도 대립, 이탈해서 정치개혁을 추진하게 된다.

중앙집권화의 첫 번째 원동력이 1994년의 정치개혁이다. 기업이 대가를 기대하고, 정치가에게 돈을 전하는 행위를 줄이기 위해서 정치자금을 규제했다. 그리고 적절한 정당 활동을 지탱하기 위해서 정당교부금을 창설했다. 그러나 무엇보다도 권력집중을 가능하게 한 것이 소선거구 비례대표병립제로의 선거제도개혁이었다. 그전까지는 중선거구제였다. 이 개혁으로 인해서 당의 파벌이 아닌, 당대표나 간사장(幹事長)이 후보자 공천이나 중복 입후보(소선거구에서 져도 비례에서 부활)를 가능하게 하는 결정을 할 수 있게 되었다. 이로 인해 당내 파벌의 힘이 상대적으로 약해지고 톱의 힘이 강해지는 길이 열렸다.

권력 집중의 두 번째 원동력이 된 것이 1997년 하시모토(橋本) 내각이 추진한 행정개혁이다. 우선, 관청의 수를 반으로 줄여서 종적이었던 관계를 수평화 하였다. 또 하나는 정치주도로 움직일 수 있는 체제를 만든 일이다. 수상관저에서 리더십을 발휘할 수 있도록 톱 관료 인사의 일부를 인사검토회의에서 조정하고, 나아가서 각 정권이 추구하고 싶은 테마에 따라서 특명 담당 장관을 둘 수 있도록 했다.

> 리쿠르트 사건 : 1988년, 부동산 재개발을 유리하게 추진하기 위해서 리쿠르트 코스모스 미상장 주식을 유력한 정치가등 90명에게 양도한 뇌물사건.
>
> 사과와 규빈 (佐川急便)사건 : 1992년 동경 사가와 규빈 사장에 의한 정치가에의 거액 헌금이 발각 된 특별 배임사건. 당시 유명한 정치가 가네마루 신(金丸信)도 체포되었다.

오랜만의 장기집권정권

이 두 개의 원동력으로, 2001년에 시작한 고이즈미(小泉純一郞)장기정권이 가능하게 되었다. 고이즈미는「자민당을 부순다」고 선언하고「케이세이카이」등의 파벌구조나 의사결정의 방법을 무너뜨렸다. 우선과제로 내걸었던 우정민영화(郵政民營化) 법안이 국회에서 난항했을때, 국회를 해산하고 선거에 나서서 타고난 표현력으로 민의를 끌어 들였고, 그 과정에서 케이세이카이의 영향력이 약해졌다.

의사결정방법이 무너진 것에 대해서인데, 정책 입안이나 입법안 등이, 당내에서 아래로부터 올라오는 집단적 사전심사방식을 고쳐서 톱 다운으로 결정하는 구조로 만들었다. 결정 기준은 일본의 집단에서 흔히 보는 만장일치가 아닌 다수결로 했다. 그 전격적인 북한방문도 그런 배경에서 실현되었을 것이다. 그때까지는 평균 1년에서 1년반 정도로 교체했던 정권의 수명을 훨씬 넘어서 약 5년동안 톱의 자리에 군림했다.

반복되는 단기 정권

그러나 그 후 어떻게 된 것인가. 또다시 6년간 6명의 수상이 탄생하고 사라졌다. 앞에서도 얘기했지만 이 시기는 전쟁 때 1937년에서 1941년 사이에 5명의 수상이 교체된 시기와도 비슷하다. 6명중 처음 3명은 자민당, 그 후 정권교체가 되어 나중의 3명은 민주당이었다. 모처럼 고이즈미 정권에서 집권체제를 실현했는데, 임기가 보장되어 있지 않은 의회제 민주주의에서는 정국이 끊임없이 유동적이어서 정권을 유지하는 것이 어렵다.

자민당의 1년씩 단기정권을 세번 경험한 국민들이 실망을 했는지 그 후의 선거에서 민주당이 이겼다. 그런데 그 민주당의 정권 역시 1년마다 교체하여 국민의 기대에 부응하지 못했다. 그 이유는 바로 통치부전이었다.

헛돌아가는 민주당정권

전통적으로 일본의 관료는 일류대학에서 기본적인 개념을 창조하는 것보다 기존의 개념응용을 집중적으로 배운다고 한다. 그래서 스스로 큰 개혁을 하고 싶지는 않은데, 이러한 체질의 관료를 통치하는 것은 의외로 어렵다. 자민당은 좋든 나쁘든 오랜 시간을 걸쳐서 익숙해져 왔다.

이러한 관료기구를 움직이기에는 민주당의 수상들은 역부족이었다. 변호사나 시민운동가 출신의 민주당 수상들은 큰 조직을 움직인 경험이 없었기 때문이다. 2011년 대지진때의 수상 간 나오토(菅直人)는 시민운동가 출신인데, 원자력발전과 관련있는 관료나 동경전력의 간부의 말을 듣지 않았고, 그들의 마음은 멀어져갔다. 다른 일에 관해서도 정치주도라기보다 관료를 배제하고 정치가끼리 정하고 추진하려고 했다. 말하자면 머리는 일을 해도 손발이 따라오지 않는 상태. 이러한 실정에 실망한 국민의 신뢰를 되돌리기에 민주당은 아직도 고생하고 있다. (분열해서 2025년 현재 입헌민주당, 국민민주당)

다시 찾아온 장기 정권

그리고 그 후에 등장한 것이 아베 제 2차정권으로 첫 번째 경험을 살려서 7년 8개월 동안 정권을 유지할 수 있었다. 안타깝게도 한국에 친근감을 가진 적이 없지만 이 정권도 위에서 얘기한 두 개의 원동력을 이용해갔다. 내각인사국을 신설하고 정치주도를 따르지 않는 관료기구의 톱 인사에 한해서 개입할 수 있는 구조를 만들었다. 아베 본인에 의하면「내각인사국이 생겨서 관료들이 겁을 먹고 위축되었다는 지적이 있지만, 우리 국회의원은 선거를 거쳤으니 결정된 방침에 따르는 것이 당연하다」. 예를 들어서「외무성은 정상외교의 사무적인 담당자이기 때문에, 이쪽의 방침과 다른 생각을 갖고 있는 사람의 인사에 대해서 말한 적은 있습니다.」

그리고 내각관방장관과 비서, 보좌관들을 통해서 관료들을 통치했다. 아베 회고록에는 「하시모토(橋本) 행정개혁에서 내각관방장관에게 종합 조정권이 부여되어, 관방장관의 일이 많아졌다. 부서를 건너는 정책안건이 늘어나서, 관방장관은 각 부처의 조정에 임한다」고 했다.

예를 들어서 아베 내각의 스가 요시히데 (菅義偉 나중에 수상역임) 관방장관은 돌이켜서, **알제리아 인질사건(2013년)**이 정치주도가 기능하게 된 터닝 포인트였다고 지적한다. 때로는 모순된 정보를 즉시 모아서

> 알제리아 인질사건 : 2013년 알제리아에 있는 천연가스 플랜트를 이슬람의 과격한 조직이 습격, 일본인을 포함한 인질을 잡았던 사건. 많은 희생자가 있었다.

판단을 내려야 했는데, 이를 피하기 위해서 관방장관이 관계장관을 모아 회의에서 정보를 일원화하여 수상이 결단할 수 있도록 했다고 한다. 불리한 정치국면에서는 야당에 대한 불신감과 선거제도를 살려서 연속적으로 내리 이겼다.

다시 단기 싸이클이 왔는가

그 후 아베 정권에서 관방장관을 지낸 스가 요시히데가 수상이 되었는데 권력기반이 안정되지 않아서 단명에 그쳤다. 다음의 기시다 후미오(岸田文雄) 내각도 지지율을 유지하지 못한 끝에 자민당 총재선거에는 출마하지 않았다.

그리고 한국이 기대한 이시바 시게루(石破茂) 정권이 실현되었는데 정권 출범 직후 해산총선에서 크게 지고 말았다. 자민공명(自民公明)은 소수 여당으로 전락하고 야당과 협력하지 않으면 통치하지 못하게 되었다. 또다시 하강 사이클이 되어버린 것으로 보인다. 역시 집단경향이 뿌리 깊은 것일까.

2025년 7월 20일 자민당은 참의원 선거에서 크게 졌다. 그 결과 상원의 중의원 뿐 아니라 하원의 참의원에서도 자민당과 공명당 연립은 소수여당이 되고 말았다. 그래도 수상인 자민당 총재 이시바는 그만두지 않는다고 주장했다. 자민당에 대한 불신감이 이렇게 커져도 자민당과 야당에는 마땅한 후보가 없기

때문에 자민당은 분열하지 않는다.

이제까지 얘기한 30여 년의 기간에서 생각하면 이번의 하강 사이클이 세 번째라고 말할 수 있다. 문제는 이러한 권력기반이 약한 내각 때 위기가 발생하면 국제사회는 일본과 보조를 맞추는 것이 가능할지 걱정이 된다.

일본기업에서 중앙집권화에 실패한 예 - 도시바

다시 도시바로 눈을 돌려보자. 앞에서 설명한 대로 도시바에도 눈부신 엘리트 기업이었던 시기가 있었다. 공장장을 중심으로 한 히타치 제작소와는 달리 기사장을 중요시했던 도시바의 기술력은 지금도 탁월하다.

나는 반도체뿐 아니라 PC(퍼스널 컴퓨터)나 에너지 사업의 기사장과 만난 적이 있는데, 그 뛰어난 능력에 감탄할 정도였다. 다만 요즘에는 그러한 소재(인재와 기술)를 살려서, 말하자면 「훌륭한 요리」를 만들 수 있는 쉐프(CEO)가 없는 상태가 계속되고 있다.

어느 친척이 도시바 주식을 조금 갖고 있어서 몇 번 대리로 주주총회에 가본 적이 있다. 부적절한 회계와 그로 인한 도쿄증권거래소 1부 상장폐지 후, 성난 주주들의 비난이 빗발쳤다. 구 경영진의 분식 결산용의에 관한 소송에서, 금융청은 부정을 인정했지만 동경 최고재판소는 당시의 법률 범위에서는 가능한 행위라고, 위법이 아니라는 견해를 보였다. 주주에 대한 투명성을 중시하는 금융청과는 다른 판단 기준이라는 논평이었다.

주주총회 질문시간에는, 「이제 더 이상 도시바는 일류회사가 아니야! 그런 자각이 있기는 한가? 설마 지금도 비행기의 1등석을 타는 것은 아니겠지!」라는 분노의 목소리가 쏟아졌다.

특히 미국에서의 원자력사업, 웨스팅하우스의 매수를 담당하고 있었고 그 후 웨스팅하우스가 파산하여 강등된 시가(志賀)에 관해서는, 「의장! 시가가 사죄하도록 해!」 그에 대해 의장의 쓰나카와(綱川) 사장은, 「시가는 강등되어 올해 퇴임합니다. 제가 대신 사과드립니다」라고 주주들의 이해를 구하느라 쩔쩔 매고 있었다.

그 일년 전에는 단상의 제일 가운데에 앉아있었던 시가는 제일 끝에 앉아서 고개를 숙인 채로 있었다. 왜 이렇게 되었을까. 한마디로 말하면, 기업통치다. 지나친 권력집중에 브레이크를 거는, 체크 앤 밸런스 기능을 말한다. 사외이사 등 구미의 시스템을 모델로 한 부분이 많은데, 이것이 일본의 집단주의와 섞이면 대립이나 마찰을 낳게 되는 사실을, 역사가 말해준다고 생각한다.

도시바의 변화를 기업통치라는 측면에서 살펴보겠다. 기업통치에는 몇 개의 중요한 요소가 있다. 우선은, 기업의 톱과 임원(사외이사를 포함)의 인선, 임원의 보수이다. 그리고 법령준수를 포함한 감사다. 여기까지가 일본에서 주로 말하는 기업통치다. 나는 이것을, 「방어하는 기업통치」라고 부른다.

사장의 인선

우선, 톱의 인선, 인사부터 생각해본다. 저널리스트의 오시카 야스아키(大鹿靖明)가 도시바의 부정에 관해서 자세하게 취재하고 있는데, 그 과정에 4명의 톱이 등장한다.

니시무로 타이조(西室泰三), 니시다 아쓰토시(西田厚聰), 사사키 노리오(佐々木則夫), 그리고 타나카 히사오(田中久雄)의 역대사장 4명이다. 일본기업의 사장교체에 관해서는 앞에서 얘기한 대로 전임자 또는 전전임자가 고르는 습관이 있다. 이 4명의 경우는 어떠했는가.

오시카의 취재에 따르면, 니시무로를 사장으로 추천한 것은 당시의 회장 아오이 죠이치(青井舒一)인데, 당시의 사장 사토 후미오(佐藤文夫)는, 「아오이는 니시무로의 능력을 아주 높이 평가했다. 이제부터는 국제화의 시대로 접어드는데 영어를 잘하는 니시무로가 적임자다」라고 했다고 한다.

니시다는 도시바 PC의 사업발전에 공헌한 인물인데, 「부하직원에게는 엄하고, 니시무로에게는 잘 보여서 늘 술자리를 같이 하며, 항상 같이 있었다」. 그리고 「니시다는 사장자리에 가까왔다. .... 니시다가 사장이 될 것으로 발표할 예정으로 있었다」. 그런데 담당하는 PC사업이 적자를 내는 바람에 「보류」를 하고, 1년후에 염원이었던 사장에 취임한다.

사사키는 도시바의 주간사업 원자력 출신이다. 니시다는 웨스팅하우스를 매수한 후, 원자력 비지니스를 강화하기 위해서 사사키를 차기 사장으로 생각하면서 작은 불안이 있었다. 사바 세이이치(佐波正一) 최고 고문이 니시다에게 「사사키는 부하를 험하게 다룬다는데 좀 나아졌는지」, 니시다는 「네, 많이 나아졌습니다.」 그러나 그 후에도 부하의 보고가 마음에 들지 않으면 서류를 내던지거나, 부하얼굴에 볼펜을 겨냥해서 던지는 일이 비일비재했다고 한다. 요즘에 말하는 파워하라스멘트 - 갑질 - 다.

또, 니시다와 사사키는 서서히 사이가 나빠져서, 니시다에게 사외이사가, 「사사키는 당신이 골랐으니, 당신에게도 책임이 있어요」라고 했더니, 「실패했습니다」고 말했다고 한다.

타나카 사장 취임은, 서프라이즈 인사였다고 한다. 니시다는 기자회견에서, 「도시바는 글로벌 기업으로 비약하기 위해서, 외국인종업원을 포함한 잠재력을 최대한 살릴 수 있는 리더가 필요하다」고 하여 14년 동안 필리핀, 영국, 미국에서 주재했던 타나카가 유력시 되었고, 타나카 사장의 취임이 이사회에서 만장일치로 결정됐다고 한다.

이 4명의 인사 경위를 나열해 보면 몇 가지 중요한 일을 알게 된다. 우선 사사키를 제외한 3명은 도시바를 지탱해 온 기술자출신이 아니라는 점이다. 3명은 영업과 구매출신이다. 내가 있었던 인텔에서도 4대 사장까지는 기술·제조 출신이었는데, 그 후 기술주도에서 멀어지는 인사를 해온 결과, 지금은 미세가공분야에서는 한국, 대만의 메이커에 뒤떨어져 있다.

당시 도시바 주주총회에 가면 일목요연한데, 단상에는 그때는 외국인이 한 사람도 없었다. 부정이 일어난 후에는(일어나기 전에도 그랬지만), 원자력과 반도체를 어떻게 할지에 관심이 쏠리고 있었다. 전자는 어떻게 정리할 것인지, 후자는 어떻게 분리 또는 매각할지, 미국 등의 인사이더가 필요하게 된다. 니시무로, 니시다, 타나카에게 외국 주재경험이 있었던 것은 사실인데 그렇다고 해서 인사이더는 되지 못한다. 그것이 외국인 이사를 임명한 히타치(日立)나 소니와는 유연성이 달랐던 점이겠다.

종착점으로서의 사장직

일본특유의 현상이 있다. 일본 회사원은 회사에서 일하는 한, 집단 안에서 타협을 하고 여러가지 면에서 참아야 한다. 사장이라는 정점에 이르면, 몇십 년 걸려서 이제 겨우 자신의 영향력을 행사할 수 있는 입장이 된다. 오시카는 다음과 같이 얘기한다. 원자력 출신의 사사키는 사장이 되어 얼마 되지 않았을 때 반도체의 주력거점 욕카이치(四日市) 공장을 방문, 현장에서 여러가지질문을 했다고 한다. 니시다는 사사키 신 사장에게, 「현장에 있는 사람한테 그런 일을 물어봐도 소용없어. 묻고 싶으면 본사의 반도체 스텝한테 물어」 했더니, 사시키는 「이제 내가 사장입니다. 지금부터는 내가 하고 싶은 대로 하게 해달라」고 주장했다고 한다. 이런 일은 다른 나라에서도 있을 것 같은데 차이점은, 집단역학에서는 억누르고 참았던 것(울분)이 폭발하거나, 특히 개성이 강한 사람의 경우, 그 폭주를 멈추기가 아주 어렵다는 일이다.

여기에 또 하나 까다로운 요소가 있다. 도시바는 예전부터 재계의 주요 포스트와 톱을 배출해왔다. 이시자카 타이조(石坂泰三), 도코 도시오(土光敏夫)는 경단련(経団連) 회장으로 지금도 구전되는 전설적인 존재에 가깝고, 그 후 역대 도시바 톱은 임기 후 경단련 포스트에 집착하는 경향이 강해 보인다. 특히 니시무로, 니시다, 사사키들은 자신의 임기말기에는 자신의, 예를 들어서 경단련 포스트의 가능성을 뇌리에 두고 생각한다. 그것이 과연 회사를 위한 일일까.

더욱 문제인 것은 퇴임하고 꽤 시간이 지난 후 실권이 없는데도 불구하고 영향을 끼치려고 하는 것이다. 언론에 따르면 도시바가 위기에 처했을 때 이미 은퇴한 니시무로가 아베 수상에게, 자신이 도시바를 다시 세우겠다고 했다고 한다. 위원회 설치 이사회가 있는 회사에, 아무런 근거가 없는 사람이 이사회에 자신의 지인을 포함시켜서 회사를 살리겠다고 하는 말도 안 되는 일이다.

결국 도시바는 다시 일어나지 못했다. 립서비스와 스탠드 플레이로 밖에 생각되지 않는다. 니시무로는 미국 GE에서 많은 것을 배우고 도시바에 도입했다고 한다. 그러나 아무래도 GE에서, 새로 취임한 CEO에게 영향이 없도록 주의하라는 습관은 배우지 않은 듯하다. 한국에서도 CEO가 한번 권력의 자리에서 내려오면 오너가 아닌 이상「과거의 사람」이 되는 것이 상식으로 되어 있다.

일본의 조직을 재생시킨 예 - 곤 시대 닛산의 초기

1999년 닛산이 직면하고 있었던「막다른 길」의 상태는 구세주를 필요로 했던 것이 사실이고, 실제로 어느 리셉션에서 하나와 (塙) 전 사장의「지금 닛산은 일본 사람만으로는 어렵다」라는 발언을 직접 들은 적이 있다.

카를로스 곤(경영난의 닛산을 일으켜 세운 르노출신 CEO)과 닛산에 관한 책을 저술한, 한스 그라이멜(Hans Greimel)과 윌리엄 스포사토(William Sposato)는 일본 외국인특파원 협회기자회견에서,「곤이 닛산의 시장 가치를 500억불 (엔화 5조엔) 늘인 것은 사실이다」고 말하고 있다. 대부분의 일본 사장의 연봉이 10억엔이내(실제로는 1-2억엔) 인 것에 비하면 곤의 20억엔은 예외중의 예외다. 그러나 쉐어홀더 캐피탈리즘(주주자본주의)으로 생각하면, 5조엔에 비하면 적다고 할 수도 있다.

제 4장에서도 설명했지만, 곤은 닛산에서 권력을 집중시키고 독선적인 경영을 했다는 해석이 많다. 곤은 미셸란과 르노에서 과감한 구조조정을 했었기 때문에「미스터 코스트 커터」라는 별명이 붙어 있었다. 그래서 닛산은 곤이 취임

했을 때 경계를 했다.

그러나 그는 위에서 억누르는 정책은 취하지 않았다. 일본의 가치관과 습관을 감안하여 르노의 자본력으로 강요하지 않고 대등한 파트너로서 닛산을 대우했다. 그리고 개혁안은 크로스펑셔널팀(Cross-functional team)이 만들게 하여, 그것을 기본으로 해서 톱이 닛산 리바이벌 플랜을 작성했다고 되어 있다. 즉 일본의 집단주의를 부정하지 않고 톱은 비전과 목표를 설정하고 달성을 위한 각 부서와의 커미트먼트에 전념했다. 이 균형은 어느 정도 잘 기능해서 몇 년 사이에 V자 회복에 기여했다.

그러나 이 균형 안에는 어느 정도의 책임이 포함되어 있다. 그것은 커미트먼트의 달성도를 높이기 위해서 그리고 달성하지 않은 경우에는 책임을 지도록 하기 위해서, 업적이 아래에서 10%까지는 구조 조정의 대상으로 되는 방식을 채용했다. 바꿔서 말하면 책임의 소재를 명확하게 한 것이다.

사실은 내가 다녔던 하바드 비지니스 스쿨도 이런 방식이어서, 성적이 나쁜 학생 10% 정도는 학교를 떠나야 했고, 클래스 분위기에 상당한 영향을 끼쳤다. 협조보다는 경쟁을 해야 했다.

이 장에서 기업 통치의 예로서 도시바를 선택한 이유는, 이러한 종래형의 집단 지향적인 조직을 중앙 집권적인 통치로 서둘러서 바꾸려 할 때 일어날 수 있는 현상을 소개하고 싶었기 때문이다. 지금 일본에서는 코퍼레이트 거버넌스(기업 통치) 개혁을 하는 회사는 많지만, 대부분이 무늬만의 개선이며 체질 개선의 속도가 느리다는 지적이 아직 많다.

일본 회사 중에도 톱 다운과 바텀 업의 균형이 이루어지는 곳이 있다. 도시바의 중앙 집권구조의 실패를 소개했으나, 경쟁자인 히타치 제작소는 밸런스 경영을 적절하게 실행해서 도시바보다 훨씬 좋은 실적을 내고 있다. 유니클로나 무인양품과 같은 비교적 젊은 기업은, 전통적인 기업보다 합리적인 경영을 하고 있는 것이 사실이다. 이러한 회사의 모습에서 일본의 희망을 볼 수 있다.

제6장
근대 조선 – 한국의 통치부전과 과도한 집권체제의 영향

서울에서 자주 가는 서울 프레스센터 18층에 있는 외신기자 클럽에서 한눈에 들어오는 경치가 있다. 제일 눈길을 끄는 것이 덕수궁, 그 앞에는 러시아 대사관, 영국 대사관, 성공회 교회 그리고 100년 이상의 역사를 자랑하는 정동교회가 있다. 또 하나 잊지 말아야할 것이 한국을 대표하는 신문사의 본사다.

그 일각이 1896년 조선왕 고종이 덕수궁에서 러시아 공관으로 피신했었다는 아관파천 사건의 현장이다. 2018년 그 길을 한국 정부가 「고종의 길」로 정비해서 명명한 것이 소동이 되었다. 문제를 제기한 것이 근처에 본사를 둔 조선일보다. 「나라를 버린 왕」의 이름을 공공장소에 명명하는 나라가 어디 있는가 하는 얘기다.

고종은 왜 「나라를 버린 군주」로 되었는가

고종은 이조말기, 정확하게 얘기하면 1864년부터 1907년까지 군림한 조선왕(나중에는 대한 제국황제)이었다. 한국이 국권을 일본에게 완전히 빼앗기는 1910년의 비극에 기인하는 통치책임의 주인공이라는 평가다.

조선일보 컬럼 「태평로」를 보자. 「고종의 길」이 만들어지기 2년 전 2016년 8월9일, 김태익 논설위원(당시)이 「고종의 길, 이런 취지라면 찬성이다」는 제목으로 다음과 같은 조건을 제시하고 있다.

「나라가 안팎의 도전을 받을 때 최고 지도자의 의지와 비전이 얼마나 중요한 것인가 일깨울 수 있다면」「힘이 뒷받침되지 않은 자주적 근대국가 추구가 얼마나 허망했나 돌아볼 수 있다면」 그리고 「그러나 외세가 이빨을 드러내고 달려들 때 우리 내부 분열과 권력 다툼이 얼마나 나라를 비참한 지경에 빠뜨릴 수 있는가 깨닫는 계기가 된다면」

이 마지막 지적은 지금의 한국, 미국에도 해당된다고 생각이 들기도 한다. 시간이 흘러 2018년이 되었다. 11월 21일 조선일보 이한수 문화부차장(당시)이 「고종의 길은 실패한 길」이라고 주장한다. 「정치가는 결과에 대해 혹독한 책임을 져야 한다. 의도가 좋았다 해서 책임이 면제될 수 없다. 고종이 선언한 대한제국은 8년 만에 일제 보호국이 되고, 13년 만에 식민지로 전락했다.」「조선의 왕·공족은 일본 황족(皇族)보다 아래지만 귀족인 화족(華族)보다 높은 신분으로 대우받았다. 고종은 일제가 준 지위를 거부하지 않았다. 국가는 사라졌는데 '이왕가(李王家)'는 살아남았다.」 그리고 「3·1운동은 고종의 인산(장례)에 맞춰 일어났음에도 임시정부는 민국(民國)을 택했다.」 다시 한달 뒤 12월 18일에는 김기철 논설위원이 「고종의 세 가지 죄」라는 기사를 쓴다.

요점은, 「고종은 청일전쟁 때는 미국 공사관, 러일전쟁 때는 프랑스 공사관으로 피신하려 했다. 갑신정변 때는 청나라 군대에 구출됐고 을미사변 후엔 러시아 공사관으로 도망갔다. 틈만 나면 외국 공사관 피신·망명설(說)이 도는 국가 지도자를 어느 나라가 제대로 인정해줄까.」「국가 개혁을 서두르기보다 군주의 위신을 앞세우며 예산을 탕진했고 갑신정변·동학혁명 같은 고비마다 외국 군대를 끌어들였다. 스스로 지킬 능력이 없는 대한제국의 중립국 선언은 세계의 웃음거리일 뿐이었다.」

「모두가 힘을 합해도 벅찬 시기에 고종은 철저히 자기편과 남을 가르는 진영(陣營)정치의 선두에 섰다.」

결론적으로, 「35년간의 일제(日帝) 지배를 부른 1차적 책임은 고종에게 물을 수밖에 없다」고 한다.

고종은 한국의 역사가들에게는 어떤 평가를 받고 있을까

한국을 대표하는 신문의 하나 조선일보의 시점에서 나라를 잃어버린 군주라고 하는 기사를 소개했다. 결과를 중요시 하는 거버넌스의 시점에서 보면 이런 결론이 될 수밖에 없다. 한편, 고종에 대한 한국역사가들의 사관에는 차이가 있다.

우선 대체적으로 한국 교과서에는 고종이 뛰어나지는 않지만 어렵고 혼란했던 상황에서 노력한 것으로 되어있다. 이 사관에 비교해서 그 축을 오른쪽으로 옮긴 것이 한국 국사계의 중진 이태진이다.

이태진은 「조선왕조의 유교정치와 왕권」에서 이렇게 설명한다. 「중앙집권이나 유교체질 자체가 나쁜 것이 아니라, 지나친 이기주의가 본래의 방식을 변형시켜버렸다.」

고종의 노력에 대해서 이태진이 예로 드는 사례다. 「무쯔 무네미쓰(陸奧宗光) 외상과 이토 히로부미(伊藤博文) 총리를 중심으로, 이때 (1894년 청일전쟁) 이미 조선을 보호국으로 만들려고 하였다.(유영일 갑오경장 연구 일조각 1990. 24-28쪽.) 이에 대해 조선군주(고종)가 '감금' 상태 속에서 미국 클리블랜드 대통령에게 조미수교 통상조약에 근거한 간섭지원을 요청하여, 클리블랜드 대통령이 일본정부에 친서를 보냄으로써 보고 국화 방침은 철회되었다. 당시 일본이 조약개정에 묶여 첫 수교국인 미국정부의 요청을 외면할 수 없었기 때문에 철회가 쉽게 이루어졌다.」

이태진의 저서 「고종시대의 재조명」이나 최근의 저서에서, 고종은 나름대로 개혁을 시도했고, 개혁을 했는데 열강, 특히 일본의 영향에 의해 그러한 시도가 좌절되었다는 견해를 보이고 있다. 예를 들어서 1897년 대한제국 수립 후 이루어졌던 광무개혁 즉, 전기 전자 통신 우편 등의 인프라 정비와, 의료학교나 공업학교의 창설에 의한 인재육성 무력증강등을 한국 근대화의 중요한 과정으로 평가하고 있다.

한편 이 개혁에 관해서 비판적인 논객, 예를 들어서 사진역사가 박종인은 근대화라는 맥락에서는 당연한 것인데 늦었다고 평가하고 있다. 구체적으로는 다음과 같은 주장이다.

「바로 황제가 대한제국의 존재목적이었고, 백성은 황제를 위한 존재에 불과하다는 뜻이다. 고종은 자신에게 불리한 개혁과 성장은 중요하게 생각하지 않았다. 갈등을 해결할 수 있는 의회, 효율적인 행정기구, 백성경제활동을 보호하려는 노력은 빠져있었다.」

왼쪽사관에서 고종을 평가한 것이 이덕일이다. 그의 「한국통사」에서 고종을 다룬 부분에는, 개혁의 기회는 몇 번이나 있었는데, 개화파와의 타협에 신중했다. 그리고 「갑오개혁은 백성의 오랜 염원이었던 봉건제에 관한 요구를 대부분 수용했지만, 일본에 의해 강제되었다는 타율적인 측면과 고종의 기회주의에 의해서 실패하고 말았다」고 주장하고 있다.

「1896년 2월 러시아 공사관으로 피신했을 때, 온건개화파의 김홍집과 어윤중을 살해하려고 했고 제1차, 제2차 갑오개혁을 역행시켰다. 곧 개혁을 허용할 여지가 거의 없었다는 것을 알 수 있다. 또 대한제국 수립 후에도 국방력의 강화보다는 황족 호위병력을 강화하는 것에 집중했다고 하여 1905년 전후의 움직임을 우유부단하다」고 표현하고 있다. 고종은 이기주의적이며 능력이 부족하다고 하면서도, 직접적으로는 한국에서 배신자로 되어 있는 이완용을 포함한 「을사오적」을 비판의 대상으로 하고 있다.

이 방향에서 극단적으로 움직인 것이, 사진역사가 박종인이다. 박종인은 「매국노 고종」에서 비판의 과녁을 고종에게 겨누고 나라를 팔아 넘겼다고까지 주장하고 있다. 책의 표지에는 「부패한 정권, 무너진 국방, 폭증하는 세금, 고통

받는 백성, 누가 고종을 변호하는가」라고 되어있다. 예를 들어서 국방에 관해서, 아버지 홍선대원군이 모처럼 완성한 군의 상당 부분을 왕실호위로 옮겼기 때문에 국방이 약해졌다고 한다. 그래서 대원군 시대에는 프랑스나 미국의 도발에 대항할 수 있었는데 고종시대의 강화도 사건에서는 일본에 졌다는 것이다. 게다가 1905년 고종은 일본의 하야시 콘스케(林権助)에게서 2만원(현재는 1억이 넘는 금액)을 뇌물로 받고 (명목상으로는 이토 히로부미의 접대비) 그 대가로써 「을사조약」의 체결을 용인했다고 주장한다. 이 주장에 이태진은 서울신문 지면에서, 2만원이 넘어간 것은 사실이지만, 고종이 받은 흔적은 없다고 반론하고 있다.

독자에게 미리 알리는 두 가지

위에서 얘기한 것은, 나라를 비판하는 내용으로서 상당히 가혹하다. 그러나 되도록 객관적으로 상황을 파악하기 위해서 독자들에게 미리 알려 둘 것이 있다.

첫째, 아무리 한국이 통치부전이었다고 해도 옆 나라에 의한 식민지 지배 혹은 침략행위를 정당화하는 것과는 별다른 문제라는 점이다.

일본 아베 전수상은 전쟁 후 70년 담화에 침략이나 식민지 지배라는 표현을 쓰고 싶지 않았다. 그 이유는 서양 제국주의국가도 침략이나 식민지 지배를 했었다는 점과 침략이라는 단어의 정의가 정해져 있지 않기 때문이라고 한다.

전쟁 후 70년 일본총리 담화에는 「사변, 침략, 전쟁. 어떠한 무력의 위협과 행사도 국제분쟁을 해결하는 수단으로 두 번 다시 사용해서는 안 됩니다. 식민지 지배로부터 영원히 결별.」(일본 외무성 참고 번역).

이 문장에는 누가 침략을 했거나 식민지를 지배를 했다는 주어가 빠져있다. 전쟁 후 70년 담화의 준비를 목적으로 한 「**21세기 구상 간담회**」의 실질적인 리더였던 전 동경대학 교수 기타오카 신이치(北岡伸一)는 2024년 말, 이 「침략」이라는 표현에 관해서 다음과 같은 배경이 있었음을 밝혔다.

2015년 4월경, 기타오카는 「역사학자한테 물어보면 99%는 일본이 침략했다고 말할 것이다. 당연한 일이다. 아베 수상도 침략했다고 얘기하기를 바란다.」고 말했다.

21세기 구상 간담회 : 2015년 2월, 아베수상의 전쟁후 70년 담화를 작성하기 위해서 만든 「20세기를 돌이켜 보고 21세기의 세계 질서와 일본의 역할을 논의하는 모임」

아베 수상은 「나는 일본이 침략을 하지 않았다고는 한번도 얘기하지 않았다.」고 하였기 때문에, 그렇다면 이중부정은 하지 말고, 명확하게 침략했다고 얘기하길 바란다고 말했다.

이것에 대해서 아베 회고록에서는 아베 전 수상 본인이 다음과 같이 돌이키고 있다. 〈침략이나 식민지 지배를 두 번 다시 하면 안 된다는〉「표현도 세계가 그러한 결의를 하고 있고, 일본도 그렇다는 문체로 한 것이다. 무라야마 전 수상의 전쟁 후 50년 담화에는 일본만이 식민지 지배를 한 것처럼 되어있다. 인종차별이 당연했던 시대에 아프리카에서 잔혹한 일을 했던 나라도 있다. ……」

올해는 전쟁 후 80년이 된다. 담화를 발표하지 않는다는 선택지도 있다. 그러나 발표한다면, 제 4장에 있었듯이 구체적으로 누가 전쟁 중 일본의 통치부전을 일으켰는지 밝히고 그리고 일본 국내에서도 현존하는 외국인에 대한 동화압력과도 결별할 의지를 보여야 할 것이다. 이미 이러한 논의를 풍화시키려는 의도가 한일 양국의 일부에서 들리는 점이 우려가 된다.

한편, 「침략」의 정의가 애매하다는 주장에 대해서는 다음과 같이 생각한다. 행위를 저지른 쪽이 당시 그 의도를 알렸었다면 얘기가 달라진다. 1905년 7월 30일 뉴욕타임즈에서 당시의 가츠라 타로(桂太郎) 수상이 「일본의 외국에 대한 방침」이라는 제목으로 얘기하고 있다.

「중국과 조선은 심한 통치부전 상태다. 우리는 이런 상태를 되도록 빨리 개선하기 위해서 노력한다. 가능하면 설득과 교육으로, 필요하면 무력을 이용해서」라고 하였다. 영어로 확실하게 표현하고 싶었는지 모르지만, 무력으로(by force)라고 되어있다.

또 이토 히로부미는 1895년 영국의 외교관에게, 「조선의 독립이라는 발상은 비현실적이다. 조선은 합병이 되던지, 어느 다른 나라의 보호국이 되어야 한다」고 얘기하고 있다.

친일적이라는 평가를 받는 「반일종족주의」라는 책에서도 「일본은 구 한국 정부의 주권을 강제로 빼앗아 식민지 지배를 했습니다. 한 나라의 주권을 문자 그대로 '강탈'했다고 할 수 있겠지요. 일제는 바로 이점에서 비판과 책임을 면할 수 없다고 생각합니다.」 그러나, 일본은 개인의 재산권은 유린, 즉 수탈하지 않았다고 덧붙이고 있어서 물의를 일으켰다.

나라 대 나라의 차원에서 얘기하면, 영국에 의한 홍콩지배에는 종료기한이 있었는데 한국에는 없었다. 조선의 개혁을 위한 내정간섭이라면, 물러나는 시기를 정해두어야 의도가 명확하지 않았을까. 또 안보가 목적이라면 왜 경제이권까지 뺏으려고 했을까.

두 번째는, 일본의 지정학적 관점에서 한반도의 상황을 평가하려는 것은 무리가 아닌가 하는 생각이다. 한국은 지정학적으로 말하자면 활발한 플레이트 위에 있다는 것을 기억할 필요가 있다. 중국 플레이트, 러시아 플레이트, 일본 플레이트, 그리고 미국 플레이트가 교차하는 위치에 있다.

그 압력은 대단한 것이다. 전 워싱톤 포스트 기자이며 한반도전문가인 돈 오버도퍼(Don Oberdorfer)의 책에 의하면, 외세에 의한 한반도 침략은 과거 2000년 동안 크고 작은 것을 포함해서 900회에 달한다고 한다. 일본의 경우는 반대의 극단으로 2000년 동안 실질적인 침략을 받은 적이 없었다는 전문가도 있다. 아무리 옆 나라여도 침략당한 회수가 이렇게 다른 두 나라의 사회구조 또는 문화가 같거나 비슷할 리가 없다. 아니, 비슷하다면 이상할 정도다. 그것도 중국과 대륙이 연결되어 있기 때문에 오랜 시간 중화사상의 구조 안에서 생존해온 나라이다.

최근 지정학에 관한 책을 읽고 있었는데 한반도는 불리한 위치라고 되어 있었다. 또 유명한 저널리스트 데이비드 할버스탬(David Halberstam)에 의하면, 「폴란드가 독일과 러시아 사이에 끼어있는 것처럼 한국도 그 위치가 운명을 조금은 정해버렸다」고 한다. 일본인 작가 시바 료타로(司馬遼太郎)도 청일전쟁에 관해서, 「원인은 조선에 있다고 해도 한국이나 한국 사람에게 죄가 있는 것이 아니고 죄가 있다면 한반도라는 지리적 존재에 있다」고 표현하고 있다. 일본이 혜택받은 환경에 위치했다고까지는 얘기하지 않지만 한반도는 그만큼 핸디가 있다. 그리고 그 핸디는 지금도 계속되고 있다.

통치부전이 일어난 배경으로서의 「세도정치」

조선말기에 있었던 현상으로 조선의 근대화를 어렵게 만든 장애라고 할 수 있는 것이 「세도정치」다. 철종(재위 1849-1864)에게 후사가 없었기 때문에 이하응(흥선대원군)은 풍양조씨와 담합해서 자신의 차남, 당시 11살이었던 명복을 고종으로 즉위시켰다. 아직 어리다는 이유로 아버지 이하응이 사실상의 권력자가 되었다.

왜 이런 부자연스러운 형태가 되었을까. 모두 잘 아시다시피 1800년경부터 시작된 「세도정치」라는 습관과 관계가 있다. 왕위계승자가 어린 관계로 외척이 대행하는 필요성이 생겼다. 순조, 헌종, 철종의 3대 60여년 동안의 세도정치와 안동김씨, 풍양조씨의 세력다툼으로 인해서 왕정과 왕권은 명목에 지나지 않고, 유교적인 양반정치도 허구에 불과했다. 그 후 등장하는 것이 고종인데, 아버지 흥선대원군이 권력의 자리에 앉게 되었다.

한국에 비교적 선택의 여지가 있었던 두 번의 시기

이제, 당시의 한반도 통치자의 책임을 추구하기 위해서는, 적어도 이론상으로는 가능했는데도 하지 않았던 과제를 확인할 필요가 있다. 예를 들어서 지진

등 불가항력적인 일에는 어떤 우수한 지도자도 미리 손을 쓸 수 없다(뒷 처리는 별도로 하고). 그러나 죄송하지만 내 의견으로 결론부터 말하면, 할 수 있었는데도 하지 않았다. 조국의 치부를 드러내는 일이지만, 통치부전의 책임은 통치자, 즉 대원군과 그 후 실권을 잡은 고종에 있다고 생각한다.

이조말기에 과연, 조선이 개혁할 수 있는 시기는 있었을까. 1860년부터 1910년까지의 반세기는 동북 아시아에 있어서 격동과 혼란의 시기였다. 앞에서 얘기한, 중국, 러시아, 일본 플레이트가 격하게 움직이며 부딪치고 있었다.

구미의 강대국이 아시아를 나눠가지려 하고 있었다. 약소국인 조선에는 사방에서 밀려오는 「쓰나미의 세력」에 대응하기 위한 개혁을 이룰 기회가 있었을까. 힘들고 어려운 시대였지만 나는 있었다고 생각한다. 그렇기 때문에 조선의 지도자들에게 실패의 책임을 묻지 않으면 안 되는 것이다. 그 반세기 동안 조선의 통치자가 나라를 지키기 위해서 움직일 수 있었던 타이밍이 두 번 있었다고 생각한다. 우선 대원군이 집권한 1864년 부터 1873년까지.

또 하나의 시기는 고종 재위기간 중인 1896년부터 영일동맹이 맺어지기 1년 전의 1901년까지이다. 이 두 번의 시기를 다룬 책이 있다. 첫 번째는 힐라리 콘로이(Hilary Conroy의 「일본에 의한 조선탈취(The Japanese Seizure of Korea)」이다. 두 번째는 커크 라슨(Kirk W. Larsen)의 「전통, 조약과 무역, 청나라와 조선(Tradition, Treaties and Trade-Qing Imperialism and Choson Korea 1850-1910)」이다. 그리고 세 번째는 김기혁의 「동아시아 질서의 종언, 조선, 일본, 그리고 청제국(The Last Phase of the East Asian World Order : Korea, Japan, and Chinese Empire, 1860-1882)」이다.

이 세 권을 읽으면, 나름대로 각 두 나라 관계(예를 들어서 조선과 일본, 조선과 청)의 상하운동이라 할 수 있는 강약의 타이밍이 떠오른다. 우선 콘로이에 의한, 일본이 조선에 깊이 개입한 시기와 그렇지 않은 시기는 다음과 같다.

1873년 정한론 논쟁 (征韓論論争)=약

1875년부터 76년(강화도 사건과 조약)=강

1882년 임오군란=약

1884년 갑신정변=더 약해짐

1894년부터 95년(청일전쟁)=강

1896년 삼국간섭후=약

1897년부터 1901년 (미국 루즈벨트 정권, 일본 가쓰라 내각)=서서히 강해진다

한편 라슨이나 김기혁에 따르면, 조선에 대한 청나라의 장악은, 청나라가 약해지면서 오히려 더 강해진 듯 하다고 한다. 1882년 이전에는 노골적으로 내정간섭을 하지 않았고, 1882년부터 1884년까지는 「고문과 같은」 관계, 1885년부터 1894년까지는 「그림자 조선왕」으로 불렸던 위안스카이가 한국에 주재했다. 말할 필요도 없이 그 후 청일전쟁에서 패배하면서 조선에 대한 청나라의 영향은 약해져간다.

이때의 흐름에 맞춰서 생각하면, 일본과 청에서 비교적 자유로웠던 시기는 1875년 이전, 청일전쟁 후에는 청나라의 간섭이 줄었다. 한편 1876년 삼국간섭에 의해서 러시아의 영향력이 커지면서 한반도를 둘러싸고 일본과 외교전을 벌이고 있었던 세기말(1896년부터 1901년까지)이다. 전기는 대원군, 후기는 고종 통치의 시대다.

첫 번째 기회 손실:
1864년부터 1873년 – 안보인식의 투 리틀, 투 레이트(Too little too late)

경영 분야에서 얘기하는 벤치마킹이란 개념이 있다. 쉽게 얘기하면 경쟁 상대의 수준을 파악해서 자신의 목표를 높지도 않고 낮지도 않은 레벨로, 그리고 적절한 타이밍으로 설정하는 시도를 말한다.

1864년부터 약 10년간 대원군은 이 목표 설정을 잘 하지 못했던 것으로 보인다. 쇄국정책에 집착한 것은 알려져 있고, 그만큼 외국 상황을 잘 몰랐을 것은

쉽게 상상할 수 있다. 콘로이의 책에 의하면 당시 일본의 관료가 한국사람에게 「당신의 나라는 집안에 숨어있는 달팽이와 같다. 밖에는 나쁜 사람들이 많이 있어. 조심하는 것이 좋아」라고 충고했다고 한다.

그렇다면 실제로 일본 사람은 그 당시 어떻게 하고 있었을까. 우선, 쇄국중인 일본에서 밀항이라는 방법으로 탈출을 하여 태평양을 건너려는 사람들이 있었다. 대표적인 인물들이 1842년 죤 만지로, 1854년 요시다 쇼인(吉田松陰), 1864년 니이지마 죠(新島襄), 모두 목숨을 걸고 바다를 건너려고 했다.

한편, 1862년 요코하마 근처 나마무기(生麦)에서, 당시 사쓰마(현재 鹿児島) 번주의 아버지의 행렬과, 마침 지나가던 영국 사람과의 사이에서 충돌이 일어나서 영국 사람들이 죽고 다치는 사건이 일어났다. 그에 관한 해결과 보상을 원하는 영국과 사쓰마 사이에서 1863년에 사쓰에이(薩英)전쟁이 일어났고, 압도적인 영국의 해군에게 일본 사람들은 대항할 수 없었다.

전쟁후 교섭과정에서 놀라운 일이 있었다. 사쓰마번(藩)은 사쓰마의 젊은이들 14명을 영국으로 유학을 보내고 싶다고 요청을 했고, 영국은 그 부탁을 받아들었다. 그리고 1865년에는 이 14명이 런던에 도착해서 영국의 기술을 배웠으며, 그 중 한 사람은 영국의 군함 조선소가 있는 스코틀랜드의 글래스고에도 가서 선박의 도면까지 입수하고 있다.

그 14명 중 13명은 일본으로 돌아와서 철도, 조선, 교육에 관한 노하우를 일본에 전했다. 그 뿐 아니라 1866년에 사쓰마는 죠슈(현재 山口)와 동맹을 맺는데, 그 이전에 런던에 죠슈 출신 유학생들도 있었고, 두 그룹 사이에서는 이미 교류가 있었다. 죠슈 출신의 유학생들은 「죠슈 파이브」로 불리는 5명인데, 1863년에 목숨을 걸고 밀항하였다. 그 5명 중에는 나중에 수상이 되는 이토오 히로부미가 있었다.

일본은 봉건제였기 때문에 사쓰마는 막부에 알리지 않고 이러한 교섭을 할 수 있었다. 중화사상하의 중앙집권적인 나라 한국에서는 이러한 움직임은 불가능했을 것이다. 그러나 통치자 자신이 조금이라도 대외적인 정보를 접하고 있었더라면 하는 후회가 있어도 되는 것이 아닐까.

일본 막부말기 연표겸 키워드

1860	사쿠라다몬가이노 헨(桜田門外ノ変) : 막부의 높은 직급의 이이 나오스케(井伊直弼)의 탄압 정책에 반발한 낭인(사무라이)들이 에도성 사쿠라다몬 근처에서 이이 나오스케를 살해한 사건.
1866	삿쵸렌고(薩長連合) : 쵸슈한(長州藩, 현재 야마구치켄)이 막부를 무너뜨리려 할때 사츠마한(薩摩藩, 현재 가고시마켄)에도 같은 생각의 오오쿠보(大久保)가 있었다. 오랜 시간 대립상태에 있었던 두 세력을, 도사(土佐)의 사카모토 료마(坂本龍馬)가 공동투쟁으로 이끌었다.
1867	다이세이 호칸(大政奉還) : 도쿠가와 집안의 마지막 장군이 권력을 조정에 되돌렸다. 도쿠가와 집안의 존속이 큰 요인이라고 한다.
1868-69	보신센소(戊辰戦争) : 신정부군과 구막부군의 싸움. 사쓰마한, 쵸슈한, 도사한 중심의 신 정부군이 승리했다.
1868-71	명치유신 (메이지이신=明治維新) : 일본식 봉건제가 종식된 변혁. 전국의 번주(藩主)의 지배력을 정부에 되돌리게 하고 폐번치현(廃藩置県)으로 이끈 근대화 개혁.
1871	폐번치현(廃藩置県) : 번(藩)을 중심으로 한 분권체제. 특히 군대를 중앙 집권제로 하기 위해서 사츠마, 쵸슈, 도사의 군인(보신센소에서 승리한 신 정부군)을 배후로 하여 인사, 통치, 군사 통치권을 군인에서 중앙정부로 옮겼다.
1871-73	이와쿠라 사절단 (岩倉使節団) : 일본의 고위직관리를 포함한 46명이 약 2년 동안 유럽 12 개국을 방문했다. 그 목적은 주로 불평등조약 개정의 예비 교섭과 선진국의 연구 연수였는데, 전자는 실패, 후자에 관해서는 성과가 있었다.
1874	사가노 란(佐賀の乱) : 에토 신페이(江藤新平) 등 사가의 사족(士族)이 일으킨 메이지 정부에 대한 반란. 정부군에 의해서 진압되었다.
1877	세이난 센소 (西南戦争) : 현재의 구주(九州)지방을 중심으로 사이고 다카모리(西郷隆盛)가 주도한 사족(士族)의 무력 반란. 메이지 (明治) 정부군이 승리하여 사이고는 자결했다.

그 후 메이지 유신이 지나고 1872년에 유명한 이와쿠라 사절단(岩倉使節團)이 구미(欧米)를 방문하고 있다. 일본의 경우 1853년에 미국의 압력을 받고 문호를 개방했으나, 조선의 경우에는 1866년에 프랑스, 1871년에는 미국의 배를 쫓아내기에 성공한 점이, 두 나라의 대외적인 자세를 다르게 한 것도 역사의 아이러니라고 하겠다.

대원군도 노력은 했다

그러나 대원군에게 악의가 있었던 것도 아니고 게을렀던 것도 아니다. 한국 교과서에는 「대왕군은 안동 김씨의 횡포 아래서 살아남기 위해서 일부러 시정의 무뢰한들과 어울리고 백성들과 고통을 나눴다. 야심만만한 결단력이 있는 인물이었다」고 한다.

초기의 공적은 적지 않다. 교과서에 의하면 대원군은 예를 들어서,

1. 안동 김씨 일족을 정계에서 쫓아내고 전제 왕권을 강화하려고 했다.
2. 민중을 착취해온 서원을 개혁, 600여개에서 47개로 줄였다.
3. 왕실의 위신을 회복하기 위한 경복궁을 재건했다. 공사비 조달을 위해서 화폐발행을 남발, 경제혼란이 일어나기도 했다.
4. 농민 생활을 안정시키기 위한 정책을 추진했다.
5. 서양 선박의 출몰에 대응해서 국방대책을 증강을 꾀했다.

라고 되어있다.

문제는, 이 정도의 개혁으로는 나라를 안정시키기 위한 필요조건도 충분조건도 만족시킬 수 없다는 것이다. 영어로는 이런 상태를 투 리틀, 투 레이트(too little too late)라고 한다. 그것도 마침 청나라와 일본의 개입이 비교적 약한 시기였음에도 불구하고. 그렇다면 무엇이 필요했었는가. 우선 필요조건으로써 힘과 재력이었겠다. 일본이 적극적으로 힘썼던 「부국강병(富国強兵)」, 어떤 나라와도 교섭할 때는 꼭 필요한 조건이다.

우선 군사력에 대해서인데 당연하지만 적어도 국내의 치안과 열강으로부터 나라를 지킬 정도의 힘을 준비할 필요성이 있었을 것이다. 그러나 이 당시의 조선은 열강을 과소평가하고, 청나라에게 방위를 의존하거나 아니면 청나라의 군사증강 수법을 따라하고 있었다. 한일 근대사의 전문가 모리야마 시게노리(森山茂德)는, 「서양에 대응할 수 있을까..... 는 고려하지 않았다」고 한다.

잘 알려진 얘기지만 한국은 선비를 중요시하고 일본은 사무라이를 중요시했다. 전통적으로 유교를 중시한 조선에서는 머리를 쓰는 일이 몸을 쓰는 일보다 평가되어 왔었다. 그러한 유학자를 선비라고 하며, 한국사회에서는 오랫동안 대학교수가 존경을 받는 직업이었다.

바꿔서 얘기하면 조선에서는 「사농공상」이 비교적 엄격하게 지켜졌는데, 에도시대(江戸時代) 일본에서는 특별히 「공」과 「상」에 어느 정도 자유가 있어서 장인이나 상인의 전통이 육성되었다. 일본에는 근대 이전부터 인재와 노하우가 있었다고 볼 수도 있다.

옛날 조선에 훌륭한 군인이 없었던 것이 아니다. 임진왜란 때 활약했던 이순신 장군은, 나중에 일본의 도고 헤하치로(東郷平八郎), 영국의 넬슨제독이 칭송할 정도의 대전략가였다. 근대에 이런 인물이 있었으면 하고 탄식하게 된다.

중국이 1842년 아편전쟁, 1856년 애로우호 사건, 1860년 영국과 프랑스에 의한 북경점령 등을 당하고 있었으니, 조선은 「바깥으로 나와서 주변을 살펴야」 했었다. 청나라는 1867년이 되어 기기국(機器局)이라는 근대식 병기공장을 만들었다. 그 청나라의 재촉으로 조선도 기기국(청나라와 같은 이름)을 만든 것이 1880년이다. 이미 늦었다.

덧붙여서, 교과서나 역사책에 있는 대로 프랑스나 미국의 함대가 조선에 온 것은 1866년이다. 프랑스배는 통상교섭을 하기 위해서 왔기 때문에 상대방의 저항이 강하면 단념하고 돌아갔다고 보는 것이 실태에 가까울 것이다. 결국 그 때는 내쫓을 수 있었지만, 그 「성공체험」이 역효과를 낼 것이라는 것을 당시는 알지 못했을 것이다.

두 번째의 조건, 자금에 관해서

대원군이 권력을 잡는 1864년 이전, 안동김씨가 「세도정치」로 영향을 끼치던 시기에는 재정상태가 건전하지 않았다. 지출에 대한 규율이 없고, 자금이 필요하면 세금을 늘리기 때문에 백성은 견딜 수 없는 상황이었다. 그때 대원군이 권력을 잡고, 양반의 탈세수단이였던 서원을 줄이면서 백성뿐 아니라 양반에게도 세금을 부과해서 재정상태는 개선되기 시작한다.

그런데, 왕권의 권위를 높이기 위해서 왕궁 경복궁의 재건을 계획한다. 그로 인해 막대한 자금이 필요하게 되어 그 조달과정에서 상당히 무리를 하게 된다. 처음에는 기부, 증세를 통해서 확보하려 했으나 충분하지 않아서 1866년 당백전(유통되던 화폐의 액면금액 100배)을 발행하였으나 당백전의 실질가는 액면가의 1/20도 되지 않았다. 인플레이션이 일어나서 쌀값이 6배로 폭등하는 사태가 생기고, 이번에는 청나라의 화폐를 수입하는 일까지 벌어진다. 북한 김정일의 화폐개혁 실패가 떠오른다.

이 경제혼란 후의 시기이지만, 한마디로 말하면 민비가 등장하는 1873년 이후 세도정치 복권에 의해서 재정규율이 악화되었다는 지적이 상당히 많다. 그래서 대원군은 정권 초기에 정치개혁을 하고, 세도정치에 제동을 거는 것이 필수적이었다. 그러나 경복궁재건으로 인해서 개선되기 시작했던 경제는 회복시키지 못했다.

쓰노다 후사코(角田房子)는 저서 「민비암살」에서, 「나라의 재정은 늘 적자상태로 막대한 대외채무를 안고 관리의 급료도 지불하지 못하는 지경이었다. 적자를 메꾸기 위해서 화폐를 남발하고 악성 인플레이션으로 고생하는 것은 백성이었다」라고 한다.

「메이지 천황」의 저자 도날드 킨(Donald Keene)는, 일본에서도 1880년에 경제위기가 닥쳤다고 한다. 그때 오쿠마(大隈), 이와쿠라(岩倉)가 개선책을 제안하고 재건을 시도한다. 흥미로운 것은, 킨에 따르면 1882년 임오군란 후 1884년에 일본이 조선에게서 받은 배상금의 4/5를, 조선의 개혁에 쓰는 목적으로 돌려주겠다는 메이지 천황의 제안이다. 「힘든 재정상황이 조선의 발전을 가로막고 있다」고 고종에게 제안하였고, 「조선왕은 감사의 뜻을 표현했다」고 한다.

그 후 이번에는 청나라의 리훙장이 조선을 위해서 융자를 했다고 한다. 라슨에 따르면 청나라는 이자없이 융자를 해줬고, 10%의 이자를 받던 일본은 놀랐다고 전한다. 라슨는 조선이 융자를 갚기 위해서 프랑스, 독일 등에서 돈을 빌렸었다고 하며, 융자의 대부분은 관세수입을 담보로 했었다고 한다.

관세에 관해서도 권력자가 필요에 따라서 백성에게 징수를 하여, 규율이 지켜지지 않는 상태였다. 동학난에서 제기된 개혁안에는 교과서에 따르면, 「무명의 잡세를 폐지한다」고 하며 그 후의 을미개혁에서도 「납세는 법으로 정한다」고 한다. 이러한 규율을 정착시키기 위해서는 객관적인 회계방식이 필요하였고, 그러한 문제도 제기되었다.

이렇게 힘과 돈이 부족했던 것이 조선에게 불리하게 작용한 것은 말할 필요도 없다. 그러나 일본과 달리, 조선도 청나라도 해결하지 못한 근대화의 충분조건이, 소위 말하는 정치개혁이다. 일본이 페리제독 내항, 사쿠라다몬의 변(桜田門の変), 사쵸연합(薩長連合), 다이세이호칸(大政奉還), 메이지유신(明治維新), 보신전쟁(戊辰戦争), 폐번치현(廃藩置県), 사가의 란(佐賀の乱), 세이난 전쟁(西南戦争) 등을 거쳐서 내각제 출범, 헌법발포와 선거에 도달한 것은 청나라와 조선이 스스로 하지 못했던 위업이라는 것은 누구나 인정하지 않을까.

그러나 일본과 1대1로 조선의 정치개혁을 말하기는 무리한 점이 있다. 일본은 막부체제(幕府体制=봉건제)에서 입헌황실제로 이행했지만, 조선은 전제군주제에서, 조금 전 얘기한 세도정치로 변용된 상황에서 입헌군주제로 이행하는 개혁이다. 골프 용어로, 러프샷이 아닌 깊은 벙커에서 쳐야하는 것이다. 그리고 3권분립을 수립해야 하는데, 의욕이 있어도 상당한 작업이 된다.

그래도, 이 충분조건을 피해서 지나려고 했던 조선과 청나라는 결국 그 대가를 치루게 된다.

1864년부터 1873년이라는 타이밍은 조선에게 는 조금 이르지 않았을까 - 위기의식

조선이 1860년대에 외부환경의 변화를 알아차리기는 비현실적이었다고 하는 독자가 있을지도 모르겠다. 일본에는 1853년에 페리제독이 왔고, 앞에서도 얘기했지만 조선에는, 일반적으로는 1866년의 프랑스와 미국의 선박접근이 알려져 있다. 한반도 전문가 부르스 커밍스(Bruce Cumings)에 의하면 1816년에 영국은 이미 한반도 서쪽섬에 정박했었다고 하며 1832년에는 영국 동인도회사의 배 암허스트호가 조선에 도착했는데, 쫓아냈다는 기록이 있다고 한다. 1836년에는 프랑스의 마르샹 신부가 중국 의주에서 조선으로 밀입국했고 1839년에는 프랑스 신부 몇 명이 처형을 당했다는 기록이 있다.

1845년에는 사마랑호가, 그 다음해에는 프랑스의 세실호가 온다. 1853년에는 러시아의 배가 한반도의 연안을 항해하고 그 다음해에는 또 다른 러시아의 배가 함경도에 나타난다. 1855년에는 영국과 프랑스의 배가 부산에서 보인다. 요컨대, 1866년의 프랑스 선박 이전에도 이미 몇 번이나 외국의 선박이 접근하고 있었다.

또, 국제관계학자 김기혁의 책에는 1865년에 조선의 가톨릭 신자 몇 명(남종삼 등)이 대원군에게 러시아 대책을 위해서 영국, 프랑스와 손잡을 것을 제안했다고 하는데 안타깝게도 외국인과의 면담은 실현되지 않았다고 한다. 또한 1870년에는 독일 영사 브란트가 부산에 와서 통상을 요구한다.

그런데 대원군처럼 쇄국을 고집했던 군주는 또 있었다. 도날드 킨에 따르면 일본의 고메이(孝明) 천황(재위 1846-1867)도 그렇다고 한다. 비슷한 점도 있었지만, 정치체제의 차이에서 두 나라의 앞날은 달라진다. 조선의 중앙집권하에서는 왕의 일존으로 쇄국을 계속할 수 있었지만 막부체제의 일본에서는 쇼군(将軍)이 권력을 갖고 있기 때문에 그렇게 할 수 없었다. 또 하나 다른 것이 적재적소에 의한 인재의 확보다. 일본의 경우 신분이 낮은 사람도 출세하는 경우가 있었다. 근대사의 이토 히로부미가 그런 케이스로, 이토는 토요토미 히데요시=풍신수길(하급사무라이에서 장군으로 출세)을 동경했었다고 한다. 이러한 경우는 조선근대사에서는 찾아볼 수 없는데 엄격한 신분제도가 원인이겠다. 이런 인재를 인정할 때 다양한 의견에서 개혁의 추진이 가능한 것이 아닐까.

그리고 톱다운의 조직질서가 크게 반영된 것도 개혁할 수 없는 하나의 요인이었다. 실리콘 벨리의 지인이자 조직 컨설턴트 빌 다니엘즈의 조사에서, 한국의 조직에서는 일본에 비해서 상사의 명령을 따르는 (상명하복) 경향이 있다고 한다.

현재는, 징병제에 의해서 군의 명령계통에 익숙해졌기 때문이라고도 하지만, 옛날부터 중앙집권의 정도가 강했다고 생각할 수 있다. 동시에, 개혁은 변방에서 일어난다는 논객도 있지만, 일본은 서양 선박이 남쪽(가고시마, 야마구치)에 나타났고, 민감하게 반응한 지방의 목소리를 무시하지 않은 권력자들이 있었다. 그들에 의해서 일본의 개혁이 진행되었다고 파악할 수도 있겠다.

통치자로서의 고종이라는 인재

일본의 모든 인선이 적재적소라고는 하지는 않지만 토요토미 히데요시나 이토 히로부미 케이스에서 보이는, 신분제도를 뛰어넘는 인선을 하지 못했던 것도 조선의 안타까운 실정이었다고 생각한다. 「세도정치」에서 설명했지만 대원군은 세도정치의 영향력을 약하게 하려고 자신에게 권력을 집중시킨 것으로 보인다.

그 수단으로, 세력은 약하지만 서열이 높은 풍양조씨 대왕대비와 함께 둘째 아들 명복을 왕위에 올리려고 공작한다. 명복은 당시 11살이었기에 결과적으로는 대원군이 정당한 권력이 없었음에도 불구하고 아버지, 즉 후견인으로서 권력을 행사한다. 이것이 1864년 부터 1873년까지의 역학이다.

이제 문제는 그 아버지 대원군이 자신의 권력을 확보하기 위해서 장남보다 여섯살 어리며 그다지 뛰어나지 않은 둘째 아들을 골랐다는 것이다. 1873년 부터 1907년까지 고종의 통치를 받아야했던 조선에게는 불행한 인선이었다. 쓰노다 후사코는 고종을 다음과 같이 묘사한다.

「기가 약했다. 결단한다는 의지는 거의 없어졌다 … 고생을 모르고 자랐다. 민비 없이는 살아갈 수 없는 왕이었다.」

그 민비인데, 그 인선에도 문제가 있었다. 왕비를 골라야 했을 때 여흥민씨 대원군 부인의 소개로 고아 민비를 택했다. 순종적일 것으로 생각했으리라. 그러나 마음에 걸리기는 했다고 한다. 쓰노다는 대원군이 「총명하지만, 아기 고양이가 호랑이로 되는 것은 아닐까」하고 혼잣말을 했을지도 모른다고 추측한다.

아니나 다를까, 수렴청정의 방법으로 남편의 권력을 이용, 민씨일가에게 막대한 이익을 가져다 주게 된다. 청일진쟁의 연구자 페인(Paine) 교수는, 「19세기 조선에서 민씨는 가장 권력욕이 강한 외척이었다.」 내 의견은 안동김씨도 비슷했다고 생각하지만. 그리고 관료인사도 집안의 손익에 따라서 행해지는 경향이었기 때문에 적재적소는 어려웠다.

역사가에 따라서는, 고종은 이러한 배경도 있어서, 권력을 중시하고 그에 따른 책임은 경시하는 편이었다고 평가하는 사람도 있다.

1기와 2기의 사이: 1873년부터 1896년까지의 주요 사건과 격변하는 대외의존 – 전략성보다 영합주의

국면에 따라서 조선왕과 민비가 의존하는 외국을 어떻게 바꾸어갔는지 보기로 하겠다. 고종은 1873년 21세가 되어 왕위에 즉위하고 대원군은 실권을 잃었다. 그 2년 후에 일본 선박 운양호가 강화도에 접근한 사건이 일어난다. 그 후 교섭에 의해서 일본에게 유리한 강화도 조약이 맺어지고 이 사건을 계기로 왕 부부는 일본에 다가가기 시작한다.

1882년에 미조 수호조약이 맺어진다. 리홍장이 조선에 권했던 이이제이(以夷制夷-야만인을 이용해서 야만인을 제하는)라는 개념에서, 조선은 러·일을 견제하기 위해서 청나라에 부탁하여 미국과 교섭을 했다. 영국과도 비슷한 조약이 맺어진다. 그리고 곧 임오군란이 일어난다. 이것은 구식의 조선군인과 일본의 지도를 받은 신식군인의 대우차이가 원인이었는데 청나라의 군사 개입에 의해서 진압된다. 그 2년 후 1884년 급진개혁파 김옥균 등이 일본의 협력을 얻어서 갑신정변을 일으켰는데 3일천하로 끝나고 말았다. 이때도 청나라의 군사력이 일본을 압도했다.

당연히, 1882년부터 왕 부부는 청나라를 향하게 된다. 특히 앞에서도 얘기했듯이 1885년부터는 위안스카이가 조선에 머물게 되어 더욱더 그런 상황이 되기 쉬웠다. 그리고 1894년에 시작된 청일전쟁에서 일본이 이기면서 왕 부부는 일본으로 기울어가는가 했는데 러시아가 주도한 삼국 간섭과 그 후에 일어나는 민비암살에 의해서 정세는 다시 바뀐다.

일본의 일부 논객들로부터 박쥐외교라고 야유를 받는 이유이기도 하다.

힘의 균형에 의한 세계질서와 제2기, 1896년부터 1901년까지 한국 중립화의 가능성

서장에서 얘기한 대로 시어도어 루즈벨트 미국 대통령 시대에 「이념」이 아닌 「힘의 균형」이 정점에 달했다. 각국에서는 이 시대에 접어들기 전에 「힘의 균형」 외교를 전개하고 있었고, 전쟁 이외의 국면(외교나 상업)에서도 치열한 경쟁이 벌어지고 있었다. 예를 들어서 영국과 러시아 사이의 그레이트 게임이라고 불렸던 공방은 유라시아 전체에 영향을 미쳤다. 필자도 가본 적이 있는데 중앙아시아의 우즈베키스탄에 부하라라는 곳이 있다. 중세의 분위기가 나는 곳인데 동서를 연결하는 실크로드와 남북으로는 인도와 러시아를 연결하는 길이 교차하는 전략적인 장소다. 영국과 러시아가 그곳을 제압하려고 획책하는데 영국인 스파이가 의사로 변장, 부족장에게 접근하는 실화가 서스펜스 드라마 못지않다. 이 부하라 광장에 아르크라는 요새가 있는데 커널리와 수토다트 두 사람의 영국 스파이가 처형된 현장이다.

한반도 근처에서도 두 나라는 맞붙는다. 1866년 러시아 선박이 쓰시마에 접근하자 영국이 대항, 러시아는 물러난다. 1884년에는 러시아가 조선의 원산항을 조차하려는 얘기가 새어나오자, **영국은 1885년에 거문도**에 머물며 견제한다.

> 거문도 사건 : 1885-1887 러시아가 거문도를 석탄 비치거점으로 하려는 의향에 대항해서 영국 해군이 거문도를 점령 한 사건.

일본과 러시아 사이에서도 긴장이 고조되는 국면이 1895년부터 96년까지 있었다. 청일전쟁에서 일본의 영향이 커진 듯이 보였지만 그 후 삼국간섭, 민비암살 그리고 고종이 러시아 공사관으로 피신하는 아관파천이 일어난다. 러시아가 유리한 입장이 된다. 역사학자 와다 하루키(和田春樹)도 1896년 당시 「러시아는 분명히 일본보다 유리한 입장에 있었다」고 분석하고 있다.

역사가 나카츠카 아키라(中塚明)에 의하면 이 「러시아의 기세에 대해서 일본 정부는 1896년 5월 서울에서, **고무라(小村) 웨이버(Weber) 각서**, 같은 해 6월 모스크바에서 **야마가타(山縣) 로바노프(Lobanov) 협정**을 맺었다. 일본은, 러시아

> 고무라·웨버 각서 : 1896년 아관파천이후 조선의 친러적 움직임을 알게 되어, 일본은 러일관계를 개선하기 위해서 러일 양국이 조선 국왕의 귀환을 조선 정부에 충고하는 내용을 포함한다.

와의 타협을 시도하면서 정치적으로 고립한 조선에서의 일본 세력을 유지하는데 힘쓴 것이다. 마침내 독립협회를 중심으로 한 조선인의 반대에 직면해서 러시아가 한 발 물러났고 1898년 4월에 **니시(西) 로젠(Rosen)협정**을 맺는다. 이로써 일본 러시아 두 나라는 조선의 내정에 간섭하지 않을 것, 양국의 동의 없이 조선의 군사·재정 고문을 두지 않는 것 등을 약속함과 동시에 조선에 있어서의 일본의 경제적 지위 우월을 러시아가 인정하게 했다.」

> 야마가타·로바노프협정 : 고무라·웨버 각서에 이어 1896년 러시아에서 야마가타 아리토모, 로바노프 외상이, 두 나라의 조선에 대한 조사 세력 균형을 결정한 협정
>
> 니시 Rosen협정 :
> 1) 1898년 러일 양국은 한국의 독립과 내정 불간섭을 인정
> 2) 양국은 고문을 보내기 전에 서로 사전 승인
> 3) 러시아는 한국에서의 일본의 경제이권을 인정한다 등의 내용

이제, 이런 공방이 일어나고 있는 가운데 한국과 같은 비교적 작은 나라가 중립국으로서 안정되는 것이 과연 가능했던가를 보기로 하자. 왜냐하면 고종은 그렇게 함으로써 독립을 지키고자 했던 흔적이 있기 때문이다. 그럼에도 불구하고 그 목표에는 이르지 못했다. 가능성이 있었는데 달성하지 못했다고 한다면 통치자의 책임을 물을 수밖에 없다.

현실적으로 1902년 즉, 영일동맹 후에는 거의 불가능한 것이 아니었을까도 생각된다. 게다가 이 시기에는 그 일년 전에 시어도어 루즈벨트 대통령의 임기가 시작하고 있었는데, 그는 미국역사상 힘의 관계를 가장 많이 의식한 외교를 시작하고 있었다.

중립국 한국의 가능성에 관한 찬반양론, 고종에 의한 기회 손실

그렇다면, 1896년부터 1901년까지의 사이에 한국에 의한 중립화 외교공작이 성공할 여지는 있었을까. 우선은 일본에서는 일반적으로는 부정적인 논객이 많은 것 같다. 대표적인 것이 오카자키 히사이코(岡崎久彦)의 견해인데 다

음과 같다.

「상대방이 러시아일 경우, 중립화라는 것은 러시아가 한반도를 취할 준비가 될 때까지만 중립이고, 준비가 되면 한반도를 취한다는 것이기 때문에 의미가 없다. 미국, 영국을 포함한 열강의 승인하에 중립을 시켜도 일본 러시아 이외에는 어느 나라도 육군을 파견할 힘이 없기 때문에 러시아가 약속을 위반하고 무력으로 진출할 경우 아무도 도와줄 수 없다.」

한편, 나카츠카 아키라(中塚明)는 다음과 같이 얘기한다.

「1898년경부터 기본구상으로서, 국제적인 보증하에서 조선의 영원한 중립을 축으로 한 독립 유지의 외교전략이 은밀하게 지배적이 되어 있었다. ...... 1898년 3월 「러시아 관계자를 해임·추방하고 러한 은행을 폐쇄」 그리고 미서 전쟁이 시작되면서 한국 정부는 곧 중립을 선언했다. 1901년 10월에는 한국과 벨기에의 통상 조약이 비준되었고 다음 해 1902년 민영찬이 프랑스와 벨기에의 공사로 임명을 받고, 동시에 헤이그의 평화회의에 한국 대표로 출발했다. 더욱이 1903년 2월에는 한국 황제의 사설고문 자격으로 벨기에 사람이 곧 올 예정이라는 발표가 있었다. 그리고 러일전쟁 때 한국의 중립화 실현의 가능성이 전혀 없었던 것은 아니었다. 그것은 (일본의) 참모본부가 전쟁직전의 1904년 1월 15일에 서울주재 일본공사관 무관 이치지 고스케(伊知地幸介)에게, 열강의 군대가 경성에 들어와도 두려워하지 말고 귀관은 깊이 주의해서 일본공사관과 협의하여 전력을 다할 것」으로 되어있다.」

이 두개의 시점에는 상당한 차이가 있다. 청일전쟁과 그 후 각국의 입장을 정리해 보면 다음과 같다. 우선 일본부터, 청일전쟁에서의 일본의 방침에 관해서는 역사해석에 따라서 다른 것 같다. 와다 하루키(和田春樹)에 따르면 무쓰 무네미쓰(陸奧宗光)와 카와카미 소로쿠(川上操六)는, 조선을 청나라에서 해방하고 일본의 보호국으로 하는 결정을 했다고 한다. 한편 오카자키 히사히코에 의하면 무쓰는 1894년 4개의 선택사항을 구상하고 그중에서 조선의 내정불

간섭을 제안했다고 한다. 이토 히로부미와 무쓰 무네미쓰는 다음해, 조선내정 불간섭을 방침으로 했다고 한다. 그 선택이 자주적이었는지, 아니면 이태진의 설명대로 외압이 있었는지에 관해서도 평가가 엇갈린다.

전쟁 막바지에는 **시모노세키조약**(下関条約)에서 일본은 청나라에게 혹독한 조건을 내세우는데 그 뒤에서는 삼국간섭의 준비가 진행되고 있었다. 러시아, 프랑스, 독일이 요동반도의 반환을 일본에 주장했을

> 시모노세키 조약 : 1895년 청일 전쟁의 강화 조약 조건으로서 청나라는 조선을 독립국으로 인정, 타이완을 식민지로서 일본에 넘기고 큰 금액의 배상금을 일본에 지불했다.

때 청일전쟁에서 군사력을 소모한 일본은 받아들일 수밖에 없는 상황이었다.

이 영향에 의해서 조선의 왕실과 관료들은 러시아에 기울게 되었고, 미우라 고로(三浦吾郞) 주조선공사가 주도하여 「아주 서둘러서 = 大勇み足」조선의 민비를 살해하고 만다. 청일전쟁 후 일본은 시모노세키조약에서 받은 거액의 보상금을 군사력보충에 쓰고 서둘러서 군사력 증강을 한다.

조선에 관해서는 이태진의 견해는 이미 소개했는데 고종은 클리블랜드 대통령에게 친서를 보내고 조미수호조약을 근거로, 일본이 조선을 보고국화하지 않도록 호소했다고 한다. 을미사변 후 춘생문 사건이 일어나서 당시 친미·친러파였던 이완용이 고종의 미국공관 이동을 시도했으나 실패했다. 민비암살 후 신변의 위험을 느낀 고종은 러시아 공사관에서 약 1년을 지낸다. 그 사이에 독립협회가 설립되어 그 활동이 러시아에 영향을 끼치게 된다. 고종은 러시아 공사관에서 나온 후, 대한제국을 선포하고 헌법에 따라서 권한을 집중시키고 광무개혁을 시행한다. 그 동안의 미서 전쟁때 중립화를 촉진해서 러시아도 처음에는 지지한다.

그런데, 삼국간섭의 주요 당사자 러시아의 상황은 어떠했는가. 삼국간섭 후 한동안은, 손에 넣은 만주로 벅찬 상황이었던것 같다. 와다 하루키는 「러시아는 조선을 어떻게 할지 정하지 못하고 있었다」고 해석, 가토 요코(加藤陽子)

동경대학대학원교수는 「대한제국을 처음으로 승인한 나라가 러시아다. 러시아는 당장 한국을 보호국으로 하거나 일본을 견제하려는 강한 의지는 없었다. 제일 신경쓴 것은 만주였다」고 한다.

이 시기에 러시아는 시베리아 철도를 연장하려고 했는데 1896, 1898년 두 번에 걸쳐서 청나라에게서 유리한 조건을 받아낸다. 1897년에 독일이 교주만(중국 산동성)을 침공한 것과 1898년에 독립협회가 반러시아데모를 일으킨 것이 영향을 끼쳤다고 한다.

다만, 러시아는 이때도 한국에서의 경제이권은 추구하고 있다. 예를 들에서 1896년부터 1898년까지 압록강 연안의 삼림채벌권을 손에 넣어서 법인화했다. 이것이, 1903년 러시아의 신군사 노선과 관련해서 러일전쟁의 요인의 하나가 될 것이라고는 이때는 생각하지 못했으리라. 또 1897년에는 한국세관의 책임자를 영국사람 브라운에서 러시아사람 알렉세예프로 교체시키려 했으나 영국의 저항으로 실현되지 않았다.

그 영국은 어떠했는가. 세 개의 조건으로 생각한다면, 우선 국제관계의 시점에서는 극동의 현상유지, 삼국간섭에 영국이 가담하지 않은 것도 그 예라고 하겠다. 그러나 1885년 거문도사건의 원인처럼 러시아의 남하에 관해서는 신경을 곤두세우고 있었던 것도 사실이다. 그러니까, 한반도에 적극적인 관심은 없었다고 해도, 소극적 위기감은 있지 않았을까. 그리고 청일전쟁 후 몇 년간은 일본의 군사력이 서양열강에 대응할 수 있는 수준이라고는 평가하지 않았던 것 같다. 동시에, 경제이권에 관해서는 세관책임자 교체의 건에서 알 수 있듯이 관심을 갖고 추구한 흔적이 있다. 이 교체 안에 저항하기 위해 군함8척을 인천항에 파견했다는 기록이 있다.

영국은 결국은 일본과 동맹을 맺게 된다. 그것은 의화단(義和團) 사건 때 일본의 군사력 평가가 높아진 것, 그리고 역사가 폴 케네디가 얘기하는 오버 스트레치를 막기 위한 파트너가 필요하게 된 영향일 것이다. 영국은 두 차례의 보어전쟁으로 엄청난 대가를 치룬 후였다.

그 이외에도 여러가지 요인이 얽혀있는 시기였는데, 그래도 한국에 조금이라도 선택의 여지가 있었다면, 삼국간섭 후 몇 년간이 아니었을까. 그 중요한 타이밍에 왕이 외국공관으로 피신을 했으니, 간신히 할 수 있었을지도 몰랐던 일조차 하지 못하게 된 상황이라고 생각한다.

거슬러 올라가서 1885년경 유길준이 한국의 중립화에 관해서 주장을 하는데 중국주도라는 발상이었기 때문에 전진하지 않았다고 한다. 한편 일본의 야마가타 아리토모(山縣有朋)가 1880년대 말에 가르침을 받은 독일의 로렌츠 폰 슈타인은 「조선이 중립(한반도에서)국이고, 러시아가 해군기지를 두지만 않으면 무력간섭의 필요는 없다」는 견해를 보였다고, 가토 요코 교수는 말한다.

이제, 제2기로 부르는 시기와 겹치는, 1896년부터를 살펴본다

「반일종족주의」에 다음과 같은 기술이 있다.

「조선이 멸망한 주된 요인을 꼽는다면 고종과 왕비 민씨의 외교 실패라고 할 수 있습니다. 흥미롭게도 고종과 민비는 세계사의 패권 세력(주류세력 즉 영국)이 아닌 패권에 도전하는 세력(비주류세력 즉 러시아)과 집요하게 동맹을 맺으려고 시도하다가 대세를 그르쳤습니다. 사실상 민비의 의중이 조선 정부를 대표하는 입장이었던 것이죠.」

안타깝게도, 「반일종족주의」의 저자는 어떻게 하면 영국과 협력이 가능했는지에 관해서는 언급이 없다.

강화도 전쟁박물관에 가보니 다음과 같은 설명이 있었다.

「1893년 조선은 영국과 합의하여 강화에 해군사관학교인 수사해방학당(水師海防学堂, 統制営学堂, 総制営学堂)을 강화도 갑곶진에 세웠다. 1894년 영국에서 초빙된 윌리엄 콜웰 대위의 지도 아래 생도와 수병 160명이 교육을 받았으나 청일전쟁과 일본의 방해로 그 해 11월에 폐쇄되었다.」

게다가 마침 제2기와 겹치는 시기에 일본에 주재했던 영국외교관 어니스트 사토우(Ernest Mason Satow 백인, 일본계 아님)의 일기에 흥미있는 기술이 몇 개 있다.

1895년 10월23일 : 사토우는 이토 히로부미와 만났을때 「일본은 조선궁정에의 영향을 다른 나라와 평등하게 해야 한다」라고 말했다.

1896년 5월4일 : 사토우는 무쓰외상과 만나서 「일본은 벨기에에서 이루어진 것과 같은 한반도 중립화에 합의할 뜻이 있는가」 물었다. 이에 대해서 무쓰는 「벨기에의 경우는 질서가 유지되고 있는데 조선은 그렇다고 얘기하기 어렵다」고 난색을 보이고, 「만약 중립화가 촉진되면 협의의 대상으로는 될 것이다」라고도 했다고 한다.

1896년 5월16일: 영국해군의 불러 부제독이 사토우를 방문했을 때, 사토우는 조선의 중립을 보증하는 제안에 관해서 다음과 같이 말했다고 한다. 「우리(영국)가 일본을 위해서 대마도해협을 지키면, 그들(일본)은 한반도에 얼마든지 병력을 투입할 수 있어서 러시아의 침공을 억제할 수 있다.」 위에서 오카자키가 제기하고 있었던 러시아군이 국경을 침범해서 중립을 유명무실화할 가능성은 그때도 고려되고 있던 것으로 보인다.

1897년 3월11일: 사토우는 영국 저널리스트 톰슨과 만난다. 「조선은 여러 나라의 보증하에서 중립화시켜야 한다」는 얘기가 있었다고 한다.

위에서 보면, 청일전쟁 후 삼국간섭, 그리고 고종의 러시아 공사관으로의 피신에 의해서 영국, 일본 그리고 러시아가 불안해하며 합의점을 찾고 있었다는 분위기다. 그 하나의 방법으로써 중립화가 검토된 것도 보인다. 다만 한국인으로서 슬픈 것은, 이 이야기가 피고 부재의 상황에서, 주변국이 일으킨 결석재판과 같은 형태였다는 점이다.

그러면 고종에게는 이러한 발상이 없었는가 하면 그렇지는 않은 것 같다. 1897년에는 러시아 공사관에서 돌아온 후 대한제국을 선포하고 스스로 황제가 된다. 그리고 중립화를 시도한다. 우선, 앞에서 나카쓰카 아키라의 기술에 있었듯이 1898년 미서전쟁이 일어났을 때 중립선언을 한다. 한일근대사 전문가 모리야마 시게노리는, 다음해 1899년에는 「의화단사건을 계기로 군비확충을 꾀하고, 중립화실현을 각국에 타진했다」고 한다. 구체적으로는 1900년 「고종은 조병식을 주일대사로 임명, 중립화를 일본에 제기했다. … 일본은 반대, 미국과 러시아는 소극적」이라고 되어있다.

또한 모리야마에 의하면, 같은 해 10월부터 11월에 걸쳐서 러시아 온건파의 비테(Sergei Witte) 재무장관이 한국의 중립화를 고려하고 일본에 제안했다. 이토 히로부미와 이노우에 가오루(井上馨)는 환영, 가토 타카아키(加藤高明)와 고무라 쥬타로(小村壽太郞)는 반대하는 반응이었다고 한다.

그 후, 한국에게 결정적인 세 개의 일이 일어난다. 우선, 서장에서 등장했던 시어도어 루즈벨트가 1901년 3월에 미국대통령으로 취임하는데, 그는 「약육강식」을 중시하는 사람이다. 두 번째는, 1901년 6월에 제1차 가쓰라(桂)내각이 탄생, 9월에는 고무라 쥬타로가 외무장관에 취임한다. 세 번째는, 다음해 1902년에 영일동맹이 맺어진다. 이렇게해서 중립화의 촉진은 막히게 된다. 고종은 1903년 8월15일 러일 긴장 속에서 국외중립을 선언하지만, 결과는 겉돌기로 끝났다.

이것도 투 리틀 투 레이트라고 할 수 있다. 시기뿐 아니라 접근할 상대와 수법이 잘못됐다고도 생각할 수 있다. 러시아와 일본이 한반도에 가장 적극적인 관심을 보였다는 점은, 위에서 보듯이 중립화에도 가장 부정적인 상대가 아닐지 추정해도 좋지 않았을까 생각한다. 영국의 경우, 사토우의 일기에도 있었지만 한반도에 적극적인 관심은 없어도 소극적인 위기감은 있었다고 추정할 수 있다. 1895년 10월23일 사토우는 이토 히로부미에게 얘기한다. 「러시아가 조선의 육지의 이웃이라면 영국은 바다의 이웃이며, 러시아가 한반도에서 영국보다 핵심적 이권을 많이 갖고 있는 사태는, 영국은 허용할 수 없다.」

제일 필요할 때 없었던 왕, 아니 일곱 번이나 도망하려했다 - 초 이기주의

위의 경과를 보면 다른 나라들이 한국의 중립화를 제일 많이 논의하고 있었을 때 고종은 부재중이었다. 한반도에 눈독을 들이고 있는 러시아 공사관에서 1896년 2월 11일부터 1897년 2월 20일까지 머물렀다. 그 기간 중, 서양의 외교관은 고종을 넌엔터티(nonentity) 즉, 유명무실한 사람으로 표현하고 있다. 영어의 또 다른 표현에 out of sight out of mind가 있는데 그 말대로 취급을 받은 것이다. 앞에서 언급한 조선일보 사설에도 비슷한 얘기가 적혀 있었다.

그리고 외교기록에도 있지만 러시아 외교관은 1년이나 머물고 있는 고종에 대해서 「빨리 나가주면 안되는지」라고 다른 나라 외교관에게도 말했다고 한다. 유감스럽게도, 러시아 공사관으로의 피신은 유일하게 성공한 경우로, 그 외에도 6번 피신을 시도했었다고 한다.

1894년 미국, 영국의 공사관
1897년 다시 미국 공사관
1904년에도 미국 공사관
1905년에 또다시 미국, 프랑스 공사관

여섯 번 모두 거절당했고, 특히 미국 공사 알렌은 「제발 그만해, 만약 들어오면 내쫓을거다」고 못박았다고 한다.

입장이 약해서 어떤 것을 해도 소용이 없었다?

힘의 균형이라는 질서 안에서는, 약자에게는 절망만이 있을까. 이 시기에 한국에는 충분한 돈도 군사력도 없었던 것은 사실이다. 그렇기 때문에 다른 나라들이 한국을 놓고 교섭할 때 끼어들어갈 수 없었을 것이다.

그러나 지하자원 등 여러가지 이권이 있었고 지금도 있다. 1896년부터 러일 전쟁시작까지 다음과 같은 배분으로 이권양도가 이루어졌다.

미국 : 평안북도에서의 금광채굴권(1895), 경인철도 부설권(1896, 그 후 일본에 매각), 서울전기 수도 시설권(1898)

러시아 : 함경도의 금광채굴권, 압록강 유역 산림 벌채권, 동해포경권 등 (1896, 1897)

영국 : 평안남도 금광발굴권(1898)

프랑스 : 경의철도 부설권(1896, 그 후 일본에 양도), 평안북도 금광채굴권(1901), 평양 무연탄광산 채굴권(1903)

독일 : 강원도 금광채굴권(1898)

일본 : 경부철도 부설권, 평양탄광 석탄전매권, 경인철도 부설권(1898), 충청남도 금광채굴권(1900), 경기도 어업권, 조선인삼 독점 수출권(1901), 황해도, 평안도 연해에서의 어업권(1904) 등

이 정도의 자원과 이권이 손 안에 있었음에도 불구하고 왜 여러나라의 교섭에서 파고들어가지 못했는가. 위에서 얘기하는 이권 양도 중에서 평안북도 금채굴권을 둘러싼 조선과 미국 사이에서의 움직임이 조선일보에 나와 있었다. 박종인의 기사를 요점으로 소개하면 얼마나 불리한 협상을 했었는지 어느 정도 전해질 것이라고 생각한다.

1884년에 갑신정변때 민영익이 부상, 조선에 있었던 의사 겸(비공식적) 선교사 호러스 알렌의 치료로 회복이 되었다. 이에 고종 · 민비 부부가 감격해서 근대 의료시설을 만들고 알렌은 부부의 주치의 겸 고문이 된다. 그 은혜, 그리고 의존 관계가 나중에 이권양도와 얽힌다. 1885년에 민영익이 알렌에게 좋은 금광이 있다고 알린 것이다.

알렌은 1888년부터 1889년에 걸쳐서 미국에서 광산기사를 한국에 불러서

조사를 실시하였다. 다음 해 알렌은 미국의 외교관이 된다. 시간이 흘러서 지나서 청일전쟁이 발발, 그 처리에 자금이 필요하게 되어 일본에서 300만원을 빌린다. 그 해 조선의 세금 수입이 481만원이었으니 상당한 금액이다. 이자만으로도 18만원이라고 하니 자금 부족이었다. 고종은 1882년의 조미수호조약을 근거로 유사시에 의존할 수 있다고 생각하여, 자금난과 동시에 금광 거래를 하려고 했던 것 같다.

한편 민비는 1895년 암살당하기 3개월정도 전에 알렌에게 은혜를 보답하기 위해서 평안도 금광의 이권을 준다는 뜻을 전한다. 원래 이러한 이권은 농상공부 관할인데 왕이 좌지우지할 수 있는 궁내부로 옮기고, 민비의 도움으로 양도를 가능하게 한다.

문제는 조건이다. 자금난을 겪고 있는 조선은 발굴권 양도에 따라서 200만불의 차관을 요구한다. 알렌은 가능성이 있다고 시사하며 기업가의 지인 모스에게 연락해서 관심을 끈다. 지인이 관심을 보인다고 얘기를 진행하고, 민비가 암살된 후 계약을 체결했다.

그런데 알고 보니 200만불 차관이란 조건이 빠져 있는 것이 아닌가. 곤란한 조선정부는 '금광회사'와 '조선 정부의 지분'을 잘라서 팔고 대가로서 일시금 12,500불과 40년의 채굴기간 중 한 해 25,000 원을 받는 조건으로 했다.

조선 정부의 대일 채무는 1907년 시점에서 1,300 만원 있었고 계약 후 약 18년간 금광생산액은 약 5,000 만원이었다. 이를 모르는 조선 국민은 나라를 구하려고 피땀 흘려서 모금 운동을 벌이고 있었던 것이다.

대한제국은 왜 이런 협상카드를, 예를 들어서 나라를 구하기 위해서, 자금조달과 동시에 중립화의 촉진에 이용하지 못했는가. 최혜국 대우 조건에 묶여 있었다는 설도 있지만 협상상대는 미국이나 일본보다, 예를 들어서 영국 쪽이 좋지 않았을까. 미국은 이미 1897년 시점에서 조미 수호조약에는 방위연대는 포함되지 않는다는 견해를 보이고 있었고 1901년에 미국 대통령에 취임하는 시어도어 루즈벨트는 수호조약의 정신을 지킬 의지는 전혀 없었다.

다른 시점에서 좋은 통치에 관해서 생각한다 - 중도주의

애기는 달라지지만 미국의 타임지가 20세기 말에, 세기의 사람으로 알버트 아인슈타인을 골랐다. 아인슈타인이 위대한 인물이었던 것은 확실하지만 사회에 끼친 영향이라는 것을 생각하면 당시 나는 등소평이 아닐까 생각하고 있었다. 지금도 등소평의 영향을 실감할 수 있다. 서장에서 등장한 프랭클린 루즈벨트도 통치의 달인이었는데 역시 우리와 같은 동양인의 등소평에게는 다른 시사점이 있는 것으로 보인다.

이 등소평의 훌륭한 전기를 동북아시아 연구 전문가 에즈라 보겔(Ezra Vogel)교수가 남겨 주었다. 대단한 역작인데 그 안에는 등소평 통치의 지혜라는 장이 있다. 시대 배경이 이 장에서 다룬 시기와 다르기는 하지만, 중국 공산당이라는 거대한 조직이 문화혁명 후 헤매고 있을 때 등소평이 등장해서 사회주의 시장경제라는 개념을 바탕으로 개혁개방정책을 촉진한 위업이 오늘의 중국을 가능하게 했다고 얘기해두 과언이 아닐 것이다. 보겔 교수의 전기의 부제가, 「중국을 풍요롭게, 그리고 강하게」 즉, 일본의 부국강병을 연상하게 한다.

대원군 - 고종 부자의 경우와 비교하면 처음부터 신념에서 큰 차이가 보인다. 등소평은 세 번이나 실각을 하고 대개혁을 선도한 후 1992년 88세의 나이에도 불구하고 남순강화를 했다. 목표달성에의 대단한 신념이다. 다른 예를 든다면 영국 행사에 프롬스라고 하는 매년 열리는 연주회가 있는데 매번 앵콜서 청중과 같이 노래하는 「룰 브리타니아」라는 제 2의 애국가가 있다. 가사는 「신성한 영국이요, 세계의 바다를 지배하자, 영국 사람은 절대로 절대로 절대로 노예가 되지 않는다.」 여기에서 강조하고 싶은 것은, 원문에서 네버(never)라는 단어가 세 번 반복되어 있는 것이다. 또 제2차 세계대전 중 히틀러가 이끄는 독일의 폭격기로 영국이 고전하고 있던 1940년, 윈스턴 처칠수상은 의회에서「어떤 부담이 있어도 우리는 나라를 지킨다. 우리는 바다에서 싸우고 우리는 거리에서도 싸우고 우리는 산에서도 싸우고, 그리고 절대로 항복하지 않는다」라는 명연설을 한다. 상황은 달랐다고 해도 이러한 불굴의 정신을 조선의 지도자는 왜 갖지 못했는가. 나라를 잃은 후 스스로 목숨을 끊은 국민을 생각하면 분노가 치밀어 오른다.

이것과 관련된 것이 초 이기주의라고도 불리는 현상이다. 이 시기 조선의 톱은 국익보다 사리사욕을 우선하고 있었다. 이것은 특별히 당시의 조선에만 한정된 것은 아니다. 미국의 트럼프 대통령도 그런 경향이 강하다고 얘기할 수 있다. 그러나 망국의 사태로 치닫고 있는 국면에서도 자기 자신과 친족의 손익에 집착하는 톱은 초 이기주의적이라고 표현할 수 밖에 없다. 첫머리의 조선일보 사설에서도 있듯이, 나라는 망해도 조선의 왕실이 일본 황실의 틀 안에서 어떤 처우를 받을지 교섭의제로 한 것만으로도 궁극적인 수치가 아닐까. 일본의 경우, 쇼와 시대는(쇼와는 1926년부터 1988년까지. 여기서는 1945년까지의 쇼와를 칭함) 그렇지 않았지만, 메이지 시대에는 정치사상은 다양해도 나라(공동체)를 생각하는 리더들이 상대적으로 많았다는 것은 부럽기만 하다.

이러한 초 이기주의의 경향은 현대 한국 사회에서도 볼 수 있다. 망해가는 나라보다 자신의 이익을 우선하는 모습은, 서울 삼풍백화점이 무너졌은 때 경영진이 먼저 도망을 가고, 세월호 침몰 사고때 선장이 학생들을 내버려 둔 채로 먼저 내리는 모습과 겹친다.

이와 관련된 통치의 질을 정하는 중요한 요인이 인재의 질이다. 그전에도 지금도 한반도에서는 권력의 공유라는 것은 잘 하지 않는다.「이기면 충신, 지면 역적」은 아니지만 권력을 잡은 자는 그 힘을 철저하게 쓰고, 잡지 못하거나 잃은 자는 생존권유지도 어려운, 말하자면 제로섬 사회에 가깝다. 등소평은 3번의 실각을 거쳤어도, 종신 투옥이나 죽임을 당하지는 않았다. 그래서 복귀가 가능했다. 옛날, 한국에서는 반역자로 간주된 사람은 가족 3대를 벌했듯이 지금도 북한에서는 안타깝게도 그 습관이 계속되고 있다.

비교적 인구가 적은 한반도와 일본이, 인구가 많은 중국과 경쟁하기 위해서 적재적소에 최고의 인재를 택하지 않으면 어떻게 생존경쟁에서 이길 수 있겠는가. 세습 등의 습관은 그러한 인재의 질 확보하는데 있어서 선택의 폭을 상당히 좁히고 만다.

시대배경이나 상황의 차이에서 볼 때, 고종과 등소평의 비교는 무리가 아니냐는 지적도 있을 수 있다. 그러나 정체된 나라를 활성화하기 위한 성공의 열쇠는 무엇일까 하는 레벨에서는 공통점이 있고 참고가 되지 않을까 생각한다.

이제 구체적으로 보겔 교수의 등소평 통치수법에 관한 장에서 「성공의 열쇠」를 몇 개 뽑아서 대원군 - 고종 부자의 통치와 비교함으로써 이 장을 정리해 보겠다.

먼저 나라의 단결이다. 조선일보의 사설에 있었듯이 나라가 단결해도 국난을 극복할 수 있을지 없을지 하는 상황에서 분열하면 힘이 분산되어 약해진다. 이조말기에도 개혁을 설파하는 개화파가 있었다. 예를 들어 그러한 움직임의 원천이 된 박규수는, 일본에서도 유명한 김옥균, 박영효, 김홍집 등을 배출했고, 청일전쟁 후에는 서재필이 독립협회를 창설했다. 이러한 사람들과 전면적 협력은 하지 않더라도 공존은 했어야 한다는 생각이다. 등소평의 경우, 개혁개방의 수법으로써 경제특구가 있었다. 장소를 한정해서 새로운 발상을 전개해 보는 것도 공생을 위한 지혜일지도 모른다. 그리고 보수파를 납득시키기 위해서 중도적인 「사회주의 자유경제」라는 표현을 쓰기로 했다.

한국의 분열지향은 지금도 현저해 보인다. 한국에는 기독교 신자가 꽤 있는데 개신교의 장로파만 해도 200개로 나눠져 있다고 한다. 미국 실리콘밸리에도 1970년대에는 한인교회가 두 개밖에 없었는데 지금은 대략 50개 정도가 전화번호부에 실려 있다.

두 번째는, 좋지 않아도 진실을 직면해야 한다는 것이다. 안타깝게도 대원군

- 고종 부자 모두 외부의 정보를 잘 몰랐다고 얘기하지 않을 수 없다. 우선 아버지는, 요즘식으로 얘기하면 세계의 표준이 무엇인가조차 알지 못하고 있었다. 표준이 청나라였기 때문이다. 그 청나라도 열강에 비하면 후발주자였는데 그 후발의 후발이 되었으니 말이 안 된다. 일본의 이와쿠라(岩倉) 사절단은 중국에는 들리지 않았다. 한편 조선은 서양 열광과 교섭할 때마다 청나라의 리훙장(李鴻章)을 의지했다. 조준이 낮으면 저절로 달성의 정도도 낮아지는 것이다. 즉 벤치마킹의 실패다.

당시 세계 질서가 「힘의 균형」의 시대임은 주지의 사실이었는데, 부자 모두 그러한 인식이 아주 약했다고 얘기할 수 있다. 서장에서도 말했지만 시어도어 루즈벨트는 개인적으로 격투기를 좋아하는 사람이었다. 그런 기호가 있었기 때문에 니토베 이나조(新渡戶稻造)의 무사도(武士道)에 열중하고 있었다. 백악관에 미 국방성의 고위직 관리들을 부르고 매트위에서 레슬링 선수와 일본의 무도가에게 시합을 하도록 했다. 일본의 무도가가 이긴 후 시어도어는 아주 기분이 좋았다고 한다. 시어도어가 이런 사람이란 것을 고종이 알기까지 시간이 많이 걸렸다. 즉 위기감이 부족했다.

「힘의 균형」의 세계 질서 안에서는 그야말로 힘이 없는 사람은 상대하지 못한다. 아버지 시대에 적어도 국내 치안유지, 그리고 외국의 진출에 대해서 나라를 지킬 수 있는 최소한의 방위 능력을 가졌더라면 아들의 시대에 중립화 교섭이 성공할 확률이 높지 않았을까 생각한다. 그러나 이를 위해서는 외국의 군사력을 현실적으로 파악하는 일이 필요하다. 힘이 부족한 상태에서 아무런 확약이 없이 청나라나 미국에 자국의 방위를 의지하려고 한 점이 위에서 얘기한 투 리틀 투 레이트가 되어버린 이유라고 생각한다.

첩보 능력도 중요하다. 고종은, 러시아와 협상을 하고 있을 때 러시아가 뒤에서 일본과 협상하고 있었다는 것을 몰랐다고 한다. 또 제임스 브래들리(James Bradley)의 저서(The Imperial Cruise)에 의하면, 1905년 미 국무장관 태프트가 동경에 들러서 가츠라 태프트 밀약에 사인을 하고, 시어도어 루즈벨트의 딸 앨리스와 같이 서울에 들린다. 그때 고종은 그들의 배신 행위를 모르고 최고의 대접을 했다고 한다. 미국이 1882년 수호조약에 의해서 원조해 줄 것을 기대한 것으로 보인다.

현실적으로 분에 맞는 자기의식을 갖는 것도 중요할 것이다. 고종 시대에는 한국과 일본 사이에서 국력의 차이가 커지고 말았는데, 이것을 말해주는 것이 가네코 켄타로(金子堅太郞)와, 훗날 대한민국 초대 대통령 이승만이 미국에서 받은 대우의 차이다. 러일전쟁 때 가네코는 미국 국민에게 일본의 입장을 이해받기 위해서 미국에 가고, 이승만은 시어도어 루즈벨트의 도움을 받기 위해 대통령을 방문한다. 가네코는 루즈벨트와 하버드 동창이기도 해서 21번이나 회담을 하고 보스톤을 비롯한 몇 개의 도시에서 일본을 위해서 크고 작은 120회의 연설을 한다. 그의 표현은 조금 과장되기는 하였지만 「당신들은 백인이고 우리는 황인종이다. 그러나 어떤 심장도 똑같이 움직이고 있다」라고 하여 큰 박수를 받는다.

한편 젊은 이승만은 영어에 능숙하기도 해서 한국을 대변하기 위해 시어도어를 만나러 간다. 시어도어는 그의 얘기에 귀를 기울이기는 했지만 일본하고 잘 얘기해 주기를 바란다는, 말하자면 푸대접을 받았다. 안타깝고 서운한 마음이었으리라. 말이 나온 김에 소개하면, 그 후 이승만은 미국의 프린스톤 대학에서 공부하고 당시 우드로 윌슨 교수(나중에 대통령)와 가깝게 되어 윌슨 교수댁 홈 파티에 자주 출석할 정도다. 시간이 흘러 윌슨은 대통령이 되고 제1차 세계대전의 처리(베르사이유 조약)를 위해 파리에 간다. 이승만은 민족자결의 원칙을 지론으로 하는 윌슨에게, 일본의 식민지가 되어버린 한국의 실태를 호소하기 위한 파리행에 협력해 줄 것을 부탁한다. 그를 위해서는 미국 국무성이 여권을 발행해 줬어야 하는데 결국 이루지 못한다. 진상은 알 수 없지만 역사가 말하듯이 윌슨은 파리에서의 교섭이 꽤 힘들 것을 알고 있었기에 마음의 여유가 없을 것이다. 이승만은 얼마나 억울했을까.

본론으로 돌아가지만 등소평은 단기적 정책은 장기적 목표를 시야에 두고 책정했다. 일종의 전략성을 말하는 것으로 해석한다. 우선순위를 어떻게 매기고 어디에 자원을 집중할 것인가 하는 것이기도 하다. 그렇게 파악한 경우, 말하자면 국면에 따라서 조선이 쫓아가는 상대국이 달라진다는 것은 전략성이 별로 없는 것으로 느껴진다. 또 자원에 관한 권리를 양도하는 경위를 봐도 그 분배의 결과가 어떤 목적을 달성하기 위한 수단이라고는 생각되지 않는다. 중립화를 통해서 독립을 지킨다는 목표의 실현을 노렸다면, 좀 더 전략, 전술 그리고 자원에 집중한 순서를 밟을 필요성이 있지 않았을까 생각한다. 일본의 경우, 특히 전국시대의 쇼군(将軍)들, 그리고 조선의 이순신 장군 등에게는 전략성이 인정되는데, 조선 말기의 인물에는 그다지 보이지 않는다.

한반도가 「힘의 균형」의 시대에서, 그 지정학적인 조건과 이조 정치제도의 진부화에 의해서 고전을 면하지 못했던 것은 사실이고, 그러한 면에서는 동정의 여지는 있다. 그러나 통치의 질이라는 시점에서 보면, 결과 책임은 묻지 않을 수 없고 그리고 안타깝게도 그 노력도 평가할 가치는 없는 것이 아닌가 생각한다. 앞에서 미리 얘기했던 대로, 그렇다고 해서 다른 나라의 침략을 인정하는 것은 아니지만 스스로 「지키지 못하고 틈을 주었다」에 관해서는 변명의 여지가 없다고 생각한다.

이조 말기의 조선·대한 제국과 현재의 한국

근대사의 얘기를 마치면서, 한국 통치의 어떤 부분이 변했으며 어떤 부분이 아직 변하지 않는가를 정리한 후 다음 장에서 현대사를 다루겠다.

말할 필요도 없이 변한 것은 많다. 한국은 전쟁 후 왕정으로는 돌아가지 않고 독재적인 색채가 강했지만 헌법을 제정하여 근대화의 길을 걸었다.

조선 말기에서는 강대국과의 동맹이 실질적으로는 기능하지 않았기 때문에 나라가 불안정한 상태였으나, 해방후 미국과의 동맹은 한국의 안전과 경제 발전에 크게 기여했다. 그리고 무역 입국과 전자 입국을 세우는 과정에서 글로벌리제이션도 이룰 수 있었다. 기본적으로 쇄국 경향이 있었던 조선 말기와는 대조적인 점이다. 또 1987년 이후 민주주의 확립을 향한 길이 열리며 현재도 그 도전은 계속되고 있다.

그러나 변하지 않은 점도 자각하고 확인해야 할 것이다. 왕정에서 민주주의로 변하기는 했지만, 중앙 집권과 톱 다운 그리고 그것이 가져오는 장점과 폐해에는 공통점이 있는 것이 아닐까. 톱 인재의 질은 개선되었다고 해도, 자신의 잘못을 인정하지 못하고 불통이 되는 경향도, 정도가 다르기는 하지만 과제로 남아 있다. 또다른 폐해로서는 신뢰할 수 있는 자기 자신, 혈연 그리고 친구들과 「끼리끼리」 모이는, 그러한 체질이 사회의 분열을 낳고 있는 것도 유사점이라고 하겠다.

근대와 현대를 비교할때 때 가장 눈에뜨이는 공통점은 「로얄 패밀리」의 존재다. 국정 레벨에서의 왕정은 이제 한국에는 없지만 북한에서는 변형된 형태로 계속되고 있다. 한국에서도 가족 경영에 의한 재벌 통치가 계속되고 있으며, 혈연이 공(公)과 사회의 이익보다 우선되는 경우가 적지 않다.

제7장
현대 한국의 통치구조의 빛과 그림자

한국 국민은 - 나도 포함해서 - 언제까지 정치적 마비 상태를 경험해야 하는 것일까. 탄핵 소추를 받은 대통령은 세 명이나 된다. 내부 대립도 격화되어 나라의 중요 과제를 처리할 수 없는 사태가 일어나고 말았다.

도대체 무엇이 문제인가. 나라의 양극화가 원인이고 간단하지 않은 질문이지만, 그 배후에 세 개의 요인이 있다고 본다. 우선은 통치구조, 그 다음은 그 운용, 그리고 선택받은 정치가의 인재로서의 질이라고 생각한다.

한국의 통치 방식을 비교해보면

한국, 미국, 일본은 민주주의와 법의 지배를 가치관으로 공유하고 있다고 일컬어진다. 그런데 조금 자세하게 살펴보면 특히 민주주의의 제도에는 적지 않은 차이가 보인다. 똑같은 민주주의라고 해도, 말할 필요도 없이, 한국과 미국은 대통령제, 일본은 의회제 민주주의로 종류가 다르다. 우선 한국과 미국 제도의 차이를 살펴보자.

비슷하지만 다른 한국과 미국의 대통령제

전통적으로 생각하면, 미국의 경우 건국 당시 영국의 왕정을 기본으로 한 통치체제에 대항하는 권력 분산(3권 분립)의 체제 만들기를 목적으로 했다. 이러한 구조가 생기고 2세기 반 이상 계속되고 있는 것이다.

한국의 경우, 현재의 통치 방식은 1987년의 헌법 개정에 의한 것인데, 그 전의 독재 정권의 견제라는 측면이 있다. 건국에서부터 마지막 헌법 개정까지 약 40년, 그리고 그때부터 지금까지 거의 비슷한 시간이 흘렀다. 이렇게 비교적 짧은 역사와 지정학적인 이유에서 한국의 「제왕적」 대통령은 구조상, 미국 대통령보다 국내 정치에서의 권력은 강하다.

그런데 트럼프 제 1기 정권이 시작하기 직전부터 나는, 「미국 정치의 한국화」라는 현상을 얘기하고 있었다. 미국은, 원래 2대 정당이 협력하는 것을 미덕으로 해왔다. Bipartisanship(초당파)나 reaching across the aisle(당의 경계를 넘는)은 말하자면 그것을 상징하는 표현이다.

미국이 실질적으로 유일한 초 강대국이었을때는 말할 것도 없이, 미국의 대통령은 세계에서 가장 어려운 문제를 안고 있는 국가원수였다고 해도 지나치지 않을 것이다. 그렇기 때문인지 미국의 역대 대통령들은 정당에 관계없이 협력적인 정신이 있었다. 예를 들어서 중국, 러시아와의 관계에서 공적을 남긴 닉슨 전 대통령(공화당)이 클린턴 대통령(민주당)의 의논상대였다는 것은 잘 알려져 있다. 이 복잡하고 어려운 미국 대통령의 임무를 수행하기 위해서는 다양한 조언이 필요 불가결하다. 최고 책임자를 경험한 사람들이 서로 조언을 공유하지 않으면 현직 대통령은 고독할 것이다. 한국 언론에도 이렇게 당을 뛰어넘은 미국 대통령 경험자들이 모여 있는 사진이 실리는데 부럽게 느껴진다.

그런데 최근 이것이 변하기 시작했다. 카터 대통령의 장례식에서 역대 대통령이 모여서 대화를 하고 있었는데, 트럼프 대통령은 그 이외의 장소에서는 바이든 대통령과 오바마 전 대통령에 대한 비판을 하고 있었다. 실제로는 그런 과격한 발언은 상대방에 대한 의도도 있겠지만, 그것보다도 지지층에 대한 호소이기도 할 것이다. 그리고 미국은 구조적으로는 분립되어있지만, 3권(입법

사법 행정)이 현재 모두 트럼프가 이끄는 공화당의 영향 아래 있는 것(트리플 레드)은, 실질적으로 최근 보지 못할 정도의 권력을 트럼프에게 부여하는 것이 되었다. 한편, 윤정권의 한국과 이시바 정권의 일본은 소수여당의 상태였다. 게다가 한국에서는 야당에 의한 관료의 탄핵 VS 대통령에 의한 거부권의 남발이 일어났고, 마침내 계엄령의 선포로 인해서 현직 대통령의 구속이라는 전대미문의 사건으로 발전했다. 이 상황은 이재명정권의 탄생으로 이어졌다.

그렇다면, 한국 대통령의 권한은 제도상 미국 대통령보다 큰 것일까. 몇 개의 요소를 살펴보겠다.

대통령 임기 중의 면책.

미국의 경우, 대통령이 어느 정도 과감한 정책을 실행할 수 있도록 면책 조치가 있다. 최근 미국 연방 대법원의 견해에 의하면 직무 중의 행위와 그 이외의 행위는 별도로 다루는데, 그 구별이 애매하기 때문에 소추가 어려운 것이 현재 상태다. 이것에 의해 트럼프 대통령에 대한 위험 부담은 상당히 줄었다. 미국에서는 기업 통치의 현장에서도, 간부는 의사결정의 시점에서 최적한 정책을 취했는가에 따라서 책임을 묻게 되고, 돌이켜 봤을 때 더 이상적인 선택지가 있었는가에 관해서는 묻지 않게 되어 있다.

대통령의 은사권.

트럼프 대통령은 올해 제 2기에 취임하자 마자, 2021년 1,6 국회난입 사건에 관련해서 수감되었던 사람들을 은사하고 석방했다. 종래 바이든 전 대통령은 이러한 조치는 옳지 않다고 하면서 자신의 아들 헌터 바이든의 은사는 하지 않을 것이라고 했었다. 그러나 2024년 12월 정권 말기에 가족들과의 의논으로 결정했는지, 헌터의 허위 총기 등록에 관한 유죄 판결을 은사했다. 나아가서 아버지 바이든이 부통령이었던 때까지 거슬러 올라가서 소추될 수 있는 범위의 의혹까지 면책하기로 결정하여, 좌파의 미디어에서도 비판을 받았다. 보도에 따르면 헌터는 우크라이나와 중국에서 아버지의 명성을 사용해서 이권을 얻었다고 한다.

연방 대법원 판사의 임명.

미국 대통령은 국회의 동의를 얻고 연방 법원의 판사를 임명할 수 있다. 한국 대법원장과 대법관의 임기는 6년이고 판사의 임기는 10년임에 비해서, 미국은 종신이다. 미국 대법원 판사는 평균 16년 근무하는데 이것은 대통령 임기의 네 배가 되며, 한국 대법원의 판사 임기는 10년으로 대통령 임기의 두 배다. 미국에서는 임기를 종신으로 함에 의해 판사의 정치색을 엷게 하려는 의도가 있었다. 트럼프 제 1기정권 때 대통령은 미국 의회 상원의 중진, 미치 마커넬의 인맥과 협력으로 연방 대법원 판사의 과반수를 보수계로 할 수 있었다. 민주당의 극좌화를 막기 위해서 임기가 종신인 점을 이용해서, 정권이 교체되어도 사법 판단에서는 보수화를 존속할 수 있도록 했다. 그리고 이것이 50년 전에 확립한 낙태권 인정 판결(Roe vs Wade)을 뒤집게 했다. 앞에서 얘기한 대통령 면책의 판결도 이러한 판사들이 낸 것이다.

최근 더 심각한 문제가 발각했다. 판사의 한 사람인 클라렌스 토마스가 부유층 친구로부터 다양한 「금전적 이익」을 받고 있었다는 의혹으로 비판을 받았다. 언론에서는 연방 대법원에 대해서 윤리 규제를 만들어야 하는 것이 아닌가 강하게 주장했지만, 그러할 움직임은 없다.

한국처럼 임기가 있는 것이 좋은 것은 아닐까.

대통령의 임기

아시다시피 미국의 경우 임기는 4년, 한 번의 재선만 가능하다(중임제). 이것에 비해 한국은 재선 없는 5년으로 되어 있다(단임제).

일반론으로서 중임제의 장점은, 일정한 연속성을 확보할 수 있고 장기적인 프로젝트를 할 수 있는 점이다. 또 1기에서 얻은 경험을 2기에서 살릴 수 있는 경우도 있다. 선악은 별도로, 미국의 트럼프 제2기 정권과 일본의 아베 제 2차 정권은 각각 1기 때의 경험에서 많은 것을 배운 것은 사실이다.

반면, 단임제에도 장점이 있다. 우선 재선을 걱정하지 않아도 되기 때문에 이상적으로는 과감한 일을 할 수 있다. 그리고 미국의 경우 바이든 처럼 예외는 있지만, 재선의 선거에서 현직 대통령이 유리한 입장에 있는 경우가 많다. 최근의 정치적 혼란으로, 한국 국내에서도 대통령의 임기를 미국식으로 하면 어떨까 하는 제언이 언론에 자주 등장한다. 위에서 얘기한 대통령 중임제의 장점을 생각하면 그것도 검토할 가치가 있는 제안이 아닐까 생각이 된다. 이것이 한국의 통치 방식을 바꾸는 첫 번째 과제일 것이다.

대선·총선동기(同期) vs 비동기.

또 하나 한국과 미국에는 선거 시기에 관한 차이가 있다. 미국의 경우, 대통령 선거와 국회의원 선거는 4년에 한번 동시에, 중간 선거는 대선 후 2년후에 치루어진다. 이 시스템에 의해서 대통령 선거와 국회의원 선거에서 어떤 대통령 후보에게 유리하게 되면, 국회에서도 2년 동안 영향력을 갖는 것이 가능하고 입법과 행정이 뒤틀릴 가능성(예를 들어서 소수여당) 이 비교적 적어진다. 국민들은 2년 동안 대통령의 일을 지켜 보고 중간 선거에서 성적을 매기게 된다. 알다시피 한국 대통령은 5년 단기, 국회의원등의 다른 선거와 거의 겹치지 않는다.

선거인 아니면 국민 투표?

미국에서는, 대통령을 뽑을 때 선거인 방식을 취하고 있다. 각 주에서 상하원의원 수와 같은 수의 사람들을 선거인으로 임명하고, 각 주 단위의 국민 투표에서 승리한 후보가 그 주의 선거인 수를 전부 취하는 구조다.

이것은 기본적으로 각 주의 크기나 힘의 차이를 어느 정도 평균화하려는 옛부터의 지혜라고 일컬어지고 있다. 그러나 2016년 트럼프 VS 힐러리 클린턴 선거 때, 힐러리 클린턴이 국민 투표상에서는 승리했지만 트럼프가 선거인 확보에서 승리, 당선했다. 국민들에게 어떤 불공평한 느낌이 있었음은 지울 수 없다. 그런 일이 있어서 지금은 미국 국민의 3분의 2가 한국처럼 직접 국민투표 방식의 대통령 선거를 바라고 있다는 여론 조사가 있다.

연방제와 권력 집중형.

미국은 3권 분립뿐 아니라 상당히 빠른 단계에서부터 연방 정부와 주 정부 사이에서의 분업을 결정했다. 알기 쉬운 예를 든다면, 한국이나 일본에서는 운전면허증은 나라의 기관에서 발행하는데, 미국의 경우 각 주가 발행하고 있으며, 각 주에 따라서 도로 교통법이 다르다. 예를 들어서 캘리포니아에서는 빨간 신호등에서 일단 정지를 한 후에 우회전이 가능한데 다른 주에서는 그렇지 않다. 한편 외교나 방위 등 나라 단위에서 일어나는 행위와 교역이나 통신 등 각 주를 넘는 행위에 관해서는 연방 정부가 권한과 책임을 갖는다.

한국의 경우, 긴 역사 안에서 지정학적으로 복수의 큰 나라와 대치하지 않으면 생존할 수 없는 숙명을 안고 왔다. 앞에서도 얘기했지만 크고 작게 약 900회에 달하는 침략을 받았던 나라가 집권적인 통치 구조로 되어 있는 것은 자연스러울 것이다. 또 오랫동안 지속되었던 왕정도 그 집권적인 구조에 의한 것이었다. 한국 국토도 미국의 넓은 땅과 비교할 수 없을 정도로 좁다. 그리고 분단국가이기 때문에 북한과의 교섭 과정에서 연방제라는 표현이 정치적인 표현으로 되어 버린 측면이 있다. 연방제는 보류하더라도 한국의 지역 격차를 생각하면 지방 분권을 심각하게 생각할 시기는 이미 지났다고 얘기할 수 있다. 격차 시정은 시급한 과제다.

이상의 논점은, 모든 것을 망라하고 있는 것은 아니지만, 대통령의 중임제와 대선·총선 일부 동시(同期)이외에는 미국의 대통령제의 구조가 특별히 우수하다고 얘기할 수 없는 것은 아닐까.

한국의 대통령제와 일본의 의원(議院)내각제

이번에는 한국과 일본의 정치 통치 시스템을 비교해 보자. 말할 필요도 없고 한국과 일본의 통치 시스템의 가장 큰 차이는 대통령제냐 의원 내각제냐 하는 점이다.

일반적으로는, 권력이 집중되는 쪽은 대통령제라고 생각이 되는데, 일본의 경우 의회 안에서의 정치 기반이 여당 중심으로 강하고, 그 위에 여당총재로서의 수상이 있는 경우, 국면에 따라서는 특히 한국 미국에서의 소수 여당 대통령보다도 강한 권력을 갖게 된다. 최근의 예로서 고이즈미(小泉) 내각, 그리고 아베 제 2차 내각도 그랬다. 아베 내각은 야당에도 여당에도 아베정권에 도전할 수 있는 세력이 없었기 때문에 아베 일강(一强)이라고 불렸을 정도다.

한국에서 윤 전 대통령의 다수의 거부권발동(일부 극단적인 민주당 법안이 있었던 것도 사실)과 그에 대항하기 위해서 민주당이 남발했던 탄핵 동의도 대통령제의 성격이라고 할 수 있다. 일본의 경우, 야당은 내각에 대해서 불신임결의안을 제출하여 가결이 되면 수상은 국회해산 또는 내각 총 사직을 하게 된다. 통상적으로도 국회 해산권은 항상 수상이 갖고 있어서, 예를 들어서 국회 안에서의 의견 형성이 국민 여론과 비교해서 현저하게 다를 경우, 국회를 해산하고 총 선거를 해서 권력 구조를 다시 세울 수가 있다. 고이즈미 정권 때의 **우**

정 민영화(郵政民營化) 해산이 그 한 예라고 하겠다.

> 일본 우정(郵政) 민영화 해산 : 2005년 고이즈미 수상이 우선하는 과제로 하고 있었던 우편 민영화 법안이 여당의원의 반대로 인해 부결, 고이즈미는 이에 대항하여 중의원 해산을 단행하였다. 국민을 설득하여 선거에서 승리, 법안을 통과시켰다.

그러나, 이 구조에는 단점도 있다. 우선 수상의 임기가 보장되어 있지 않기 때문에, 지지율이 내려가면 짧은 기간으로 끝나게 되는 경우도 적지 않다. 지난 20년을 봐도 예를 들어서 고이즈미 정권과 아베 제 2차 정권 사이의 6년 동안, 정권은 약 1년 주기로 바뀌었었다. 두 번째의 단점은, 선거를 자주 하게 되는 것이다. 그것도 예측 불가능한 경우가 많다. 어느 나라에서도 선거에는 돈이 드는데, 선거가 많아질수록 부패할 가능성도 높아진다.

안정적인 나라의 통치 - 한국 vs 일본

이제까지 일본식 의원내각제의 한 부분을 얘기해 왔는데, 그 특징의 하나가 나라의 안정적 통치일 것이다. 그것은 이제까지 얘기해 온 그루피즘(집단적 의사결정)의 대표적인 예다.

일본의 관료 기구는 한국이나 미국과 아주 다르다. 한국이나 미국에서는 정권이 바뀔 때마다 톱의 정치 사고와 맞는 인재를, 관청의 중요한 자리에 앉히는 습관이 있다. 한국의 문재인이나 최근에는 미국의 트럼프가 적극적으로 그렇게 하였다.

일본의 경우, 앞에서 얘기한 대로 아베 정권이 내각인사국을 만듦에 의해 정권의 방침에 강하게 반대하는 관료는 임명하지 않는 권리를 확보했는데, 전체적으로 봐서 관료 인사는 각 부처에서 사무차관이라고 불리는 관료의 톱을 중심으로 한다. 일본에서는 각 부처의 정무삼역(政務三役)이라고 불리는 장관, 부장관, 정무관은 정치가인데, 인사나 실무의 주도권을 잡고 있는 사람들은 사무차관이다. 그렇기 때문에 한국이나 미국에 비교해서 정권이 바뀔 때 생기는 관료의 교체는 적다.(관료의 임기는 정권과 동기하지 않는다) 일본의 법안, 제출과 심의의 프로세스를 보면 집단적 그리고 「바텀업」적인 성격과, 안정적이면서 동시에 경직되어 있는 측면이 존재하고 있는 것을 알게 된다.

일본에는 의원 입법도 있지만, 대부분의 법안은 관료가 발안을 한다. 많은 관료들은 어느 특정 분야에서의 현장의 지식이나 경험을 살려서 제안할 수 있고, 그 안을 통과시키기 위해서는 사전 심사라고 하는 과정을 거치지 않으면 안된다. 자민당의 힘이 컸을 때는 그 당의 정무조사회 안에 있는 분야별 부회에서 관료가 설명, 국회의원에게 논의하게 하고 교섭을 거쳐서 납득을 시킨다. 그 결과를 당 총무회에서 승인을 받는다. 문제는 관계하는 국회의원이 과연 얼마나 그 당의 총재 즉 수상을 위해서 일하고 있는가, 아니면 그 자신의 소속 파벌의 손익을 염두에 있는가 하는 것이다. 여기서 당내의 정보교환과 경우에 따라서는 서로 주고 받는 것이 생긴다. 그 후에 「党議拘束」에 의해 의회에서의 채결은 모두 찬성하는 것으로 된다.

먼저 얘기한 관료 인사시스템과 그 발안에 관한 집단 의사 결정 방식을 합하면, 정권 교체 때 한국보다 일본이 훨씬 안정적이라고 얘기하는 것을 알 수 있다. 종래에 일본에서는 「"오카미"=御上 권력자」로 불려 왔던 관료에 대한 신뢰감도 높은 것이 아닐까.

여기서 중요한 것은, 가능한 한 이러한 교섭이 다수결이 아닌 만장일치로 진행되는 것이다. 경험이 있는 사람은 알겠지만, 만장일치로 결정하기 위해서는, 말하자면 최대 공약수를 찾듯이 제안을 보수적으로 할 수밖에 없다. 그렇기 때문에 일본의 집단 의사 결정 방식은 시간이 걸릴뿐 아니라, 그 결과가 보수적(예를들어 전례주의)으로 되는 경우가 많다.

이대로 해서는 이제부터의 시대에 대응하지 못하는 것이 아닌가, 하는 위기감이 일본에 있는 것도 사실이고, 앞에서 얘기한 대로 일본의 리더들도 나라를 중앙집권 방향으로 이끌어 가려고 한다. 그러나 그 길은 간단하지 않으며 지금도 그렇지 않다. 위에서 설명한 사전 심사도, 자민당이 야당이었던 호소카와(細川), 하타(羽田)정권(1993-1994)과 민주당 정권(2009-2012)때는 기능하지 않았다. 그렇다고 해서 정치가가 주도권을 잡은 것이 아니라 당시의 내각에는 유능한 관료와 같이 잘 일할 수 있는 경험자가 없었다. 그리고 아베 제 2차 정권에서는 사전 심사가 다시 진행되게 되었다. 즉 중앙집권으로 기울어도 집단적 측면이 남아 있다.

의원내각제의 장점

한국이 검토해야 할 제2의 과제는, 의원 내각제를 부분적으로 취할지 아닐지이다. 일본의 정책 결정에는 시간이 걸리고 보수적인 결론에 달하는 경우가 많다는 것을 그 단점으로서 이제까지 얘기해왔다. 그렇다면 장점은 무엇일까.

우선, 조금 전에도 얘기했지만 어느 정도 정치와는 독립된 관료들이 나라의 통치를 안정화하고 있는 일이다. 정권이 바뀔 때마다 정책이 양극화 되는 상황은 비교적 적다. 이것은 미국과의 비교에서도 얘기할 수 있다.

미일 관계처럼 중요한 동맹에서도 이 안정성과 일관성이 종래에는 잘 기능했다. 문재인 정권 때는 미국의 관료들이 한국의 얼라인먼트(두 나라의 방향성 일치)에 관해서 걱정한다는 이야기를, 나도 직접들은 적이 있다. 그러나 곤란하게도 이번에는 트럼프 제 2기 정권의 얼라인먼트를 한국과 일본이 걱정하는 차례인 것 같다. 그런데 안정성과 일관성의 뒷면에는 변화에 대한 저항이 있어서 일본의 스가(菅) 전 수상은 관료를 저항 세력의 하나로 파악하고 있었다.

제2의 장점은, 다양한 시점에서 정책 결정의 프로세스가 시도되어, 그 과정에서 체크 앤드 밸런스를 통해서 검증되는 것이다. 일본의 고위직 관료 경험자와 지금도 연락을 하고 있는데, 아주 우수한 사람들이다. 다루어 온 분야에 대한 견식과 경험이 상당히 깊고 현실적이며, 끊임없이 공부하는 자세가 훌륭하다. 이러한 관료가 미국과의 대화·교섭에서도 정치가의 좋은 파트너가 되어 있는 측면이 많다.

　한국의 대통령과 국무총리가 역할을 분담해서, 일방적으로 대통령과 그 측근들이 상의하달 방식으로 통치하는 것이 아니라, 내각과 그 산하에 있는 관료기구의 견해나 경험이 균형 좋게 반영되는 정책 결정 프로세스로 변해가는 것도 한국의 다음 스텝으로서는 유효한 것이 아닐까.

중앙집권이 유리하게 작용하는 경우

　역사를 크게 보면 중앙집권이 영향을 끼치는 경우가 적어도 다섯 가지다. 그것은 위기대응, 개발독재, 순발력과 즉흥력이 필요할 때, 과감한 결단이 필요할 때, 그리고 톱다운에 의한 추진력이 필요할 때다.

　우선 위기대응이다. 위기국면에서 한발 늦거나, 우유부단한 상태가 되는 것은 치명타다. 위험하다. 코로나 대응도 그렇고 전쟁도 당연하다.

　두 번째는 그 전에도 얘기했지만, 아시아에서 국가경제를 성장시키기 위해서 초기 단계에서 개발독재라는 수법을 사용해 왔다. 일본은 사실상 자민당의 일당 독재 지배가 오랫동안 계속되었다. 한국도 박정희 정권 그리고 전두환 정권을 합하면 25년 이상 독재가 계속되었다. 대만의 장제스도 그렇다. 유교라는 공통의 베이스가 있기 때문이라는 설도있다.

　세 번째의 순발력·즉흥력인데 사실은 한때 BRICs라고 불렸던 중진국의 영업에도 톱다운 형식이 일본의 바텀업보다 효과적이었다.

　네번째는 과감한 의사결정을 해야 할 때다. 설비집약산업인 반도체 분야에서는 과감한 설비 투자판단이 업적을 좌우한다.

　다섯 번째는 톱다운형의 추진력이 필요할 때다. 이명박이 서울시장이었을 때 재개발한 청계천이 좋은 예인데, 일본의 동경도는 니혼바시를 원래의 모습으로 되돌리지 못하는 상황이다. 日本橋는 동경중심에 있는 다리인데 그 위에 수도고속도로가 달리고 있다. 동경도의 직원이 복원한 청계천을 몇번이나 방문, 시찰했고, 부러워 한다는 얘기를 들었다.

이 다섯 개의 경우를 조금 더 자세하게 얘기하겠다.

1 위기 대응

일본이 외세로부터 당한 침략은 전무에 가깝고, 위기대응에 약한 경향이 있다. 국가나 기업이 위기에 처했을 때 중앙집권이 될 수밖에 없는 이유는 주로 두 개 있다.

우선 신속한 대응이 요구되기 때문이다. 집단 지도체제에서는 의사결정에 시간이 걸리며, 상황이 절박하고 의사결정이 늦어져서 기회손실이 생기는 경우라면 더욱 그렇다.

또 하나의 이유는 결속이 필요하기 때문이다. 적이 공격하고 있는데 내부에서 싸우고 있다면 스스로를 패배로 이끄는 것과 같을 것이다. 전시의 위기 대응도 있지만 코로나 대응에도 세계가 어려움을 겪었다. 한국은 그 중 한때 두각을 나타냈다.

판데믹 초기 단계에서는 한국은 신규 감염자의 수를 낮은 수준에서 유지할 수 있었다. 지인의 진 미국 외교관들로부터도 「한국은 잘하고 있네」라고 들은 적이 있었다.

2 개발독재 : 빈곤에서 선진국으로

해방 후 한국은 6.25 전쟁으로 허허벌판인 폐허가 된 상태에서 재건을 했다. 박정희 대통령이 쿠데타에 의해서 정권을 장악한 1961년 시점에서는 한국 1인당 GNP는 아프리카의 가난한 나라의 수준과 같았다.

고 김종필에 의하면 당시 한국의 비누로 샴푸를 하면 머리카락이 빠졌다고 하고, 칫솔에서도 털이 빠졌다고 한다. 식량난으로 군대의 식량이 부족했을 때 어떤 사람이 즉석라면이라는 것이 있다고 하여 몇만 불을 빌릴 수 있으면 한국에서 생산할 수 있다고 제안했다. 여기에 김종필이 응해서 식량 부족 감소에

도움이 되었다는 에피소드를 밝혔다.

　유감스럽게도 1960년대 한국을 볼 수는 없었지만 일본에서 태어나서 자란 나는 1970년, 처음으로 조국을 방문했을 때의 충격을 지금도 잊어버릴 수가 없다. 하네다에서 출발해서 서울 김포 공항에 도착했다. 솔직한 소감을 얘기하면 당시 어린 마음에도 후진국에 온 느낌이었다. 공항에는 총을 든 병사들이 보이고 긴장된 분위기였는데 처음보는 많은 친척들이 마중을 나왔던 기억이 난다. 차를 타고 할아버지 댁에 가고 있었는데 도중에서 시장길을 지날 때 머리에 무거운 짐을 지고 있는 아주머니들한테 작은 아버지가 「비켜, 비켜」라고 소리지르는 모습을 보고 죄송한 마음이 들었다. 그때 가장 마음이 아팠던 광경은 택시 정류장이었다. 택시를 기다리고 있는 사람들에게 나와 비슷한 또래의 어린이가 츄잉검을 팔고 있는 것이 아닌가. 사람들은 그 아이를 파리를 쫓듯이 무시했다. 그와 나는 태어난 조건이 다를 뿐인데. 비가 오는 날에는 다른 아이가 비닐우산을 팔고 있었다. 덧붙여서 이런 광경은 30년 후 데자뷰적으로 인도, 네팔에서 다시 보게 되었다. 격차는 없어지지 않는다.

　1961년부터 1979년까지 대통령을 지낸 박정희. 원래대로라면 그는 나라를 빈곤에서 고도성장으로 이끈 위대한 인물로 인식되어도 이상하지 않은데, 독재자로서 행한 여러가지 행위에 의해 평가가 엇갈리고 있다. 하버드대학 에즈라 보겔 교수는 박정희 대통령을 높이 평가하면서도, 중국의 등소평은 천안문 사건 때처럼 때로는 강경책을 썼지만, 박정희는 계속해서 인권을 탄압했다고 말하고 있다. 그 정도로 독재를 계속했다.

「하면 된다」

　빈곤에서 나라를 구하기 위해서 중앙집권 방침을 결정한 배경에 대해서 김종필이 설명한다. 그는 박정희와 같이 군사 쿠데타를 일으키고 그 후 오랫동안 한국 정치계에 영향을 미쳤다. 우선, 수출촉진으로 외화를 벌고, 산업화에 의해서 어느 정도 풍요롭게 되면, 그 후 민주화를 하기로 의기투합했다고 한다. 바꿔서 얘기하면, 지금은 유교권의 아시아 각국의 모델로 유명하게 된 「개발독재」라는 방법이다.

박정희 대통령은 군인출신으로 경제에 관해서는 밝지 않았다. 수출촉진을 도모하기 위해서 학자, 경영자들과 함께 매년 수출목표를 정하고 그 달성여부를 확인하기 위해서 매달 성과를 체크하고, 매년 11월 30일을 「수출의 날」로 설정, 목표를 달성한 기업을 직접 표창할 정도로 애를 썼다. 1961년 4200만불이었던 수출액이 1964년에는 1억불을 돌파, 기쁨의 눈물을 흘렸다고 한다. 나아가서, 빈곤한 나라에서 지금은 세계 십여위의 경제규모를 자랑하는 OECD 나라가 되었다. 말 그대로 「한강의 기적」을 가능하게 한 대통령으로 평가를 받아도 이상하지 않다.

이 시기를 돌이켜본 한국의 어느 미디어는, 「권위중심사회에서 업적중심사회로」 전환한 시대라로 표현한다. 또, 당시 일본에서도 그랬듯이 한국의 기업인은 맹렬히 일하고, 나라를 위해서 '멸사봉공'했던 시대라고도 표현하고 있다. 다만 일본과는 달리, 이 시대에도 기업오너는 부를 축적했다.

그 탁월한 경영자의 하나가 현 삼성그룹의 창립자 고 이병철 회장이다. 한번은 서울에서 한번은 동경에서 만난 적이 있다. 만년의 이병철의 목적의식은 뚜렷했고, 「내가 죽기 전에 반도체 사업을 궤도에 올리고 싶다」고 얘기하던 기억이 있다. 삼성은 1990년대 전반, 일본의 장기였던 d램 메모리에서 톱쉐어를 자랑하게 된다. 게다가 지금은 세계에서 1,2를 다투는 반도체 메이커가 된 것은 주지의 사실이다.

당연하게도, 삼성은 당시부터 이병철에게 권력이 집중되어 있었다. 그의 저서 「시장은 세계에 있다」에서 중요시하는 경영철학을 남기고 있다. 현재 애로사항을 많이 안고 있는 삼성전자에게는 창립정신을 복습하는 계기가 될지도 모르겠다. 그 요점은,

인재제일주의 :「내 일의 90퍼센트는 인사」. 경영에 참여한 사람이라면 알 수 있지만, 기업통치에서 가장 중요한 것이 톱의 인사로, 대개는 이사회(혹은 위원회)가 제안, 승인하는 과정을 이병철이 단독으로 결정했다는 것은 권력집중이라고 할 수 있겠다. 현역이었을 때는, 연말의 한달동안 동경의 오쿠라 호텔에서 지내면서 일본 재계와 의견교환을 하거나 경영서적을 구입한 후, 신년의 인사안을 구상했다고 하니, 경영진이 전전긍긍한 것은 말할 것도 없겠다. 독단에 가까운 형태로 정하는 장점은, 자신이 신뢰하는 부하이기에 실행이 빠르고, 일관성이 있는 점이리라.

제일주의 : 처음 삼성그룹에는 제일제당, 제일모직, 제일기획 등「제일」이 붙은 회사가 많았다. 여기에는 두개의 의미가 있었지 않았을까. 첫째는 아까 얘기한 스피드. 새로운 비지니스 아이디어를 다른 기업보다 빨리 시작한다. 분명하게 한때, 미국이나 일본의 선진적인 아이디어를 알아채면, 다른 어느 회사보다 빨리 내게 연락을 주었다. 실리콘 벨리에서 일하면서, 최근에는 한국의 다른 회사나 중국 기업의 반응이 삼성전자보다 더 빠른 인상을 받지만….

창업자 스스로가 정기적인 일본체제를 통해서 새로운 사업의 아이디어를 찾는 모범을 보인 것도 중앙집권제의 이점이었겠다. 지금도 신세계 백화점의 매장을 보면, 그 영향이 아직도 남아있다는 것을 느낀다.

「제일」의 또 하나의 의미는 그 업계에서 실적 1위라는 뜻이겠다. 양과 질, 양쪽에서 1등이 되고 싶다. 당시, 삼성전자의 회장을 지낸 강진구에게서 직접 들은 이야기를 소개하겠다. 옛날 가전제품 분야에서 삼성은 LG(당시는 금성사)에 뒤졌었는데 따라가서 앞지르기 위해서 실행한 일중의 하나가 수원에 대량생산을 위한 공장을 만드는 것이었다. 지금은 삼성의 큰 거점이 되어 있는데 당시 이병철은 마쓰시타 전기의 가도마(門真)공장보다 크게 라고 얘기했다고 한다. 이러한 과감한 투자가 가능한 것도 중앙집권의 장점이겠다. 결국 삼성전자는 금성사를 앞질렀다.

회장 비서실 : 이병철은 자기 자신의 스텝으로 비서실을 만들고 가장 신뢰하고 유능한 인재를 비서실에 두었다. 나는 그것도 중앙집권의 현상이라고 생각한다. 많은 사업부 중에서 실적이 좋지 않은 사업이 생긴 경우 비서실 직원을 보내서 문제의 근본 원인을, 경우에 따라서는, 비서실에서 독자적으로 규명했다. 회사 안에 컨설팅 조직을 갖고 있는 것과 비슷할지도 모른다. 보고를 받고 결론에 따라서는 그곳의 사업부장은 구조조정의 대상이 되는 경우도 있었다. 그 비서실에는 그 외에도 중요한 임무가 있었는데 그것은 정부 특히 나라의 실권을 잡고 있는 대통령과의 파이프 역할이다. 그 임무에는 대단한 리스크가 따라오는 측면이 있다.

아버지를 넘은 후계자

내 일의 성격상 여러 오너 기업과 만나는 기회가 있는데, 후계자가 창업자를 뛰어넘는 것은 어렵다는 말이 대체로 맞다고 생각이 된다. 아버지는 고생하고 자란 저력이 있는 것에 비해서 자식은 고생없이 자라나고 제왕학(특별대우)을 통해서 톱으로 취임한다. 따라서 현장의 어려움을 알지 못하는데, 톱 계승은 오너 기업을 놓치할 때 어려운 과제로 남아있다.

삼성의 창업자는 후계자로서 삼남을 택했다. 유교적인 습관에서는 대체로 장남을 택하기 때문에 장남과의 갈등 등 부작용은 있었지만 기업가치의 증가에서 판단하면 결과적으로는 경영은 잘 되었다고 얘기할 수 있다. 덧붙여서 북한의 김정일도 장남이 아닌 삼남을 택했는데, 과연 이것은 잘 될까.

애기를 삼성으로 되돌리면, 초대 회장은 물건을 살 때 깎았지만 후계자는 좋은 물건에 관해서는 가격을 묻지 않았다고 한다. 놀랍게도 이러한 면이 삼성의 더 큰 비약을 이끌게 되었다. 즉 삼성을 세계 수준의 일류기업으로 끌어올렸다고 한다. 그 수법의 요점은 :

삼성 신경영 : 2대 회장은 세계 수준에 맞춘 경영에의 의식개혁을 경영진에

게 심기 위해서 1993년 독일 프랑크푸르트에서「삼성 신경영」을 발표. 메시지는 대담하다고 얘기할 수 있는「아내와 자식 이외에는 전부 바꿔라」였다. 중앙집권적인 톱으로부터의 방침이기 때문에, 신중하게 받아들여졌다고 생각이 된다.

지역 전문가 제도 : 1990년, 인재의 생각과 사고를 세계로 향하게 하기 위해서 삼성의 중요한 해외지역에 장래성이 있는 인재를, 극단적으로 얘기하면「1년 동안은 회사 일을 하지 않아도 좋으니 지역 사회에 들어가서 경험하고 보고를 하라」는 사명으로 파견을 했다. 1997년 IMF 쇼크 때는 축소하였다고 하는데, 30여 년간 육성한 7,000여 명의 인재가 삼성에게는 대단히 귀중한 자산이 되었던 것은 틀림없다고 생각한다.

지역 전문가를 몇 명 만난 적이 있다. 인상적이었던 것은, 한국 국내에서 근무할 때는 재외 한국인의 자녀도 당연히 한국어를 해야 한다고 했던 사람이,「해외에서 자식을 키워보니 쉽지 않음을 알았다」고 얘기하는 것이다. 시야가 열린 사람의 발언이라고 생각이 된다.

지역 전문가를 육성하는 이 발상이 당시 얼마나 참신했던지를 알 수 있는 기사가 닛케이 비즈니스에 있었다. 2013년 9월 2일호에 (히타치 제작소의 명경영자)「가와무라 다카시(川村隆)의 경영 교실 —인재의 글로벌화」라는 기사에서 가와무라는, 2011년도 부터(삼성은 1990년부터) 매년 1000명을 최장 3개월간 해외 주재를 하도록 했다, 라고 한다. 이것은 그 전의 10배 이상이라고도 하고 있다.

복합화 : 위에서 얘기한 대로 국내 그리고 해외의 시야를 동시에 갖고 있는 인재를 육성하는 것도 능력의 복합화로 파악하는 것도 가능하다. 또, 부문이나 기능을 복수적으로 경험하는 것도 다른 의미에서 능력에 폭을 갖게 하는, 이것도 또한 복합화라고 생각할 수도 있다. 예를 들어서, 한국 내에서 제품개발 하나만을 해온 사람이 미국의 개발거점으로 옮기면 전자의 복합화, 개발에서 영

업으로 옮기면 후자의 복합화다. 한국 기업에도 일본 기업에도, 국내에서, 그것도 하나의 분야에서 승진을 계속해서 중역이 되는 경우, 회사의 중요한 과제를 횡단적인 시점에서 판단을 하지 못하는 케이스가 아직 많이 보인다.

 2대 회장은 좋은 점에 착안했다고 말할 수 있다. 최근에는 삼성 등 한국의 대기업의 취직 시험에는 역사를 포함한 인문계의 질문이 나온다고 한다. 옛날 내가 MIT 유학 시절에 보았던, 세상을 모르고 상식이 부족한 기술자를 시정하는 좋은 방법이라고 생각한다.

3 순발력과 즉흥력이 필요한 때 - 중진국과의 사업 전개

 지금은 그렇지도 않지만 한때 일본의 축구팀은 작전은 훌륭한데 골을 넣지 못한다고 했었다. 거꾸로 한국의 팀은 작전은 그다지 면밀하지 않은데 예상하지 못했던 상황에서 주도권을 잡는다고 얘기했었다. 유럽의 일류 축구팀에서 한국의 스타 선수가 뛰고 있다. 지금은 그렇지도 않겠지만 일반적인 조직의 레벨에서 계획성의 일본, 즉흥성의 한국이라는 색채가 아직 남아 있는 것이 아닐까.

 예를 늘어서 한때 일본의 경단련(経団連 = 경세단체 연합회)과 한국의 전경련이 교대로 한일 교류회를 개최하고 있었다. 일본 측이 개최를 할 때는 분 단위로 스케줄을 만들고 그대로 실행했다고 한다. 한편 한국측이 개최를 할 경우 계획은 대충인데 해프닝이 있어도 어떻게든 처리하는 스타일이었다고 들었다.

 도상국이나 후진국에서는 사업 계획이 예상대로 진행되지 않고 후퇴하거나 옆으로 빠지거나 하는 경우가 많다. 정책의 안정성이나 일관성이 중시되기보다는 국면에 따라서 그때그때 바뀌는 경향이 있기 때문에 기업은 대응이 힘들다. 변경을 해야 할 때마다 집단에서 계획을 고쳐야 하거나, 또는 현장 레벨에서 빨리 움직일 수 없는 체질이라면 상대방과 잘 맞지 않게 된다. 말하자면 두

발 앞으로, 한 발 뒤로 후퇴하기를 몇 번이나 반복하는 그러한 대응력이 성공의 열쇠가 된다.

우즈베키스탄을 방문할 기회가 있었는데 거기에서 재미있는 얘기를 들었다. 그 나라는 소비에트 연방의 일부로서 오랫동안 생산 체계의 부분적 하청업체로 제한되어 있었다. 예를 들어서 소련이 자랑하는 '일류신'이라는 비행기는 우즈베키스탄의 수도 타슈켄트의 교외에서 만들고 있었다.

오랫동안 대통령이었던 카리모프는 엔지니어 출신인데, 소련 해체 후에 자동차 사업을 시작해서 구 소련의 중심이었던 러시아 시장에서도 팔리는 자랑스러운 차를 만들고 싶은 꿈이 있었다.

여기에, 한국 대우그룹의 김우중이 등장한다. 한참 전에는 현대그룹과 경쟁할 정도의 자동차 사업을 갖고 있었던 김우중 회장은 카리모프와의 논의를 거듭하고 합의에 도달한다. 요컨대, 자동차 생산에 필요한 노하우와 설비를 모두 제공할테니, 이익이 나도록 해 달라고 했다고 한다. 카리모프는 우즈베키스탄에서 러시아에의 수출허가, 외화환율의 특별대우 등을 부여하여 사업으로서 성립되도록 협력했다. 그리고 '우즈 대우'라는 자동차생산 합병 회사가 생겼다. 그 후 어느 정도 사업을 전개했다고 하는데 현지의 상황과 대우 그 자체가 불안정하게 되었기 때문에 오랫동안 계속되지는 않았다고 한다. 일본상사(商社)의 톱에게 이 이야기와, 인도에서의 한국 기업의 선개를 얘기한 석이 있는데 일본 조직에서는 그러한 전개는 도저히 할 수 없다고 하며 부럽다는 반응이었다.

4 과감한 결단이 필요할 때 : 한국의 메모리 반도체 사업

1970년대 말에서 1980년대에 걸쳐서 일본의 장기(長技)라고도 여겨졌던 메모리 반도체. 그러나 지금은 한국이 메모리 반도체의 아성이 되었다. 쾌거라고 해도 되지 않을까. 옛날 내게 직접, 「나는 삼성반도체 사업을 꼭 성공으로 이끌겠다」고 얘기한 이병철 전 회장은 기뻐하고 있을 것이다.

이런 성공의 열쇠는 몇 개 있는데 그 중 가장 효과적인 요인이 한국 기업의 통치 방식일 것이다. 모두 알다시피 한국의 경우, 지배권을 갖고 있는 대주주가 과감한 연구개발 및 생산설비 투자 판단을 할 수 있는데, 일본의 집단적 통치 방식에서는 한계가 생긴다.

그 당시에 메모리 산업에서는 실리콘 사이클이라고 하는 수요의 상하운동이 있고 특히 불황의 국면에서는 과감한 설비증강을 하는 것에 의해 수요의 회복 국면에 매상 즉, 쉐어를 늘릴 수 있다.

그러나 불황 중, 과감한 투자를 하기는 어렵다. 집단에서 그런 판단을 하려면 보수적이 된다는 것은 경영학에서도 증명되어 있다.

TV 다큐멘터리에서 한국의 메모리 메이커와 경쟁하는 일본 기업의 이사회가 투자를 결정하는 장면을 보았다. 한국 기업과의 차이를 메우기 위해서 최소한도의 투자를 이사회에 제안했는데 옥신각신하다가 조건부로 투자의 일부를 인정했다. 실질적으로 그 규모로는 충분한 경쟁은 하기 어려울 것이다.

집단주의가 유리했던 상황에서 중앙집권 유리로 바뀐 반도체 메모리 사업

세상은 복잡하다. 때로는 집단주의가 유리했던 상황에서 중앙집권주의가 유리한 상황으로 변한다. 옛날 반도체 메모리는 일본의 장기였다. 그때 메모리 반도체 제조 공정에서는 일본의 장점이었던 **가이젠(改善) 운동, 소집단 활동(小集團活動)**이나 **TQC(Total Quality Control)** 등의 수법이 아주 효과적이었다. 당시는 각 생산공정 설비의 효율이나 품질을 최적화하고 축적

> 개선 운동, 쇼집단 활동: 생산현장이 사원들이 자주적으로 행하는 것으로 품질 관리를 향상시키기 위한 운동. 이러한 수법으로 인해 결함율이 몇% 단위에서 PPM(백만개중 몇 개)으로 떨어졌다. 제 1선에서 행해지면서 현장의 작업이 창조적으로 되며 품질과 생산성의 비약적인 향상이 이루어졌다.
>
> TQC (Total Quality Control) : 이전에는 TQC (회사 전체의 품질 관리)의 대상은 주로 제조 부문, 설계 부문, 애프터서비스 부문 등이었는데 최근에는 TQM(Total Quality Management)으로 불리면서 관리부문, 지원 부문등도 포함하는 회사전체의 운동으로 퍼졌다.

함에 의해 종합력을 높일 수 있었다.

  NEC 엘렉트로닉스의 사외이사로 일했었을 때 규슈(九州) 공장을 방문해서 현장의 눈물나는 노력을 보았다. 시찰을 갔을 때 각 소집단은 따뜻하게 환영해 주었고, 담당하는 생산 공정을 어떻게 개선했으며 4반기에 수천만엔 규모의 효율화를 달성했다는 보고를 들었다. 간부의 책임이 보다 크게 느껴지는 순간이었다. 그러나 시대가 크게 변했다. 말하자면 무수한 현장력의 집결이 경쟁력과 직결하는 시대에서, 이제는 전략적 투자가 큰 영향을 미치는 시대가 되었다.

  합리적으로 사업을 진행하는 것도 중요하게 된다. 히타치의 반도체 메모리 사업에서 기술자였던 유노가미(湯之上)는 메모리 수요가 대형 컴퓨터용에서 PC용으로 바뀐 시대에도, 일본 메이커는 전자(前者)가 필요로 하는 25년의 내구성에 고집했다고 한다. 한편 한국의 메이커는 5년의 내구성에 맞췄기에 코스트면에서는 유리했다. 동시에, 실리콘 기반에 회로의 패턴을 형성하기 위해서 필요한 마스크의 수 즉, 그것에 필적하는 제조 공정을 줄여서 일본 메이커보다 원가를 20%에서 30% 정도 줄일 수 있었다.

  앞에서도 얘기한 미일반도체 협정에 얽매이지 않은 한국 메이커는, 반 덤핑 조치로 일본 메이커가 지켜야 했던 최저 판매가격이 적용되지 않았기 때문에 적극적으로 코스트를 내리고 이익을 확보하는 것이 가능한 기회를 맞았다.

  결과적으로 일본은 6~7개 있었던 메모리 메이커가 합병을 반복해서, 나중에는 NEC, 히타치 그리고 미쓰비시 전기의 메모리 사업을 합친 '엘피다'라는 회사만이 남았는데, 그것도 미국의 마이크론에게 매수되고 말았다. 이렇게 해서 일본의 d램 메이커는 없어졌고, 플래시메모리 메이커의 옛 도시바 메모리 - 현재의 '키옥시아' - 만이 남았다. 한편 한국의 세계에서의 d램 쉐어는 70%다. 옛 삼성의 간부 몇 명이 어떻게 해서라도 일본을 이기고 싶다고 했었는데 이것은 큰 수학이라고 할 수 있다.

5 톱다운에 의한 추진력이 필요한 때 대담하게 정한다

업무시간의 변경: 세계적으로 봐도 대부분의 업무 시간은 9시에서 5시로 되어 있다. 그런 중 출퇴근 시간의 교통 체증, 사원의 워크라이프 밸런스의 개선을 생각해서, 한 때 삼성은「회장의 한마디」로 업무시간을 7시에서 3시로 바꿔버린 것이다. 경영진 중에는 아침 5시에 일어난다는 사람도 있었고, 퇴근 후 빨리 집에 가서 가족과 지내거나, 공부를 하는 사람도 생겼다고 들었다. 그렇게 했어도 맹렬 정신은 없어지지 않았다고 한다. 일본에서 대기업이 이러한 변혁을 하려고 할 경우, 노동조합을 비롯한 관계자와 상당한 사전교섭을 하지 않으면 안 될 것이다.

개혁의 종류는 다르지만 외국의 대학 출신으로 처음으로 미쓰비시 상사의 사장이 된 마키하라 미노루(牧原稔) 사장이 생각난다. 마키하라는 국제화를 염두에 두고 회사의 공용어를 영어로 하려는 노력을 했는데 일부 반대의견이 있어서 정착하지 않았다고 한다. 집단주의의 특징에 보수성이 꼽히는 것은 조직학의 연구 등에서도 알 수 있다.

삼성 2대 회장의 공적의 아주 일부밖에 얘기하지 못했지만, 재임중 삼성그룹의 수입뿐 아니라 기업 가치의 증가를 생각하면 이러한 중앙집권 체제에서 오는 강한 리더십이 나름대로의 업적에 연결되었다고 볼 수 있다. 분야별로 봐도 반도체나 스마트폰에서는 세계 시장에서도 확고한 지위를 차지하고 있는 것도 확실하다. 3대가 유지할 수 있을지는 아직 미지수이지만…

중앙집권의 폐해

1 초이기주의

일반적으로는, 이기주의라는 것은 자기중심으로 생각하여 말하고 행동하는 것을 말한다. 이것의 언행불일치에서 오는 모순이나 이면성보다 더한 언동이나 행동 방식을 초이기주의라고 부르기로 한다. 이러한 현상은 한국의 진보나 보수, 가리지 않고 볼 수 있다.

문재인의 측근, 조국에 관한 스캔들

한국에서 검찰의 권력은 이승만 대통령시대부터 강했고, 영장청구권, 수사권, 기소권으로 경찰을 압도하고 있었다. 문재인 정권은 민정수석 비서관이었던 조국의 초안에 따라서 검찰과 경찰의 조직을 재편하고, 그 후 조국이 법무부장관에 취임하여 실행하려는 계획이었다. 그때 터진 것이 「조국 스캔들」이다.

한국에는 강남좌파라는 표현이 있는데 조국도 그 한 예일 것이다. 진보(혁신)적인 세계관을 갖고 있으면서 보수세력과 비슷한 생활을 하는, 말하자면 그 모순을 야유하는 말이다. 서울의 고급 주택가 방배동에 조국의 아파트가 있는데 스캔들이 터진 후 그 입구에는 많은 미디어가 모이기 시작했다. 나도 지나가면서 봤는데 입지 조건이 좋은 아파트였고 「파라사이트」라는 영화에서 본 것과 같은 약자가 사는 환경과는 다른 세계로 보였다.

「성한용 칼럼」 한겨레신문 정치부기자 2019년9월17일

「'조국 사태의 본질은 '세대'가 아니라 '계급'이다. 개혁과 정의와 진보를 외쳤던 그의 삶이 알고 보니 다른 '강남 상류층'과 별로 다르지 않았다는 것을 알게 된 중산층과 서민이 느끼는 배신감과 상실감이 핵심이다. 기득권 세력은 계급의 문제를 늘 다른 쟁점으로 물타기 했다.'」

조국 스캔들은 주로 자녀 입시 비리와 가족 간의 사모펀드 투자에 관한건. 조국은 명문 서울대학의 교수 출신자이기도 하고 아내도 대학교수였기 때문에 자녀 입시비리에는 여론이 엄한 눈으로 보기 시작했다. 작년 12월 자녀 입시비리 혐의 대부분이 인정되어 징역이 확정되었다. 지인 중에도 조국의 지지자가 있었는데, 부정입학건으로 돌아섰다는 의견이다. 사모 펀드의 건은 보수 중에서도 부유층이 쓸 것 같은 방식으로 이미지 다운이 되었는데 유죄로는 되지 않았다. 이 모순도 초이기주의라고 생각할 수 있지 않을까.

이러한 의혹을 받아서 국회에서 법무장관 후보 인사 공청회를 열었다. 마침 그때(2019년) 서울에서 생방송을 봤는데 예상한 대로 조국은 거의 모든 것을 부정 또는 모른다고 대답하고 있었다. 이러한 심의가 끝나자 곧 문재인 대통령은 조국의 법무부장관 임명을 강경하였고, 맹렬한 반대에서 조국은 약 한달후 사임하게 된다. 후임에는 더불어민주당 간부였던 추미애가 취임했다. 약 1년 동안의 임기였는데 그동안 아들의 병역에 관한 의혹으로 사죄하는 장면도 있었다.

박근혜 정권 때 일어난 세월호 사건

2014년 4월에 대형 페리 세월호가 침몰하는 대참사가 일어났다. 즐거웠을 수학여행 도중에서 목숨을 잃은 학생들이 친족에게 「사랑합니다」라는 말을 남겼다. 신문에는 「학생들의 앞에서, 우리 어른은 모두 죄인」이라는 표현이 있었나. 또 다른 신문에는 「구출율은 100년 전 타이타닉호의 수준 - 대한민국이요, 이거밖에 하지 못하는가」하는 탄식까지 있었다. 이런 참사가 발생했을 때는 골든타임(사고 후 72시간) 내에 톱이 스스로 상황을 파악하고 계속해서 지시를 내는 것이 상식 아닐까. 그 몇 개월 후 중국의 유람선이 침몰한 사고가 있었는데 역시 톱이 곧 움직였다.

2014년 말에는 세월호 사고 당일 대통령의 행동에 구체적으로 세 번의 공백이 있었다는 것이 지적되었다. 그것에 대해서 당시 국가안보실장의 김장수가 「미장원에 있었다고 생각하고 싶지도 않고 그렇게 생각하지도 않는다」라고 말한 것이 화제가 되었었다.

타이타닉호의 경우 선장은 끝까지 승객을 대피시키려고 노력했다. 세월호의 경우는 옛날 삼풍백화점이 무너졌을 때처럼 책임자가 먼저 도망했다. 초이기주의의 극치다.

그것도 악천후 속에서 경험이 적은 승무원에게 조종을 맡기고 있었다. 배가 기울어지고 있는 데도 불구하고 선내 방송에서는 「갑판으로 나가라」가 아니라 방에 머물도록 반복할 뿐이었다.

세월호는 출항하기 전부터 문제가 있었다고 한다. 출항 전에 짐이 제대로 적재되어 있었는지 조사하였다. 사고 당일, 급선회를 할 경우에 대비해서, 배의 중심이 불안정하지 않도록 무게와 고정방법 등 규칙이 있는데 지켜지지 않았다고 한다. 또, 일기예보를 참고해서 출항을 할지 말지, 혹은 언제 출항할 것인지 신중하게 판단했어야 했는데 선박회사의 수입 등을 고려해서 출항한 것은 아닌지.

그 선박의 운행회사도 「가족경영」으로, 초이기주의로 보여지는 의혹이 많았던 것이 드러났다. 여기에도 오너 중심의 손익구조가 얽혀있다는 보도가 있었다.

악몽이었다고 생각하고 싶은 최순실 게이트

세월호 사고 2년 후 여파가 남아있을 때, 도저히 상상도 할 수 없는 사태가 표면화될 줄이야 국민의 누가 예측을 했을까. 믿을 수 없는 대통령의 실태가 드러났다.

결론부터 말하면, 박근혜 대통령을 연루되게 한 최순실이라는 인물이 정치를 극도로 일그러뜨릴 수 있었다는 사실에 놀랐다. 말도 안 되는 시스템을 만들었고, 그 구조는 아주 복잡하다.

예산과 재단에의 영향. 최순실은 정부의 문화육성 예산형성의 과정에 깊게 개입할 수 있었던 것으로 알려지고 관련 예산과 정책을 집행하기 위한 재단에 영향을 끼쳤다고 한다. 특히 최순실이 인사에도 관여했던 미르, 그리고 K스포츠재단이 비리로 물들었다.

 이러한 것을 통해서 대통령의 압력을 빌려 재벌에 출자를 하게 하고, 그 자금을 최순실이 자기 자신을 위해서 쓸 수 있게 되었다. 예산형성과정에서 국가 기밀이 노출된 것만으로도 문제라고 할 수 있는데, 영향을 끼치고, 민간인 한 사람에게 유리한 형태로 만들 수 있었던 것 자체가 국민에게는 대단한 놀라움이었다. 그 과정에 대통령이, 말하자면, 공모했기 때문에 미디어는 박순실이라고 야유할 정도였었다.

 이때 한국에서 TV보도를 보면 거리 인터뷰에서 어떤 여성이, 민주주의에서는 대통령은 국민 모두를 위해서 일하는 것으로 생각했는데 특정의 한 사람만을 위해서 열심히 일을 하고 있었다고, 한탄하고 있었다.

 박근혜 대통령은 민주 국가의 톱뿐 아니라 여왕(공주)같은 대통령이라는 평판이 있었는데 결국은「불통」이 아니라 어떤 한 사람의 의견을 듣고 있었던것이 분명해졌다. 의혹이 생기면서 최순실이 독일로 피하고 있었던 기간에도, 대통령과 127번이나 얘기했다고 조선일보는 전했다. 대통령이 해외순방때 입는 의상까지 최순실이 정했다고도 전해졌다. 고종이 민비에게 무엇이든 의논하고 있었던 모습과 겹치는 부분이 아닐까.

 최순실의 딸 정유라의 이익공여의혹. 최순실의 딸은 승마에 재질이 있어서 자주 경기에 출전하고 경험을 쌓아갔다. 연습 비용도 비싸지만 말 자체가 비싸다. 그래도 딸을 밀어주고 싶은 최순실은 간접적으로 삼성에 압력을 가했다고도 한다.

 2016년 10월 21일자의 조선일보 보도에 의하면 정유라의「나는 팀 삼성 소속」이라는 주장에 대해서 삼성 측은 사실이 아니라고 반론했다고 한다. 나중에 삼성의 3대 이재용은 박근혜와 최순실의 관계에 관해서 몰랐다고 주장하지만, 이것은 재판에서는 인정되지 않았다. 또 정유라는 이화여대에 다니고 있었는데 그 입학 과정에서도 부정이 있었다고 하여 이대총장까지 죄를 추궁당하게 되었다.

인사의 개입. 앞에서 얘기한 재단뿐 아니라 국정의 중요 인사에도 영향을 끼쳤다고 한다. 대통령의 민정수석비서관이라는 중요한 보직후보의 추천장까지 최순실에게 보였었다고 하는 것이 드러났다. 또 미얀마 대사 인선에도 개입하고 있었다고 한다.

국민의 대부분이 더 이상 견딜 수 없게 되어 매주 촛불 집회를 했다. 야당에서의 비난도 격화되어 마침내 탄핵소추단계에 들어가고 헌법재판소에 의해서 탄핵이 가결되었다. 한국 역사상 처음으로 탄핵된 대통령이 되어 버리고 말았다. 그 후에 재판에서도 유죄가 확정되어 수감되었는데 문재인 대통령 말기에 사면을 받고 석방되었다.

총괄하면, 언론에 나온 포인트가 「권력의 횡포가 이러한 사태를 초래했다」라는 것이며, 중앙집권의 단점을 말하는 것이라고도 얘기할 수 있다. 또 「권한의 남용」이 기업 경영의 자유를 깊이 침해했다고 조선일보가 보도, 위에서도 얘기한 기업 거버넌스에도 적지 않은 영향이 있었던 것을 명확하게 하고 있다. 이로써 삼성은 미래전략실(정경의 관계를 총괄하는 부서)를 해체하기에 이른다.

박근혜에 대한 전혀 다른 시각

광복절에 광화문 광장에 갔더니 박근혜 복권이라고 주장하는 세력이 있었다. 근처에 있는 프레스센터에서 영국인 한국전문가 기자와 보수계일간지의 전 논술위원에게 근거를 물어보았다. 그랬더니 박근혜는 잘하지는 못했지만 탄핵을 당할 정도의 대통령도 아니었다는 뉴앙스였다.

세월호 사건에 관해서는, 대참사였다는 것은 사실이다. 그러나 실제로는 악천후 중 배가 너무 빨리 전복되었기 때문에 운행에는 큰 문제가 있었다고 해도 대통령이 할 수 있었던 것은 한정되어 있었다고 한다.

최순실 게이트에 관해서는 문제는 있었지만 탄핵할 정도인지 아닌지는 별도 문제. 정치적인 측면이 있었다.

우선 국회가 탄핵소추를 정했는데 박근혜가 이명박파를 끌어들이지 못했고, 그들은 진보세력과 결탁하여 탄핵은 가결되고 말았다. 그 때는 미디어에서도 외면을 당했다. 탄핵 판결에 관해서도 헌법재판소는 여론의 동향에 좌우된 것은 아닌가 한다.

기업 통치의 시점에서 본 초이기주의: 그 예로서의 삼성

우선 한국에서의 기업통치 상황부터 얘기하겠다. 기업통치의 방법은 그 나라의 문화에서 깊은 영향을 받고 있다고 본다.

원래, 주식회사의 개념은 서양에서 왔다. 최근에는 서양에서도 논의가 되고 있지만, 기본적으로는 주식회사라는 것은 주주의 것이라고 되어있었고, 서양에는 이 인식이 아직 남아있다. 일본에서는, 에도(江戸)시대의 영향도 남아 있어서인지, 회사는 주주만이 아니라 나라, 사회나 종업원을 포함한 폭넓은 스테이크홀더(이해관계자)의 것이라고 파악하는 경향이 있다. 여기에도 집단주의의 영향이 보이는 듯하다.

따라서, 최근 일본에서의 기업 통치의 움직임(상법이나 거버넌스 · 코드의 동향)을 보면, 외국인 주주의 주장도 있어서 형태로는 서양의 형식을 정착시키려는 듯이 보이는 한편, 실태는「사외이사는 명목상, 실제로는 지인이나 친구」(혹은 정치 · 정부에 인맥이 있는 사람)의 경우가 아직도 눈에 띄는 것이 아닐까.

한국에서도 이 기업 통치의 문제는 심각하다고 생각한다. 서양에서도 의결권의 과반수, 아니면 경우에 따라서는 다른 주주보다 압도적으로 많은 의결권을 갖고 있으면 기업을 컨트롤할 수 있다. 그러나 한국의 경우, 창업자(創業家)가 갖고 있는 주식의 수가 전체의 9%까지라고해도 우호 주주나 기업간의 주식

보유에 의해서 「지배권」을 확보·유지하고 있는 실태를 많이 볼 수 있다. 좋게 말하면 이것이 중앙집권에 의한 실력 행사의 근거가 되는 것이다.

여기서 문제가 되는 것이 「소유와 경영의 분리」에 관한 원칙일 것이다. 이론적으로 얘기하면 소유자(투자자)는 기본적으로는 사업 내용에 관해서는 프로가 아니기 때문에, 전문 경영자를 고용해서 그들에게 맡기고 역할 분담을 하는 것이 적절하다. 예를 들어서 삼성의 경우에도 우수한 전문 경영자는 많이 있는데 경영의 톱은 이씨가 계승하고 있다. 여기서 얘기하고 싶은 것은, 해당 기업이 비상장 기업이라면 창업자가 대대로 이어도 문제가 되지 않지만, 주식상장을 했기 때문에 엄격하게 본다는 것이다. 그것도 창업가가 대주주로서의 영향을, 경영 집행에 참가하지 않고 이사회를 통해서 영향을 준다면 크게 문제는 되지 않을 것이다.

그러면, 이러한 「소유자·경영자」 둘 다 하는 것, 무엇이 문제일까. 비지니스 스쿨에서도 배웠지만 기업이 보유하는 자원을 최대한 이용해서, 그 범위 내에서 최고의 수익을 올리는 것이 소액주주를 포함하는 주주에 대한 경영자의 의무라고 한다. 그렇다면 역할분담을 하고 소유자가 경영집행에 개입하지 않는 가능성이 논의되어도 좋을 것이다.

몇 가지 근본적인 문제가 있다. 가족과 기업간의 이익상반문제, 정경유착문제, BPC 문제, 사외이사와 소수주주문제, 기업전략기획, 실행력문제 등이다.

이익상반문제:

창업자 일가를 「로얄 패밀리」라고 하는 경영진이 있어서 놀란 적이 있다. 이 「패밀리」가 세대교체할때, 지배권을 유지한 채, 그것도 상속을 원활하게 진행하는 조건을 양립하기 위해서는 상당한 사전준비가 필요하다. 그룹 내의 기업을 합쳤다가 분리했다가, 상장을 하거나, 자사주식을 사거나 하는데, 이러한 조작이 과연 각각 개별기업에 투자한 주주의 손익과 일치하는 것일까. 「로얄패밀리」가 업무집행에 관여해서 창업자가족의 손익을 일반주주, 사회의 손익보다 우선한다. 근대조선에서도 있었던 현상이다. 실제로, 이러한 움직임에 국내외의 독립주주가 반대동의를 제출한 적이 있다.

정경유착문제:

한국에 자주 오면 알게 되는 일이 두 가지 있다.

첫 번째는, 앞에서도 언급했지만 삼성과 같은 재벌이 한국전체 GDP의 십여%를 차지한다는 것. 참고로 일본의 경우, GDP의 1%를 넘는 규모의 기업은 거의 없다.

두 번째는 한국의 엘리트 사회는 일본에 비하면 수가 적고 좁아서, 인맥이 어느 정도 있는 사람이라면 지인을 통해서 영향력이 있는 대부분의 사람에게 직접 연결이 되는 사회로 생각이 된다. 따라서「끼리끼리」의 정도가 강하다. 일본의 경우,사람 수가 훨씬 많아서 한국처럼은 되지 않는다. 이러한 두개의 이유도 있어서, 유착하기 쉬운 구조라고 할 수 있다.

어느 날 신문의 1면에 삼성의 톱이 대통령의 해외순방에 동행하고, 상대국의 국가원수도 함께 삼성의 현지공장을 안내하는 모습이 있었나. 또는 대농령으로부터 고용이나 투자정책에 협력해달라는 요청을 받는다. 그런데 다른 날에는, 삼성의 톱이 같은 정권아래서 유죄판결을 받고 형무소에 수감된다는 보도가 나온다. 어려운 문제다. 아까 얘기한 대로 삼성을 포함한 재벌의 경제규모가 너무 커서 나라의 경제정책에 기업의 협력을 강요할 수 밖에 없는 것이다.

또, 정치가의 정치자금, 경우에 따라서는 정치가 개인의 손익에 얽힌 자금을 요청받고 응한 결과, 혐의를 받는 케이스도 적지 않다. 3대 이회장도 6개월정도 수감되었었다. 정경유착문제는 어느 기업에서도 일어날 수 있는 문제이고, 당사자들은 부정하겠지만, 나라도 기업도 중앙집권이면 일어나기 쉽다.

BCP 문제:

BCP는 비지니스 · 컨티뉴이티 · 프로그램의 약자로 사업이 원활하게 계속 되도록 미리 계획하는 것을 말한다. 대체로 기업에서는 톱의 승계계획 등을 작성한다.

그런데 삼성의 경우, 2대 이회장이 장기입원을 했을 때 경영에 공백이 생겼다고 미디어가 떠들었다. 삼성병원 20층의 병실에 경영진이 가끔 업무보고와 지시를 받기 위해서 다녔다고 한다. 삼성은,「시스템으로 움직이고 있어서 아무런 지장은 없다」고 주장했지만, 보도에 의하면 큰 안건은 상당히 정체했다고 한다. 3대 회장이 수감되었을 때도 비슷한 염려가 있었다.

사외이사와 소수 주주문제:

대개 이사회에서는, 객관성을 지키기 위해서 독립적인 입장의 사외이사가 임명되는 것이 좋은 습관이라고 한다. 서양에서는 주로 경영자 OB가 임명되어 경영을 감독하고 동시에 소수 주주의 손익도 대변한다. 문제는, 이사회안에서 오너집안의 손익에 맞지 않는 안건에 대해서, 어느 정도의 의견을 말할 수 있는가 하는 점이다. 예를 들어서 2014년 삼성 그룹이 화학과 방위산업을 한화에 매각했다. 2대 회장과 한화 김회장의 오랜 우정으로 이 거래가 가능했다는 보도가 있었다. 준비작업은 있있겠지만, 전 기획책임자가 나중에,「화학은 괜찮았지만, 방산은 어떨까」라고 얘기했었다. 오너끼리 정하려고 하는 안건에 대해서 예를 들어서 사외이사가 그런 의견을 낼수 있을까.

돌이켜 보면, 현재 K방산은 호조가 계속되고 있다. 그러나 당시 이건희 회장은 방산의 정치적 관습이 삼성의 브랜드 이미지에 좋지 않다고 판단한것 같다.

기업전략기획 · 실행력 문제:

삼성전자는 포춘지 랭킹 상위 50에 들어가는 규모의 회사다. 그러나 반도체와 휴대폰, 2개의 사업으로 지탱하고 있다. 한국의 산업은 오래전부터「샌드위치」 상태, 말하자면 위에는 일본이나 미국의 우수한 기술, 아래에는 자금력, 규모, 낮은 코스트로 쫓아오는 중국 사이에 끼어있다고 지적을 받아왔다. 서울대 공대의 어느 교수는, 반도체는 어느 정도 진입장벽이 있지만 - 최근에는 중국의 저가d램이 걱정, 휴대폰은 문제가 될 것으로 얘기했었다. 이미 중국이나 인도시장에서는 중국의 휴대폰 메이커가 존재감을 보이고 있으며, 반도체와 인공지능에도 중국정부가 집중하고 있다. Deep Seek에는 세계가 놀랐다.

그런 중, 삼성도 계속해서 새로운 사업을 전개하고 있다. 예를 들어서, 한참 전 새로운 사업의 타겟으로서 다섯개의 분야를 선별했다. 태양전지, 자동차용 전지, LED, 바이오(제약) 그리고 의료기기다. 그중 바이오에서는 어느 정도 두각을 나타낼 수 있었는데, 나머지는 계획대로 되지않는 듯 하다.

M&A 수법을 채용하거나, 기발한 연구개발시설을 만들고 여러가지 시도를 하고 있는데 사업의 다각화라는 것은 어느 기업에서도 어려운 과제다. 게다가 삼성전자에서도 포춘 50사를 연구한 결과, 기업규모가 커지면 커질수록 톱이 리스크를 피하는 경향이 있음을 알게 되었다. 그런 중, 패밀리에 한정해서 선출되는 톱이, 예를 들어서 애플의 팀 쿡 CEO 수준의 발상력과 실행력을 발휘할 수 있을까. 3대 회장이 나름대로의 경력을 갖고 있음은 알고 있지만, 인생의 각 단계에서 열심히 일해서 올라온 (절차탁마) 외국의 헤비급 CEO와 맞붙을 수 있을까. 2대 회장처럼, 기대를 뛰어넘는 활약을 기원한다.

2 톱 한 사람의 능력과 그 측근에의 과잉의존

한국에서는 내각, 그리고 관계부처보다 대통령과 청와대 비서관, 보좌관이 영향력을 갖고 있다. 청와대를 중심으로 정책이나 방향을 정하고, 각료나 각 부서에서 실행하는 것이 일반적이지 않을까.

그것을 상징하는 하나의 사건이 2019년 8월, 일본에 대한 지소미아를 연장하지 않는다는 통고가 있었던 건이다. 당시 강경화 외교부장관이 8월21일 일본의 고노 타로(河野太郎) 외무부장관과 지소미아 연장을 노력하자는 논의를 한 다음날, 급히 연장을 하지 않는다는 결정이 내려졌다.

강경화 장관은 그 몇 개월 전에도 청와대의 김현종 국가안보실 제2차장과 갈등이 있었음을 9월 국회의공청회에서 인정했다. 여러가지 배경은 있지만, 나이도 직위도 높은 강경화 장관이, 외교부직원을 함부로 다루지 말라고 부탁하자 김현종 차관은 영어로 「It's my style」라고 반발하고, 그 후 영어로 속어를 말하기까지 이르렀다.

이 두개의 사건은 일본에서도 보도가 되어 한국은 국제적으로 망신을 당했다. 그러나 그것보다 표면화된 것은 청와대가 외교부를 얼마나 경시하고 있었는가 하는 점이다. 김현종 차관은 정의용 안보실장을 통해서 말하자면 대통령 라인에 있으니 권력의 중추에 있다는 자부심이 있었던 것일까.

3 톱 선출의 방법과 결과

세계로 진출한 한국민족 중에는 우수한 인재가 많다. 유엔사무총장을 지낸 반기문이 있고, 세계은행 총재를 역임한 김용도 그렇다. 한국의 정치계에서는 이러한 인재를 받아들일 수 없는 것일까. 한국은 중국에 비하면 인구가 아주 적은데, 적어도 적재적소에서 리더의 질을 최적화하는 것이 필수로 느껴진다.

구체적으로 반기문의 경우를 보자. 반기문은 외교부장관 역임 후, 유엔사무총장으로서 10년에 걸친 세계수뇌들과의 경험이 있다. 그후 박근혜대통령 파면으로 인한 대통령선거에서 출마를 표명한다. 그러나 20일만에 출마를 사퇴하고 말았다. 도대체 어떤 일이 있었던 것인가.

출마를 정하기 전 반기문에 대한 국민의 기대는 문재인 지지를 넘고 있었다. 뉴욕에서 귀국한 반기문에게 보수, 진보 양진영에서 접근했는데, 반기문이 보수에 가깝다는 발언을 하자마자 진보세력의 공격이 끊이지 않게 되었다. 돈에 관한 소문 등 다양한 자료가 나왔다.

반기문은 그 전부터 이 양극화 대립을 걱정하고 있었던 듯 하다. 스웨덴의 예를 들면서 양쪽의 타협에 의한 대통합이 필요하다는 견해를 보였다. 나아가서, 선거전에 헌법을 개정해서 대통령의 임기단축을 포함한 분권제(협치라고도 했음)로 할 것을 주장했다. 그런데 보수정권에서는 박근혜 대통령파면 후 흔들리던 새누리당과 탈당한 비박계 세력이 공방을 계속하고 있었다. 다른 어떤 것보다 이기주의가 우선되었으리라. 반기문은 20일후「이기주의적 정치에 실망했다」고 하며, 중도포기하게 되었다.

반기문은 사퇴표명회견에서, 「나의 순수한 애국심과 포부는 인격살인에 가까운 음해와 각종 페이크 뉴스로 인해서, 정치교체의 명분은 사라지고 오히려 나 개인과 가족, 그리고 유엔의 명예까지 크게 상처를 입혔으며 국민에게는 큰 폐를 끼치게 되었다.」

또 하나 소개하고 싶은 것은, 박근혜 정권 발족 때, 미래과학부 장관후보에 올랐던 김종훈이다. 그는 미국에서 벤처투자, 경영성공을 평가받아서 후보로 꼽히게 되었고, 「조국에 헌신」하기 위해서 미국생활을 정리하고 돌아오기로 했다. 그런데, 그를 기다리고 있었던 것은 상상도 하지 못했던 관문이었다.

장관은, 인사청문회를 통해서 임명하게 되는데 이미 그전부터 야당의 공격이 격화된다. 쟁점은 주로, 그의 미국 CIA 관련경력이 국가기밀이라는 관점에서 문제가 되는 것은 아닌지 하는 것과 가족에 관한 의혹이었다. 조선일보 취재에 따르면 그에 대한 공격은 IMF 위기 때, 그의 가족이 한국의 국난을 이용해서 100억원 상당의 부동산 투기를 하고, 아내가 소유하는 건물에서 매춘업이 있었다는 것이고, 장관지명의 사실을 이용해서 처남회사가 새로운 주식을 발행, 이익을 얻었다는 등 이다. 공청회를 위한 자산공개를 하기 전이었기 때문에, 상당한 부담을 느꼈을 것이다.

결과적으로 단념하게 되는데, 그때의 발언이「너무 나이브했다」고 반기문과 비슷한 표현이었다. 그것에 대해서 신문에서는 김종훈의「조국헌신」이 이렇게 가벼운 것이었다고 비난하는 반응이었다. 일본에서도 흙탕물을 뒤집어 쓸 각오가 없으면 정계에서는 살아남지 못한다고 하지만, 반기문만큼 한국에서 오래 활약하고 외국에서도 귀중한 체험을 한 인물이 정작 한국의 권력구조 안에서는 적응하지 못하는 모습이 사회의 폐쇄성을 알려주는 것 같다.

나아가서, 한일관계가 중요하다고 하면서 한국 국회에는 왜 재일교포 국회의원이 없는가. 재일교포는 어려운 환경에서 자랐고 한국어 실력에 한계가 있는것은 사실이다. 그런 것도 하나의 요인이어서 한일의 정치활동에 재일교포가 등장하는 경우는 아주 적다. 오히려 전 재일교포 하쿠신쿤(백진훈 - 지금은 일본인)은 정치인으로 일본에서 활약하고 있다. 또, 최근 각 방면의 재일교포 전문가가 일본의 TV에도 출연하고 있다. 일본을 잘 알고 있으며 언어의 장벽도 해결하고 있다. 그런데, 한국 국회의 청문회에서 롯데그룹 신동빈씨에게 한국어 실력의 부족을 지적하는 장면을 보았다. 언어도 하나의 요인임을 알게 해준다. 한편, 대만의 국회에는 세계로 흩어진 화교를 위해서 어느 정도의 의석수가 확보되어 있다.

중앙집권이 성공하기 위한 조건

1 체크기능과 협력관계

민주주의 기본은 3권분립이라고 한다. 미국에서 트럼프가 당선되어 국회상하원에서도 공화당이 과반수를 차지했다. 대법원에서도, 판사 9명중 6명이 공화당 지지자라고 하니, 3권분립이 제대로 기능할지 의문이다. 중앙집권을 향하고 있다고 말할 수 있겠다.

그러면 한국은 어떤가. 대개는 입법기구의 국회에서 특히 야당과, 행정부의 정부가 서로 건설적인 긴장관계를 유지하면서 체크기능이 작용하는 것이 이론적으로는 맞는다.

그런데 윤 전 대통령은 아내로 인해 불거진 문제의 야당 공격에 그 방어로 많은 시간과 힘을 쓰고 있었다. 우선 순위가 높은 나라의 주요과제를 논의하고 해결해야 할 문제가 쌓여있는데, 더구나 대통령은 오랫동안 야당대표와 만나지도 않았다. 측근들도 난감했을 것이다.

정치경험이 적은 검사경험자가 권력의 중추에 있게 되어 버린 결과라고 지적하는 의견도 있다.

2 톱의 자질

신랄한 단어일지 모르지만, 미국에는 untrainable이라는 표현이 있다. 어떤 이유에서인지, 사고가 경직되어 새로운 생각을 받아 들일수 없게되는 현상이다.

원래대로라면, 어느 누구에게도 좋은 선배가 있고 적절한 때에 적절한 방법으로 때로는 듣기 어려운 조언도 받아 들일수 있는 것이 바람직하다. 그러나 인간은 연령이 높아지거나 출세를 하면서 그러한 존재가 적어지거나 없어지거나 하면서, 다른 사람의 의견을 듣지 않게 된다. 그야말로 「불통」이다. 미국 미팅의 OB클럽이 부럽다. 요즘 15년동안 「불통」으로 불린 대통령이 두 명 있다. 박근혜와 윤석열이다.

두 사람 모두 주변의 의견을 듣지 않았다는 지적을 받고 있다. 어떤 특정한 사람의 의견에 지나치게 의존하는 것도 결과적으로는 적극적, 건설적으로 경청할 능력이 없었다고 할 수 있다.

손자병법에 「輔周則国必強, 輔隙則国必弱」라고 있다. 현대풍으로 얘기하면 보좌관과 톱의 연대가 좋으면 나라는 강해지고, 의사소통이 없으면 나라는 약해진다 라는 뜻이겠다. 2500년 전의 지혜다. 이제 우리나라도 톱이 국민의 의견을 잘 들어야 하지 않을까.

박근혜에 관해서는 처음에는 나름대로 일을 하는 것으로 보였다. 무역상대국과 FTA를 맺고, 중국이나 러시아에 접근하는 등, 주로 외교무대에서의 활동이 눈에 띄었다.

그런데 오랜시간이 지나기 전에「불통」으로 불리게 되었다. 2013년 중반부터 보수계 신문사설에도, 대통령은 대립세력의 발언이나 공격에 대해서, 정면에서 마주하지 않고 우회해서 대처한다는 비난이 나오기 시작했다.

3 행정경험의 유무

세계 어느 나라에서도, 톱으로 선출되는 사람의 경력은 아주 다양하다. 미국의 트럼프는 부동산계의 비지니스맨 출신, 일본의 이시바는 경험이 많은 국회의원, 그리고 한국의 윤석열은 검사출신이다. 모두 각자의 장점이 있다. 송구하지만, 한국에서 민주화이후 상대적으로 역량이 부족했다고 생각되는 대통령은 보수계에서 2명, 진보계에서 2명, 모두 4명으로 노무현, 박근혜, 문재인, 윤석열이다.

어려운 시대에 등장한 것에 동정의 여지가 있지만, 이 네 사람에게 공통된 점은 큰 행정조직을 움직여 본 경험이 없었다는 점이다. 미리 얘기해두지만, 그렇다고 해서 톱으로서 성공하지 못한다는 것은 아니다. 반대로 행정경험이 있어도 외교경험이 없기 때문에 실패하는 톱이 있지만 그래도 행정경험은 중요하다고 생각한다. 일본에서도 민주당의 간 나오토(菅直人) 전 수상은 2011년 대지진 대응에서 비난을 받았었다. 그 스타일을 정치평론가 세리카와 요이치(芹川洋一)는, 권력의 중추에 선 시민운동가로 표현했다. 미국에서도 트럼프 제2기 정권 각료인사에서, 행정경험이 부족한 인선이 아닌지 걱정하는 의견이 나오고 있다. 참고로 경제계에서는 조직을 움직였던 경험이 없는 인재를 톱으로 선출하는 일은 드물다.

이러한 경험부족이 긴급사태발생시, 혹은 심한 내부대립이 있을 때 드러나는 케이스가 많다. 세계 어디에서나 공통적으로 톱은 고독하다. 거기에 중앙집권구조가 겹치면, 다양한 의견으로 검토해야 할 복잡한 문제를 독단에 가까운 형태에서 정하지 않으면 안 된다. 나라에 있어서 리스크는 아주 높다.

위기에 처했을때, 어떤 위기였어도 좋으니 톱이 위기대응의 경험자이기를 바라는 것은 나쁜 아닐 것이다. 모처럼 중앙집권체제에서 톱다운 조직이 되어 있어도, 권력의 중추에 있는 인물이 상황을 냉정하게 파악하고 판단을 내리지 못하면 의미가 없지 않을까.

정체되어 변하지 않으면 안되는 조직을 활성화하기에는 노하우와 경험이 유효하다. 단숨에 정면돌파할 것인지, 한발씩 움직여서 조직이 성공체험을 맛보게 한 후 대개혁을 시도할 것인지, 경험자의 판단을 듣고 싶다.

결국은, 기획이나 전략이 아무리 좋아도 실행을 잘 하지 못하면 어떤 결과도 얻을 수 없다. 즉, 조직이 잘 실행하는지 아닌지에 달려있다. 현장의 의견이 제대로 톱에 전달되지 않으면, 잘못된 판단으로 어처구니 없는 일이 된다.

한국에서 행정경험을 제대로 살린 사례의 하나가 청계천 재개발 계획일 것이다. 모두 알다시피 이명박이 서울시장때 시공하여 약 2년만에 몰라보게 리뉴얼하였다. 대조적인 것이 일본 동경의 니혼바시(日本橋) 고속도로 철거 프로젝트인데, 현 시점에서는 완전철거는 2040년 예정이다.

이명박 전 시장이 단기간에 재개발 프로젝트를 성공시킨 원동력의 하나가, 현대건설출신으로 게다가 사장을 역임했었다는 점을 들 수 있다. 재개발 프로젝트 실행에서 교통의 우회, 상업시설과 하수도대책, 인도와 다리 재건축등 건설의 프로라면 경험했던 작업이었으리라. 노점상의 반대가 있었을때도, 운동 경기장을 개방해서 영업이 가능하게 했던 점 등, 현장책임자 만으로는 실행하기 어려웠던 대안을 제시할 수 있었다.

당연히, 대통령의 레벨에서는 이러한 과거의 경험을 직접 응용할 수 있는 경우는 많지 않겠지만, 일종의 직감과 지혜의 양식이 될 것은 틀림없지 않을까.

정당조직의 톱 만을 경험한 정치가가 대통령이 되면, 취임후 어쩔 수 없이 학습이 필요하게 되어 그만큼 제대로 기능하기까지 시간이 걸린다.

4 나 자신이 아닌, 공중을 중시하는 의지(뜻)

이기주의가 팽배한 한국이지만, 중앙집권을 사용해서 공중의 이익에 뜻을 두는 리더의 출현을 바라는 것은 나뿐만이 아닐 것이다.

중앙집권체제의 톱이 되면, 더더욱 인격자이기를 바라게 된다. 옛날 표현이라면 덕이 있는 사람이라 하겠다.

한참 전, 택시를 타고 김포공항에서 서울시내로 가는 중, 운전수에게 대통령에 관해서 물었다. 그러자 의외의 반응을 보였다. 「아이들한테 거짓말 하지 말라고 가르쳤는데, 대통령이 거짓말을 하니 곤란하다」고 했었다.

공사혼동을 하지 않고, 자신에게 불리해도 공(公)을 생각하는, 부분적으로도 그러한 행동을 하는 리더가 있으면, 하고 바라는 마음이다.

3부

한국의 잠재능력

이제까지 제 1부와 제2 부에서 키워드의「위기」,「안보」,「삼국 관계」와 과거의「통치」를 다루어 왔다. 이야기 해 온 견해와 관련하는 항목에 관해서 짧게 정리한 후 그 다음의 키워드인「바람직한 통치」,「중도화」 그리고「인간의 존엄」에 관해서 제3 부에서 전개한다.

제2차 트럼프 정권의 전개

관세

트럼프 제1기 정권에서는 세계가 그다지 의식하지 않았던 관세 정책을 제2기 정권에서는 전면에 내세우고 있다. 그 정책에 관한 큰 그림을 검토하겠다.

MIT에서 국제 경제학의 대가 찰스 킨들버거 교수에게 배웠는데 관세는 정치적인 전술로서 사용하기 쉽지만 포괄적으로는 복잡한 측면이 있다. 무역수지는 결국, 반드시 공평과 공정을 나타내지 않으며, 몇 개의 개별 산업 분야에서의「경쟁력」이 강한 나라가 흑자를 내는 경향이 있다. 이 경쟁력이라고 하는 개념은 단순하게 코스트, 관세, 비관세 장벽에 한정되어 있는 것은 아니다.

이러한 논의는 이미 1980 년대에 행해지고 있다. 예를 들어서 당시 미국에서는 배기가스에 의한 공해가 정치 문제화 되었을 때, 마스키 법이 성립되어 배기가스 규제와 연비에 높은 목표를 걸었다. 당시 디트로이트의 메이커는 이러한 기대에 미치지 못하며 고생하고 있었다. 일본 혼다등의 기술력이 이러한 기대 달성을 가능하게 하였고, 일본의 메이커는 미국 시장에서 비약적으로 높은 쉐어를 차지했다. 그때도 미일 사이에 무역 마찰이 일어나서 일본측이 한때 대미 수출을 자제함에 의해서 결착한 일이 있었다.

관세라는 수법의 또 다른 문제는 부메랑이라는 부작용이 있다는 것이다. 트럼프 제2기 정권에서 관세는 일률적으로 적어도 10% 올렸는데, 이미 미국의 중요방위 장비 F35의 1900 개 부품 비용 폭등이 우려되고 있다.

또 Apple도, 관세가 높이 책정된 중국에서의 제품 조달이 어려워져서 인도에서의 대체 생산을 하려고 했는데, 미국 국내생산을 바라는 트럼프는 불쾌함을 표시했다고 한다.

관세라는 수법에는 큰 리스크가 따르게 됨을 역사가 알려준다. 더글라스 어윈 교수가 이 분석을 하였는데, 주로 3개의 R을 위한 관세가 사용되어 왔다고 한다. 남북전쟁까지는 수입 (Revenue), 그 후 대공황까지는 수입제한(Import Restriction), 그리고 1990년대 부터는 상호주의(Reciprocity)를 위한 것이었다고 한다. 트럼프는 여기에 네 번째의 R, 즉 보복(Retribution)을 더한 것이 아닌가 한다.

이 역사의 교훈에서 보면 그다지 좋은 결과가 있었던 케이스는 별로 없다. 애당초, 관세를 부과하는 권한은 헌법에 의해서 의회에 주어져 있는데, 정치적 타협에 의한 1930년의 스무트 홀리 법안에 의해서 대통령 권한으로 되었다. 그 법안이 세계를 전쟁으로 유도한 요인이 된 것은 잘 알려져 있다.

트럼프가 백악관에서 우크라이나의 젤렌스키에게, 「당신에게는 다른 방법이 없다」고 했을때 젤렌스키는 「나는 게임을 하고 있는 것이 아니다.」고 했다. 트럼프는 발끈해서, 「당신은 많은 인명과 제3차 세계 대전을 놓고 도박을 하고 있다」고 언성을 높였다. 그러나 트럼프 자신이 세계 공황을 조장하는 것이 아닌가 하는 염려가 주식시장의 동향에서 알 수 있다.

나아가서, 미국 국민의 단기적인 요망을 달성하기 위해서는 시간이 걸린다. 국민이 바라는 것은, 미국에 생산공장을 세우는 것이 아니라 식료품 등의 물가가 내려가고 세금도 내려가는 일이다. 과제는 아직 해결되지 않고 있다.

대외관계

트럼프 제2 기 정권에서 놀란 것은 유럽에 대한 불신감이다. 뮌헨에서의 외교 무대에서 J. D 밴스 부통령의 연설이 물의를 일으켰는데, 그 후 실수로 공개된 군사 공격 계획에 관한 회의에서 그는, 「언제까지 유럽을 구원하는 것인가」라고 하며, 헥세스 국방장관은 「맞어, 비참하다」 하고 맞장구를 쳤다.

유럽을 왜 이렇게까지 싫어할까. 보수적인 미국 정권의 시점에서는 유럽은 리버럴하게 보인다. 피임, 난민, 안락사, 존엄사등은 보수적인 가치관에서 맞지 않는다. 특히 이슬람 국가에서 많은 이민을 받아들인 것을 반 기독교적으로 받아들이고 있다. 지정학적으로도 경제적으로도 고령화를 보아도, 유럽이 한계에 도달했다고 보고 있다.

중국에 관해서인데 종합적으로 보면 미국은 중국을 최대의 위협으로 파악하고 있다. 이점에 관해서는 트럼프와 루비오 국무장관은 동감일 것이다. 특히 중국이 희토의 공급에 거의 독점적인 입장을 갖고 있는 것에 상당한 경계감을 느꼈음이 틀림 없다. 우크라이나와의 거래, 그린란드를 손에 놓으려는 부분적인 동기 그리고 심해굴삭의 추진을 서두르고 있는 것으로도 보인다. 그리고 중국이, 미국 반도체 업계가 크게 의존하고 있는 TSMC의 본거지 대만을 주시하고 있는 점도 놓칠 수 없다.

이러한 유럽과 중국에 대한 경계심을 고려하면, 미국이 한국과 일본과는 안보상의 이유에서 어떠한 접근이 가능한 것은 아닌지, 희미하지만 빛이 보인다. 문제는 현시점에서, 트럼프가 대립 상대와 동맹국을 일률적으로 교섭하려고 하는 점이다. 그러나 그것도 반동이 일어날 가능성이 있다고 본다.

거버넌스

트럼프 제2기 정권의 시작은, 지나친 욕망과 급발진 급정지의 반복이었다. 제1기 정권 때는 저항에 부딪쳐서 하지 못했던 것을 지난 4년간 대책을 검토하여 제2기 취임직후부터 행정명령을 대량 발하고, 충성심이 있는 부하들이 시행을 하여 업적을 내려고 하고 있다.

이것은 어떤 시점에서 보면 민주주의를 왜곡하고 있는 듯이 보인다. 취임 후에는 사법부가 트럼프의 수법을 막지 못했다. 그러나 이제 그 수단을 알게 되면서 사법, 야당 그리고 새로운 교황을 맞이한 바티칸 등에서 어떤 방법을 모색할지 지켜봐야 하겠다.

제8장
한미일 삼각관계의 장래와 한국의 위상

　지금까지 3개국의 관계를 국내 사정이나 양국간 관계의 관점에서 보아왔는데, 이 장에서는 다른 관점에서 이야기를 해 나가도록 한다.

　우선 중장기적으로 보아 온 동북아시아의 형태를 몇 개의 시나리오로 나눠 보고 싶다. 결론부터 말하면, 이 지역의 리더십을 누가 잡느냐인데 중국의 입장은 말할 것도 없고 분명할 것이다.

시나리오 1 : 존엄중시의 한미일 vs 신 중화 사상

　한국과 일본은 동북아시아뿐 아니라, 아시아에서도 OECD에 가맹하고 있는 두 나라다. 그리고 이상적이라고는 얘기하지 못해도 민주주의와 법치가 어느 정도 정착하고 있는 두 나라다. 이러한 나라를 간단하게 신 중화사상에 집어넣는 것은 적지 않은 무리가 있다. 그 이유의 하나는, 한국이 인간의 존엄을 중시하는 가치관을 갖고 있기 때문일 것이다.

　동북아시아 이외의 다른 아시아 나라에도 중국 일변도의 아시아가 좋은지는 분명하지 않다. 이것은, 국제관계론에서 얘기하는「대외 밸런싱」, 요점은 양다리를 걸치고 국익을 최적화하는 것이 유리하기 때문이다. 따라서 하나의 현실적인 시나리오로는, 한미일과 중국이 따로따로 동북아시아의 리더십을 취하는 형태로 된다. 말할 필요도 없이 이를 위해서는 한국의 국력이 일본의 국력에 근접할 필요가 있다. 그리고 한국은 인도·태평양 전략에서 소외되면 안 된다.

시나리오 1b : 존엄중시의 한일 vs 신 중화사상(미국은 후퇴)

이 경우, 큰 나라 미국의 보호없이 새로운 아시아 질서 안에서 한일은 생존, 번영하지 않으면 안 된다. 가능성은 두가지 있다. 동북 아시아를 한일과 중국이 따로 리드하거나, 신 중화사상의 질서안에 들어가는 가능성이다.

전자는, 독자적인 군사력 강화가 필요하게 되고 후자의 경우 인권이나 존엄의 측면에서 상당히 제한이 있는 상황이 될것으로 상상이 된다.

이 경우에도, 자유무역체제는 미국을 우회하는 형태로 존속할 가능성이 높을 것이다. 미국이 캐나다나 멕시코에게 CPTPP 철회를 압박할 가능성도 생각할 수 있다.

시나리오 2 : 존엄중시의 한일 + 덕이 있는 중국(가능성이 낮다)

또 하나의 시나리오는 중국의 모습이 지금의 연장선상과는 다른 형태로 변화하는 것이다. 최근의 중국을 보면, 강경 수단만으로는 국내 사정과 대외적인 손익을 양립하기 어려운 가능성을 부정할 수 없는 느낌이다. 게다가 중국 자체의 대외 밸런싱에서 봐도 러시아-북한 관계의 접근에서 한일이 우호적인 발걸음을 내딛는 조짐이 있다.

장기적인 전망을 얘기하는 프랑스의 자크 아탈리 등은, 중국이 계속해서 기술혁신을 일으키기 위해서는 공산당의 일당 지배와 강경수단만으로는 무리가 있다고 한다. 만약 이러한 체제가 완화되고 중국이 덕과 인간의 존엄을 중시하는 나라로 변한다면, 한일은 그러한 시나리오에 대응해서 국제관계론에서 얘기하는 추종정책「bandwagoning」, 요컨대 연대하는 일도 가능할지도 모르겠다. 또 중장기적으로는 동북아시아에서 미국의 존재감이 저하하는 경우도 고려해 봐야 한다.

시나리오 3 : 중국공산당이 아시아의 패권을 잡는다 (최악의 시나리오)

이 경우에는 한일에게는 여러 가지 면에서 자유가 없어진다. 대단히 곤란한 상황이 아닐까. 이 시나리오의 제1 단계는 중국에 의한 대만흡수(해상봉쇄)다. 그 다음, 북한 주도로 한반도를 괴뢰국으로 하는 발상이 있을지도 모르겠다.

나아가서 더 두려운 시나리오는 세계의 패권 쟁탈에서 중국이 승리하고 미국이 지는 케이스. 루비오는 저서에서 이 가능성을 공산주의의 세기 라고 부르고 있다.

실제로 느끼는 것은 최근의 홍콩 상황과 비슷하지 않을까. 중국 국가안전법 이전과 이후, 싱가폴에 가까웠던 홍콩은 상해로 변해가는 느낌이다. 정치나 표현등의 자유는 없어졌지만 경제 활동은 제한 안에서 전개할 수 있다. 말하자면 불수평적인 사회주의 시장 경제라고 하겠다.

단계별 전개

이 몇 개의 시나리오는 반드시 양자택일이 아니고 단계적으로 나눌 수 있다. 예를 들어서 단기적으로는 시나리오 1로, 중장기적으로는 시나리오 1b, 2, 3으로 생각할 수 있다. 당연히 중국이 현재 노선을 중장기적으로 계속 한다면, 시나리오 1을 계속해야겠다.

북한 문제도 이 틀 안에서 생각할 수 있다. 현 단계에서 중국은 인간의 존엄을 생각할 여유는 없다. 국내 통제뿐 아니라 자국에 있는 소수 민족의 안정화를 도모하기 위해서다.

단기적으로는 북한 핵 문제도 통일 문제도 교착 상태에 있다고 보는 것이 현실적이 아닐까. 그렇다고 해서 포기할 수는 없다. 단기적으로는 러시아와의 연대에 의해서, 김정은에게는 유리한 면도 있겠지만 의외로 숨은 리스크도 있는 것이 아닐까.

그리고 앞에서 얘기한 대로 한국의 국력이나 국제 경쟁력 증가에 따라서 협상력이 강해지면, 비핵협상과 통일에의 노력을 여러 나라 사이에서도 더 쉽게 연계시킬 수 있게 된다. 다음에 이러한 장래적인 틀에 향하기 위해서 어떻게 하면 좋은지를 설명하겠다. 한미관계와 한일관계로 나눠서 얘기하기로 한다.

한미관계를 어떻게 전개할 것인가 - 트럼프는 어떤 사람인가

우선 2015년, 즉 트럼프가 대통령의 취임하기 전해 출판한 자신의 책 「무력한 미국」(Crippled America)에 다음과 같은 기술이 있다.

「우리는 독일을 지키고 있다. 일본도 지키고 있다. 한국도 지키고 있다. 이 나라들은 강력하고 부유한 나라다. (그러나) 우리는 그들로부터 어떤 대가도 받지 않는다. 이것을 바꾸지 않으면 안 될 때가 왔다. 이기지 않으면 안 되는 때가 왔다. 한국과 북한 사이의 국경에 28,500명이라는 훌륭한 미군 병사가 있다. 그들은 매일 위험에 노출되어 있다. 한국을 지키고 있는 것은 그들뿐이다. 그리고 우리가 한국에서 얻고 있는 것은 무엇일까. 그들은 우리에게서 많은 이익을 얻고 제품을 팔고 있다. 그리고 우리와 경쟁하고 있다」

이 주장에는 확실하게 몇 개의 문제점이 있다. 한국을, 독일이나 일본과 같은 국력의 수준으로 보고 있는 일, 이 3개국이 아무것도 부담하지 않는다는 것, 한국 기업이 경쟁력 없이 미국 시장에서 이익을 얻고 있는 듯한 인상 등이다.

우선 트럼프 제2기 정권이 되어, 외교 자세가 강경하게 될 것을 국제사회는 우려하고 있다. 제1기 정권 때처럼 어려운 협상 상대가 될 것은 거의 틀림없다. 트럼프는 자신을 「협상의 달인」으로 부르고 있는데, 어쨌든 협상의 전문가는 상대방을 분석하는 것부터 작업을 시작한다.

트럼프식 협상에는 특징이 있다

예전에 미국의 기업에서 협상술의 연수를 받은 적이 있는데 그때 배운 것은, X를 갖고 싶으면 X제곱을 구하라였다. 트럼프의 주장은 사실을 전하려는 것이 아니라, 협상 게임의 첫걸음으로 봐야 할 것이다. 문재인 정권 때 한국의 부담을 5배로 올리려고 한 것도, 최근의 대선에서는 9배로 올린다고 선언했던 것도 그렇게 파악해야 할 것이다.

그러나 트럼프는 정말 협상의 달인일까?

힘 관계에 있어서 그의 감각은 대단하다. 그리고 세상의 주목을 모으는 능력은 천재적이라고도 할 수 있다.

이러한 전술을 상징하는 키워드가 몇 개 있다. 우선 Fear, Uncertainty and Doubt (FUD) : 상대방에게 공포, 불안 그리고 불신감을 느끼게 한다. 그 다음에 Shock and Awe - 상대방을 놀라게 하여 억누른다. 그 후 Flood the Zone - 지나친 적극성으로 상대방을 압도한다. 이러한 것은 예부터 미국 기업에서 많이 해해진 수법인데 트럼프는 사양하지 않고 실행하는 특징이 있다. 그리고 제1기 정권 때도 그러했고 2025년 트럼프에 의한 중동 방문에서도, 거래를 유리하게 진행할 수 있다면, 상대국의 윤리관은 묻지 않는 자세가 확실하게 드러났다.

부동산 업계에서의 오랜 경험을 통해서 예를 들어서, 미국을 회원 클럽처럼 하려는 것은 아닐까. 초대받지 않은 사람(불법이민)은 나가고 오지 말라, 클럽 안에서 비즈니스를 하고 싶은 사람은 커미션(관세)을 내라고 하는 발상과 비슷하다. 문제는, 어느 누구도 와서 일할 수 있었던 입지 좋은 자유시장을 갑자기 유료 클럽으로 만들어 버린 것이다.

그는 협상의 교과서 대로, 원하는 것을 상대방에게 몇 배로 요구한다. 중국의 관세는 한때 200%를 넘었는데 베센트 미 재무장관이 미중 대립 상태를 유지하는 것은 불가능하다고 하여, 트럼프 스스로가 80%가 타당하다고 발표했고, 중국이 희토 카드를 꺼낸 후의 교섭에서 30%까지 내려갔다. 대체로 교섭할 때는 상대방이 바라지도 않는데 이쪽에서 스스로 양보하는 것은 좋지 않다고 한다. 제1기 정권 때도 미국 남부 국경의 벽을 쌓는 비용을 멕시코에 청구한다고 주장하였는데 그렇게 되지 않았다.

이번엔, 말하자면 세계를 상대로 해서 교섭 압력을 가했는데 그때부터가 쉽지 않았다. 주식 시장이 요동을 해도 트럼프는 신경쓰지 않는다고 했지만, 관세 강경파의 나바로가 없는 사이에 베센트 재무 장관등이 트럼프를 설득, 90일간의 관세 유예를 발표하도록 했다.

그후 70개국 이상이 미국과 교섭할 의사를 보였는데, 재무·상무 장관과 통상 대표는 90일 안에 이 많은 양의 교섭을 성립시키기 어려웠다. 부서는 다르지만 외교안보 톱의 마크 루비오는 큰 조직 네 개의 책임자다. 나아가서, 무역 교섭에 관해서는 중국을 제외하고, 동맹국과 동맹국이 아닌 나라의 공통의 틀을 기반으로 해서 교섭하려고 하지만. 일단은 무역 교섭에 집중, 안보관련 교섭의 관련성이 명확하지 않다.

2025년 7월 22일에 발표된 미일 관세합의가 구체적인 참고가 되는 것은 아닐까. 교섭을 담당한 아카자와(赤澤) 경제 재생장관은 워싱턴에 8번을 가서, 트럼프의 측근이라고 하는 하워드 러트닉(Howard Lutnick) 상무 장관과 집중해서 만났다. 한국 신문에는 진전이 없었다고 전해졌지만, 다섯 번째 장관급 회의에서 빅딜에 관해서 어느 정도의 공감을 얻었다고 한다. 문제는 마지막 유일한 의사 결정자 트럼프가 인정하는가 하는 점. 결국 최종 국면에서 아카자와는 대통령 집무실에서 트럼프를 만나고 최종적인 교섭을 했다. 그 결과로는 일본이 5,500달러의 대미자금을 마련하고, 쌀이나 옥수수 등의 농산품의 수입 확대를 꾀하는 것에 대해서 상호 관세는 25%에서 15%로, 자동차 관세는 27.5%에서 15%로 내리기에 합의했다. 실제로 트럼프와의 담판에서 트럼프는 처음

4,000억 달러였던「대미 투자」를 그 자리에서 5,500억 달러로 올렸다.

아카자와에 의하면, 트럼프가 고압적인 태도로 양보할 것을 요구할 때 상대의 반응이 없거나 협상 카드가 없으면 트럼프가 그 자리에서 정해버리기 때문에, 트럼프의 발언 직후에 교섭을 계속했다고 한다. 이「합의」로 미일 양쪽 정부는 성과가 있었다고 강조하고 있지만 실제로는 어떤 것일까.

일본에 NHK 나 닛케이 신문에 의하면 이 합의에는 몇 개의 문제점이 있다고 한다. 제일 많이 지적을 받는 것이 일본이 정한 대미 자금틀인데, 일본측 설명에서는 5,500억 달러의 틀은 대미 투자, 대미 융자 그리고 융자 보증으로 구성되어 있으며 그 중 1-2%가 대미 투자이며 미국이 90%의 이권을 갖는 것으로 되어 있다. 그런데 트럼프는 5,500억달러 전체가 자기 자신의 재량에 의해서 투자할 수 있고 그 전체의 90%를 미국이 얻는다고 설명하고 있다.

나아가서, 미국이 발표한 팩트・시트에는 미국산 쌀의 일본수입이 75% 늘어나고 일본이 미국의 방위 장비품을 연간 수십억 달러를 사기로 한다는 내용이 적혀져 있는데, 일본에서의 발표에는 그것이 없다.

이례적인 것은, 이러한 큰 규모의 합의가 있었는데도 불구하고 합의 문서교환이 없었다는 것이다. 아카자와 설명에 의하면 두 개의 이유가 있다고 한다. 우선 합의 문서 작성에 시간이 걸릴 것이 예상되었는데, 일본의 자동차 업체가 1시간에 1억엔씩 손실을 보고 있는 것을 생각하여 되도록 빨리 관세를 내리기에 집중했다. 그리고 문서를 작성하려고 하면 그 과정에서 트럼프가 다시 양보를 요구할 가능성이 있기 때문에 합의를 고정화하려고 했다고 한다.

실제로는 여러 가지 뒷 사정이 있는 것이 예상된다. 여당은 참의원 선거에서 크게 졌다. 이시바 정권의 안정성이 의심되는 국면이기도 하다. 미국의 시점에서 본다면, 이제까지의 교섭이 없었던 일로 되는 것보다는 우선은 합의를 하고 국면이 바뀌어도 실행을 요구하는 것이 현명하다고 생각한 것은 아닌지. 생각해 보면 한국은 일본 참의원 선거 기간 중에 교섭을 진행하는 것이 좋지 않았을까 싶다. 한국의 전 주일 대사는 신문에서 대미 교섭에 관한 정보협력을 주장했지만, 그것은 일본 정부가 한국 정부와 정보 공유를 하지 않는다는 뜻으로 보인다. 결국 배센트 재무장관은 이 합의를 사반기마다 검증하기로 하고, 트럼프가 만족하지 않는다면 관세는 25%로 되돌린다고 발언하고 있다.

트럼프가 자란 환경에서도 몇가지 요인이 보인다

트럼프를 나르시시스트라고 부르는 평론가나 정신과 의사는 적지 않다. 미국 다큐멘터리 프로그램에서 트럼프와 해리스의 생애에 관한 방송이 있었다.- 처음 나는, 트럼프 같은 부자 기업인에게 노동 계급의 사람들의 편을 드는 발상이 있고 그런 사람들에게 어필할 수 있었는지 신기했었다. 그러나 그의 성장 과정을 보면서 조금 이해할 수 있게 되었다. 말하자면 트럼프는 부유하지만 아주 복잡한 환경에서 자랐다.

트럼프 아버지는 부동산에서 성공했고 처음에는 둘째 아들 도널드가 아닌 장남인 프레드 주니어에게 사업을 계승할 예정이었다. 차남 트럼프는 상대적으로 차별을 받고 자랐는데, 육군사관학교에서 처음으로 마음에 드는 장소를 발견했다고 한다. 그 교훈이라는 것은 어떤 일을 해서라도 시합에서 이기는 것이고, 그것을 위해서는 유리한 방법을 구사한다는 것을 배웠다. 예를 들어서 자기 생각을 상대방한테 밝히지 않고, 또 친절하게 하는 것은 나약함의 상징으로 여겼다.

그 후 아버지는 장남 대신 차남을 후계자로 하기로 하고, 로저 콘이라는 법률 전문가에게 맡겼다. 그는 트럼프에게 상대방이 고소를 하면 계속 부정을 하고 반격을 하라고 가르쳤다. 그러는 동안, 두 번째 정신적 시련에 부딪힌다. 그의 부동산 사업은 주로 뉴욕 교외에 있었는데, 부동산 업계「엘리트들」은 뉴욕 중심지 맨하탄에서 사업을 전개하고 있었고, 트럼프를 교외출신이라고 멸시했다. 그 엘리트에 대한 원한이, 대통령 선거에서 이기는 원인이 된 노동자들의, 대학, 예를 들어서 하버드 졸업자들에 대한 원한과 겹치는 부분이 있을 것 같다. 트럼프는 맨하탄 중심지에 건물을 사고, 트럼프 타워로 이름을 붙였다. 그리고 TV 프로그램에도 오랫동안 오만한 사장 역할로 등장해서 그러한 이미지를 정착시켰다.

역사적 인물이 되고 싶다는 집착

이 나르시시즘은 몇 개의 형태로 나타난다. 우선 칭찬을 받으면 아주 좋아한다. 그것을 잘 이용한 것이 일본의 아베 전 수상인데, 회고록에서 「트럼프에게 「당신은 훌륭합니다」라고 칭찬하는 것만으로 모든 것이 잘 된다면, 이것처럼 좋은 일은 없다. 나라와 나라의 관계를 생각해서 정치가는 그렇게 사람과 만나야 할 필요가 있다. 그 점에서는, 하고 싶은 말을 마음대로 할 수 있는 평론가와는 다르다」라고 말하고 있다. 그런데 그 아베도 트럼프 신경을 건드린 적이 있었던 것 같다. 어느 미국정권의 인사이더에 의하면, 외국 수뇌에게 불공평한 무역 습관에 대해서 논의하던 도중 아베에게, 「당신은 불법 이민자의 문제를 알고 있지 않은데, 당신에게 멕시코 사람 2,500만 명을 보내면 정권을 잃는 것이 아닌가」하고 반격했다고 한다.

자기 자신을 크게 보이는 것을 아주 좋아한다. 변호사 줄리아니나 사위 쿠슈너가, 노벨평화상을 받을 수 있지 않을까, 혹은 역사 교과서에 실린다고 하면 투쟁심을 불태운다. 실제로 트럼프의 노벨 평화상 후보 추천인에는 일본의 아베 전 수상이 이름을 올렸다. 그리고 김정은과 처음에 만났을 때도 그 극적인 장면, 미디어 효과에 쾌감을 느꼈다고 한다.

권력욕에서 오는 것인지 독재자를 좋아하는 경향이 있는 것은, 메르켈 독일 전 수상 외 몇 사람이 증언하고 있다. 트럼프는 김정은에 대해서, 25살 때 권력을 장악하고 고모부까지 죽이는 것은, 보통이 아니라고 얘기하고 있다.

화제에 집중하도록 해야한다

트럼프는 충동적이고 산만하다고 한다. 또 자신의 얘기를 하고 싶어하는 등 몇 개의 증언에서 인정된다. 그는 스스로「나는 얘기하는 것을 좋아해」라고 말하고 있다.

힌트 : 애플사의 팀 쿡 CEO는 애플과 트럼프의 손익이 겹치는 부분에서의 협력관계 구축에 능숙했다고 한다. 그 수법의 요점은 전화든 회식이든 화제를 하나로 모았다고 한다. 트럼프와의 회화는 화제가 확산되기 쉽기 때문에 그것을 막기 위해서다. 그러나 이 효과적인 대화법은 애플(Apple)의 중국에 있는 생산체계를 미국으로 옮길 것을 촉구하는 트럼프의 관세 압력을 완하하지는 못했다.

특이한 수법

트럼프는 종래의 리더와는 다른 수법을 쓰는 것으로 유명하다.

우선 예측 불가능한 행동을 하는 것이다.「전쟁을 할때 상대방에게 내 속셈을 보이는 것은 가장 어리석은 실패일 것이다. 놀랄만한 효과를 이용해야 전쟁에서 이길 수 있다….나는 예상 불가능한 것을 좋아한다. 상대방을 불안정하게 할 수 있으니까.」

본인은 유리하게 진행하기 위함이라고 얘기하지만, 전례에서 보면 전혀 상상할 수 없는 일도 있는 것 같다. 그것과 관련된 것이, 통상적으로 행해지는 사전 준비나 수속을 생략해 버리는 것. 제1기 때는 서프라이즈에 곤란해진 보좌관들이 외국의 요인들과 협력해서 트럼프를 억누르려고 하는 장면도 적지 않았다.

정책을 변경하지 않고 그 자리에서 발상을 바꿔 버린다. 그러한 수법이 절대적으로 나쁘다고는 얘기하지 않지만, 본인이 해온 것과 모순되는 것을 그 자리에서 해버리면 주변이나 상대국은 곤란하다. 특히 사회의 반응을 신경 쓰지 않고 SNS에서 특정 인물에게 메시지를 보내 버리면 곤란할 때가 많다.

힌트: 전 미국 안전보장 보좌관이었던 볼턴은 이러한 즉흥적인 사태에 대처하기 위해서, 스스로 그리고 일본의 아베 전 수상과 함께 몇 번이나 같은 메시지와 방향성을 트럼프에게 얘기하고 확인했었다고 한다.

트럼프 제1 정권에서 대통령을 견제했던 볼턴과 같은 존재가 제2 정권 때는 적어진 것은 사실이다. 그렇지만 미군의 합참의장 등에게 한반도의 안전이 얼마나 중요한지 계속해서 호소하는 것은 중요한 일이다. 나아가서 현재 국면에서 트럼프의 수법은 거칠게 보일지는 모르지만, 조금 장기적으로 생각하면 3권분립이 기능하지 않는 것은 아니다. 트럼프는 그것을 알고 있기 때문에 빨리 강경책을 추진하려는 것은 아닐까. 단계적으로 보면, 정권 초기의 밀월기간 때 서둘렀던 행정 명령은 사법의 법 해석전에 처리하려는 느낌조차 있다. 대법원이 공화당쪽 이라고 해도 우여곡절이 있을 것이다. 그리고 의회에 의한 체크는 2026년 11월 중간 선거다. 내가 아는 트럼프 지지자 중에도 트럼프가 지향하는 비전에는 찬성하지만 그 수법에 대해서는 위화감을 느끼는 사람이 적지 않다.

미국 정부와 의회에 대해서 한일이 공동 보조

관계가 좋지 않았던 한국의 문재인 정권과 일본의 아베 정권은 트럼프에 대해서, 따로따로 똑같은 일을 얘기를 하는 장면이 있다. 이것은 문재인 회고록과 아베 회고록을 비교하면 알 수 있는데, 제일 알기 쉬운 예는 주한미군의 삭감 또는 철퇴는 곤란하다는 것이었다. 이러한 주장을 따로따로가 아니라, 같이 주장할 수 있었으면 효과가 커지지 않았을까 생각한다. 안이한 종전 선언 반대도 이러한 공통 테마가 아닐까. 문재인은 찬동하지 않았을지도 모르지만 윤석열은 찬동하지 않았을까. 미국 의회에 대해서도 한일에서는 손익이 다른 이슈도 있지만, 공유하는 테마에 관해서는 그러한 공동 작업(로비 활동)이 유효할 것 같다.

한국이기 때문에 할 수 있는 미 의회 공작

거꾸로 이 의회 공작에 관해서, 일본이 할 수 없는 방법이 한국에는 있을지도 모르겠다. 미 의회에 큰 영향력을 갖고 있는 이스라엘 로비를 보면, 이스라엘 사람과 유태계 미국 사람이, 미국의 기독교 단체와 강하게 결부되어 있음을 알 수 있다.

이것을 우리의 상황과 겹쳐 보자. 옛날 6.25 전쟁이 발발했을 때, 유명한 기독교 선교사였던 빌리 그레함이 해리 트루먼 대통령에게 전화를 하고, 한국에 있는 많은 기독교 신자가 희생이 된다고 탄원했다.

현재 얘기를 하자. 뉴욕 타임즈의 컬럼니스트에 데이비드 프렌치라는 사람이 있다. 그는 기독교 장로파 신자로 매주 일요일 교회에 간다. 그런데 반 트럼프로 여겨지는 컬럼을 썼더니 그 등록 교회의 MAGA 기독교인들의 비판으로 프렌치는 그 교회에 다닐 수 없게 되었다고 한다.

그런데 세계에서 장로파 신자가 가장 많은 나라가 어디일까? 대한예수교장로회가 있는 한국이다. 이 사실은 미국에서도 많이 알려져 있지 않다. 이런 한국의 일부 신자와 미국의 장로파 단체가 함께 하여 이스라엘처럼 한국의 안전보장을 미국 의회에 호소하는 방법도 있다고 생각한다.

성직자 중에는 종교가 정치와 얽히는 것을 좋지 않게 생각하는 경향도 있다. 그러나 장로파의 원점을 찾으면 칼뱅이라는 인물이 있고, 애당초 그는 속권 제휴형의 종교개혁자라고 얘기를 한다. 그의 유명한 「기독교 강요」에도 속권과 어떻게 공존할 것에 관해서 언급하고 있다.

그리고 트럼프 지지자 중에도 영향력이 강한 것이 에반젤리칼이라고 불리는 복음파 기독교 신자들이다. 복음파의 세계 최대급 교회는 어디 있는 것일까? 한국의 수도 서울에 있다. 여기에도 연대의 기회가 있지 않을까? 미 의회 안에도 이러한 신자는 적지 않다.

이러한 의회 공작을 강화해서 북한에 대한 안이한 타협, 예를 들어서 핵 보유의 부분적 인정, 대륙간 탄도미사일 만을 금지, 무늬만의 종전 선언 등에 항의하는 것이 건전할 것이다. 특히, 푸틴, 김정은, 트럼프가 손을 잡는 일은 어떤 일이 있어도 저지해야만 한다. 통상적이면 이러한 염려는 없지만, 권위주의자를 동경하는 트럼프에 관해서는 이러한 리스크도 예상외는 아니다.

표면적인 한일관계를 넘어서

전후 최악이라고 일컬어졌던 문 - 아베 정권 당시의 한일 관계가, 윤 - 기시다 정권에서 바뀐 것은 일단은 기쁜 일이었다. 중국이나 북한에 의한 위협이 한일을 가깝게 한 것은 말할 것도 없다. 이 변화를 안정적으로 하는 것이 안전 보장에 필수적이다.

표면적인 관계 개선의 수면하에 마찰 요인이 남아 있어서, 표면을 뚫고 나올 위험이 있다. 이러한 근본 원인도 살펴야 한다. 한국의 내국인은, 해외여행이나 대중문화를 통해서만 일본에 대한 인상을 형성할 것이 아니라, 좀 더 깊이 일본의 사회 구조나 일본인의 정신 구조를 이해한 후 의견을 형성했으면 좋겠다. 예를 들어서, 「식민지 해방 후 몇십년이 지났는데 아직도 대립하는가」라고 생각하고 싶겠지만, 실제로 현재 일본사람과 같이 공동 작업을 해 보면, 일본의 사회 구조나 일본사람의 정신 구조에서 기인하는 어려움이 있다. 그 어려움은 역사와 무관하지 않다.

구체적인 얘기를 하겠다. 일본은 제2차 세계대전에서 큰 실패를 하고, 지금도 그 후유증이 꼬리를 물고 있다. 그것이 전후 반전주의에 의한 방위정책에의 여러 가지 제약이며, 원폭피해에서 오는 비핵 삼원칙과 그에 따른 미국의 확대 억지에 대한 보수성, 유혈사태나 징병제를 경험한 적이 없는 국민의 위기의식

등 영향은 적지 않다.

단적으로 말하면, 평상시에 결단이 느리고 비교적 우유부단한 일본이 갑자기 위기에 직면했을 때, 일본은 한국처럼 순발력을 발휘할 수 있을까. 그리고 이러한 일본과 안보협력을 어떻게 진행할 것인가. 예를 들어서 천안함 사건이나 연평도에의 포격이 일본에서 일어났었다면 일본에서는 혼란이 일어나지 않았었을까. 지금 대만에서 가까운 미야코지마(宮古島) 주변에서 행하고 있는 방위강화도 일부 미디어는 비판하고 있다. 미국의 골드 패밀리(전사자의 가족)가 블루 패밀리(현재 병사의 가족)를 위로하는 경험 등은 일본에는 전혀 없지 않은가. 이러한 이유에서도 아직 미국이 일본의 방위에 외압으로 관여할 필요성이 있을 것이다.

반일과 혐한을 극복하는 유일한 방법

한국 국민의 대부분이 반일이었던 시대는 그렇게 먼 옛날 얘기가 아니다. 그러나 최근은 일본에 가서 좋은 인상을 받고 한국으로 돌아간 사람도 적지 않다. 「친일적」인 사람이 늘어나고 있다고 한다. 보수나 진보를 막론하고 일본을 좋아하는 사람들이 꽤 있는 듯 하다.

그러면 일본은 어떤가. 최악이었던 때에 비교하면 국민 감정이 개선된 것은 확실한데, 그것은 한국이 개선을 촉진했기 때문이지, 일본이 다가갔기 때문이라고는 일본 국민은 생각하지 않는 것이 아닐까. 실제로 윤석열 정권이 일본 쪽에 접근하려고 했을 때 일본의 호응을 받기위해서 애를 쓴 것은 기억에 남아 있다. 말하자면, 일본은 항상 옳고 한국이 한때 잘못했으니 그 회복의 책임은 한국측에 있다는 논리다. 실제로 정부간이든 기업간이든 현장 차원에서 협상을 하고 있는 한국 사람들부터는, 일본 사람의 「우월감」을 느낀다는 소리가 많다. 이것은 역사적, 사회적, 그리고 실력의 격차 등에서 원인으로 작용한다고 생각한다.

일본인은 역사적 그리고 사회적 이유로 일본민족이 한국민족보다 우위가 아니면 납득을 하지 않는 측면이 있다. 그 치우침을 개선하기 위해서는 실력으로 일본을 따라잡아서 추월할 수밖에 없다. 구체적인 예를 든다면, 거친 성격을 가진 한국인은 섬세함을 경쟁하는 반도체를 만들 수 없다고 몇몇 일본 사람이 주장했던 것이 떠오른다. 그러나 지금 한국은 반도체 입국이며, 일본의 반도체 업계는 거의 소멸한 상태에서 일어서려고 하고 있다. 논리가 맞지 않는 것이다. 한때 삼성전자 한 회사의 이익이 일본의 전기 메이커 여섯 회사의 이익보다 컸을 때는 일본의 비즈니스 잡지가 그 분석을 자주 실었었다. 지금도 반도체 국책회사 라피다스에 희망을 걸고 있다.

한국 국내에서도 반일인지 친일인지 하는 것으로 입장이 양극화하고 있다. 이것은 서로 한일관계를 정치적으로 이용하려고 하기 때문에 해결이 어려운 것이 아닌지 모르겠다. 한일의 국력이 어깨를 나란히 하게 되면 정신적으로는 돌파구가 보이는 것이 아닐까.

미국의 외교평론가 리차드 하스는, 한국은 G7의 멤버가 될 수 있다는 의견이다. 그렇게 되면 한국의 입장을 G7에 간접적이 아니라, 직접 주장할 수 있게 된다. 예를 들어서 이재명 대통령은 G7의 초대를 받고 캐나다에서 개최된 서미트에 갔는데, 트럼프의 사정으로 G7맴버 이외의 참가국 리더들은 트럼프를 만나지 못했다.

앞에서 얘기했듯이 한국 경제는 일본의 1/10이었던 적도 있었다. 지금은 1/3 이상이 된 것은 믿을 수 없는 전진이다. 그것도 1인당 GDP는 이미 따라잡았다. 원래는 남북통일로 나라의 규모를 크게 하고, 일본을 따라잡고 추월하고 싶은데 현재 그 길은 막혀 있다. 그리고 만일 통일을 했다고 해도 사회적 융합이 이루어질 때까지는 길고 괴로운 길이 기다리고 있다. 무리를 해서라도 지금의 한국을 기반으로 일본을 따라잡는 것을 목적으로 해야 한다. 규모의 차이를 메우는 방법은 두 개의 「I」, 즉 인도와 인도네시아에 있는데 나중에 구체적인 방법을 얘기하겠다.

한일 관계를 안정화하기 위해서는 명실공히 이콜 파트너가 될 필요가 있다. 이상적으로는 평상시에 일본의 집단주의, 전쟁 때는 한국의 집권주의로 아주 보완적인 두 나라일 수 있다. 그러나 어느 한쪽에 「우월감」이 있는 한 이질성을 보완성으로 전환할 수 없다. 예를 들어서 순발력이나 즉흥성에 강한 한국 사람이 주도권을 잡는 것이 좋은 국면에서도, 일본 사람의 자존심이 그것을 허용하지 않는다. 이것은 적이 원하는 시나리오다.

원래, 동양에서는 수직적인 관계가 주를 이뤘고, 서양에서는 종교개혁 이후 수평적인 관계를 맺어왔다. 한일이 중국의 수직구조에 들어가지 않는다면, 스스로 수평적인 관계를 맺을 수 밖에 없다.

역사 문제에 관한 새로운 시각

제4 장에서 제 7장에 걸쳐서 역사 문제에 대한 새로운 시점에 관해서 기술하였으니 여기서는 두 개의 생각을 보충하겠다.

Historic vs Ahistoric:

「가해자는 도대체 몇 번 사과하면 되는가 VS 피해자가 납득할 때까지 사과해야 한다」 - 이러한 대화가 몇 번이나 반복되고 있다. 서로 싫어진다. 당연하다.

역사의 전통적인 해석으로서는 어떤 사건은 그 시대 배경과 대조해서 이해하는 것이 원칙이라고 한다. 이 해석법은, 단적으로 얘기하면, 옛날에는 인권 등이 없었으니 안타깝게도 피해자에게는 어떤 구제 방법도 없어지게 된다.

일부 역사학회나 법정에서는 이 해석법이 채용되어 주장이 인정될지도 모른다. 그렇지만 국내외의 여론이라고 하면 이야기는 달라진다.

아베 제 1차 정권 때 위안부 문제가 아베의 「강제성은 인정할 수 없었다」라는 발언으로 가열된 적이 있었다. 그 무렵 도고 가즈히코(東鄕和彦) 전 외교관이 월간지에 쓴 글이다. 미국 회합에서 위안부 문제에 관하여 중도적인 의견을 말한 후 미국사람의 답변에 충격을 받았다고 한다.

미국 사람의 반응은, 강제가 있었는지 아닌지는 문제의 본질이 아니라고 얘기하면서, 「내 딸이 위안부가 되었다면 어떻게 할 것인가. … 끔찍하다. … 이것은 비역사적인(ahistoric) 논의인 것이다. … 알기 쉽게 얘기하면, 「건국 당시 미국은 노예제를 받아들였으니까, 역사적으로 노예제는 당연한 제도」라는 논의가 지금 미국에서는 전혀 받아들여지지 않는다는 것은, 일본 사람도 이해할 수 있지 않을까」라고 주장했다고 한다. 그때부터 10년 가까이 지나고 있지만 미국의 여론은, LGBT나 BLM (Black Lives Matter)등을 포함해서, 점점 리버럴화했다.

최근 미국에서 새롭게 클로즈업되고 있는 것이 약 1세기 전에 오클라호마주 탈사(Tulsa)에서 일어난 흑인 학살 사건이다. 1921년, 노상에서 흑인 남성과 백인 여성 사이에서 오해가 일어나서, 그 복수로 백인들이 흑인의 지역에 불을 지르고, 100명 이상의 흑인이 사망, 30개 이상의 건물이 다 소실한 안타까운 사건이다. 피해를 입은 흑인의 지역은 드물게 경기가 좋아서 흑인의 월가(Wall Street)로 불리고 있었다고 한다. 차별과 더불어 백인이 질투한 결과, 이런 참사가 일어났다고 추측되고 있다.

한일이 자유주의 측에 속한다면 이러한 세계 여론과 너무 크게 괴리될 수는 없을 것이다.

한일이 서로, 그리고 국제사회가 받아들일 수 있는 아슬아슬한 선, 무라야마(村山), 고노(河野)담화

이러한 제약 조건 안에서 한일쌍방, 그리고 세계의 이해를 얻을 수 있는 것이 무라야마, 고노담화일 것이다. 이상에서는 너무나 멀었던 전쟁의 화해, 그리고 국제 여론과는 어느 정도 정합성을 생각하면 타협점을 잘 찾았다고 생각한다.

이 원고를 썼다고 하는 다니노 사쿠타로(谷野作太郞) 전 외교관은 일본에서의 외무성 근무, 한국 주재 공사, 그리고 중국과 인도 대사를 역임함으로 아시아의 장래에 관해서도 많이 걱정하고 계시는 절실함이 잘 전해졌다. 훌륭한 일을 하셨다고 생각한다.

Emotional vs. Cognitive Empathy

역사 문제를 「가해자 vs 피해자」라는 관점이 아니고, 「통치부전」이라는 시각에서 볼 것을 앞의 몇 개의 장에서 얘기했다. 그러나 아직 살아있는 피해자나 피해자의 후손이 있는 것도 사실이며, 그런 사람들의 마음의 상처를 무시할 수는 없다. 그러한 사람들에게 가해자뿐 아니라 주변 사람들도, 진심으로 다가가는 관대한 마음을 가져야 한다.

그것을 이해하기 위해서 유효한 개념이, 이 마음을 두 개로 분류하는 것이다. 우선 인지적 동정(cognitive empathy)이다. 이것은 피해자의 경험을 체험한 적은 없지만, 피해자의 아픔을 상상하는 것이다. 이 작업은 AI도 할 수 있게 된다. 인터넷에서 비슷한 비극을 몇 개 찾아서, 피해자의 증언을 모아서 그에 따라서 동정하는 것일 것이다. 이것은 어디까지나 지능적으로 하는 것이지, 감정적인 동정까지는 이르지 않는다.

한편 감정적인 동정(emotional empathy)은 피해자의 입장에서 그 기분을 느껴 보려고 하는 시도다. 이것은 아무리 컴퓨터가 인간을 따라잡았다고 해도, 영혼을 가진 인간이 아니면 할 수 없는 일이 아닐까. 일본 사람 중에 역사 문제를 이러한 입장에서 생각한 것이 앞에서 얘기한 무라야마 전 수상, 고노 전 관방장관, 그리고 두 사람의 담화를 준비한 다니노 사쿠타로다. 또 한 사람 잊어서는 안 되는 사람이, 고토다 마사하루(後藤田正晴)다. 일본에서 헌법 9조 논의를 포함한 헌법 개정의 가능성이 나왔을때, 「이 세상에 전쟁의 기억을 갖고 있는 한국이나 중국 사람이 한 사람이라도 남아 있는 한, 우리는 헌법 개정 애기를 하면 안된다」고 아사히 신문 마키노 요시히로(牧野愛博) 기자에게 말했다고 한다. 말 그대로 가슴을 울리는 감정적인 동정이 아닐까.

장래를 향한 중요한 과제 세가지

국민이 안심하고 희망을 가질 수 있는 한국을 만들려면 어떻게 하는 것이 좋을까. 세 개의 과제가 있다. 위기 대응, 국력 즉 레버리지, 그리고 통치능력(거버넌스)의 강화다.

위기 대응

앞에서, 미국에는 주위에 적대하는 나라가 없기 때문에, 어느 정도 안심감이 있음을 얘기했다. 그런데 이 안심감을 위협하는 사태가 1962년에 있었다. 교과서에도 나오는 쿠바·미사일 위기인데, 당시의 소련군이 쿠바에 핵미사일을 반입하고, 미국 전역이 사정권에 들어감을 알게 된 것이다. 미국에는 군사적 위협의 정도를 포함하는 DEFCON이라는 다섯 단계의 지표가 있는데, 1이 전쟁 상태라고 하면, 이 위기는 전쟁 전 상태의 2로 인정되었다. 세계대전 후 DEFCON 2는 처음이었다. 현재 북한이 미국 본토를 사정권에 둔 핵 탑재 미사일을 암시하고 있는 상황과 비슷하다.

결국 이 위기는 전투에 이르지 않고 무사히 해결되었다. 핵이 사용되기 직전의 사태로 발전한 국면으로, 현재 우리가 처한 상황과 겹치며 위기 관리의 모범적인 예로 꼽는다. 그 교훈을 설명하겠다.

전쟁을 피하려는 케네디 대통령의 강한 신념

미국은 소련의 미사일 철거를 바라지만, 그것을 외교적으로 그리고 군사적으로 어떻게 균형을 잡고 달성할지 고민이었다.

소련은 쿠바에의 미사일 반입을 진행해서, 한 달 이내에 미국으로의 발사가 가능한 것은 아닌지 걱정이 되는 상황이었다. 크게 보면 군사 충돌에 가까웠던 국면이 두 번 있었다.

우선, 미사일 반입에 대응하기 위한 중점 폭격을 포함한 선택지를 검토한 후, 쿠바 근해를 해상 봉쇄에 의해 맞서려고 했다. 군사적 수법과 외교적 수단 사이의 정책을 택했다. 그 후 「부카레스트」라는 소련의 배가 접근했을 때 대응이 임박했고, 폭격이라는 선택지도 부상했다. 그 경우, 상대방이 베를린의 완전 봉쇄를 단행하지 않을까 하는 염려도 있어서, 검역을 하는 것으로 그치고 위험물질이 없었기 때문에 배를 통과시켰다.

제2의 위기 국면은, 미사일과 기지 준비 상황을 감시하기 위한 미국의 정찰기가 격추당한 사건이다. 파일럿이 사망했기 때문에 미군의 톱은 군사적 대응을 강하게 요구했다.

그러나 이 국면에서도 군사적 조치는 하지 않고, 외교적으로 해결하기로 되었다. 소련도 핵전쟁이 두려웠는지, 미국이 튀르키예에 있는 핵미사일 시설을 철수하면, 쿠바에서 자국의 미사일도 철수한다는 제안을 했다. 미국은 이를 검토한 후에 튀르키예와 협상을 하고 지상 미사일 기지 대신에 잠수함으로 소련을 억제할 것이라고 설득했다.

이것을 현재 트럼프 정권과 비교해 보자. 케네디는 군사적 대응을 촉구하는 세력을 눌렀다. 반대로 트럼프는 2025년의 이란공격을 생각하면, 군사 대응을 부추길 가능성이 충분히 있다. 그것도 SNS를 통해서.

다음으로 중요한 점은 트럼프가 전후 세대라는 점이다. 케네디가 군사 충돌을 두려워한 것은 자신의 제2차 세계대전에서의 체험이 하나의 요인이다. 2차 세계대전 말기에 미국 해군에 있었던 케네디는 태평양 위에서 다음과 같은 사건을 목격한다. 일본군 파일럿이 전투기에서 긴급 탈출을 해서 낙하산을 타고 바다에 떨어졌다. 구출하려고 접근을 했는데 일본군 파일럿이 총을 쏘기 시작했다. 동료는 일본군에게 쏘았고 상대방 머리에 명중했는데 상대방은 두 손을 들고 바다 속으로 사라졌다. 케네디는 이 경험의 감상을 기록하고 있는데, 미국 병사의 경우 도저히 이런 정신력은 있을 수 없기 때문에, 전쟁을 끝내기에는 시간이 걸릴 것 같다고 하고 있다.

핵 사용을 암시하는 푸틴

앞에서, 핵무기를 사실상 사용할 수 없게 하기 위해서 파이브 아이즈(Five Eyes)와 협조해서 북한 핵 위협에 한정한 정보 공유와 한정적인 다국적 핫라인을 설정할 것을 얘기했다. 구체적인 예로써, 러시아에 의한 우크라이나 침공 이후 2022년 9월에 푸틴이 핵사용을 암시한 국면을, 미국의 저널리스트 밥 우드워드가 「전쟁」에서 기술하고 있다.

이 시기 러시아군이 일부지역에서 불리했기 때문에, 푸틴은 핵사용에 대해서 언급했다. 미국 정부 안에서는 바이든 대통령을 비롯해서 설리반 안전보장 보좌관등이 대응을 서둘렀는데 핵사용은 철저하게 저지할 목적으로 장관 레벨에서 오스틴과 쇼이구, 군 톱에서는 밀리와 게라지모프가 협상했다. 요점은, 1) 핵보유국이 비핵보유국에 핵무기를 사용하게 되면, 세계의 핵불확산 실서가 붕괴될 수 밖에 없다. 2) 아직 우크라이나에 공급하지 않은 무기가 있다. 3) 미국은 핵사용, 러시아의 정권 붕괴, 그리고 전쟁에서의 파괴적인 행위는 바라지 않고 계획하지 않는다.

1)의 「핵 보유국은 비 핵보유국에 핵 무기를 사용해서는 안된다」라는 생각을 강화하고, 국제사회에서의 원칙화를 위해서 한일이 합의를 촉진해야 하지 않을까. 현재 핵 비확산조약(NPT)에 이러한 제한은 포함되어 있지 않다. 동시에 최악의 전개를 예측해서, 한반도에서 핵 공격이 있었을 경우의 군사 대응 OPLAN 5027(상대국에 반격)에 필적하는 우크라이나에서의 대응책을 준비했다. 히로시마, 나가사키의 2~3 배의 위력을 갖는 핵폭탄이 흑해상에 투하되었

다는 계산이라고 한다.

제3국을 통한 외교 구성에도 나섰다. 중국, 인도, 이스라엘, 튀르키예는 우크라이나에의 러시아 핵사용에 반대하는 입장을 확인하고, 각각의 수뇌에게 푸틴을 설득하도록 협조를 구했다. 그중에서 가장 큰 효과가 있었던 것이 중국의 시진핑이었다고 한다.

입장이 약한 당사자의 나라

위에서 얘기한 쿠바 미사일 위기, 우크라이나에서의 러시아 핵사용 위기, 그리고 덧붙이자면 아프가니스탄에서의 미군 철수협상에서 당사자였던 쿠바, 우크라이나, 아프가니스탄 정부는 협상에 개입하지 못했다. 미국-소련, 미국-러시아, 미국-탈리반이 협상 당사자였다.

트럼프 제 1기 정권 중 2018년부터의 전개를 보더라도, 처음에는 트럼프가 문재인 전대통령에게 북한과의 협상을 주도해 달라고 하는 장면도 있었는데, 싱가폴이나 하노이 정상회담에 한국은 끼어들지 못했다.

따라서 앞에서 얘기했듯 한국은 국력을 올리기를 우선하지 않으면 안된다.

적극적 경제 안보 vs 수동적 경제 안보: 실리콘밸리에서의 교훈

여기까지의 경제 안보에 대한 생각은, 우리나라의 경제를 위협하는 힘이나 움직임에 대해서 어떻게 대처할 것인가 하는 논의였다. 그런데 40년에 걸친 실리콘밸리에서의 경험에서, 그것만으로는 불충분하다는 것을 실감할 수 있다.

그것은 외압에 의한 위협뿐 아니라 기술 자체가 진부하게 되어가는 전략적인 전환점에서, 스스로 대응을 잘못하고 경합할 때 틈을 주어 버리는 경우가 있기 때문이다. 실리콘밸리에서는, 지금부터의 10년은 이제까지의 40년보다 진전이 급격할 것이고, 따라서 대단한 변화가 있을 것이라고 하고 있다. 그런 중에 날뛰는 말 위에서 어떻게 견딜 것인지 하는 난제가 남아 있다. 그러한 국면을 뛰어넘기 위해서 말하자면 적극적인 경제 안보가 필요하게 된다.

아주 알기 쉬운 예를 들자면 삼성전자가 SK하이닉스의 HBM(High Bandwidth Memory)의 분야에서 뒤처졌다는 점이다. 또 아직 인텔이 업적이 좋았던 때의 전설적인 경영자 앤디 그로브에 의하면, 그러한 전환점에 왔을 때는 초기 단계에서 어떻게 하면 많은, 그것도 소수파의 의견이나 제안을 받아들이는지가 승패를 가른다고 한다. 실제로 SK 하이닉스의 입체형 HBM 프로젝트는 처음에는 의문시 되었던 선택지를 계속한 결과라고 한다. 한편 삼성에는 어떤 고집이 있어서 그 선택지를 경시했을지 모른다.

그런 경우, 같은 한국의 동업자가 좋은 선택을 했기 때문에 나라의 레벨에서는 다행이었지만, 만약 경쟁 상대가 다른 나라의 메이커였으면 나라의 중요한 산업의 한 부분을 빼앗긴 것이 될 것이다.

실리콘밸리에서 주목받고 있는 몇 개의 과제

반도체 메모리의 위치 : 종래의 메모리 반도체는 개별적인 d램이나 낸드플래시로서 사용되어 왔다. 한국의 반도체 메이커가 두각을 나타낸 것은 이 분야에서다. 그러나 AI의 시대가 오면서 어마어마한 계산 능력을 요구하게 되면, 연산하는 CPU와 메모리 사이에서의 데이터 출납에 한계가 오는 경우도 있다.

그렇게 되면 메모리 안에 연산 능력을 내장하는, 또는 조립된 하나의 반도체에 연산 부분과 기억 부분이 혼재하는 등의 가능성이 추구되고 있다. 이러한 움직임 안에서 어떤 선택지가 주류가 될지 판단하는 것은 매우 큰 메이커일수록 어렵다. 그것은 집착하는 것도 잃는 것도 많기 때문이다.

치열한 인재의 획득 : 미중간 반도체 산업에서의 대립으로 서플라이 체인이 분단되고, 반도체 공장을 몇 개의 지역에 세우지 않으면 안 되게 되었다. 이것에 의해 각 반도체 사업을 움직이는 현장의 인재가 몇 배나 필요하게 된다. 구체적으로는 프로세스 기술을 이행하는 기술자, 이행 후 생산을 가능하게 하는 기술자, 그리고 실제로 제조를 하는 작업자 등이 그렇다. 현재 미국 등에서는 TSMC, 인텔이나 한국의 메이커가 인재 확보로 고생하고 있다. 이러한 인재면에서의 경쟁이 사업의 성공을 좌우하는 것은 틀림없을 것이다.

데이터 센터의 전력 수요 : AI나 SNS에서 필요한 연산은 대부분 데이터 센터에서 행해지는데, 그러한 수요가 폭발적으로 늘어난 것에 의해 필요하게 된 전력 수요도 막대한 규모가 된다. 계산에 따르면, 2027년에는 데이터 센터만이 소비하는 전력이 독일이나 인도네시아 한나라의 연간 전력 소비에 필적한다고 한다. 게다가 이만큼 전력 수요가 핍박하는 중, 반도체 공장에의 전력 안전 공급이 제대로 되는지, 중요 과제라고 할 수 있을 것이다. 그러한 중에 전력 소비를 효율적으로 하는 기술이 각광을 받고 있다. 이러한 기술의 조기 육성이 나라의 레벨에서 요구되고 있다.

생성 AI와 환각 문제(Hallucination) : 최근 생성 AI가 일반에게도 보급되고, 미국의 OpenAI나 중국의 DeepSeek 등이 주목을 받고 있다. 그러나 아직 AI의 발전은 초기단계에 있고, 보도되었듯이, AI가 선택한 잘못된 판례를 변호사가 인용하거나, 항공회사가 AI를 통해서 틀린 금액의 할인을 제공하는등 신뢰성에는 문제가 있다.

여러 가지 원인이 있지만, AI가 학습, 분석하고 회답하기 위해서 사용하는 원래의 데이터가 확실한가 하는 기본적인 문제가 있다. 최근 이러한 결함을 보완하기 위해서 소프트를 개발한 벤처의 인기가 집중하고 있다. 이제부터 AI가 교육 현장, 메이커나 서비스업에서 보완적인 역할을 하게 된 것을 생각하면 이러한 신뢰성 확보가 필수적이다.

자동 운전과 자율형 무기 : 최근까지 자동 운전 기능은 인간의 운전수를 보조하기 위해서 사용되는 것이라고 생각되었는데, 샌프란시스코에서는 무인 택시가 오가면서 주목을 모았다. 사고가 일어나기도 해서, 지붕에 검지 장치가 붙어 있는 차를 보면 피하게 된다. 이러한 희생을 거치면서 기술은 진보해 가는 것이다.

그러나 앞에서 얘기했듯이, 자동 운전에 사용되는 화상인식기술등은 무기의 제어에 사용될 수도 있다. 드론의 기능도 하루가 다르게 진보하고 있지만, 탱크나 소형 전함이 자동 제어되어 파괴적 행위를 하게 되면, 대단히 비참한 전개로 이어질 수 있다. 로봇 기술도 발달하고 있어서, 전쟁의 현장에서 응용되면 전투의 비대칭성이 큰 규모로 커질 것으로 상상이 된다. 키신저도 생전에 AI의 군사 응용은 위험한 일이라고 얘기했던 생각이 난다.

다행히도, 이러한 자율성을 높이는 기술이 방위면에서 건설적으로 응용될 가능성도 충분히 있다. 어떤 미국의 벤처는 연안 경비대(Coast Guard)가 자율 정찰을 할 수 있는 소형 패트롤 보트를 개발하고 있다. 사람이 필요없다면 많은 보트를 연안에 배치해서 의심스러운 배를 효과적으로 찾을 수 있을 것이다. 해군이 상대적으로 약하다고 하는 우리나라 연안에도 이용가치가 있을 법하다.

국력 곧 외교 레버리지를 올린다 – 코리아 파워업

반복하지만 엔저(円安)의 영향도 있어서, 예전에는 세계 제 2위를 유지하고 있었던 일본의 GDP는, 중국에 뒤처지고, 독일에도 뒤처져서 4위가 되었다. 다음엔 인도가 따라잡는 것이 아닌가 불안하다고 하다.

일본의 어느 싱크탱크의 분석을 보면, 2040년에는 GDP 기반으로 인도네시아가 일본을 따라잡을 가능성이 지적되고 있다. 인도네시아는 인구나 국토에서 보면 한국이나 일본보다 잠재적인 성장의 상한이 높은 것은 인식하고 있었는데, 그래도 한국을 넘을 가능성을 생각하면 놀랍다.

한국은 현재 OECD에 가입하고 있는데, G7 등 국제 기관에서의 논의는 직접 주장하지 못하고 회원국의 협력을 요구할 수밖에 없다. 또 인구나 국토, 그리고 지정학적 조건에서 미들 파워의 지위에 머물고 있다. 그러나 4개의 강국이 경쟁하고 있는 「통로 국가」, 한국으로서의 처지, 예를 들어서 북한 문제를 미들 파워로 해결하기는 아주 어려운 일이다.

한일 관계를 대등, 아니면 수평화하기 위해서도 어깨를 겨룰 수밖에 없다. 중국의 시진핑은 2049년까지 미국을 따라잡는다고 선언하고 있다. 한국의 톱도 기한을 정하고, 반드시 GDP 규모가 아니더라도 일본을 따라잡는 비전을 제시해도 좋지 않을까.

그러나 현실적으로는 많은 핸디캡이 있다. 제한된 인구와 국토, 저변이 좁은 산업, 저출산 고령화, 비우호적인 옆 나라의 존재 등 이런 문제를 어떻게 극복할 것인가.

스케일 업은 「두 개의 I」

국내 인구나 시장에 한정이 있는 한국은, 끊임없이 미국이나 중국과 같은 큰 시장을 개척해서 경제를 성장시켜 왔다. 다음 도약을 목표로 하기 위해서는 새로운 프론티아가 필요하다. 그것이 「두 개의 I」즉, 인도와 인도네시아다.

우선 인도인데, 최근 스탠포드 대학에서 인도교수의 강의를 듣고 놀랐다. 한참 전에 한국인 지인이 인도에서 반도체 생산 공장을 세우려고 했었는데 고전하는 것 같았다. 이 강의를 들어보니 예전 그 상태에서 거의 진전이 없는 인상을 받았다. 옛날 삼성 창업자 이병철이 한국에서 뜻을 세웠듯이, 인도에서도 최종 제품의 조립만이 아니라 그 안에 있는 핵심 반도체의 내제에 의해 이익을 최대화 하고 싶다고 생각하고 있다.

인도에는 세계 최고수준의 공과대학이 있다. IIT다. 실리콘벨리의 IIT 출신의 인도 사람들은, 「최근에는 자녀들이 IIT에 합격하지 못할 경우에 대비해서 MIT

에 지원한다」고 할 정도로 IIT의 경쟁률은 아주 높다. 천재급 두뇌가 많다. 소프트웨어 분야나 반도체 분야에서도 파브레스라고 불리는 반도체의 기획·설계에 특화한 분야에서도 인도 사람은 두각을 나타내고 있다. 그러면 왜 반도체 공장은 잘 되지 않는가?

빅딜의 요소

인도는 반도체를 내제화하고 싶다. 한국은 반도체 생산의 톱을 다투는 나라가 되어 있다. 수요와 공급이 맞는 셈이다. 예전에는 인도의 규제 등이 복잡하게 얽혀서, 실리콘 벨리처럼 사업전개를 할 수 없었다. 그러나 모디 정권은 이것을 서서히 개선하고자 하는 것 같다.

게다가 인도 사람은 개인주의적인 성향이 강하다. 발상이나 창조의 천재는 많고, 소프트웨어나 파브레스 분야에서도 이러한 역량이 발휘된다. 그러나 공장을 세워서 조업을 할 때 천재가 너무 많으면 대립이 일어나고, 거꾸로 실행의 질이 떨어지는 경우가 많다. 적절한지 아닌지는 별도로 하고 힌두교보다는 유교의 영향이 있는 극동아시아의 민족이, 이러한 생산 활동에는 적합할지도 모르겠다.

그래서 다음과 같은 발상이 성립할지 어떨지. 인도 안에 특구를 만들어서 그 안에서 규제없이 조업이 되도록 한다. 물도 전력도 안정적으로 공급을 받을 수 있어야 한다. 그 대신, 특구 안에서 한국이 반도체의 위탁 생산공장을 세우고 한국에서 온 직원들이 턴키(블랙박스 안에서, 모든 것을 도급받기)에서 인도가 필요로 하는 반도체를 생산한다. 생산한 반도체의 반은 이익 없이 인도에 공급하고, 반은 적정 이익으로 판다. 현재 이미 인도의 타타그룹이 대만의 PSMC와 협업, CG파워와 일본의 르네사스가 협업, 메모리 메이커의 미국 마이크론과 조립 공장건설의 프로젝트를 진행하고 있다. 이러한 민간끼리의 얼라이언스가 아니라, 국가대 국가로 빅딜을 하면 어떨까.

이 제조 노하우는 한국의 생명선이기도 하기 때문에 엄중한 관리가 필요할 것이고, 폭동 등이 일어났을 경우에 대비해서 비상 정책을 생각하지 않으면 안 된다. 인도가 핵보유국이라는 것도 중요한 요소다. 이러한 반도체 협력과 관련해서 인도와도 북한에 대한 안전 보장의 협력이 가능하지 않을까. 예를 들어서, 군사용반도체의 생산을 위에서 언급한 공장에서 만드는 구조를 관련키는 등이다.

인도네시아와도 별도의 빅딜을 하면

인도네시아 시장에 관해서는, 한국의 기업 그룹은 이미 시도하고 있다. 예를 들어서 롯데 신동빈 회장도 인도네시아의 조코위 전 대통령과 면담했었다. 나아가서 인도네시아를 전략적인 지역으로 간주하고, 우리도 정부 대 정부의 딜을 하면 어떨까. 예를 들어서 북방 영토를 돌려받고 싶은 일본은, 러시아의 우크라이나 침략 전에 그 영토에서 경제개발 협력을 협상하고 있었다.

인도네시아는 많은 섬으로 구성된 나라이므로, 적절한 섬을 정해서, 스마트 시티화를 공동으로 촉진하는 것도 가능하지 않을까. 어느 정도 성공하면 그것을 다른 섬에서도 수평적으로 전개하면, 한국이나 참가하는 한국 기업에는 성장을 가져오고, 인도네시아의 국익에 도움이 되지 않을까 생각한다.

어쨌든 한국의 현재의 상황을 타파하기 위해서는 장래성이 있는 나라에 초점을 맞추고 큰 차원에서 전략적인 얼라이언스를 맺을 필요가 있어 보인다.

일본은 하지 못하는 이민 정책

한국, 일본, 그리고 중국은 모두 저출산 고령화 문제로 어려움을 겪고 있다. 특히 한국의 경우 출생률이 낮은 것이 큰 문제로, 최근 정부가 이민 정책을 적극적화하고 있다. 실제로 이민체험을 미국과 일본에서 경험해 보면, 일본이민

정책의 한계가 보인다. 이것은 이민에게 동화를 강요하는 것이다. 일본 민족의 「질서」라는 것을 유지하기 위해서, 이민은 그 「질서」 즉, 습관에 물들어야 한다. 바꿔서 말하면 이민의 아이덴티티를 희석하거나 없애는 것과 같은 뜻이다. 다양화는 「질서」를 왜곡해 버리기 때문이다. 과거 일본이 한반도에서 했던 동화정책의 사상은 이렇게 지금도 뿌리 깊게 존재하고 있다.

단일 민족이라는 공통점을 갖고 있는 한국에도 이러한 경향이 있는 것은 부정할 수 없지만, 일본만큼은 아니다. 한국내의 어느 도시 또는 지역을 특정해서 이민 특구를 만들고, 그 구역 안에서는 영어를 공용어로 하거나 우대조치를 정비하고, 법률제도를 서양에 가까운 것으로 하는 등 1국 2제도를 만들면 어떨까 한다.

지역 격차가 큰 것도 한국의 특징이며, 이러한 특구를 만들어서 지역개발을 시도하는 것도 방법일지도 모른다. 그러나 우대 조치의 매력에 따라서는, 일극 집중(예를 들어서 서울에 집중) 문제가 되고 있는 서울에서 그 특구로 이주하는 사람이 나오면 개선이 가능할지도 모르겠다. 요컨대 해외에서 이민을 받아들이기 위한 특구이지만, 동시에 서울 등에서의 국내 이민도 받아들이도록 한다. 그렇지만 당연히, 특구 내에서 일정 기간 머무는 사람 이외에는 우대조치의 대상에는 되지 않게 한다. 그리고, 요즘에는 한국뿐 아니라 일본에도 중국에서의 이민이 늘어나면서 사회질서에 영향을 끼치고 있어서 조심스러운 면도 있다.

거버넌스(통치)의 질을 높인다

제4장에서 제7장까지 통치부전의 예를 보아 왔는데 질이 나쁜 통치는 국민을 정말 불행하게 한다. 역사를 통치문제로 파악하면, 과거를 풍화시키는 일 없이 미래를 위한 교훈이 된다. 앞에서도 얘기했지만, 당선하기 위한 재능이 있어도 막상 취임하면 통치 능력이 부족해서 국민이 실망하는 케이스가 한미

일에서 빈발하고 있다. 종합해서 생각하면 권위주의 국가가 좋다고 얘기하지 못하지만, 세습제를 계속하는 북한을 제외하면, 다른 톱은 투쟁을 거쳐서 권력의 자리에 앉았고, 취임 후에도 그 권력 기반을 유지하면서 통치한다. 특히 중국의 경우 시진핑은 치열한 투쟁을 이기고 올라온 사람이다. 이러한 사람들은 민주주의의 틈을 잘 노린다. 그렇기 때문에 민주주의 국가의 톱에는 건전한 통치를 할 수 있는 사람이 되는 것이 불가결하다. 위기가 발생했을 때는 국가 존립의 문제와도 관련한다.

약육강식이라고도 불리는 정글의 역학이 판을 치는 요즘 시대에, 어떤 톱이 좋은지 한 마디로는 표현할 수 없다. 그러나 경영학에는 벤치마킹과 베스트 프랙티스라고 하는 수법이 있어서, 즉 현존하는 최고의 레벨을 비교의 대상으로 하는 시도다. 역사를 돌이켜보면, 최근 100년에서는 미국의 프랭클린 루즈벨트(FDR)대통령이 통치를 잘했다고 하는 것이 아닐까. FDR은 1929년에 시작된 대공황에서 나라를 다시 세우는 난제를 안고 정적과도 손을 잡고 여러 가지 개선책을 실행했다. 그 후 우여곡절은 있지만, 점차적으로 전쟁을 하게 되었을 때 제2차 세계 대전에서의 연합국을 승리로 이끄는 원동력이 되었다. 미국 역사상 유일하게 3선을 지낸 대통령이 되었다. 그 동안 4번의 대선, 그리고 중간 선거를 통해서 국민의 심판을 받으면서 국정을 리드한 것이 되었다.

여기서 좋은 톱의 주요 양복을 재확인해 보겠다.

1. 목적
2. 인재의 질
3. 의사 결정의 과정
4. 방법: 전략, 전술
5. 방법론과 나라의 장점·단점·자원의 유무와의 균형
6. 상황, 위기 분석
7. 국제적인 법과 윤리관과의 합치
8. 권력 폭주를 막는 체크 기능

FDR 의 제2차 세계 대전에서의 예를 간단하게 보면,

1. 자유와 민주의 연합국이 승리하는 것
2. 자신이 해군성의 스탭이나 뉴욕 주지사 경험자였다는 것과 우수한 사령관들이 군부를 지도했었던 것
3. 대통령이 직접, 사령관들이나 외교관들과 전략과 작전의 방침을 정한 것
4. 영국이나 소련 등의 참전 압력에 굴복하지 않고, 미국 내의 의사 형성이 완성될 때까지 기다리고, 국내에서는 야당 공화당과도 협력해서 빨리무기 생산을 시작한 것
5. 이면 전쟁을 잘 조정했고, 국내 남부에 있는 주의 표를 얻기 위해서, 국회에서 인권이나 공민권 문제는 다루지 않은 것
6. 「매직」이라고 불린 도청과 암호 분석의 시스템에 의해서, 일본 정부와 일본군 사이의 교신을 미국이 알고 있었던 것
7. 세계의 자유와 민권은 지켰지만, 국내에 있는 일본계 미국인과 흑인의 인권은 지켜지지 않은 것은 실패
8. 군의 민간 통치가 철저했기 때문에, 일본처럼 군이 폭주하는 일은 없었다는 것

간략하기는 하지만 FDR의 리더로서의 역량은 대단했다. 그는 국민들에게 세계지도를 구입하게 하고 라디오 앞에 모아놓은 후, 국민들이 잘 알지 못하는 외국에서 일어나고 있는 전쟁에 관해서 계속 호소했다. 영국의 처칠과는 백악관에서 몇 주일이나 같이 지내면서 우정을 돈독히 했고, 연합국의 수뇌회담마다 두 사람이 중심적인 역할을 했다. 노르망디 상륙때는 처칠에게 용기를 주고, 작전을 수행하는 젊은 병사들을 위해서 라디오에서 백만명 기도회를 했다.

「수의 힘」을 이길 수 있는 인재의 확보와 육성

올림픽 경기를 보면 알 수 있지만, 역시 인구가 많은 중국에는 우수한 선수가 많다. 정도는 다르다고 해도 미국에서도 비슷한 얘기를 할 수 있지 않을까. 상대적으로 한국과 일본에는 인구가 적다. 특히 일본에 비해서도 한국은 적다. 그렇다면 인구가 많은 나라를, 어떻게 인재의 질에서 이길 수 있는가.

답은 세 개의 요소가 있다고 생각한다. 우선 대학을 포함한 교육 기관을 강화할 필요가 있다. 직접적인 인과 관계가 있다고 할 수 없지만, 일류의 인재를 기르기 위해서는 일류의 교육 기간이 필요하다.

두 번째는 적재적소다. 인선에 정치적 요인이나 감정적인 요인이 섞이면, 제일 적합한 사람이 활약할 수가 없다. 보석이 있어도 쓰지 못하게 된다. 초이기주의 사회에서 개인적인 손익을, 나라나 조직의 손익보다 우선하기를 계속하면 적재적소는 불가능하게 된다.

세 번째는 사회가 단결하고 분열하지 않는 것이다. 작은 나라가 더 이상 분열해서는 안 된다.

세계에서 2류로 만족하고 있는 서울대학과 동경대학

첫 번째의 대학교육에 관해서 얘기하고 싶다. 예전에는 세계대학 랭킹에서 상위 10개는 주로 서양의 학교였지만, 최근에는 중국이나 싱가폴 대학이 랭크인 하고 있다. 한국의 톱으로 불리는 서울대학이나 일본의 톱으로 불리는 동경대학은, 30위 안팎이다. 왜 그럴까. 이렇게 해서는 「수의 힘」을 이길 수 없다.

우리 어머니도 서울대학 출신이기도 해서 서울대학을 좋게 생각하고 싶다. 그러나 파워업도 필요하다. 최근 어떤 계기로 서울대학이 왜 글로벌 수준과 격차가 있는지 느끼게 되었다.

학교의 연구가 글로벌 스탠다드에 도달해도 그 권리를 보호하지 않는다

서울대학의 어느 연구소 출신 벤처가 상장을 했다. 미국의 큰 고객을 얻은 것도 높게 평가되었다. 세계 어디에서도 수많은 벤처가 실패하는데 이 상장은 축하할 일이다. 실리콘 벨리에서 많은 대학출신 벤처를 우연히 알게 되었는데, 대학과 벤처는 미리, 연구소에 속한 지적 소유권의 특허계약을 맺는다. 아니면 벤처 주식의 일부를 양도한다.

　이 서울대학 출신 벤처는 그런 계약을 맺지 않고 대학의 특허와 비슷한 독자적인 특허를 한국 특허청에 신청했다. 투자를 모으기 위해서 독자의 기술이라고 어필하고 싶었을 것이다. 그러나 유사성을 이유로 특허청에서 인정하지 않았다. 동시에 거의 같은 특허를 미국 특허청에 신청했는데 이쪽은 통과했다. 왜 그런지 궁금해서 신청 자료를 조회해 보았다.

　놀라웠다. 선행 기술로서 제출한 한국어의 서울대학 특허가 자동 번역으로 영어로 되어 있는데, 중요한 부분의 이해가 어려운 상태였다. 이것으로 정말 공정한 심사를 할 수 있었을까. 미국 변호사에게 물었더니 미국 특허청에서는 이런 부실심사가 많다는 것이다.

　이러한 사태를 시정하기 위해서 미국에서는 간이적인 재심사 시스템이 있다. 조사해보니 약 8,000 불로 재심사 신청이 가능하다고 하여 서울대학에 제안해 보았는데 실효적·합리적이 아니라는 이유로 추구하지 않기로 했다고 한다. 상장한 서울대학 벤처는 나중에 대학의 특허를 샀는데, 미국 대학의 벤처가 출신학교에 지불하는 대가보다 훨씬 싼 가격이었다.

　결과적으로 서울대학의 그 연구는, 미국의 큰 고객에게 인정받는 놀라운를 만들었음에도 불구하고, 미국을 비롯한 세계 어디서도 그런 공적이 남지 않는 결과가 되었다. 그런 이유도 있어서 세계적으로 인정받지 못하는 것이 아닌가. 더구나 서울대학은 나라의 예산에 의해서 뒷받침되는 국립대학이다. 서울대학도 미국 등의 대학이 벤처 관련의 지적 소유권을 어떻게 계약, 관리하고 있는지 다시 한번 벤치마킹할 필요가 있다.

이제부터 요구되는 것은 스페셜리스트가 아닌 제네럴리스트

　나는 미국의 우수한 교육 기관을 직접 체험했고, 그 나라의 인재들 중 톱 몇 퍼센트는 엄청난 지성을 갖고 있다고 몇 번이나 생각했다. 그 이유는 지금도 파악하고 있다고 말하지 못하지만 하나의 요인에는 수평적 사고(lateral thinking)라고 부를 수 있는 것이 있지 않을까 생각한다.

꽤 오래전 일인데 동경대학 학장의 강연을 들은 적이 있었다. 인류는 세계 10대 문제를 해결하기 어렵다. 왜 그럴까. 간단하게 얘기하면, 전문분야가 너무나 세분화되어 종적으로 되어 버렸기 때문에, 분야횡단적인 관계에 대해서 파악할 수 있는 인재가 적어졌기 때문이라는 가설이었다. 즉 스페셜리스트가 늘고, 제너럴리스트가 줄었다는 것이다. 미디어에서도「유식자」를 초청해서, 어떤 전문가인지를 명기한다. 그 분야의 프로라는 뜻이다. 그렇다면 제네럴리스트로서 프로라는 것은 불가능할까.

유럽에서 말하면 르네상스에서 괴테까지의 시대에 존재한, 문과와 이과를 양쪽 다 소화할 수 있는 인재라고 할 수 있겠다. 일본 기업의 사회이사를 했을 때 많이 생각한 것이, 이러한 일은 분야 횡단적인 사고를 할 수 있는 사람이 해야 하며, 그러한 인재가 얼마나 적은지, 그리고 그런 사람이 있어도 역시「아마추어」로 여겨지는 점이었다.

게다가 이제부터 인공지능이 보급되는 시대라고 하는데, 그 지능이 처리하는 데이터베이스는 한 그루의 나무와 같은 구조로 되어 있어서 세로 방향의 검색이나 분석은 가로방향보다 훨씬 빠르다. 따라서, 이제부터 인간에 의한 지식의 깊이는 기계가 대체하고, 인간의 창조성은 가로 방향에서 발휘되지 않을까 하는 미래학자도 있을 정도다. 미국과 중국 그리고 AI에 대응하기 위해서는 한일이 함께 인재의 질을 몇 단 파워업 하지 않으면 안 된다고 느낀다.

그런데 분단시대의 하나의 대처법으로, 인사결정의 이기주의나 연고주의에 대한 체크 기능을 어느 정도 AI에게 맡기는 것이 가능할지도 모르겠다. 물론 편견이 있지 않을까 하는 불신감으로 모든 것을 AI 에 맡길 수는 없지만, 가능한 한 객관적인 기준 등을 기반으로 원안을 만들게 하고, 이기주의나 연고주의의 편견을 줄이는 것도 앞으로는 가능하지 않을까 하고 기대하고 있다.

전문성을 부감력으로 보완한다

최근 미국의 미디어가 퍼듀대학(Purdue University)에 있는 코너스톤 프로그램이라는 시도를 소개했다. 그 학교는 미국의 유명한 우주 비행사를 몇 명 배출한 것을 알려져 있고, 그 영향도 있어서 이공계의 학부가 강하다.

나도 학부는 이공계였기 때문에, 그러한 학생의 시야가 얼만큼 깊고 좁은지 알 수 있다. 깊은 부분은 좋을지도 모르지만 좁은 부분은 곤란하다. 나는 일생 문과와의 균형을 추구해 온 이공계 출신이다.

코너스톤 프로그램은 미국 전역에서 전개하고 있는 것 같은데, 이공계 학생의 치우친 견식을 문과 교육에 의해서 보완하려는 것이다. 현실적으로는, 전공 과목에 대부분의 시간을 할당해야 하기에, 그 이외의 교육에 소요되는 시간은 한정되어 있다. 따라서 이 프로그램에서는 플라톤이나 마키아벨리의 고전을 읽고, 전문가와 토론하는 것에 의해 학생이 사회를 부감하는 능력을 갖도록 하는 것이 목적이다. 이러한 시도가 한국이나 일본에서도 필요한 것은 아닐까.

이기주의에서 마치는 「저재저쇼」 - 블라인드 데이스팀을 권한다

균일성이 높은 사회에서 살고 있는 인간이 사람을 택할 때, 그 사람의 속성에 많이 신경을 쓰는 것 같다. 내게도 그런 면이 없지 않아 있지만, 그 속성을 고정적이고 잠재적인 선입견과 대조해서 선택하는 일이 많지 않을까. 「이러이러한 사람에 한해서…」 또는 「이러이러한 사람은 절대로」라는 편견이 아닐까. 다양성이 없는 사회는 약하다는 주장도 있는데, 속성을 묻지 않는 인선의 방법, 이것이 중요해진다.

신뢰관계·인간관계에 의해서 인재나 일을 택하는 것을 가족주의, 연고주의라고 생각한다. 물론 신뢰관계는 중요하지만, 위기에 직면했을 때 또는 전략적인 전환점에 도달했을 때, 경우에 따라서는 반대 의견이나 속성이 다른 사람들과 스크럼을 짜는 것도 필요해진다. 일본인 중에도 속성을 묻지 않고 좋은 것은 좋고 나쁜 것은 나쁘다고 생각해서, 좋은 것을 철저하게 찾는 케이스도 있다. 유명한 영화감독 고레에다 히로카즈(是枝裕和)도 최근 한국 영화가 왜 세계에서 주목을 받는지, 한국에 가서 분석하고 그리고 언어의 장벽을 넘어서 영화를 만들어 보았다고 한다. 유명한 건축가 안도 다다오(安藤忠雄)도 한국을 방문했을 때의 인상을 신문에 기고하고, 서울에는 녹지화가 진행되었다는 좋은 인상을 전하고 있었다.

와인을 좋아하는 사람들은 익숙해져 있겠지만, 블라인드 테이스팅이라고 하는, 라벨을 보지 않고 마시는 시음 방법이 있다. 왜 이런 방법을 쓸까. 1970년대에, 지금 생각하면 전설적인 「테이스팅 오브 파리」라는 최고봉의 소믈리에가 톱 와인을 고르는 이벤트가 있었다. 심사위원의 대부분이 프랑스 사람이고, 톱 와인은 거의 다 프랑스산, 그리고 캘리포니아 와인은 쥬스처럼 달다고 하는 그런 시대였다. 그런데 라벨없이 시음을 하고 보니 캘리포니아 와인도 뽑혔던 것이다. 이 「사건」 후에 캘리포니아 와인이 각광을 받게 되어 지금은 전 세계 와인 애호가가 즐기는 산지가 되었다.

조금 더 알기 쉬운 예로 녹차를 들어 보겠다. 얼마 전까지만 해도 일본 시즈오카산 녹차는 우리나라 보성 녹차보다 훨씬 더 맛있었던 기억이 있다. 그러나 지금은 보성 녹차 뿐 아니라 제주도산 녹차 중에는 블라인드 테이스팅을 해서 일본 사람도 구별이 어려울 정도로 한국 녹차의 수준은 향상되었다.

음악의 오디션에서도 최근은 연주자와 심사위원 사이에 커튼을 치고, 소리만으로 판단하는 곳도 있다. 기업에서도 서서히 이기는 하지만 채용할 때 출신대학을 묻지 않는 곳이 나오고 있다. 삼성도 그전에는 일류대학에 집착했었는데, 한양대학 출신 CEO가 탄생하면서 프로세스를 바꾸는 기회가 되었다고 한다.

미국에서 제일 오래된 고등학교에서 공부할 기회를 얻었는데, 슬로건에 「유스 프롬 에브리 쿼터 Youth from Every Quarter」, 즉 다양한 생도를 모집하자고 내걸고 있다. 훌륭하다고 생각되는 것이, 이것을 철저하게 하기 위해서「니드 블라인드 어드미션 Need Blind Admission」, 곧 높은 입학 기준을 만족시키는 학생에게는 경제상태를 묻지 않고 입학을 인정한다는 제도를 채용한 것이다. 이 제도를 뒷받침하고 있는 것이 졸업생의 기부금으로, 아시아 인간으로서 고등학교 레벨에서 이러한 제도를 계속하는 학교가 있는 것이 부럽다. 한국의 큰 재벌들도 국내에서 이러한 시스템에 기여한다면 지금 일어나고 있는 대립은 줄지 않을까 생각한다. 이러한 차별이 없는 구조에서 우수한 인재가 자라나고, 고정관념이 적은 사회가 형성되어 갈것이다.

이렇게 한일이 따로따로 제 3국의 사람들에게 개방적인 사회(바깥에서만 아니라 다양성을 수용하는 내적 국제화) 로 되어가면 저절로 한일간의 갈등도 감소할 것이 틀림없다.

나라의 양극화로 인한 분열을 줄인다

한국의 분역에는 적어도 두 개의 요수가 얽혀져 있다. 우선은 구조적인 요인이다. 일본의 어떤 평론가에 의하면 한국은 미국에 안보를 의존하고, 중국에는 경제로 의존하며 북한에는 농락을 당하고 있어서 통치하는 것이 아주 어렵다고 한다. 실제로는 복잡하기 짝이 없는 북한 문제에 관해서도 중국에 의존하고 있는 측면이 있다. 미국과 일본도 중국에 의존하고 있지만, 북한 문제에 관해서는 핵과 납치 문제 외에는 없다.

이러한 지정학적, 구조적인 요인에 관해서는 공작원 대책을 철저하게 하는 것 이외에는, 국민의 레벨에서 가능한 일은 한정되어 있다. 그러나 인간관계의 레벨에서 생각하면, 양극화와 분열을 줄이는 것은 가능하다.

최근에 미국 대통령 선거에서도 드러났듯이 미국 국민의 양극화도 심상치 않다. 가족 중에서도 정치의 얘기가 나오면, 부부, 부모와 자식, 친척 간에서도 갈등이 생긴다.

　양극화의 원인은 여러 가지 있는데 조금이라도 회복할 수 있다고 한다면 사회의 말단에 있는 공동체에서만 할 수 있다는 시각이 많다. 뉴욕 타임즈의 유명한 컬럼니스트 데이빗 브룩스(David Brooks)는 저서 안에서, 이러한 공동체 중에서 속성이나 인생경험이 다른 사람들이 공존하기 위해서는 기술이 필요하다고 주장한다.

　비지니스에서는 흔히 얘기하는데, 거래할 때 첫걸음으로 필요한 것은 상대방을 존중하는 것이다. 이 개념을 사회 전체로 파악하고 있는 브룩스는, 사람은 모두 영혼을 가진 생물이고 모두 귀중한 존재라는 자세에서 시작해야 한다고 설명한다. 실제로 아시아에는 이러한 습관이 있을 텐데 최근에는 대립하는 생각을 갖는 사람을 경시해 버리는 경향이 있는 것을 부정할 수 없다.

　그래서 선입관이라는 안경을 벗고 상대방의 얘기를 듣는 것이 얼마나 어려운지 나도 반성할 바가 많다. 경우에 따라서는 상대방의 얘기를 듣기는 커녕, 나만 얘기하고 있다.

　대학원에 다닐때 보스턴에서, 보스턴 컨설팅 그룹에 접한 일이 있었는데 그 톱 중에 좋은 질문을 잘하는 사람이 있었다. 호기심이 많고 상대방의 의견을 알고 싶어서 질문하기도 했지만, 상대방이 생각하도록 하는 질문이 인상적이었다. 그러한 질문을 함으로써 브룩스가 얘기하는 대립의 속에 있는 진정한 대립 원인을 찾아내는 것이 중요하다. 그를 위해서는 지장이 없는 범위 안에서, 상대방의 성장환경이나 개인적 경험 등도 파악이 되면 참고가 된다.

　브룩스에 의하면 배신을 당했다, 소외되었다, 상처를 받았다 등의 피해 경험이 있는 경우가 특히 어렵다. 이러한 사람이 한국에 많은 것은 잘 알려진 사실이다. 앞에서도 얘기한 동정심(특히 인지적 동정심이 아닌 감정적 동정심)으로 상대방에게 접하고, 강한 주장의 배경을 찾는 것이 필요해진다. 바꿔서 말하면, 상대방의 입장에서 생각하는 것이리라. 구체적으로는, 금방 반론하고 싶은 유혹을 억제하고 그린라이팅(모든 것이 청신호)이라고 불리는 기술, 즉 우선 상대방의 얘기를 긍정적으로 듣고 전부를 파악할 때까지 판단하지 않는 방법이다.

최근 우연히 5.18을 광주에서 목격한 사람, 그리고 그 사건을 취재한 외국인 기자의 얘기를 들을 기회가 있었다. 또 그 전에 일어난 12.12 쿠데타를 진보의 입장에서 만든 영화, 「서울의 봄」을 보았다. 그 시기의 역사 해석으로서 객관적인지 아닌지는 생각하지 않고 보았다. 정답이 무엇인지를 떠나서, 이러한 체험을 하기 전의 선입관과 비교하면, 입장은 바뀌지 않아도 인상이 변한 것은 확실하다.

위에서 얘기한 것은 카운셀러나 트레이너가 쓰는 테크닉과 겹치는 부분이 있을 것이다. 오버도퍼가 얘기하듯이 크고 작은 900회의 침략을 받은 경험도 있어서, 역사적으로 한국에는 비극이 너무 많았다는 것도 과언이 아니다. 그러나 과도한 피해자 의식은 파괴적인 대립에 연결되는 경향이 있어서, 이제까지 얘기한 방법을 통해서 어떻게 건설적인 대립으로 전환할 것인지가 국력 향상의 열쇠가 되지 않을까 생각한다.

제9장
신 중도주의

아시아에는 옛날부터 「중용」이라고 하는 지혜가 있다. 간단하게 얘기하면 중도, 즉 극단을 피하는 것이다. 이러한 지혜는 선배들의 오랜 경험에서 오기 때문에 나름대로의 무게가 있다. 20세기에 비교하면 21세기는 복잡하게 되었다. 왜냐하면 패권의 구도가 하나의 강대국, 또는 두개의 강대국이 아닌 다국화했기 때문이다. 하나의 진영을 따라가면 되었던 시대는 끝났다. 많은 강대국과 여러 레벨에서 경쟁과 협조의 관계를 가져야 한다.

국내를 보아도 국민이 분열되면 리더가 나라를 통치하는 것이 아주 어렵게 된다. 국력이 약해지면 외국에서 틈을 노리기 쉽다. 애초에 나라의 과제가 산적해 있는데 대통령 부인에 관한 줄다리기로 국력을 소모했었다. 대단한 기회 손실로 보는 것이 가능하다.

지역별 중도 견해

지역별로 중도성을 염두에 두고 경제 안보, 핵무기 보유와 한일 관계의 바람직한 모습을 정리해 보겠다.

대미 대중 – 미국을 동반하고 아시아에 들어가기(伴美 入亞)

한국에는 친미, 반미 양쪽이 섞여 있다. 구체적으로는 한미일 관계 강화와, 주한미군 철수라고 하는 극단이다. 냉정하게 생각하면, 미국 상황에도 중국 상황에도 알 수 없는 부분이 많다. 그렇다면 시나리오 별로 생각할 수 밖에 없다. 미국의 트럼프 정권은 서프라이즈를 무기로 하고 있기 때문에, 앞이 보이지 않는 국면이 계속해서 있을 것이다. 중국은 지금 통제 정책을 계속하고 대만 문제에 관한 강경책도 불사하고 있으며, 경제 상황이나 「일대일로」도 기대처럼은 되지 않고 러시아와 북한의 협력관계를 경계하고 있는 것 같다. 이쪽도 내다보기가 어렵다. 일종의 과도기로 봐도 될 것이다.

그 과도기를 제 1단계로 파악해서 미국을 동반해서 아시아에 들어갈 수 밖에 없다.(伴美入亞) 우선 미국과의 교류 방법인데, 바이든 정권이 외교 수법으로서 미니 래터럴리즘(mini lateralism)이라는 개념을 제창했다. 이것은 반영구적인 동맹 관계와는 달리, 목적별로 소수의 나라 사이에서 협력 관계를 구축하는 방식이다. 한미일 연합도 그 한 예인데, 북동 아시아에서의 안전 보장을 염두에 두고 있다. 미일 필리핀 연합도 그렇고, 대만 리스크나 남중국해에서의 분쟁을 과제로 하고 있다. 이러한 연대를 기본으로 중국과 어떻게 교류해야 할지 방법을 모색해야 할 것이다.

동남아시아 국가들에게, 미국이 「우리냐 중국이냐」라고 다그쳤을 때, 그들은 「양자택일을 강요하지 말아달라」(Don't force us to choose)고 했다고 한다. 한국도 일본도 비슷한 입장에 있다.

이러한 시점에서는, 한일 관계도 미중일 관계도 중요하고 양립하지 않으면 안 된다. 그러나 미중대립안에서 50 - 50의 균형을 지키는 것은 어려울 것이다. 중국도 유쾌하지는 않겠지만, 한일이 역사적으로도 구조적으로도 미국과의 관계를 중시하지 않으면 안 되는 것은 이해하고 있을 것이다.

중국, 미국과 어떻게 마주할까 - 소결합 vs 밀결합

우선 적극적인 도전자 중국이, 현재의 리더 미국을 추격하고 있을 때, 그 사이에 있는 한일에게 힘든 국면이 자주 찾아오는 것은 어제 오늘의 일이 아니다. 조금 더 길게 보면, 과거에도 중국이 대두할 때 주변국은 고생했다고 역사가들은 얘기한다.

이안 브레머 등의 국제 정치학자는, 미국의 중국 대응이 특히 어려운 것은 과거 소련처럼 군사 위협만을, 혹은 일본처럼 경제적 경쟁만을, 과는 달리 안보와 경제 문제가 복합적으로 얽혀 있기 때문이라고 한다. 이것은 한일 입장에서도 중국대응에 대해서 같지는 않을까.

그런데 중국과 어떻게 마주할 것인가에 대해서는 여러가지 의견이 나와 있다. 대체적으로 얘기하면 「끝까지 대화하자」파, 「압력」파, 「그때그때 문제에 따라서 평가하는」파, 그리고 「다수파 공작」파 등으로 나눌 수 있겠다.

이러한 선택지들은 개별적인 방법론이지만, 실제로는 그때의 과제에 따라서 접근법이 바뀌는 것은 당연할 것이다. 과제는 크게 세 개로 구별할 수 있지 않을까 생각한다. 우선은 환경 문제나 판데믹처럼 지역이나 지구전체의 공통적인 과제. 두 번째는 무역처럼 때로는 중재, 제소, 압력을 포함한 협상으로 해결하는 과제. 그리고 영토나 인권문제 등 서로 양보할 수 없는 선이 있는 문제.

이 방법과 과제를 어떻게 조합할 것인가에 관해서 이다. 예를 들어서, 화학적 표현을 쓴다면 중국과의 관계를 「밀결합」적이 아니라 「소결합」적으로 하는 생각도 있지 않을까. 영어로 얘기하면 타이트·커플링(tight coupling)도, 미국이 요구하는 양자택일도 아닌, 루스·커플링(loose coupling)으로 한다는 것이다.

윈텔(Wintel: Microsoft Windows + Intel CPU) 시대로 불려왔던, PC(퍼스널 컴퓨터) 분야에서의 마이크로소프트와 인텔의 사실상 독점체제에서, 양자 관계를 fellow traveler(동방자: 같이 여행하는 자들)이라고 표현하고 있었다. 즉 방향성이 같아도 손익이 맞을 때와 맞지 않을 때를 생각해서, 그때그때 평가하자는 것이다.

소결합의 경우 상대방과의 관계에 관해서 Trust but verify(믿지만 확인한다), Engage but hedge(협력은 하지만 대안도 준비한다)라는 행동이 된다.

IBM 사의 전 사장 빌 에이커즈가 다음과 같이 얘기했었다. 「우리한테는 장기적인 친구는 없다. 있는 것은 손익 뿐이다」라고. 브레마도 서로 잘 맞지 않아도 협력은 할 수 있다고 말하고 있다. 당연한 것처럼 보이지만 종래의 우호적인 관계론이나 「오랜 친구(老朋友)」적인 생각과는 조금 다르다. 예를 들어서 「政冷経熱-1990년대 이후 일본과 중국과의 관계를 표현」도 그런 관계라고 하겠다. 이제까지 중국과는 「政冷経熱」 국면이 몇 번이나 있었다. 그래도 센카쿠 제도 문제가 중국에서의 일본계 기업에 나쁜 영향을 끼치거나, 사드 문제가 중국의 한국계 기업에 좋지 않은 영향을 끼치는, 분리할 수 없는 케이스가 많았던 것도 사실이다.

이런 복잡한 리스크를 완전히 없애는 것은 불가능하지만, 미국에서 과거의 대중전략에서 중요했던 「전략성 모호성(Strategic Ambiguity)」, 또는 「전략성 양면성(Strategic Ambivalence)」은, 오히려 「본심과 겉치레 - 일본의 문화특징의 하나」를 방불케 하는 개념이다. 중국과의 국교 수립을 할 때 「대만관계법안」을 근거로 하여 대만과의 관계를 유지하면서 「하나의 중국」이라는 중국의 주장과 합의했다.

한국이 북한과의 통일문제에 너무 노골적인 자세를 보이면, 중국에 정치적 주도권을 부여하게 된다. 일본 국회의원 중에는 대만파도 있고 센카쿠 제도 문제도 있기 때문에, 정도는 다르다고 해도 일본에도 이면성은 있다고 생각한다.

어떤 경우에도 중국과의 커뮤니케이션이 끊어지지 않도록 해야 한다. 프랑스의 마크롱 대통령은 미국 방송국과의 인터뷰에서, 러시아에 의한 우크라이나 침략이라는 긴박한 국면에서도 푸틴과의 대화를 계속하도록 마음먹고 있다고 말했다.「상대를 고립시키면 안된다」고 강조하고 있었다.

또, 다국간에서 협력하여 중국과 마주하는 것도 가능하다. 조건이 맞는다면 중국이 참가하는 것도 가능할 것이다. 예를 들어서 키신저가 제창한 것처럼 퍼시픽 커뮤니티를 만들어서 지역 문제를 해결하는 토대를 만드는 것도 건설적일 것이다.

나아가서 더 자극적인 것은, 최근 한일의 수뇌가 나토 서미트의 초청을 받았는데 양국 수뇌는 참가하지 않았다. 브레마는「나토를, 아시아 태평양 지역국을 포함해서 확장하는 것도 가능할 것이다」라는 시사를 하고 있다. 그렇지만 중국, 러시아의 반발은 확실하다. 특히 나토가「1인치도 동쪽으로 이동하지 않는다」고 거짓말했다는 주장을 하면서 우크라이나에 침략한 러시아는 강한 반응을 보일 것으로 예측이 된다. 더해서 요즘 미국-나토관계도 미묘하다.

그런데 이러한 다국간의 구조에서는 멤버 나라들이 자국의 손익에 따라서 결렬하는 케이스가 많은 것을, 중국은 전략적으로 유리하게 보고 자국의 결속을 유지하려고 할 것이다. 이러한 손득 계산도 중요하다.

이 장에서도 얘기하고 있지만 미국이 서플라이 체인 등의 디커플링을 통해서 한일의 선택을 강요할 국면도 있는데 다양한 의견이 있는 것 같다. 예를 들어서 테라지마 지쯔로(寺島実郎)는, 미국은 세계에는 디커플링을 호소하면서, 중국과 손을 잡아서 이익을 얻고 있다고 설명한다. 또 미국의 저널리스트 피터 슈와이처(Peter Schweizer)는, 미국의 저명인이 중국과의 관계를 어떻게 이용해서 축재해 왔는가를 취재, 출판하고 있다. 등장하는 인물은 헌터 바이든(Hunter Biden, 바이든의 둘째 아들), 미치 마코넬(Mitch McConnell) 부부(켄터키 선출의 상원의원으로 아내가 대만계) 빌 게이츠, 키신저 전 국무장관 등이다.

다른 각도에서 보면, 국가의 레벨에 대해 말하자면 친중과 반중을, 상황에 따라서 나눠서 쓰고 있는 것이 유럽의 독일과 영국이다. 지금은 중국과 거리를 두고 있지만, 숄츠 전 수상은 시진핑의 3연임이 확정되자 재빨리 회담을 하였다. 최근 독일의 외교관과 이야기를 했는데, 현재 러시아와 중국은 냉전 시대처럼 블록을 형성하고 있지 않다고 얘기한 것이 인상적이었다. 또 미국에서 만난 독일 대기업의 섭외 담당자도, 미국에서의 현지법인을 독일 쪽이 과반수를 소유하는 경우와, 의도적으로 하지 않는 경우를 구별하여 나눠서 하고 있다고 얘기했다.

그리고 리스크 회피와 리스크 관리는 다르다. 리스크를 피하는 것도 가능하지만, 대안을 제대로 준비하고 리스크를 취하는 그런 선택지도 있을 것이다. 일반 사회에서는 보험도 그런 리스크 관리의 방법이라고 얘기할 수 있다.

미국 한국 일본을 포함해서, 각 업계에 중국과 손익관계에 있고 친중적인 자세를 유지해야 하는 유명인들이 있는 것도 사실이다. 그렇다면 위에서 얘기한 경제안보책과 대립하는 어떤 이익 상반이 나오는 것은 예상할 수 있다. 미국에서 그러한 딜레마를 취재한 피터 슈바이처는 다음과 같은 방책을 제안하고 있다.

○ 중국의 군이나 첩보관계기업을 위한 로비 활동, 군과 기업이 증권 거래소와 관계를 갖는 일, 군과 기업과의 공동연구·개발 프로젝트를 금지한다.

○ 미디어는 공개적인 장소에서도 취재 상대에게 중국과의 관계에 관해서 질문을 할 수 있어야 하고, 해설과 분석을 하는 사람들에 대해서는 진실과 투명성을 요구해야 한다.

○ 증권 회사 등의 금융기관은 투자하는 중국 기업에 대해서 ESG, 즉 환경, 사회, 거버넌스에 관해서 요구해야 한다. 주주에 의한 외압(이사회와 주주총회)으로, 기업의 중역이 충실 의무를 지키도록 해야 한다.

이러한 미중 사이에 있는 한국에는, 당연히 어려운 방향잡기가 요구된다. 사이에 끼어 있는 상태를 완화하기 위해서 어떤 방책이 있을까. 최근「경제 안보」라는 틀에서 논의되고 있는 과제다.

여기까지는 중국에 대해서 어떻게 할 것인지 이야기를 진행해 왔는데, 미국에 대해서는 어떻게 생각하면 좋을까. 기본적으로, 미국은 의지할 만한 나라로 생각하고 있고, 한일 어느 쪽도 미국과는 아직 시너지가 있는 2개국 관계가 계속될 것으로 예측되기 때문에, 멀리 떨어지지 말고 가까이 있는 것이 최선일 것이다. 젊은 세대는 어떨지 모르겠지만, 한일은 미국에게 큰 신세를 졌던 것은 틀림없는 사실이고, 보답을 할 것이 있다면 해야 할 것이다. 비관적으로 보아도 미국의 황혼은 길다고 생각한다. 아직 여력이 있으니 너무 과소평가하면 손해를 본다.

한편 안팎으로 적이 있는 미국과 어떻게 교류할지에 관한 것도 쉽지는 않다. 최근 미국에서 느끼는 것은, 사회적 약자를 너무 배려하는 경향이 강해졌기 때문에, 그 자체는 좋은 일이지만 부작용으로 정당한 비판이나 불만도 금방「차별이다」고 해서, 역차별이 쉽게 생기고 있다. 트럼프 제 2기 정권은 이러한 경향을 수정하기 위해서 여러가지 강경책을 실행하고 있다.

미국에서는 상업시설에서 컴플레인 하는 고객에게,「내 잘못이 아니다, 다른 부서의 관할이다」라는 종업원이 많았었다. 1980년대 일본이 세계를 압도했을 때 미국은 일본을 연구해서 고객을 소중히 여기는 점을 배우고, 고객에 대한 대응을 개선했었다. 그런데, 최근 이 약한 자에 대한 배려, 그리고 코로나로 인한 일손부족으로 이 자세가 사라지고 있다. 예를 들어서 슈퍼마켓에서 셀프체크아웃 기계가 연달아서 며칠 고장이 나서 불만을 얘기했더니,「내 책임이 아니다, 차별하지 마라」라고 주장을 한다. 아주 작은 소리로,「손님한테는 클레임을 할 권리가 없습니까」라고 했더니, 그제서야「그것은 있다」라고 얘기한다. 경영자도 어쩔 수 없는 상황이기 때문에 손님보다 종업원을 소중하게 하는 사람들이 많아지고 있다. 이러한 경향이 미국의 장래에 좋은 일일지 걱정이 된다.

이야기를 국가의 레벨로 되돌리지만, 미국이나 나토와 동맹 관계가 없는 우크라이나의 비참한 모습을 보면, 현실적으로 미국은 관계가 없는 나라를 위해서 더 이상 전투에 참가할 의욕은 없음이 확실하게 되었다고 할 수 있다. 나아가서 동맹 관계에 있는 나라에도 부담 증액을 요구하고 있다.

한일에게 자국의 방위를 위한 부담 증액은 불가피할 것이고, 그리고 러시아의 움직임을 고려해서, 유럽과는 우선은 경제 분야에서 관계를 깊이하고 러시아와 중국을 견제하는 것이 현명할 것이라고 생각한다.

또 아시아의 유사시에 각 나라의 역할도 단순할 것 같지는 않다. 그러한 국면이 오지 않으면 알 수 없지만, 한일의 난제로서 예를 들어서 대만 유사시의 경우 한국군의 역할, 그리고 한반도의 유사시에 일본 자위대의 역할 등의 특징을 들 수 있다. 이 후자의 과제는 역사적 배경에서 복잡하다고 생각된다.

대북한 핵무기 대책

제3장에서 대북 비핵화 협상에 관해서도, 통일에 관해서도「적극적인 대기」(오바마의 전략적 인내와는 다르다)의 자세가, 현재로서는 현실적이 아닌가 설명했다. 이것도 말하자면 북한에 대한 소극적 자세와, 조금 과장해서 얘기하면, 방법을 따지지 않고 공세를 하는 자세와의 사이에 위치하는 중도적인 방법이다. 여기서는 더 극단적이지만 화제가 되고 있는 수법에 대해서 얘기한다.

한국이 핵무장을 하는 논의에 관해서 피해서 갈 수는 없다

꽤 오래전, 일본의 외무성 전 외무심의관이었던 와타나베 코지(渡辺幸治) 씨와 만났을 때 그가 갑자기 옛날 박정희 대통령이 핵무기를 개발하려고 할 때 미국이 중단시켜서 단념할 수밖에 없었다고 하면서, 한국이 핵무기를 개발・보유해야 한다고 생각하는지 내 의견을 물었다. 당시 그 논점을 잘 몰랐기도 해서 순간적으로, 한국은 큰 나라 사이에서 고생해 온 역사가 있으니 효과적인 방위 수단이라면 그것도 가능하지 않을까 대답했다. 그랬더니 와타나베씨는, 「일본도 가만히 있지 않을 것이다, 핵무기 개발 도미노가 될 것이다」라고 강한 어조로 반응하고, 그 후 교류가 끊어졌다.

반대로 최근, 한국의 큰 신문사의 논설위원에게 「트럼프가 주한미군을 철수 한다면 어떻게 해야 할까요」 물었다. 그랬더니 「핵무기를 개발해서 보유해야 한다」고 대답했다. 최근 한국장기체류에서도, 몇몇 사람들이 이러한 주장을 했다. 와타나베씨와의 대화와는 시기와 상황이 다르기는 하지만, 현재의 핵보유 론에 관한 양론을 상징하는 것으로 느낀다.

한국이 핵무기 개발을 해야 한다고 주장하는 논객들이 있다.

찬성파의 논리를 정리하면,

1. 북한의 핵무기는 협상으로 없앨 수가 없다.
2. 남북한의 경계선 주변에서 일촉즉발의 사태가 일어나서, 위기가 급하게 확대할 리스크를 배제할 수 없다.
3. 미국의 확대억제, 즉 「핵우산」은 오래가지 않는다. 또 확대억제에는 한일 간의 온도 차이가 있다. 한국은 핵무기 개발론에 대응하기 위해서 미국 과 협의를 강조하고 싶은데, 일본은 피폭 경험이나 「비핵 3원책」을 중시 하는 자세에서 노골적으로 하고 싶지 않다.
4. 북한의 핵무기 사용에 다해서 현무 5 미사일등 같은 강력한 병기로 억제 하는 방안이 있는데, 그러한 병기는 핵무기에 비해서 코스트 퍼포먼스가 낮다.
5. 트럼프정권에서는 모르지만, 전략적으로 생각하면, 한국이 핵무기 개발 을 해도 미국은 한국과의 안보 협력을 끊지 않는다. 왜냐하면 중국에 대 한 미국의 전략과도 관계가 있기 때문이다. 2035년에는 새로운 스타트라 는 핵무기 삭감조약의 미국 보유한계에 중국의 보유수가 가까워진다.
6. 한국이 핵무기 개발을 해도 일본이 동시에 개발하지는 않을 것이다. 왜냐

하면 유일한 피폭국으로서 일본국민이 핵에 대해서 매우 민감하기 때문이다.

이에 대해서 한일 핵무기 개발 신중론 쪽에 있는 미국의 베테랑 외교관 마이클 그린은 다음과 같이 주장한다.

1. 일본은 예를 들어서 핵무기 개발에 필요한 요소기술, 핵·미사일, 원격측정, 위성에 관한 기술을 이미 갖고 있다.
2. 그러나 핵무기를 보유하지 않음에 의해 핵무기 보유 국가의 군축 등의 협상에서 설득력이 있다.
3. 핵무기 개발/보유에는 대가(NPT탈퇴) 등이 있다. 세계 각국과의 경제·정치적 활동에 나쁜 영향이 있을 가능성.
4. 한국이나 일본이 독자적으로 핵무기를 보유하면, 미국의 확대억제의 신뢰성이 떨어진다.
5. 일본의 경우인데, 그린이 말하기를,「트럼프는 일본이 무기를 개발해도 하시 않아도 상관없다고 발언했지만, 미국 정부가 미국에 의한 핵우산의 신빙성을 손상시키거나, 전략을 바꿔서 억제에 관한 미국의 구조에 일본의 핵무기를 포함하는 일이 있다고는 생각하기가 어렵다.」

그러나 이 두 입장 속에도 중도적인 선택지가 등장한다.

- 핵무기 선행 불사용 원칙의 다국간 합의를 목표로 한다. 그러나 한국이나 일본도, 미국의 확대 억제의 위력이 떨어질 우려 때문에 난색을 표시한 적도 있다.
- 미국의 전술핵을 한국에 재배치한다. 그러나 미국은, 재배치한 주한미군 기지가 북한의 표적이 될 것이 조심스럽다.
- 미국과「듀얼 키」방식의 무기를 배치한다.

- 미국의 동의를 바탕으로, 단계적으로 핵개발에 필요한 요소기술부터 쌓아 간다. 일본 레벨의 핵잠재력을 갖고, 한미일의 민간 원전에서 사용하는 농축우라늄의 생산, 공급을 진행하고, 그리고 핵 추진 잠수함개발 운용을 위한 컨서시엄을 촉진하는 의견도 있다.
- 미국의 동의하에 미국의 확대 억제를 보완하는 핵무기 개발을 실행한다.

대북한 사이버 안보

다음으로 간과해서는 안 되는 과제가 사이버 안보다. 이제까지의 전투와는 달리 물리적인 전장에서는 싸우지 않기 때문에 그레이존 전투라고 불리고 있다. 2024년 8월에 대북 정찰의 중요·자산 기술을 빼내갔다. 북한이 해킹으로 자료를 훔친 것으로 여겨진다. 최근에는 북한에 의한 한국의 금융 및 인프라에 대한 사이버 공격이 하루 150만 건에 달했다고 보고되었다.

해커는 성분에 관계없이 「엘리트 교육」을 받고 비교적 높은 수입을 받기 때문에 인기가 있는 일자리라고 한다. 정찰총국의 산하에 네트워크 해킹이나 시스템 해킹 그룹이 있고, 해커 집단을 통괄하고 있다. 2022년에 취득한 암호 재산은 수출액의 13배였는데, 그 액수는 1조 3천억 원, 6,800명 있었던 인원이 2년 사이에 8,400명으로 늘어났다. 더 곤란한 것은 2024년 중순부터 북한과 러시아가 해킹 기술 연구와 교육에 관해서 협력하기로 한 일이다.

미국에서도, 큰 통신업자가 중국계 해커에 의한 사이버 공격을 받고 데이터를 빼앗겼다. 일반적으로, 지키는 것이 공격하는 것보다 어렵다고 한다. 민간업자가 사이버 시큐리티 대책을 준비하고 있는 것이나 앞에서도 얘기했듯이 데이터를 암호화하는 것이 바람직하다. 그러면 나라의 차원에서는 어떻게 하면 좋은가. 우선은 실제 사이버 전력에 관해서 얘기한다. 사이버를 현대에서의 무기 형태로 생각하면, 사이버군이라고 불리는 조직을 통상부대와는 별도로 만드는 방안도 나라에 따라서는 검토해 왔다.

미국에는 사이버 커맨드라는 국방성 안의 조직이 담당하고 있지만, 육해군처럼 독립된 사이버군을 만들자는 방안이 2023년에도 미국회의 국방성 예산안에 있었는데 성립되지 않았다. 찬반양론이 있는 듯하다. 현재의 사이버 커맨드에는 6,200명이 있는데 별도의 부대(사이버군)를 만들면 전문적인 인재를 확보할 수 있다고 한다. 사이버 커맨드는 종합적인 방위 조직에 속하며 종래의 전투 형식의 지식도 갖고 있는 인재로 구성되어 있어서, 어중간한 인재가 되어버리는 경향은 있다. 반대로 사이버에 특화한 부대라면, 최고의 전문 지식을 가진 인재를 모을 수 있는 가능성이 높아진다.

한편, 별도의 부대 구축, 그리고 운영에는 막대한 비용이 든다. 그리고 현재의 사이버 커맨드에서 다른 부대로 노하우나 인재를 이행하는 단계에서, 현존하는 통상 업무에 상당히 부담이 간다. 그러한 이행 작업은 기능하기까지 최저 5년은 걸린다고 추정한다.

이러한 사이버 전력에 관한 방안과는 별도로, 통상 무기의 경우와 비슷한 형태로 외교 공세를 하는 것도 선택지로 볼 수 있다. 예를 들어서, 현재는 민간조직에 의한 사이버 공격에 관해서는 각국 정부는「노코멘트」로 할 수 있지만, 다국간 사이버에 관해서도, 정부 차원에서 설명 책임을 지고, 그리고 다른 나라에서의 조사 요청에 관해서 협력 의무를 갖는 구조를 만든다.

나아가서 사이버에 의한 민간 인프라의 선행 공격을 금지하고 금융 시스템의 사이버 공격을 항상 저지한다. 이러한 것을 포함한 조치를 다국간에서 합의하게 되지만, 사이버 전력에서 우위에 있는 나라는 좀처럼 응하지 않을 것이고, 사이버 공격 그 자체가, 많은 나라를 걸쳐서 행해지는 케이스도 적지 않기 때문에 현실적인 효과에 관해서는 의문이 남는다.

이제 중도론인데, 사이버전략과 외교 공세 사이에는 아직 할 수 있는 것이 있지 않을까. 우선은 북한과 러시아가 사이버 분야에서 협력하고 있다고 알려져 있다. 이것도 한미일이 공동으로 운영하는 사이버 피해 경감연구소를 만들면 어떨까. 이 3개국에도 원래 해커였던 유능한 인재가 있다. 이러한 연구소는, 정식으로 하기 전에 민간 차원에서 세우는 것이 좋을지도 모르겠다. 피해를 받고 있는 기업은 이 3개국에도 많이 있으므로, 연구소의 설립이나 운영 비용도 그곳에서 염출하는 것이 가능하지 않을까 쉽다.

대일본 – 통치의 시점에서 한일 관계를 보는 지일파

문재인 정권 내내, 일본의 관계는 마찰뿐이었다. 그 후 윤석열 정권이 한일 관계의 개선에 나섰는데, 이재명 등 당시 야당에서는, 윤석열 정권은 지나치게 친일적이라고 광화문 광장에서 데모를 벌였다.

일본에 대한 자세가 이렇게 양극단으로 상징되고 있다. 윤석열 정권은 처음, 일본의 기시다 전 수상과 미국의 리더십 아래 안보에 기초한 협력 관계를 촉진하기 위해서, 역사 문제와 관련된 한일간의 장애를 제거해 서로 국민의 호감도가 올라갔다. 당시 야당은 이것을 굴복 외교라고 비난하고 반일적인 자세를 고수했다.

나도 한일관계 개선에는 찬성한다. 하지만 한국 측에서 봤을 때 급속한 관계 개선이 안보상 필요하다고 해도, 우리 국민이 안이하게 표면적인 일본에 대한 지식이나 감정으로 한일우호를 따라가는 경향에는 위화감을 느꼈다. 역사나 현재 일본의 사회 구조를 이해한 후, 공동 작업이 원활하게 할 수 있는 상태를 구축하기를 바란다. 즉 지일 후 친일이기를 바란다.

자세하게 설명했듯이, 이 양극단의 사이에 중도적인 역사 해석이 성립한다. 이것은 젊은이들에게는 풍화되어 버린 「가해자 vs 피해자」의 관점이 아니고, 따로따로, 한국의 중앙집권과 일본의 집단주의에 의한 자국의 과거의 통치부전을 분석해서, 미래에 일어날 수 있는 위기관리 때 중앙집권형과 집단주의형 의사결정의 충돌을 어떻게 해결하는가 하는 관점을 권했다. 그를 위해서는 이 두 개의 방식의 이질성을 보완하는 것이 필수적이며 수평적인 이국간 관계가 되지 않으면 성립하지 않는다. 이를 위해서 한국이 일본을 따라잡고 추월하지 않으면 안 된다.

정경분리

정치가 권력을 장악함으로, 경제 즉 기업이 큰 영향을 받는 것이 사실이다. 그러나 정치가들이 역사 문제 등에서 대립하고 있을 때, 개별 기업이 정치와 얽여있는 경우는 별도로 하고, 대부분의 기업이 똑같이 따라야 할 필요는 없다.

한일간에는 서로 기업의 관계를 원활하게 하기 위해서, 한일 경제협회와 일한 경제협회가 있다. 앞에서도 얘기했지만, 과거 두 개의 협회 대표는 아주 가깝고 정치와는 다른 차원에서 개인적인 친교를 깊이 유지해 왔다. 한국 측에서는 삼양 그룹의 김상하, 일본 측은 미쓰비시마테리얼 톱을 지낸 후지무라 마사야(藤村正哉)씨였는데 후지무라씨는 어릴 때 한반도에서 자랐다고 한다. 두 분 모두 성격이 온화하고, 후지무라는 섬나라 사람으로서는 마음이 넓었다. 이러한 선배들이 한때, 한일관계에서 경제적 앵커의 역할을 했었다는 것을 기억해야 할 사실이다.

여기서 중요한 것이, 한일기업은 복수의 산업 분야에서 치열한 경쟁을 하고 있다는 것이다. 동시에 협력의 여지도 아직 많이 있다. 말 그대로「경쟁과 협조」(영어로는 cooperation and competition = co-opetition)의 구도다. 예를 들어서 한일의 메모리 메이커는 시장에서는 경쟁하고 있지만, 첨단기술을 개발할 때는 하나의 회사가 모든 분야에 투자하는 것은 효율이 나쁘기 때문에, 연구의 범위를 정해서 협력한다.

이 수법을 건설적으로 추진할 때 머리가 아픈 것이 글로벌 산업에서의 정치적 영향이다. 반도체 산업을 예로 든다면, 한일의 국내 시장은 전부 합해도 세계 시장의 20%대에 지나지 않는다. 반도체 산업은 글로벌 산업이라고 부를 수

밖에 없는 상황인데 정치는 국민의 혈세로 성립하고 있는 관계로 국내적, 내향적으로 되지 않을 수 없다. 일본에서도 「우리나라 산업, 우리나라 기업」이라고, 가스미가세키(霞ヶ関 - 일본 관청을 칭함)의 백서에도 자주 등장하고 있다. 세계가 자유시장주의 VS 통제주의 진영으로 갈라져 있는데(디커플링 되어 있는) 현실은 수용해야 하지만, 적어도 이런 진영 안에서는 국제적인 움직임을 국가의 틀만으로 파악하지 않기를 바라고 싶다.

　서로의 국내 시장에서의 경쟁은 특히 마찰이 있어서 민감해지면, 제3국에서 협력하는 방법이 적절한 경우도 있다고 생각한다. 아까 얘기한 소결합의 방법이다. 예를 들어서 5G 통신 분야에서는 일본보다 한국이 한 발 먼저 실용화를 했는데, 거꾸로 일본 쪽이 수요 산업 분야의 범위가 넓다. 보완성이 있는 것은 아닐까. 이것을 중국의 「일대일로」에 불만을 안고 있는 제3국, 또는 중앙아시아의 나라에서 한일 공동 국가 프로젝트로 원조한다.

　이러한 시도를 향하는 것은 더 나아가서 중요한 의의가 있다. 이것은 이 책에서 몇 번이나 말하듯이, 한일 관계를 한일이라는 좁은 틀에서만 파악할 것이 아니라 제3국을 넣어서 진정한 세계에서의 한일 관계를 재구축(reframing)하는 방법이기 때문이다. 위에서 언급한 「일대일로」 대상국이나 중앙아시아의 나라들은 발전도상에 있는 경우가 많고, 앞에서도 얘기했듯이 평상시와 유사시 양쪽이 가능한 바이 모달리티(modality)가 필요하게 된다. 한일 쌍방의 장점을 살릴 기회가 아닐까, 기회 손실이 되지 않기를 바란다.

　또, 이 시도를 건설적으로 추진하기 위해서는, 민족보다는 국가를 전면에 앞세워야 할 것이다. 국가라는 단위에서는 합리적인 선택(시너지=상승 효과)이 가능하다는 승산이 있지만, 민족단위에서 생각하면 어쩔 수 없이 감정적 그리고 경쟁적(제로섬)인 발상으로 기울게 된다. 위기의 시대에 결속은 불가결하지만, 그것도 민족이 아닌 국가 단위에서 생각하는 것이 건전하다고 생각한다. 그리고 서로 무역 입국이기에, 글로벌한 시야와 국익의 양립이 끊임없이 요구되고 있다. 쉽게 얘기하면 넓은 마음을 갖자는 것이다.

「엘리제 조약」과 「김 - 오부치 선언」

한일 양국에서는, 프랑스와 독일이 관계의 안정화 강화를 위해서 1963년 1월 22일 맺은 프랑스 독일 협력 조약(통칭 엘리제 조약)을 참고해야 하지 않을까 하는 의견이 나오고 있다.

엘리제 조약은 오랜기간 대립해온 프랑스와 독일이 그 마찰의 종지부를 찍고 화해와 관계강화를 향하여 유럽에서 양국의 젊은 사람들이 좋은 관계를 구축할 수 있도록 맺은 조약이다. 한일간에는 1998년 김대중 대통령과 오부치 게이조(小渕恵三) 수상에 의한 「한일 공동선언 -21 세기를 향한 새로운 파트너쉽」이 있다. 광복 80년, 한일 국교정상화 60년이라는 타이밍에서 이 내용을 보기로 하겠다.

우선 엘리제 조약의 배경에 관해서인데 그 전 해 1962년, 미국과 소련은 쿠바 미사일 위기로 대립했었다. 그러나 평화롭게 처리되어, 일부 정치가 평론가들은 미국과 소련과의 대립은 완화된 것은 아닌가 하는 관측을 했었다. 지금의 미국·러시아, 미국·중국을 보면, 단순한 제2차 냉전적인 구조보다 훨씬 더 복잡한 상황으로 보인다. 러시아는 우크라이나와 전쟁 중이며 그리고 미국은 중국과 군사 경제 양쪽에서 패권쟁탈을 하고 있다고 말할 수 있겠다. 상황은 다르지만, 한국과 일본은 서로 이웃, 미국의 동맹, 미중 양국과의 무역 등 몇 개 공통적인 과제를 안고 있다. 프랑스 독일과 같은 관계를 좋은 방향으로 진전시키는 것 자체는 바람직할 것이다.

그러나, 당시 유럽은 열심히 EC(European Community - 나중에 EU) 라는 공동체를 조직하고 있었는데 그후 60 년이 지난 아시아에는 아직 그런 공동체가 없다. 역사나 중국의 영향 등 여러 가지 요인은 있지만 아시아는 유럽보다 종교적으로도 문화적으로도 훨씬 다양하며 유럽과 같은 기독교의 공통 토대가 없다. 또 역사적으로 보아도 유럽에는 아시아에서의 중국만큼 큰 영향력을 가진 나라는 없다. 1648년 유럽의 웨스트팔리아 강화 이후의 질서(in varietate concordia) 와 중화사상을 비교하면, 서양과 동양의 차이가 잘 보인다. 따라서 프랑스 독일의 경우 지역 통합과 함께 관계를 깊이 할 수 있었지만, 한일은 기본적으로는 두 나라만이 할 수 밖에 없다.

또 하나, 50년 동안 일본에서의 경험을 바탕으로 한 중요한 점을 얘기하겠다. 프랑스와 독일은 양국에 왕정이 없는 공화국으로, 독일이 전쟁 전 국가 가사의 「독일은 모든 것의 위에 (Deutschland über alles)」라는 인식을 부정함에 의해 양국간의 수평한 관계를 지향할 수 있었다. 일본 헌법에 "천황은 국민 통합의 상징"이라고 되어 있다. 그 뿐인가. 만세일계(万世一系-역사적으로 증명되지 않음)라고 하여 천황제를 우월한 일본민족의 상징으로써 내걸고 있는 동안은 기본적으로 한국 국력이 일본을 뛰어넘을 때까지는 수평한 관계를 구축하는 것이 어렵지 않을까. 현실적으로 영국 주간지에서는 적극적으로 왕실의 스캔들을 보도하지만 일본천황에 대해서는 있을 수 없는 일이다.

다음으로, 1963년 엘리제 조약의 주역 아데나워와 드골 두 사람 모두 힘이 있었던 리더였다. 선언의 형태로 하자는 제안도 있었지만 보다 항구적인 조약으로 했다고 한다. 한편 현재 일본은 소수 여당이어서 야당에도, 여당내의 우익세력에도, 배려하지 않으면 정권 운영이 어려운 상태다. 그러한 배경도 있어서 전후 80년 담화는 없거나, 각료의 결정을 필요로 하지 않는 수상 메세지로 한다는 방침인 듯 하다. 한국도 대통령의 탄핵이 있었고 정권 교대 후에 이재명 정권이 짧은 시일내에 제대로 마무리할지 불투명하다.

그러면 합의 내용의 비슷한 점과 다른점을 나눠서 얘기하겠다.

우선 비슷한 점:

- 합의문서에는 미래 곧, 젊은이를 중시하고 있다. 라고 해도 1963년에 젊은이였던 사람들은 이미 고령자가 되어 있다. 프랑스와 독일의 톱 중에는 상대

방의 언어를 상당히 유창하게 얘기하거나 연설을 하는 사람이 있다. 그러나 이러한 인재는 예를 들어서, 재일교포가 있음에도 불구하고 한일간에는 없다.

- 다양한 분야에서 양국간의 협력에 관해서 언급하고 있다. 정치, 안보, 경제, 문화, 교육 등에서 협력하고 폭넓게 교류, 의견을 교환하며, 그리고 상황에 따라서는 정책에 관한 협조도 시야에 넣고 있다.

- 젊은이들에게 근현대사를 인식시킨다. 프랑스 독일의 경우 한일과 비교하면 역사 교과서의 인식 공통화가 진행되었다. 특히 일본의 경우 러일전쟁에서의 영광의 시대 이후의 역사는 기말 시험이 가깝다는 이유로 제대로 가르치지 않는다는 측면이 지적되고 있다. 게다가, 역사수정을 지향한 「교과서를 만드는 모임」의 등장에 의해서 교과서 문제가 일어나면서 양국에서의 근현대사의 해석의 차이는 줄어들지 않는다. 그래서 필자는 새로운 시점을 제안했다.

- 스포츠 교류의 촉진에 관해서도 언급하고 있다. 다행히도 한일은 2002년에 월드컵 축구를 한일에서 공동 개최하고 무사히 끝낼 수 있었다.

이번에는 차이점에 관해서,

- 엘리제 조약에서는 양국 간의 수뇌나 각료회담의 빈도에 관해서 구체적으로 지정하고 있는데, 김대중 오부치 선언에서는 언급이 없다. 외무장관, 국방장관등 주요 각료는 3개월에 1번 만나는 외교도 가능할 것이다. 한편, 윤-기시다 정권 시대에는 수뇌들이 적극적으로 만나는 외교를할 수 있었는데, 박근혜-아베,문재인-아베 시대에는 교류가 끊어진 적이 있었다. 리더나 역사관에 의해서 교류가 끊어져 버리면, 선언문의 의의가 무엇인지 생각하게 된다.

- 김 - 오부치 선언에서는 일본의 전수방위와 비 핵 삼원칙을 평가한다고 되

어 있다. 그후 특히 2013-2015년 안보 관련 법안, 그리고 2022년에 나온 방위 삼문서를 보면 일본의 「방위의 범위」가 크게 변한 것을 알 수 있다. 우선 2014년에 집단적 자위권 용인, 2015년에는 자위대의 활동 범위와 사용할 수 있는 무기의 확대를 정한 안전보장 관련 법안. 나아가서 2022년 안보 삼문서에서, 2027년도에는 방위비를 GDP 대비 2%로 늘릴 것과 반격 능력등 일본의 방위 입장이 적극적으로 되었다고 얘기할 수 있다. 당시 미국의 엠마뉴엘 주일 대사는 시대착오적인 미일 안보관계가 정상화 되었다고 기자회견에서 얘기하고 있다. 이것을 우리 한국은 어떻게 해석하면 좋을 것인가.

- 김 - 오부치 선언에서는 일본이 과거에 대한 반성과 사죄를 한다고 되어 있다. 일본의 전 외교관이나 평론가중에는 사죄는 충분히 했지만 반성은 부족하다고 하는 견해가 있다. 반성이라는 것은, 상대에게 상처를 주었던 부적절한 행동을 반복하지 않도록 계몽, 교육, 법제화하는 것을 말한다. 또 일본에서는 지역에 따라서 외국인에 대한 헤이트 스피치 대책이 없는 경우, 지방 정부에서는 취직의 조건에 국적을 이유로 기회조차 주지 않는 등 강점기의 습관을 연상시키는 상황이 아직도 계속되고 있다. 독일의 경우, 교육 현장에서 이러한 차별적인 행동을 규탄했다.

- 김 - 오부치 선언에, 한국에서의 일본 문화개방을 확실하게 얘기하고 있다. 이것은 좋은 일이라고 생각한다. 이 선언이 나오기 전에 나는 서울주재 일본기업의 망년회에 참가한 적이 있다. 주재원들이 고향을 생각하며 일본의 민요를 부를때 문을 닫고 조용하게 부르던 기억이 난다. 지금은 한국의 젊은이들이 J-pop 을 즐겨 듣고 있는 모습이 자연스럽게 보인다.

- 엘리제 조약에는 서로의 언어를 배우는 방향성을 언급하지만, 김 - 오부치 선언에는 없다. 한일의 언어는 국제적인 언어가 아니기에, 서로의 언어를 젊은이에게 배우도록 하기는 쉽지는 않다. 최근 「대박」이라는 단어가 일본의 젊은이 사이에서도 침투한 것은 사실이라고 해도, 이러한 경향의 연장선

상에서 같이 문제를 해결할 수 있는 의사소통능력이 생길것은 어려워보인다.

한국어도 일본어도 이용자는 거의 다 그 나라의 국민이라는 아주 지역적인 언어다. 프랑스어는 lingua franca라고 불릴 정도로 특히, 외교나 문학의 분야에서는 국제어가 되어 있다. 즉, 프랑스라는 틀을 넘어서 사용이 가능하다. 이 생각을 극단적으로 동양에서 응용한다면, 중국어는 중국뿐 아니라 대만 그리고 여러 화교들이 있는 나라에서 중국계 사람들과의 커뮤니케이션에서도 잘 사용되고 있다. 한일에서는 젊은이들이 학교에서 이미 배우고 있는 영어교육(특히 회화 능력을)을 강화하고 , 그 다음 단계에서 서로의 언어를 배우게 하는 것이 교류라는 시점에서 보면 효과적이 아닐까?

권위주의도 AI도 가져오지 못하는 인간의 존엄

이 책은 정말 여러 다양한 과제를 취급해왔다. 그렇지만 결국 공통의 테마로 하는 것은 존엄이다. 우리의 자손에게 인간의 존엄이 존중되는 사회를 남기는가, 아니면 동물의 역학에 가까운 약육강식의 세계를 남기는가.

존엄에 관해서 얘기하고 싶다. 국익과 나라의 존속을 우선하는 탈 이데올로기, 또는 실용주의를 앞세우고 권위주의 국가와 공존한다고 해도, 한국에 인권이나 존엄을 중시하는 도덕관, 윤리관의 결여가 있어서는 안 된다. 한국이 진정한 선진국가가 되기 위해서는 나라와 국민이 세계에서 존경받는 것이 필요불가결하기 때문이다.

미래를 전망해봐도, AI가 인간을 넘을 수 없는 부분은 존엄이라고 한다. 기계는 죽지 않기 때문이다. 앞에서도 얘기한 cognitive vs emotional empathy 에 관해서도 죽음에 직면하지 않는 기계는 마음에서 공감하는 것이 불가능하지 않을까. 인간 자신이 영원히 살 수 있게 되는 것은 아닌가 하는 논의도 있지만, 만일 생물학적으로 그렇게 된다고 해도 사회적으로는 상당한 무리가 될 것으로 생각한다.

왜 한사람 한사람의 존재를 존중하지 않으면 안 되는 것일까? 1923년 일본 관동대지진 때 한국인이 우물에 독을 넣었다는 잘못된 소문이 퍼져서 많은 동포가 살해당했다. 그때, 동경에서 가까운 후쿠다무라(福田村)라는 마을에 일본의 가가와(香川)지방에서 온 행상인 15명이 약을 팔고 있었다. 그런데 그들의 사투리를 듣고 한국인으로 의심하여 살해당하는 사건이 있었다. 미국에서도 비슷한 일이 있다. 1980년대 일본 차 수입 붐이 일어나서 디트로이트의 공장에서 종업원을 대량으로 해고하는 사태가 일어났을 때다. 1982년 디트로이트의 나이트클럽에서 빈센트 친이라는 중국계 미국인이 일본인으로 오해를 받고 백인 두 명에게서 야구 방망이로 구타를 당하고 결국은 사망했다. 최근의 예로는, 중국에서 시작된 코로나가 미국에 퍼졌을때 한국계 미국인을 중국인으로 오인하고 살해한 경우가 있었다.

우리 부모님은 한국에서 일본으로 이민을 오셨고 나는 그후 미국으로 이민을 왔다. 입장이 약한 이민이 부당한 취급을 받는 예를 수없이 보아 왔다. 지금 저출산으로 머리가 아픈 한국에서는 효과적인 대책으로써 이민과의 공존을 생각할 수밖에 없다. 적절한 법체계에 의해서 사회적 질서를 지키면서 국민들이 이민의 존엄을 지키지 않으면 나라를 유지하는 것 조차 어려워질 가능성이 있다.

나라의 레벨에서도 기업 레벨에서도 좋은 팀이 조직을 통치하면, 운도 따르기는 하지만 좋은 결과를 낼 가능성이 높아진다. 때로는 다양한 구성원의 팀이 서로 다른 성격과 생각을 가진 사람들과 보완하면서, 비슷한 사람들끼리의 팀보다 탁월한 결과를 내는 경우도 많다. 거꾸로 그 팀의 질이 별로 좋지 않은 경우, 좋은 기회조차 잡지 못하는 가능성이 높다. 다양함을 받아들이는 존엄의 발상이 필요하다.

그리고 이러한 상반된 사람의 모임을 잘 조절하기 위해서는 인과 덕이 필요하다. 강압으로 가능한 것에는 한계가 있다. 현재 권위주의국가에서는 안고 있는 국내 문제를 해결할 수 있을것인가. 창조적인 개발 경쟁을 이길 수 있을까.

한국의 정치, 경제계의 리더에게 바라는 점은 국익의 추구는 물론, 국민들이 희망을 가질 수 있는 비전을 제시하는 것이다.

엔딩 노트

지인이 동경역에서 전차에 스마트폰을 두고 내렸다. 곧 알아차리고 개찰구에서 상담을 했다. 듣던 대로 세계에서 정평이 있는 일본의 접객 서비스였다. 우선 타고 온 전차와 차량을 알렸더니, 다음역에서 정차한 사이에 차장과 역원이 분실물이 있는지 체크하여, 없었다고 하며 혹시 동경역에 있는지 물어보겠다고 한다. 플랫폼 사무소 분실물 센타에 문의를 하니, 동경역에서 내린 어떤 승객이 습득물(스마트폰)을 맡겨놓았다고 한다.

여기까지 가능했던 것은 아마도 세계에서 일본밖에 없을 것이다. 고맙다고 감사를 전하고, 친절하게 대응해 준 역원의 명찰을 봤니더 손(孫)이라고 적혀 있었다. 프라이버시에 관한 것이기 때문에 국적을 묻지 않았지만 외국인 관광객이 많이 지나는 개찰구라는 점과, 「손」이라는 이름은 일본에는 별로 없지 않기 때문에, 한국이나 중국 사람이 아닐까 생각했다.

영어가 들렸던 그 개찰구. 훌륭한 일본의 시스템 안에서 국제적인 팀이 기능하고 있었다. 한일 관계 미래의 그림을 본 느낌이 들어서 희망을 갖고 그 장소를 떠났다.

최근 현대사에서 모든 한국민에게 기쁨과 희망을 주었던 일은 2002년 월드컵에서 한국이 4강에 들어갔을 때가 아닐까. 말하자면 G4에 들어갔다. 일본보다 성적이 좋았다. 주일 튜니지아 대사가 「한국 4강 축하합니다.」라고 했을 때는 모국이 자랑스러웠다. 그리고 그 쾌거를 가능하게 한 것은 외국인, 히딩크

감독이었음을 잊어서는 안된다.

마지막으로, 양쪽 국민에게 중국 고전의 표현을 남기고 싶다. 나 자신도 명심하고 싶은 표현이다.

한국 사람에게는 「中庸=중용」 : 극단적인 제로섬에서 벗어나서, 나라와 국민이 안정되기를 바란다.

일본 사람에게는 「和而不同=분위기를 알아도 따라가지 않기」 : 지나치게 분위기에 맞추거나 상대방에게 맞추지 말고, 적당히 자주성을 기본으로 균형 잡을 것을 권고하고 싶다.

후기

독자 여러분께 드리는 말씀

 나는 외국에서 태어나서 자랐고, 몇 개월씩 한국에서 머물기는 하지만, 6개월이상을 지낸 적은 한번도 없다. 한국에는 이중 국적자가 많다고 하는데, 나는 단 하루도 대한민국 이외의 국적을 가졌던 적이 없다. 일본에서 태어나고 자랐으니 재일 교포이겠지만, 미국에서 고등교육을 받고 취식하고 실고 있었던 점에서 재미교포라고도할 수 있지 않을까.

 출장으로 후쿠오카에 자주 갔었는데, 후쿠오카 해안가에서 한국 쪽을 보고 있노라면 가슴이 뜨거워졌던 것은 왜 그랬을까. 그 옛날에 조선 통신사가 건넜던 바다를 나도 건너고 싶어져서, 우리 부부는 후쿠오카에서 부산, 부산에서 시모노세키로 배를 타고 바다를 건넌 적이 있었다.

 나는 1960년대의 일본, 1970년대의 한국, 1990년대의 중국, 그리고 그 후 각 나라의 성장을 직접 내 눈으로 볼 수 있었다. 공통점도 많고 차이점도 적지 않게 있었다. 그러나 그 중에서도 모국 한국은 아슬아슬한 줄타기와 같은 상황에서, 「피와 눈물과 땀」에 의한 기적적인 경제 발전을 이루었다. 1997년의 IMF 위기 극복은 그 한 예라고 할 수 있지 않을까.

지정학적으로는 살아남는 것만으로도 힘든 위치에 있는 모국이 오늘까지 잘 견디어 왔다고 생각하며, 그 발전에 기여한 분들께 존경과 감사의 뜻을 전하고 싶다. 일본은 바다의 보호를 받고 있어서 지정학적으로는 유리한데, 일본 사람들에게는 이러한 점은 머리로는 알아도 마음으로는 알 수 없다. 그러나 바다가 일본을 보호했던 시대도 이제 지나가려고 하고 있다.

한국의 지정학적 숙명은 쉽게 해소되지는 않고, 두번째로 다가온 약육강식 시대의 도래에는 새로운 과제가 산적해 있다. 지금까지 미국은 한국에게는 큰 형과 같은 존재였지만 이제 미국에는 여유가 없어지고, 앞으로는 공통의 손익을 추구하는 합리적인 관계의 동행자로서 지내야 할 것이다.

일본과의 관계에 관해서도 미래 지향은 올바른 방향성이라고 생각하며, 반성은 필요하지만 그 이상의 사죄가 필요하다고 생각하지는 않는다. 그러나 일본의 국민은 나라가 왜 「잘못된 전쟁」을 일으켰었는지 생각하고, 그리고 당시의 통치 방식이었던 동화 정책이라고도 할 수 있는 「동조 압력」이나 「공기-분위기」라는 요소를 지금의 현재 일본 사회에서 없애야한다. 그러한 과정을 통해서 한일 관계가 새로운 수준으로 향하는것이 아닌가 생각한다. 광복 80년이 되는 올해, 일본이 생각하면 좋겠다.

동시에 한국에는, 미국의 외교 평론가가 얘기하듯이 G7의 멤버가 될 수 있는 국력을 가셨으면 좋겠다. 기업의 레벨에서는 달성하고 있는데 나라의 레벨에서도 실현되기를 바란다. 이것은, GDP 규모가 일본과 반드시 동등하지 않다고는 해도 종합 국력이 G7 수준이 되면, 국제 사회의 교섭력을 강화하는 것이 통일 문제를 포함한 이제부터의 지정학적 과제에 불가결하다고 느낀다.

1988년 서울 올림픽의 개최를 계기로 해서 나는 「한국은 일본을 앞지를 것인가?」라는 책을 냈고 6개국어로 번역되었는데, 한국이 일본과 어깨를 나란히 하게 되는 것이 한국 국내의 대일 감정의 분열을 해소할 수 있는 유일한 방법이라고 생각한다.

우리는 지금 폭풍과 혼돈의 세계에서 살고 있다. 그 안에서 우리에게 안전한 요새를 찾아야 하며, 나라가 흔들리는 것을 어떻게 해서라도 막지 않으면 안된다.

그러기 위해서는 튼튼한 통치의 구조, 그리고 제대로 된 리더가 필요하다. 그리고 우리나라 사회가 제로섬적인 이기주의를 조장하고 분열하는 구조에서, 공(사회)을 고려하여 이타적인 요소를 갖고 있는 중도적 사회에의 이행을 바라고 있다.

이북 출신의 아버지께서 생전에 몇번이나 「우리 고향에서 보는 동해는 정말 예쁘다」라고 말씀하셨었다. 고향에 모시고 가고 싶었지만 그 꿈은 이루지 못했다. 통일이 멀어 보이는 지금도 통일에 대한 강한 희망을 갖고 있다.

마지막으로, 인간의 존엄이 존중되는, 덕이 있는 나라이기를 바라는 마음 간절하다.

강동우 · 박용신